Eduard Brand

# Die betreibungsrechtliche Zwangsverwertung von Grundstücken im Pfandverwertungsverfahren

Ein Handbuch für die Praxis

D1640200

Schulthess § 2008

# Die betreibungsrechtliche Zwangsverwertung von Grundstücken im Pfandverwertungsverfahren

## Ein Handbuch für die Praxis

Eduard Brand

Bibliografische Information ‹Der Deutschen Bibliothek›
Die Deutsche Bibliothek verzeichnet diese Publikation in der Deutschen Nationalbibliografie; detaillierte
bibliografische Daten sind im Internet über ‹http://dnb.ddb.de› abrufbar.

© Schulthess Juristische Medien AG, Zürich · Basel · Genf 2008
    ISBN 978-3-7255-5309-9

www.schulthess.com

# Vorwort

Seit längerer Zeit bestand in der Praxis das Bedürfnis nach einer auf den neusten Stand der Gesetzgebung und Rechtsprechung gebrachten Wegleitung für die betreibungsrechtliche Zwangsverwertung von Grundstücken. Diesem Wunsch wurde mit der Herausgabe dieses Fachbuches nun entsprochen.

In der praktischen Anwendung soll das vorliegende Werk den Fachleuten, die sich mit der komplexen Materie der Grundpfandbetreibung und der zwangsrechtlichen Verwertung von Grundstücken befassen, als Einführung in das Thema dienen sowie Nachschlagewerk, Praxishilfe und Mustersammlung sein. Nicht zuletzt kann dieses Handbuch aber auch zu einer einheitlichen Praxis beitragen.

Anhand eines anschaulichen und chronologisch aufgebauten Falles wird u.a. durch das Einleitungs- und Verwertungsverfahren geführt. Dabei werden nebst umfangreichen theoretischen Ausführungen verschiedene praxisbezogene Verfahrensabläufe behandelt mit Einbezug der entsprechenden Formulare und Muster.

Die Abhandlung enthält im Weiteren Besonderheiten in der Zwangsverwertung von Grundstücken, wie beispielsweise im Zusammenhang mit unausgeschiedenen Miteigentumsanteilen und Baurechtsgrundstücken. Ferner wird darin auch auf Spezialfälle eingegangen, wie z.B. der Doppelaufruf, Einzel-, Gruppen- und Gesamtaufruf, die Bauhandwerkerpfandrechte, die Vorkaufsrechte sowie die Verwertung von mit BVG-Geldern finanzierten Grundstücken.

Den Mitarbeitern des Betreibungsinspektorates des Kantons Zürich, Vreni Moroff, Markus Zopfi und Ivan Vagnato, danke ich recht herzlich für die Mithilfe und Unterstützung bei der Erstellung dieses Fachbuches.

Zürich, im März 2008

Eduard Brand

Betreibungsinspektor des Kantons Zürich

# Inhaltsverzeichnis

## ZWEITER TEIL                                                            233

## Besonderheiten in der Zwangsverwertung von Grundstücken                 233

# Abkürzungsverzeichnis

| | |
|---|---|
| Abs. | Absatz |
| AG | Aktiengesellschaft |
| AHVG | Bundesgesetz über die Alters- und Hinterlassenenversicherung vom 20. Dezember 1946; SR 831.10 |
| AltlV | Verordnung über die Sanierung von belasteten Standorten (Altlasten-Verordnung) vom 26. August 1998; SR 814.680 |
| Anl. VZG | Anleitung des Bundesgerichts über die bei der Zwangsverwertung von Grundstücken zu errichtenden Aktenstücke vom 7. Oktober 1920/29. November 1976/22. Juli 1996 (nicht in der SR publiziert) |
| a.o. | ausserordentlich |
| Art. | Artikel |
| aArt. | alt Artikel |
| AS | Amtliche Sammlung des Bundesrechts |
| BBl | Bundesblatt |
| betr. | betreffend(e) |
| BewG | Bundesgesetz über den Erwerb von Grundstücken durch Personen im Ausland vom 16. Dezember 1983; SR 211.412.41 |
| BewV | Verordnung über den Erwerb von Grundstücken durch Personen im Ausland vom 1. Oktober 1984; SR 211.412.411 |
| bezgl. | bezüglich |
| BGBB | Bundesgesetz über das bäuerliche Bodenrecht vom 4. Oktober 1991; SR 211.412.11 |
| BGE | Amtliche Sammlung der Entscheidungen des Schweizerischen Bundesgerichts |
| BlSchK | Blätter für Schuldbetreibung und Konkurs |
| BVG | Bundesgesetz über die berufliche Alters-, Hinterlassenen- und Invalidenvorsorge vom 25. Juni 1982; SR 831.40 |
| bzw. | beziehungsweise |
| dat. | datiert |
| d.h. | das heisst |
| E. | Erwägung(en) |
| EG | Erdgeschoss |
| EG zum ZGB | Einführungsgesetz zum Schweizerischen Zivilgesetzbuch (Kanton Zürich) vom 2. April 1911; LS 230 |
| evtl. | eventuell |
| f. | folgende |
| ff. | fortfolgende |
| Form. | Formular |
| GBV | Verordnung betreffend das Grundbuch (Grundbuchverordnung) vom 22. Februar 1910; SR 211.432.1 |

| | |
|---|---|
| GebV SchKG | Gebührenverordnung zum Bundesgesetz über Schuldbetreibung und Konkurs vom 23. September 1996; SR 281.35 |
| gem. | gemäss |
| insb. | insbesondere |
| i.S. | im Sinne |
| i.V.m. | in Verbindung mit |
| inkl. | inklusive |
| insb. | insbesondere |
| Kat. | Kataster |
| KOV | Verordnung des Bundesgerichts über die Geschäftsführung der Konkursämter vom 13. Juli 1911; SR 281.32 |
| lit. | litera |
| LS | Loseblattsammlung (Kanton Zürich) |
| m.E. | meines Erachtens |
| MWSTG | Bundesgesetz über die Mehrwertsteuer (Mehrwertsteuergesetz) vom 2. September 1999; SR 641.20 |
| MWSTGV | Verordnung zum Bundesgesetz über die Mehrwertsteuer vom 29. März 2000; SR 641.201 |
| nom. | nominal |
| Nr. | Nummer |
| Nrn. | Nummern |
| OR | Bundesgesetz betreffend die Ergänzung des Schweizerischen Zivilgesetzbuches (Fünfter Teil: Obligationenrecht) vom 30. März 1911; SR 220 |
| PartG | Bundesgesetz über die eingetragene Partnerschaft gleichgeschlechtlicher Paare (Partnerschaftsgesetz) vom 18. Juni 2004; SR 211.231 |
| Pra | Die Praxis des Schweizerischen Bundesgerichts |
| resp. | respektive |
| S. | Seite |
| SchKG | Bundesgesetz über Schuldbetreibung und Konkurs vom 11. April 1889; SR 281.1 |
| SchKK | Schuldbetreibungs- und Konkurskammer des Schweizerischen Bundesgerichts |
| SHAB | Schweizerisches Handelsamtsblatt |
| SP | Servitutenprotokoll |
| SR | Systematische Sammlung des Bundesrechts |
| StGB | Schweizerisches Strafgesetzbuch vom 21. Dezember 1937; SR 311.0 |
| StWE | Stockwerkeigentum |
| u.a. | unter anderem |
| USG | Bundesgesetz über den Umweltschutz (Umweltschutzgesetz) vom 7. Oktober 1983; SR 814.01 |
| usw. | und so weiter |

| | |
|---|---|
| VFRR | Verordnung über die im Betreibungs- und Konkursverfahren zu verwendenden Formulare und Register sowie die Rechnungsführung vom 5. Juni 1996; SR 281.31 |
| vgl. | vergleiche |
| VO | Verordnung |
| VVAG | Verordnung des Bundesgerichts über die Pfändung und Verwertung von Anteilen an Gemeinschaftsvermögen vom 17. Januar 1923; SR 281.41 |
| VVG | Bundesgesetz über den Versicherungsvertrag (Versicherungsvertragsgesetz) vom 2. April 1908; SR 221.229.1 |
| VWEG | Verordnung zum Wohnbau- und Eigentumsförderungsgesetz vom 30. November 1981; SR 843.1 |
| VZG | Verordnung des Bundesgerichts über die Zwangsverwertung von Grundstücken vom 23. April 1920; SR 281.42 |
| WEG | Wohnbau- und Eigentumsförderungsgesetz vom 4. Oktober 1974; SR 843 |
| WRG | Bundesgesetz über die Nutzbarmachung der Wasserkräfte (Wasserrechtsgesetz) vom 22. Dezember 1916; SR 721.80 |
| z.B. | zum Beispiel |
| ZBGR | Schweizerische Zeitschrift für Beurkundungs- und Grundbuchrecht |
| z.G. | zu Gunsten |
| ZGB | Schweizerisches Zivilgesetzbuch vom 10. Dezember 1907; SR 210 |
| Ziff. | Ziffer(n) |
| z.L. | zu Lasten |
| ZPO | Zivilprozessordnung (Kanton Zürich) vom 13. Juni 1976; LS 271 |
| ZR | Blätter für Zürcherische Rechtsprechung |

# ERSTER TEIL

## Die betreibungsrechtliche Zwangsverwertung von Grundstücken im Pfandverwertungsverfahren

 **Hinweis:** In diesem Teil wird u.a. in den §§ 1 bis 25 auch ein Fall einer Betreibung auf Verwertung eines Grundpfandes beschrieben, ab der Einleitung der Betreibung bis zum Abschluss des Verwertungsverfahrens, unter Einbezug der diesbezüglichen Formulare, Schreiben und Muster.

# ERSTER ABSCHNITT

## Einleitung der Betreibung auf Verwertung eines Grundpfandes (Grundpfandbetreibung)

## § 1 Art der Betreibung / Ort der Betreibung

### 1. Art der Betreibung

### 1.1 Allgemeines

Die **Betreibung auf Verwertung eines Grundpfandes (Grundpfandbetreibung)** ist, wie die Faustpfandbetreibung, eine reine Spezialexekution. Der Gläubiger hat diese Betreibungsart dann zu wählen, wenn ihm für seine Forderung ein Grundpfand haftet, sei es infolge Bestehens eines gesetzlichen Pfandrechtes, oder infolge privatrechtlicher Verpfändung des Grundstückes. Im Sinne von Art. 37 SchKG umfasst der Ausdruck «Grundpfand» («grundpfandgesichert») die Grundpfandverschreibung, den Schuldbrief, die Gült, die Grundpfandrechte des bisherigen Rechtes, die Grundlast und jedes Vorzugsrecht auf bestimmte Grundstücke sowie das Pfandrecht an Zugehör eines Grundstücks.

Der Ausdruck «**Pfand**» umfasst sowohl das Grundpfand wie auch das Faustpfand. Grundpfandrechte können nur auf Grundstücken errichtet werden.

**Unter Grundstücken sind gem. Art. 655 ZGB zu verstehen:**

>> **Die Liegenschaften** (d.h. Grund und Boden einschliesslich der auf ihm errichteten Bauten, der Pflanzen und der dazu gehörenden Quellen).

>> **Die in das Grundbuch aufgenommenen selbstständigen und dauernden Rechte:**
> > **Baurechte** (Art. 779 Abs. 3 i.V.m. Art. 675 ZGB);
> > **Quellenrechte** (Art. 780 Abs. 3 ZGB);
> > **Wasserrechtskonzessionen** (Art. 59 WRG).

» **Die Bergwerke.**

» **Die Miteigentumsanteile an Grundstücken:**
  › gewöhnliches unausgeschiedenes **Miteigentum** (Art. 646 ZGB);
  › **Stockwerkeigentum** (Art. 712a und b ZGB).

Die **Grundpfandbetreibung** wird in der gleichen Weise wie jede andere Betreibungsart und nur auf besonderes Begehren des Gläubigers angehoben. Gemäss Art. 67 Abs. 1
SchKG kann der Gläubiger das Betreibungsbegehren **schriftlich** oder sogar **mündlich**
stellen. Für die Schriftlichkeit verwendet der Gläubiger in der Regel das Formular 1
(EDV 1001) «**Betreibungsbegehren**» (siehe hinten § 2 Ziff. 1.5). Die Verwendung
dieses Formulars ist für ihn jedoch nicht obligatorisch, die Betreibungsämter haben
auch ein in mündlicher oder in sonstiger schriftlicher Form gestelltes Begehren anzunehmen, sofern dieses alle erforderlichen Angaben für die diesbezügliche Betreibung
enthält. Wird ein Begehren im Amt mündlich gestellt, trägt der Betreibungsbeamte die
Angaben des Gläubigers auf das Formular 1 (EDV 1001) ein und lässt dieses vom An-
tragsteller unterschreiben. Der Betreibungsbeamte hat grundsätzlich nicht zu befinden,
ob die gesetzlichen Voraussetzungen für eine Grundpfandbetreibung (Bestehen eines
Grundpfandrechts) gegeben sind, sondern er hat das **formell und örtlich richtig ge-
stellte Begehren** ohne weiteres zu behandeln, es sei denn, dass aus den Angaben des
Betreibenden eindeutig hervorgeht, dass kein Grundpfandrecht bestehen kann[1]. Die
Grundpfandbetreibung wird durch Verwertung des Grundpfandes nach den Vorschriften von Art. 151-158 SchKG, resp. Art. 85 ff. VZG fortgesetzt, und zwar auch gegen
den der Konkursbetreibung unterliegenden Schuldner (Art. 39 i.V.m. Art. 41 Abs. 1
SchKG). Ist dem Gläubiger jedoch ein Grundpfandtitel durch Hinterlegung verpfändet, so besitzt er kein Grundpfand, sondern ein **Faustpfand**. In diesem Falle hat er für
seine pfandgesicherte Forderung die Betreibung auf Verwertung eines Faustpfandes
einzuleiten, gleich wie wenn das Pfand z.B. aus Obligationen, Aktien, Schmucksachen
bestehen würde, und es finden sodann für diese Betreibungsart die Vorschriften über
Faustpfandbetreibung Anwendung.

Leitet der Gläubiger aber für seine Forderung, trotz Bestehens eines Grundpfandrechtes, die **Betreibung auf Pfändung oder Konkurs** ein, kann der betriebene Schuldner
mit einer Beschwerde (Art. 17 SchKG) innerhalb **zehn Tagen** seit Zustellung des Zahlungsbefehls gem. Art. 41 Abs. 1[bis] SchKG diese «unrichtige» Betreibungsart bestreiten,
und zwar in dem Sinne, dass er das «**beneficium excussionis realis**»[2] geltend macht.
D.h., der Schuldner, der für die Erfüllung seiner Verpflichtung ein Grundpfand bestellt
hat, kann verlangen, dass der Gläubiger sich vorerst an das Pfand halten muss, dass
er sich mittels Pfandbetreibung (hier Grundpfandbetreibung), allenfalls aus dem Verwertungserlös des Pfandes vorab befriedigen muss. Dieses spezielle Beschwerderecht
steht in einem solchen Fall nicht nur dem Forderungsschuldner, sondern auch jedem
Dritteigentümer zu.

---

[1]  BGE 49 III 180.
[2]  BGE 73 III 15; 77 III 101; 97 III 51; 101 III 21. Die Einrede des beneficium excussionis realis steht
   auch dem Schuldner zu, der ein Faustpfand hinterlegt hat.

## 1.2 Betreibung für Zinse und /oder Annuitäten

Für grundpfandgesicherte **Zinse und/oder Annuitäten**[3] hat der Gläubiger hingegen die Wahl, entweder die Betreibung auf Verwertung eines Grundpfandes oder, je nach der Person des Schuldners, die Betreibung auf Pfändung oder Konkurs anzuheben (Art. 41 Abs. 2 SchKG), wobei für die letztere Betreibungsart in diesem Fall nicht der Betreibungsort des Grundpfandes zur Anwendung kommt, wie bei der Grundpfandbetreibung, sondern der ordentliche Betreibungsort nach Art. 46 ff. SchKG (Betreibungsort für die Betreibung auf Pfändung oder Konkurs). Wählt der Gläubiger für Zinse und/oder Annuitäten die Betreibung auf Pfändung oder Konkurs, kann der Schuldner das bereits in der vorgehenden Ziff. 1.1 Abs. 4 umschriebene **«beneficium excussionis realis»** jedoch nicht geltend machen.

## 1.3 Betreibung bei der Pfandhaft einzeln verpfändeter Grundstücke

Sind dem Gläubiger mehrere Grundstücke **einzeln** (getrennt) verpfändet, so hat er für die Realisierung seiner Pfandforderungen pro getrennt verpfändetem Grundstück zwingend je eine separate Grundpfandbetreibung einzuleiten. Getrennt verpfändete Grundstücke dürfen zudem nur dann gesamthaft oder gruppenweise versteigert werden (vgl. hinten § 33 Ziff. 1), wenn sie eine wirtschaftliche Einheit bilden, die sich ohne starke Wertverminderung nicht auflösen lässt (Art. 108 Abs. 1 VZG)[4].

## 1.4 Betreibung bei der Pfandhaft mehrerer gemeinsam (gesamt) verpfändeter Grundstücke

Haften dem Gläubiger aber für die gleiche Pfandforderung **mehrere Grundstücke gesamthaft**, und gehören dieselben (gesamt) verpfändeten Grundstücke dem gleichen Eigentümer, so hat sich die Grundpfandbetreibung gleichzeitig in derselben Betreibung zwingend gegen alle gesamt verpfändeten Grundstücke zu richten (Art. 816 Abs. 3 ZGB)[5]. Diese Vorschrift bezieht sich nicht nur auf das Gesamtpfand (Art. 798 Abs. 1 ZGB), sondern auch auf die Verpfändung mit geteilter Pfandhaft (Art. 798 Abs. 2 ZGB)[6].

Betreffend des diesbezüglichen Einzel-, Gruppen- und/oder Gesamtausrufs im Steigerungsverfahren von gemeinsam verpfändeten Grundstücken, siehe hinten § 33 Ziff. 2.

Haften von mehreren gemeinsam verpfändeten Grundstücken einzelne jedoch nur **subsidiär (unterstützend)**, so wird die Betreibung zunächst nur gegen die andern angehoben und durchgeführt. Ergibt sich dabei nach durchgeführtem Verwertungsverfahren ein Ausfall für die in Betreibung gesetzte Forderung, so hat der Gläubiger

---

[3] Begriff der Annuitäten: Annuitäten sind alljährlich in Form eines Zinszuschlages zu erbringende Kapitalabzahlungen, nicht dagegen andere Kapitalteilzahlungen. Dass der Begriff der «Annuitäten» in anderen Zusammenhängen (z.B. Art. 862 und 874 ZGB) weiter ausgelegt wird und dort auch andere periodische Abzahlungen mitumfasst (BGE 55 II 171), ist für die Sonderbestimmung von Art. 41 Abs. 2 SchKG nicht massgebend (BGE 63 III 127).
[4] BGE 63 III 8 ff.
[5] BGE 100 III 50.
[6] BlSchK 59 (1995) S. 96.

zur Verwertung der subsidiär haftenden Grundstücke ein neues Betreibungsbegehren zu stellen (Art. 87 VZG).

## 2. Ort der Betreibung

Die Betreibung auf Verwertung eines Grundpfandes ist zwingend dort anzuheben, wo das verpfändete Grundstück liegt (Art. 51 Abs. 2 SchKG): **Ort der gelegenen Sache**.

Bezieht sich die Betreibung auf mehrere, in verschiedenen Betreibungskreisen gelegene Grundstücke, ist für die Durchführung der Betreibung dasjenige Betreibungsamt zuständig, in welchem sich **der wertvollste Teil der Grundstücke** befindet. Bei Unklarheiten empfiehlt es sich, auf eine allenfalls bestehende Schätzung abzustellen. Diese gesetzliche Grundlage zur Bestimmung des Betreibungsortes mag m.E. in dem Sinne nicht zu befriedigen, da allenfalls erst nach durchgeführter Verwertung festgestellt werden kann, welches zum Zeitpunkt der Einleitung der Betreibung das wertvollere Grundstück gewesen wäre. Besteht keine Schätzung, hat m.E. der Gläubiger den Betreibungsort im Sinne von Art. 51 Abs. 2 SchKG zu bestimmen.

# § 2 Betreibungsbegehren / Zahlungsbefehl / Rechtsvorschlag

## 1. Betreibungsbegehren

### 1.1 Allgemeine Angaben

Bei der **Einleitung einer Betreibung auf Verwertung eines Grundpfandes,** wofür in den meisten Fällen das Betreibungsbegehren (Formular 1 [EDV 1001], siehe nachfolgende Ziff. 1.5) verwendet wird, hat der Gläubiger gem. Art. 151 SchKG i.V.m. Art. 67 SchKG im Betreibungsbegehren zwingend nachfolgende Angaben aufzuführen:

» Name und Wohnort des Gläubigers und seines eventuellen Bevollmächtigten, sowie, wenn der Gläubiger im Ausland wohnt, das von demselben in der Schweiz gewählte Domizil. Im Falle mangelnder Bezeichnung wird angenommen, dieses befinde sich im Lokal des Betreibungsamtes.

» Name und Wohnort des Schuldners und gegebenenfalls seines gesetzlichen Vertreters; bei Betreibungsbegehren gegen eine Erbschaft ist anzugeben, an welche Erben die Zustellung zu erfolgen hat.

» Forderungssumme in gesetzlicher Schweizer Währung.

» Bei verzinslichen Forderungen den Zinsfuss und den Tag, seit welchem der Zins gefordert wird.

» Forderungsurkunde und deren Datum; in Ermangelung einer solchen den Grund der Forderung.

### 1.2 Besondere Angaben

Bei der Einleitung der Grundpfandbetreibung sind im Betreibungsbegehren zusätzlich noch folgende weitere Angaben des Gläubigers notwendig (Art. 151 Abs. 1 SchKG):

» Angabe, dass die Forderung pfandgesichert ist, resp. die ausdrückliche Angabe, dass die Betreibung auf Verwertung eines Grundpfandes verlangt wird.

» Genügende Beschreibung und Lage des Grundpfandes.

» Name und Adresse eines allfälligen Dritteigentümers.

» Allenfalls Angabe, ob das verpfändete Grundstück vom Schuldner oder vom Dritten als Familienwohnung (Art. 169 ZGB) oder als gemeinsame Wohnung (Art. 14 PartG) benutzt wird (Art. 151 Abs. 1 lit. b SchKG i.V.m. Art. 88 Abs. 1 VZG), siehe nachfolgende Ziff. 1.4.

### 1.3 Zusatzbegehren des Gläubigers

In der Grundpfandbetreibung hat der Gläubiger die Möglichkeit, noch folgende zusätzliche Begehren zu stellen:

>> Begehren um Erlass der fakultativen Verfügungsbeschränkung im Sinne von Art. 90 VZG, siehe hinten § 3 Ziff. 5;

und /oder

>> Begehren um Erlass der Miet- und/oder Pachtzinssperre nach Art. 152 Abs. 2 SchKG i.V.m. Art. 91 VZG, siehe hinten § 4.

>> Begehren, dem Gläubiger den Eingang des Betreibungsbegehrens gem. Art. 67 Abs. 3 SchKG gebührenfrei zu bestätigen (Formular 2 [EDV 1005], siehe nachfolgende Ziff. 1.6).

### 1.4 Begriff der Familienwohnung oder der gemeinsamen Wohnung

Als **Familienwohnung** im Sinne von Art. 169 ZGB gilt diejenige Wohnung, in welcher **die Ehegatten** ihren **Lebensmittelpunkt** haben. Zweitwohnungen, Ferienwohnungen und/oder Räumlichkeiten, welche ausschliesslich dem Beruf oder dem Gewerbe eines Ehegatten dienen, fallen nicht unter den Begriff der Familienwohnung. Bestehen seitens des Betreibungsamtes ernsthafte Zweifel, ob es sich, beim von der Zwangsverwertung betroffenen Grundstück, um eine Familienwohnung handelt, so ist diesbezüglich mit dem Gläubiger Rücksprache zu nehmen. Dieser ist aufzufordern, wenn möglich Angaben darüber zu machen, ob es sich vorliegend um eine Familienwohnung i.S. von Art. 169 ZGB handelt oder nicht.

Das Gesagte gilt sinngemäss auch für den **Dritteigentümer** oder für **die eingetragene Partnerin oder den eingetragenen Partner des Schuldners oder des Dritten**, falls diesen das verpfändete und in die Grundpfandbetreibung miteinbezogene Grundstück als **Familienwohnung** im Sinne von Art. 169 ZGB, resp. als **gemeinsame Wohnung** nach Art. 14 PartG dient.

## 1.5     Muster: Betreibungsbegehren

>> Formular 1 (EDV 1001)

# Betreibungsbegehren

Betreibung Nr. *3790*
Eingang: 01.09.2006

An das **Betreibungsamt** der Gemeinde **Hausen a.A.**

**Schuldner** (Name, Vorname, genaue Adresse)
Chabloz Alain, Rigiblickstrasse 33
8915 Hausen a.A.

**Ehegatte des Schuldners**  *(Name, Vorname, genaue Adresse, Güterstand)
*nur aufführen im Falle von Ziffer 3 der Erläuterungen, siehe nächste Seite*

**Gläubiger** (Name, Vorname, genaue Adresse)
Bank Zürich AG, Sihlquai 45
8098 Zürich

Postkonto: 80-1407-7
Bankverbindung mit Kontonummer:

**Allfälliger Vertreter des Gläubigers** (Name, Vorname, genaue Adresse)

Postkonto:
Bankverbindung mit Kontonummer:

## Forderung
Fr.            200 000.00        nebst Zins zu      7 %  seit 1. Januar 2006
Fr.
Fr.

**Forderungsurkunde und deren Datum;** wenn keine Urkunde vorhanden, **Grund der Forderung**

Zur Rückzahlung fälliger Kapitalbetrag gemäss Inhaberschuldbrief per nom. 200 000.00, dat.
9. Dezember 1992, an 2. Pfandstelle, lastend auf dem Grundstück Kat.-Nr. 1911, Albisweg 7, 8915
Hausen a.A.

**Bank** (mit Angabe des Kontos), an welche Vorauszahlungen gemäss Art. 227b OR zu leisten sind
**(nur aufführen bei der Betreibung betr. Vorauszahlung nach Art. 227b des Obligationenrechtes)**

## Bemerkungen
– Betreibung auf Verwertung eines Grundpfandes.
– **Pfandgegenstand:** In der Gemeinde Hausen a.A., laut Grundregister Blatt 200, Kat.-Nr. 1911,
   Plan 15: Ein Wohnhaus mit angebauter Garage mit 358 m² Gebäudegrundfläche und
   Hausumschwung, Albisweg 7, 8915 Hausen a.A.
– Wir wünschen für das Betreibungsbegehren eine Empfangsbescheinigung.

Bank Zürich AG
*H. Küng*         *G. Fehr*

Zürich, 31. August 2006
Ort und Datum

H. Küng           G. Fehr
Unterschrift des Gläubigers oder seines Vertreters

*Erläuterungen siehe nächste Seite*

## Erläuterungen zum Betreibungsbegehren

1. Werden Mitschuldner betrieben, so ist gegen jeden derselben ein besonderes Betreibungsbegehren einzureichen.

2. Ist das Betreibungsbegehren **gegen eine Erbschaft** gerichtet, so hat der Gläubiger deren **Vertreter** oder, falls ein solcher nicht bekannt ist, den **Erben** zu bezeichnen, dem die Betreibungsurkunden zuzustellen sind.

3. Ist der Schuldner verheiratet und untersteht er dem Güterstand der **Gütergemeinschaft** (Art. 221 ff. ZGB), so sind im Betreibungsbegehren auch Name, Vorname und genaue Adresse seines Ehegatten anzugeben. Alle Betreibungsurkunden werden in diesem Fall auch dem Ehegatten zugestellt, und dieser kann ebenfalls Rechtsvorschlag erheben (Art. 68a SchKG). Beansprucht der Gläubiger in der Betreibung gegen eine Ehefrau, welche der **Güterverbindung** oder der **externen Gütergemeinschaft** gemäss den Bestimmungen des ZGB in der Fassung von 1907 untersteht (Art. 9e und 10 Schlusstitel ZGB), Befriedigung nicht nur aus dem Sondergut, sondern auch aus dem eingebrachten Gut der Ehefrau bzw. aus dem Gesamtgut, so hat er im Betreibungsbegehren auf den Güterstand hinzuweisen und ausdrücklich Zustellung eines Zahlungsbefehls und der übrigen Betreibungsurkunden auch an den Ehemann (unter Angabe von Name, Vorname und genauer Adresse) zu verlangen. Dieser kann ebenfalls Rechtsvorschlag erheben. Wenn der Gläubiger den altrechtlichen Güterstand weder kennt noch kennen sollte, genügt es, die Ehefrau allein zu betreiben (Art. 9e Abs. 2 und 10a Abs. 1 Schlusstitel ZGB).

4. Wird **für eine Erbschaft** betrieben, so sind im Betreibungsbegehren die Namen **aller Erben** anzugeben.

5. Ist die Forderung **pfandgesichert**, so ist dies auf dem Begehren unter «Bemerkungen» anzugeben und sind das **Pfand**, der **Ort, wo das Pfand liegt**, sowie **Name und Adresse des allfälligen dritten Eigentümers des Pfandes** aufzuführen. Ist das Pfand ein Grundstück, so ist anzugeben, ob dieses dem Schuldner oder dem Dritten als Familienwohnung dient. Bestehen auf dem Grundstück Miet- oder Pachtverträge, so hat der betreibende Pfandgläubiger die Ausdehnung der Pfandhaft auf die Miet- oder Pachtzinsforderungen ausdrücklich zu verlangen.

6. Ist für die Forderung **Arrest** gelegt, so sind die Nummer und das Ausstellungsdatum der **Arresturkunde** anzugeben.

7. Der Gläubiger, der **Vermieter oder Verpächter von Geschäftsräumen** ist und das Begehren um Aufnahme eines Retentionsverzeichnisses noch nicht gestellt hat, muss **dieses** gleichzeitig mit dem Betreibungsbegehren stellen.

8. Verlangt der Gläubiger die **Wechselbetreibung**, so hat er dies **ausdrücklich zu bemerken** und den **Wechsel oder Check beizulegen**.

## Ort der Betreibung (Art. 46–52 SchKG)

1. bei Betreibungen auf **Pfändung oder Konkurs:**
   a) für handlungsfähige Personen: deren Wohnsitz;
   b) für unter elterlicher Gewalt stehende Kinder: der Wohnsitz des Inhabers der elterlichen Gewalt;
   c) für bevormundete Personen: der Sitz der Vormundschaftsbehörde;
   d) für im Handelsregister eingetragene juristische Personen und Gesellschaften: ihr im Schweizerischen Handelsamtsblatt zuletzt bekanntgegebener Sitz;
   e) für im Handelsregister nicht eingetragene juristische Personen: der Hauptsitz ihrer Verwaltung;
   f) für Gemeinder: in Ermangelung einer Vertretung der Ort der gemeinsamen wirtschaftlichen Tätigkeit der Gemeinderschaft;
   g) für die Gemeinschaft der Stockwerkeigentümer: der Ort der gelegenen Sache;
   h) für Schuldner ohne festen Wohnsitz: der jeweilige Aufenthaltsort;
   i) für Erbschaften: der Ort, an dem der Erblasser zur Zeit seines Todes betrieben werden konnte;
   k) für die im Ausland wohnenden Schuldner mit Geschäftsniederlassung in der Schweiz: der Sitz der Geschäftsniederlassung;
   l) für die im Ausland wohnenden Schuldner, die in der Schweiz zur Erfüllung einer Verbindlichkeit ein Spezialdomizil gewählt haben: der Ort des Spezialdomizils.

2. bei der **Faustpfandbetreibung:** der Ort gemäss Ziff. 1 oder derjenige, wo das Pfand liegt;

3. bei der **Grundpfandbetreibung:** der Ort, wo das verpfändete Grundstück liegt;

4. bei der **Arrestbetreibung:** der Ort gemäss Ziff. 1 oder derjenige, wo sich der Arrestgegenstand befindet, sofern nicht schon vor der Bewilligung des Arrestes Betreibung eingeleitet oder Klage eingereicht worden ist (Art. 279 Abs. 1 SchKG).

## Betreibungskosten

1. Die Betreibungskosten sind vom **Gläubiger vorzuschiessen;** dagegen ist er berechtigt, sie von den Zahlungen des Schuldners vorab zu erheben. Wird der Vorschuss nicht gleichzeitig mit der Stellung des Begehrens geleistet, so kann das Betreibungsamt die **verlangte Amtshandlung einstweilen unterlassen,** doch hat es hievon dem Betreibenden unter Ansetzung einer angemessenen **Frist zur Leistung** des Vorschusses Mitteilung zu machen. Nichteinhalten der angesetzten Frist hat den Hinfall des eingereichten Begehrens zur Folge.

2. Bei der Betreibung auf Verwertung eines Grundpfandes ist, wenn der Gläubiger die Ausdehnung der Pfandhaft auf die Miet- oder Pachtzinsforderungen (Art. 806 ZGB) verlangt, dem Betreibungsamt neben der Gebühr für den Zahlungsbefehl für die zur Miet- und Pachtzinssperre erforderlichen Massnahmen ein Kostenvorschuss zu leisten, und zwar auch dann, wenn zur Zeit der Anhebung der Grundpfandbetreibung das betreffende Grundpfand gepfändet ist (Art. 91 VZG).

**Zur Beachtung**
Betreibungsbegehren können auch während Betreibungsferien und Rechtsstillstand gestellt werden.

## 1.6    Muster: Empfangsbescheinigung

» Formular 2 (EDV 1005)

### Betreibungs- und Gemeindeammannamt Hausen am Albis

In der Rüti 10    8915 Hausen a.A.    Telefon 044 764 16 75    Postkonto 80-1507-5

**Briefadresse:**
In der Rüti 10
8915 Hausen a.A.

Einschreiben

Bank Zürich AG
Sihlquai 45
8098 Zürich

Hausen a.A., 1. September 2006

Betreibung Nr. 3790

### Empfangsbescheinigung

Schuldner:    **Chabloz Alain, Rigiblickstrasse 33, 8915 Hausen a.A.**
Ref.

Eingang des Begehrens:        1. September 2006

Forderungsbetrag:            Fr. 200 000.00

Wir bescheinigen den Empfang:    Betreibungsbegehren.

Freundliche Grüsse
Betreibungsamt Hausen a.A.
*V. Moroff*
V. Moroff

## 2.  Zahlungsbefehl

### 2.1  Allgemeines

Nach formeller Prüfung des Betreibungsbegehrens erlässt das Betreibungsamt gem. Art. 152 SchKG den **Zahlungsbefehl** (Art. 69 SchKG) mit den im Betreibungsbegehren enthaltenen und allfällig vom Gläubiger ergänzten Angaben. Als Zahlungsbefehl (Art. 70 SchKG) ist für diese spezielle Betreibungsart das obligatorische Formular 38 (EDV 1105) **«Zahlungsbefehl für die Betreibung auf Verwertung eines Grundpfandes»** (siehe nachfolgende Ziff. 5) zu verwenden.

Durch diesen Zahlungsbefehl wird der Schuldner aufgefordert, den Gläubiger für die betriebene Forderung samt Zins und Betreibungskosten innerhalb von **sechs Monaten** nach der Zustellung des Zahlungsbefehls zu befriedigen.

Erhebt weder der Schuldner noch ein allfälliger Dritteigentümer, resp. der Ehegatte des Schuldners oder des Dritten (sofern das verpfändete Grundstück als Familienwohnung [Art. 169 ZGB] dient), noch die eingetragene Partnerin oder der eingetragene Partner des Schuldners oder des Dritten (sofern das verpfändete Grundstück als gemeinsame Wohnung [Art. 14 PartG] genutzt wird), Rechtsvorschlag (Art. 153 Abs. 2 lit. b und Abs. 2^{bis} SchKG) und wird die betriebene Forderung nicht innerhalb der Zahlungsfrist von sechs Monaten bezahlt, ist der Gläubiger berechtigt, **frühestens** nach Ablauf von **sechs Monaten** und **spätestens** bis **zwei Jahre** nach der letzten Zustellung des Zahlungsbefehls das **Verwertungsbegehren** zu stellen (Art. 154 i.V.m. Art. 152 Abs. 1 Ziff. 2 SchKG und Art. 98 VZG), vgl. hinten § 7 Ziff. 1.

### 2.2  Zustellung des Zahlungsbefehls

Bevor der Zahlungsbefehl zugestellt wird, hat das Betreibungsamt zu prüfen, ob der Schuldner nicht **Rechtsstillstand** geniesst (Art. 56–62 SchKG), ob allenfalls über sein Vermögen der **Konkurs** eröffnet worden ist (Art. 206 SchKG), oder ob das Grundstück allenfalls zu einer Erbschaft gehört, für welche das **öffentliche Inventar** verlangt wurde.

Gemäss Art. 57b Abs. 2 SchKG kann gegen den Schuldner auch während des Rechtsstillstandes infolge Militär-, Zivil- oder Schutzdienstes auf Grundpfand betrieben werden, sofern der Dienst mindestens drei Monate gedauert hat. Die dem Schuldner gewährte **Nachlass- oder Notstundung** hindert dagegen die Zustellung des Zahlungsbefehls an ihn nicht; die Verwertung des Pfandes aber bleibt während der Dauer der erwähnten Massnahmen aufgeschoben (Art. 297 Abs. 2 Ziff. 2 SchKG, Art. 86 VZG). Hingegen hat die Aufnahme eines Inventars infolge Bevormundung des Schuldners (Art. 398 ZGB) keine Auswirkungen auf die Durchführung der Grundpfandbetreibung (Art. 86 VZG).

Die **Zustellung des Zahlungsbefehls** geschieht nach den allgemeinen Zustellvorschriften für die qualifizierte Zustellung von Betreibungsurkunden (Art. 64–66 SchKG).

## 3.  Rechtsvorschlag

### 3.1  Allgemeines

Betreffend den **Rechtsvorschlag** finden auch in der Betreibung auf Verwertung eines Grundpfandes die im Gesetz enthaltenen allgemeinen Bestimmungen über den Rechtsvorschlag (Art. 74–78 SchKG) Anwendung (Art. 153 Abs. 4 SchKG). Die Rechtsvorschlagsfrist in der Grundpfandbetreibung beträgt **zehn Tage.**

Damit beim abgegebenen allgemein gehaltenen Rechtsvorschlag kein Missverständnis darüber entstehen kann, ob sich der Rechtsvorschlag nur gegen die in Betreibung gesetzte Forderung richtet, oder auch gegen das Pfandrecht, hat der Gesetzgeber in Art. 85 Abs. 1 VZG bezüglich des Rechtsvorschlags in der Grundpfandbetreibung folgendes neu bestimmt: «**Wird gegen den Zahlungsbefehl Rechtsvorschlag erhoben, so bezieht sich dieser auf die Forderung und auch auf das Pfandrecht, sofern im Rechtsvorschlag nichts anderes vermerkt ist**».

### 3.2  Beseitigung des Rechtsvorschlages

Für die Beseitigung des Rechtsvorschlages in der Betreibung auf Verwertung eines Grundpfandes gelten gem. Art. 153 Abs. 4 i.V.m. Art. 153a SchKG die allgemeinen Bestimmungen von Art. 79–85a SchKG.

## 4.     Tafel 1

**Betreibung auf Verwertung eines Grundpfandes ab Eingang des Betreibungsbegehrens bis zum Eingang des Verwertungsbegehrens**

» **ohne** Ausdehnung der Pfandhaft auf die Miet- oder Pachtzinse (Art. 91 VZG)

» **ohne** fakultative Verfügungsbschränkung (Art. 90 VZG)

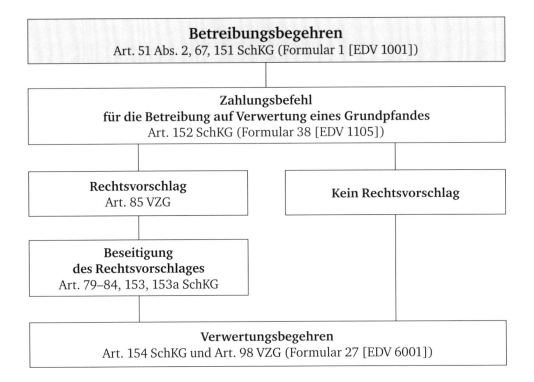

## 5.  Muster: Zahlungsbefehl für die Betreibung auf Verwertung eines Grundpfandes

>> Formular 38 (EDV 1105)

| | |
|---|---|
| Betreibungsamt Hausen a.A.<br>In der Rüti 10, 8915 Hausen a.A.<br>Postkonto 80-1507-5<br>Telefon 044 764 16 75 | Betreibung Nr. 3790<br>Diese Nummer ist bei Zahlungen und Zuschriften stets anzugeben |

**Ausfertigung für den Schuldner**

# Zahlungsbefehl

**für die Betreibung auf Verwertung eines Grundpfandes**

| **Schuldner** | **Gläubiger** |
|---|---|
| Chabloz Alain<br>Rigiblickstrasse 33, 8915 Hausen a.A. | Bank Zürich AG<br>Sihlquai 45, 8098 Zürich |
| **Vertreter** | **Vertreter** |

**Forderung**

| | | |
|---|---|---|
| Fr. | 200 000.00 | nebst Zins zu 7 % seit 1. Januar 2006 |
| Fr. | | |
| Fr. | 200.00 | Kosten für den Zahlungsbefehl |

**Forderungsurkunde und deren Datum; wenn keine Urkunde vorhanden, Grund der Forderung**

Zur Rückzahlung fälliger Kapitalbetrag gemäss Inhaberschuldbrief per nom. 200 000.00, dat. 9. Dezember 1992, an 2. Pfandstelle, lastend auf dem Grundstück Kat.-Nr. 1911, Albisweg 7, 8915 Hausen a.A.

**Pfandgegenstand**

Ein Wohnhaus mit angebauter Garage mit 358 m² Gebäudegrundfläche und Hausumschwung, Albisweg 7, 8915 Hausen a.A., laut Grundregister Blatt 200, Kat.-Nr. 1911, Plan 15.

**Allfällige Dritteigentümer**

**Der Schuldner wird aufgefordert, den Gläubiger innert sechs Monaten seit Zustellung dieses Zahlungsbefehls für die angegebenen Forderungen samt Betreibungskosten zu befriedigen.**

Will der Schuldner oder Dritteigentümer oder, falls das verpfändete Grundstück als Familienwohnung dient (Art. 169 ZGB), der Ehegatte des Schuldners oder des Dritten die Forderung oder einen Teil derselben, das Recht, sie auf dem Betreibungswege geltend zu machen, oder das Pfandrecht insgesamt oder teilweise bestreiten, so hat er dies **sofort** dem Überbringer dieses Zahlungsbefehls oder **innert 10 Tagen** seit der Zustellung dem unterzeichneten Betreibungsamt mündlich oder schriftlich zu erklären (**Rechtsvorschlag** zu erheben). Wird die Forderung nur zum Teil bestritten, so ist der bestrittene Betrag ziffernmässig genau anzugeben, ansonst die ganze Forderung als bestritten gilt. Wird das Pfandrecht nur teilweise bestritten, so sind die Gegenstände, an denen das Pfandrecht, oder jener Teil der Forderung, für den das Pfandrecht bestritten ist, genau anzugeben, ansonst das Pfandrecht insgesamt als bestritten gilt.

Die Erläuterungen betr. Gütergemeinschaft oder Güterverbindung befinden sich auf der Rückseite; sie bilden einen integrierenden Bestandteil dieses Zahlungsbefehls.

**Sollte der Schuldner diesem Zahlungsbefehl nicht nachkommen, so kann der Gläubiger die Verwertung des Pfandgegenstandes verlangen. Weitere Erläuterungen siehe folgende Seite. Diese Urkunde ist bei Zahlung usw. vorzuweisen.**

Hausen a.A., 1. September 2006

Betreibungsamt Hausen a.A.

*V. Moroff*

V. Moroff

## Zustellbescheinigung

Dieser **Zahlungsbefehl** wurde heute, den  *4. September 2006*

zugestellt an*  *den Betriebenen in seiner Wohnung*

*Es ist auf jeder Ausfertigung die Person anzugeben, der die Urkunde ausgehändigt wird. Die Zustellung durch einfachen oder eingeschriebenen Brief ist nicht gestattet.

*V. Moroff*

Unterschrift des zustellenden Beamten

## Rechtsvorschlag / Betreibung Nr. 3790

Der Betriebene, der Dritteigentümer, und falls das verpfändete Grundstück als Familienwohnung dient, der Ehegatte des Schuldners oder des Dritten sind berechtigt, unmittelbar bei der Zustellung Recht vorzuschlagen. Der Inhalt des Rechtsvorschlages ist in diesem Falle auf jeder Ausfertigung vorzumerken und vom zustellenden Beamten unterschriftlich zu bescheinigen.

*A. Chabloz*

Unterschrift

13

## Erläuterungen

**1.** Auf Verlangen des Schuldners wird der Gläubiger aufgefordert, innerhalb der Bestreitungsfrist die Beweismittel für seine Forderung beim Betreibungsamt zur Einsicht vorzulegen.

Kommt der Gläubiger dieser Aufforderung nicht nach, so wird der Ablauf der Bestreitungsfrist dadurch nicht gehemmt; in einem nachfolgenden Rechtsstreit hat jedoch der Richter beim Entscheid über die Prozesskosten den Umstand zu berücksichtigen, dass der Schuldner die Beweismittel nicht einsehen konnte (Art. 73 SchKG).

**2.** Betreibungsferien und Rechtsstillstand hemmen den Fristenlauf nicht. Fällt jedoch das Ende einer Frist in die Zeit der Betreibungsferien oder des Rechtsstillstandes, so wird die Frist bis zum dritten Tage nach deren Ende verlängert. Bei der Berechnung der Frist von drei Tagen werden Samstag und Sonntag sowie staatlich anerkannte Feiertage nicht mitgezählt (Art. 63 SchKG).

**3.** Ist der Betriebene durch ein unverschuldetes Hindernis davon abgehalten worden, innert Frist Recht vorzuschlagen, kann er die Aufsichtsbehörde um Wiederherstellung der Frist ersuchen. Er muss, vom Wegfall des Hindernisses an, in der gleichen Frist wie der versäumten ein begründetes Gesuch einreichen und den Rechtsvorschlag beim unterzeichneten Betreibungsamt nachholen (Art. 33 Abs. 4 SchKG). Der Betriebene kann jederzeit vom Gericht des Betreibungsortes feststellen lassen, dass die Schuld nicht oder nicht mehr besteht oder gestundet ist (Art. 85 und Art. 85a SchKG).

**4.** Wird Rechtsvorschlag erhoben, so kann der Gläubiger innert 10 Tagen seit dessen Mitteilung nach Massgabe von Art. 80 bis 83 SchKG Rechtsöffnung verlangen, sofern die Forderung auf einem vollstreckbaren gerichtlichen Urteil oder auf einer durch öffentliche Urkunde festgestellten oder durch Unterschrift bekräftigten Schuldanerkennung beruht, oder auf Anerkennung der Forderung oder Feststellung des Pfandrechts klagen. Wird er im Rechtsöffnungsverfahren abgewiesen, so kann er innert 10 Tagen nach Eröffnung des Urteils Klage erheben. Hält er diese Fristen nicht ein, so wird die Anzeige an Mieter und Pächter widerrufen (Art. 153a Abs. 3 SchKG).

**5.** Hat ein Dritter das Pfand bestellt oder den Pfandgegenstand zu Eigentum erworben, oder dient das Grundstück als Familienwohnung, so wird dem Dritten oder dem Ehegatten des Schuldners oder des Dritten gleichfalls ein Zahlungsbefehl zugestellt. Sie können Rechtsvorschlag erheben wie der Schuldner (Art. 153 Abs. 2 SchKG).

**6.** Durch Beschwerde bei der Aufsichtsbehörde hat der Schuldner geltend zu machen, das Betreibungsamt sei für die Anhandnahme der Betreibung nicht zuständig.

**7.** Zahlungen für Rechnung der in Betreibung stehenden Forderungen können an den Gläubiger oder an das Betreibungsamt geleistet werden. Der Schuldner hat im letzteren Falle die in Art. 19 Abs. 1 der Gebührenverordnung zum SchKG vorgesehene Inkassogebühr zu bezahlen.

**8.** Der Gläubiger kann beim Betreibungsamt die Vormerkung einer Verfügungsbeschränkung im Grundbuch gemäss Art. 960 ZGB verlangen, wenn kein Rechtsvorschlag erhoben oder dieser beseitigt worden ist.

### Weitere Erläuterungen betr. Güterverbindung oder Gütergemeinschaft

Besteht zwischen dem Schuldner und seinem Ehegatten Gütergemeinschaft (Art. 221 ff. ZGB), so ist dies dem Betreibungsamt mitzuteilen, damit auch dem Ehegatten ein Zahlungsbefehl und die übrigen Betreibungsurkunden zugestellt werden können. Auch der Ehegatte kann Rechtsvorschlag erheben. Will nicht Bestand oder Höhe der Forderung bestritten, sondern nur geltend gemacht werden, dass nicht das Gesamtgut, sondern lediglich das Eigengut und der Anteil des Schuldners am Gesamtgut hafte, so ist der Rechtsvorschlag in diesem Sinne zu begründen, ansonst auch Bestand und Höhe der Forderung als bestritten gelten.

Steht die Schuldnerin unter Güterverbindung oder Gütergemeinschaft gemäss den Bestimmungen des Zivilgesetzbuches in der Fassung von 1907 (vgl. Art. 9e und 10/10a Schlusstitel ZGB), so wird dem Ehegatten nur auf Verlangen des Gläubigers ein Zahlungsbefehl zugestellt. Auch der Ehegatte kann in diesem Fall Rechtsvorschlag erheben. Will nicht Bestand oder Höhe der Forderung bestritten, sondern nur geltend gemacht werden, dass lediglich das Sondergut der Schuldnerin hafte, so ist der Rechtsvorschlag in diesem Sinne zu begründen, ansonst auch Bestand und Höhe der Forderung als bestritten gelten.

### Verwertungsbegehren

Wird dem Zahlungsbefehl nicht Folge geleistet, so kann der Gläubiger frühestens **sechs Monate** und spätestens **zwei Jahre** nach Zustellung des Zahlungsbefehls beim Betreibungsamt die Verwertung des Grundpfandes verlangen.

Ist Rechtsvorschlag erhoben worden, so stehen diese Fristen zwischen der Einleitung und der Erledigung eines dadurch veranlassten gerichtlichen Verfahrens still. Wenn binnen der gesetzlichen Frist das Verwertungsbegehren nicht gestellt oder zurückgezogen und nicht erneuert wird, so erlischt die Betreibung (vgl. Art. 154 SchKG).

**Formulare für das Verwertungsbegehren können auf allen Betreibungsämtern bezogen werden.**

Betreibungsamt Hausen a.A.
In der Rüti 10, 8915 Hausen a.A.
Postkonto 80-1507-5
Telefon 044 764 16 75

**Ausfertigung für den Gläubiger**

# Zahlungsbefehl

**für die Betreibung auf Verwertung eines Grundpfandes**

Betreibung Nr. 3790
Diese Nummer ist bei
Zahlungen und Zuschriften
stets anzugeben

| **Schuldner** | **Gläubiger** |
|---|---|
| Chabloz Alain | Bank Zürich AG |
| Rigiblickstrasse 33, 8915 Hausen a.A. | Sihlquai 45, 8098 Zürich |
| **Vertreter** | **Vertreter** |

**Forderung**

Fr.            200 000.00       nebst Zins zu 7 % seit 1. Januar 2006
Fr.
Fr.            200.00             Kosten für den Zahlungsbefehl

**Forderungsurkunde und deren Datum; wenn keine Urkunde vorhanden, Grund der Forderung**
Zur Rückzahlung fälliger Kapitalbetrag gemäss Inhaberschuldbrief per nom. 200 000.00, dat. 9. Dezember 1992,
an 2. Pfandstelle, lastend auf dem Grundstück Kat.-Nr. 1911, Albisweg 7, 8915 Hausen a.A.

**Pfandgegenstand**
Ein Wohnhaus mit angebauter Garage mit 358 m$^2$ Gebäudegrundfläche und Hausumschwung, Albisweg 7, 8915 Hausen a.A.,
laut Grundregister Blatt 200, Kat.-Nr. 1911, Plan 15.

**Allfällige Dritteigentümer**

**Der Schuldner wird aufgefordert, den Gläubiger innert sechs Monaten seit Zustellung dieses Zahlungsbefehls für die angegebenen Forderungen samt Betreibungskosten zu befriedigen.**

Will der Schuldner oder Dritteigentümer oder, falls das verpfändete Grundstück als Familienwohnung dient (Art. 169 ZGB), der Ehegatte des Schuldners oder des Dritten die Forderung oder einen Teil derselben, das Recht, sie auf dem Betreibungswege geltend zu machen, oder das Pfandrecht insgesamt oder teilweise bestreiten, so hat er dies **sofort** dem Überbringer dieses Zahlungsbefehls oder **innert 10 Tagen** seit der Zustellung dem unterzeichneten Betreibungsamt mündlich oder schriftlich zu erklären (**Rechtsvorschlag** zu erheben). Wird die Forderung nur zum Teil bestritten, so ist der bestrittene Betrag ziffernmässig genau anzugeben, ansonst die ganze Forderung als bestritten gilt. Wird das Pfandrecht nur teilweise bestritten, so sind die Gegenstände, an denen das Pfandrecht, oder jener Teil der Forderung, für den das Pfandrecht bestritten ist, genau anzugeben, ansonst das Pfandrecht insgesamt als bestritten gilt.

Die Erläuterungen betr. Gütergemeinschaft oder Güterverbindung befinden sich auf der Rückseite; sie bilden einen integrierenden Bestandteil dieses Zahlungsbefehls.

**Sollte der Schuldner diesem Zahlungsbefehl nicht nachkommen, so kann der Gläubiger die Verwertung des Pfandgegenstandes verlangen. Weitere Erläuterungen siehe folgende Seite. Diese Urkunde ist bei Zahlung usw. vorzuweisen.**

Hausen a.A., 1. September 2006

Betreibungsamt Hausen a.A.

*V. Moroff*
V. Moroff

---

## Zustellbescheinigung

Dieser **Zahlungsbefehl** wurde heute, den  *4. September 2006*
zugestellt an*  *den Betriebenen in seiner Wohnung*

*Es ist auf jeder Ausfertigung die Person anzugeben, der die Urkunde ausgehändigt wird. Die Zustellung durch einfachen oder eingeschriebenen Brief ist nicht gestattet.

*V. Moroff*
Unterschrift des zustellenden Beamten

---

## Rechtsvorschlag

*Der Betriebene hat am 4. September 2006
Rechtsvorschlag erhoben*

Hausen a.A., 5. September 2006
**Rücksendung:** Ort und Versanddatum / Einschreiben

Diese Ausfertigung wird dem
Betreibenden übermittelt;
die Urkunde ist aufzubewahren.

**Betreibungsamt Hausen a.A.**

*V. Moroff*
Unterschrift

## Erläuterungen

**1**. Auf Verlangen des Schuldners wird der Gläubiger aufgefordert, innerhalb der Bestreitungsfrist die Beweismittel für seine Forderung beim Betreibungsamt zur Einsicht vorzulegen.

Kommt der Gläubiger dieser Aufforderung nicht nach, so wird der Ablauf der Bestreitungsfrist dadurch nicht gehemmt; in einem nachfolgenden Rechtsstreit hat jedoch der Richter beim Entscheid über die Prozesskosten den Umstand zu berücksichtigen, dass der Schuldner die Beweismittel nicht einsehen konnte (Art. 73 SchKG).

**2**. Betreibungsferien und Rechtsstillstand hemmen den Fristenlauf nicht. Fällt jedoch das Ende einer Frist in die Zeit der Betreibungsferien oder des Rechtsstillstandes, so wird die Frist bis zum dritten Tage nach deren Ende verlängert. Bei der Berechnung der Frist von drei Tagen werden Samstag und Sonntag sowie staatlich anerkannte Feiertage nicht mitgezählt (Art. 63 SchKG).

**3**. Ist der Betriebene durch ein unverschuldetes Hindernis davon abgehalten worden, innert Frist Recht vorzuschlagen, kann er die Aufsichtsbehörde um Wiederherstellung der Frist ersuchen. Er muss, vom Wegfall des Hindernisses an, in der gleichen Frist wie der versäumten ein begründetes Gesuch einreichen und den Rechtsvorschlag beim unterzeichneten Betreibungsamt nachholen (Art. 33 Abs. 4 SchKG). Der Betriebene kann jederzeit vom Gericht des Betreibungsortes feststellen lassen, dass die Schuld nicht oder nicht mehr besteht oder gestundet ist (Art. 85 und Art. 85a SchKG).

**4**. Wird Rechtsvorschlag erhoben, so kann der Gläubiger innert 10 Tagen seit dessen Mitteilung nach Massgabe von Art. 80 bis 83 SchKG Rechtsöffnung verlangen, sofern die Forderung auf einem vollstreckbaren gerichtlichen Urteil oder auf einer durch öffentliche Urkunde festgestellten oder durch Unterschrift bekräftigten Schuldanerkennung beruht, oder auf Anerkennung der Forderung oder Feststellung des Pfandrechts klagen. Wird er im Rechtsöffnungsverfahren abgewiesen, so kann er innert 10 Tagen nach Eröffnung des Urteils Klage erheben. Hält er diese Fristen nicht ein, so wird die Anzeige an Mieter und Pächter widerrufen (Art. 153a Abs. 3 SchKG).

**5**. Hat ein Dritter das Pfand bestellt oder den Pfandgegenstand zu Eigentum erworben, oder dient das Grundstück als Familienwohnung, so wird dem Dritten oder dem Ehegatten des Schuldners oder des Dritten gleichfalls ein Zahlungsbefehl zugestellt. Sie können Rechtsvorschlag erheben wie der Schuldner (Art. 153 Abs. 2 SchKG).

**6**. Durch Beschwerde bei der Aufsichtsbehörde hat der Schuldner geltend zu machen, das Betreibungsamt sei für die Anhandnahme der Betreibung nicht zuständig.

**7**. Zahlungen für Rechnung der in Betreibung stehenden Forderungen können an den Gläubiger oder an das Betreibungsamt geleistet werden. Der Schuldner hat im letzteren Falle die in Art. 19 Abs. 1 der Gebührenverordnung zum SchKG vorgesehene Inkassogebühr zu bezahlen.

**8**. Der Gläubiger kann beim Betreibungsamt die Vormerkung einer Verfügungsbeschränkung im Grundbuch gemäss Art. 960 ZGB verlangen, wenn kein Rechtsvorschlag erhoben oder dieser beseitigt worden ist.

### Weitere Erläuterungen betr. Güterverbindung oder Gütergemeinschaft

Besteht zwischen dem Schuldner und seinem Ehegatten Gütergemeinschaft (Art. 221 ff. ZGB), so ist dies dem Betreibungsamt mitzuteilen, damit auch dem Ehegatten ein Zahlungsbefehl und die übrigen Betreibungsurkunden zugestellt werden können. Auch der Ehegatte kann Rechtsvorschlag erheben. Will nicht Bestand oder Höhe der Forderung bestritten, sondern nur geltend gemacht werden, dass nicht das Gesamtgut, sondern lediglich das Eigengut und der Anteil des Schuldners am Gesamtgut hafte, so ist der Rechtsvorschlag in diesem Sinne zu begründen, ansonst auch Bestand und Höhe der Forderung als bestritten gelten.

Steht die Schuldnerin unter Güterverbindung oder Gütergemeinschaft gemäss den Bestimmungen des Zivilgesetzbuches in der Fassung von 1907 (vgl. Art.9e und 10/10a Schlusstitel ZGB), so wird dem Ehegatten nur auf Verlangen des Gläubigers ein Zahlungsbefehl zugestellt. Auch der Ehegatte kann in diesem Fall Rechtsvorschlag erheben. Will nicht Bestand oder Höhe der Forderung bestritten, sondern nur geltend gemacht werden, dass lediglich das Sondergut der Schuldnerin hafte, so ist der Rechtsvorschlag in diesem Sinne zu begründen, ansonst auch Bestand und Höhe der Forderung als bestritten gelten.

### Verwertungsbegehren

Wird dem Zahlungsbefehl nicht Folge geleistet, so kann der Gläubiger frühestens **sechs Monate** und spätestens **zwei Jahre** nach Zustellung des Zahlungsbefehls beim Betreibungsamt die Verwertung des Grundpfandes verlangen.

Ist Rechtsvorschlag erhoben worden, so stehen diese Fristen zwischen der Einleitung und der Erledigung eines dadurch veranlassten gerichtlichen Verfahrens still. Wenn binnen der gesetzlichen Frist das Verwertungsbegehren nicht gestellt oder zurückgezogen und nicht erneuert wird, so erlischt die Betreibung (vgl. Art. 154 SchKG).

**Formulare für das Verwertungsbegehren können auf allen Betreibungsämtern bezogen werden.**

# § 3 Dritteigentum / Familienwohnung / Gemeinsame Wohnung / Fakultative Verfügungsbeschränkung

## 1. Dritteigentum

### 1.1 Abklärungen betreffend Dritteigentum

Die Erfahrungen haben gezeigt, dass viele Grundpfandgläubiger über die Besonderheiten in der Grundpfandbetreibung im Zusammenhang mit **Dritteigentum, Miteigentum und/oder Gesamteigentum** nicht, oder nicht genügend informiert sind. Dies führt dann oft dazu, dass die Zahlungsbefehlsabschrift an den Dritteigentümer resp. Mit- oder Gesamteigentümer im Sinne von Art. 88 VZG erst nach Stellung des Verwertungsbegehrens erfolgen kann, nachdem das Betreibungsamt anhand des eingeforderten Grundbuchauszuges erstmals das Dritteigentümerverhältnis erkennen konnte. Der Gläubiger muss deshalb in einem solchen Fall hinnehmen, dass die Verwertungsfrist für ihn somit erst mit der Zustellung **des letzten Zahlungsbefehls** zu laufen beginnt (Art. 98 Abs. 1 VZG).

Es empfiehlt sich deshalb, bei unklar abgefassten Betreibungsbegehren, die auf ein oben erwähntes Dritteigentümerverhältnis hinauslaufen könnten, diese Besonderheit bereits bei der Stellung des Betreibungsbegehrens durch Rückfragen beim Gläubiger, allenfalls beim Grundbuchamt, abzuklären und nicht erst nach Eingang des Verwertungsbegehrens.

### 1.2 Allgemeines zur Zustellung des Zahlungsbefehls an den/die Dritteigentümer

Wird vom betreibenden Gläubiger, sei es im Betreibungsbegehren, sei es im Verlaufe der Betreibung, das Pfand als im **Eigentum eines Dritten** stehend bezeichnet, oder ergibt sich dies erst im Verwertungsverfahren aus dem **Grundbuch** (Art. 100 Abs. 1 VZG), so ist dem Dritten durch Zustellung eines Zahlungsbefehls die Möglichkeit zu verschaffen, den Bestand oder die Fälligkeit der Forderung oder den Bestand des Pfandrechtes seinerseits, wie auch der Forderungsschuldner, durch Rechtsvorschlag zu bestreiten (Art. 153 Abs. 2 SchKG i.V.m. Art. 88 Abs. 1 VZG). Dies gilt nicht nur beim **klassischen Dritteigentum**, wo der betriebene Forderungsschuldner nicht Pfandeigentümer ist, sondern ein Dritter, der für den Schuldner sein Grundstück mit einem Grundpfand belastet hat, sondern gem. Art. 88 Abs. 4 und 106a VZG auch für diejenigen Fälle, wo das Pfandgrundstück im **Gesamteigentum**[7] des Schuldners steht, und auch dort, wo einem betreibenden Pfandgläubiger das zu **Miteigentum**[8] aufgeteilte Gesamtgrundstück als Ganzes verpfändet ist. Dieses erwähnte Verfahren gilt es auch dann anzuwenden, wenn die beteiligten Gesamt-, resp. Miteigentümer allenfalls solidarisch betrieben wurden[9].

---

[7]  BGE 77 III 30 ff.
[8]  BGE 42 III 2; 67 III 107 ff., 115 III 120 ff.
[9]  BGE 77 III 33 E. 3.

Das besagte Verfahren kommt allerdings dort **nicht** zur Anwendung, wo dem Grundpfandgläubiger nur der jeweilige Miteigentumsanteil eines einzelnen Eigentümers verpfändet ist, und der Gläubiger nur diesen Miteigentumsanteil im Sinne von Art. 73 ff. VZG in die Pfandbetreibung einbeziehen kann (vgl. hinten § 28, Ziff. 3.4).

Das Recht um Zustellung eines Zahlungsbefehls kann jedoch derjenige Dritteigentümer, der das Grundstück erst nach der Vormerkung einer Verfügungsbeschränkung im Grundbuch (fakultative Verfügungsbeschränkung gem. Art. 90 VZG oder obligatorische Verfügungsbeschränkung gem. Art. 97 VZG) erworben hat, **nicht** mehr beanspruchen (Art. 88 Abs. 2 VZG).

## 1.3 Form der Zustellung des Zahlungsbefehls an den/die Dritteigentümer; Betreibungskosten

Für die Praxis heisst dies also, dass in den erwähnten Fällen, nebst dem betriebenen Forderungsschuldner, auch allen andern am Grundstück beteiligten Mit-, resp. Gesamteigentümern, **unter der gleichen Betreibungsnummer**, eine Zahlungsbefehlsabschrift als «Dritteigentümer» zuzustellen ist. Somit bedarf es der Ausfertigung soviel weiterer doppelter Zahlungsbefehlsgarnituren, als weitere betroffene Mit- resp. Gesamteigentümer in das erwähnte Betreibungsverfahren miteinbezogen werden müssen. Die **erste Ausfertigung des weiteren Zahlungsbefehls** ist für den «Dritteigentümer» bestimmt, die **zweite Ausfertigung des weiteren Zahlungsbefehls** für die Rücksendung an den Gläubiger. Bei allfälligen Solidarbetreibungen, wo jede Betreibung in einer eigenen Betreibungsnummer geführt wird, vervielfachen sich deshalb in den oben erwähnten Betreibungsfällen im Zusammenhang mit Dritteigentum, Miteigentum und/oder Gesamteigentum, die Doppelausfertigungen der Zahlungsbefehle um die Anzahl Solidarbetreibungen.

Es ist darauf zu achten, dass der Zahlungsbefehl **jeweils getrennt**, d.h. je an den Schuldner und an den/die Dritteigentümer zugestellt wird, damit alle diese erwähnten Empfänger eines Zahlungsbefehls ihre Rechte in der Grundpfandbetreibung (selbst) wahrnehmen können. Es soll deshalb vermieden werden, dass z.B. der betriebene Schuldner «seinen» Zahlungsbefehl als Forderungsschuldner und gleichzeitig in der Ersatzzustellung auch noch denjenigen für seine Ehefrau (z.B. als Miteigentümerin oder Gesamteigentümerin) erhält.

Was die **Betreibungskosten** für diese Zusatzausfertigungen der Zahlungsbefehle betrifft, wird auf Art. 16 Abs. 2 GebV SchKG verwiesen.

## 1.4 Rechtsvorschlag bei Dritteigentum

Jeder Dritteigentümer (siehe vorgehende Ziff. 1.3) kann innerhalb von **zehn Tagen**, seit der Zustellung des Zahlungsbefehls, wie der betriebene Forderungsschuldner, Rechtsvorschlag erheben und dies nicht nur bezüglich der Forderung, sondern auch betreffend den Pfandrechten (Grundpfand und Ausdehnung der Pfandhaft auf die Miet- oder Pachtzinse [Miet- und/oder Pachtzinssperre]). Der von einem Dritteigentümer erhobene Rechtsvorschlag hemmt somit den Fortgang der Betreibung auch gegenüber dem Forderungsschuldner (Art. 153 Abs. 2 SchKG letzter Satz i.V.m. Art. 88 Abs. 1 und 3 VZG).

## 2. Zahlungsbefehl im Zusammenhang mit der Familienwohnung oder der gemeinsamen Wohnung

Nebst dem Schuldner und allenfalls dem Dritten, resp. den Dritten, ist gem. Art. 153 Abs. 2 lit. b SchKG i.V.m. Art. 88 Abs. 1 VZG auch dem Ehegatten des Schuldners oder des Dritten, der eingetragenen Partnerin oder dem eingetragenen Partner des Schuldners oder des Dritten, falls das verpfändete Grundstück als Familienwohnung (Art. 169 ZGB) oder als gemeinsame Wohnung (Art. 14 PartG) dient, ebenfalls ein Zahlungsbefehl zuzustellen. Alle diese Personen können Rechtsvorschlag erheben wie der Schuldner (Art. 153 Abs. 2 und Abs. 2[bis] SchKG).

Im Weiteren finden die unter den vorgehenden Ziff. 1.1–1.4 gemachten Ausführungen sinngemäss Anwendung.

Erläuterungen zum Begriff Familienwohnung oder gemeinsame Wohnung, siehe vorne § 2 Ziff. 1.4.

## 3. Gemeinsame Bestimmungen

Das Betreibungsverfahren kann gem. Art. 88 Abs. 3 VZG gegen den Dritteigentümer nur fortgeführt werden, soweit dies auch gegen den persönlichen Schuldner (Forderungsschuldner) möglich ist. Zudem sind auch beim Dritteigentümer, resp. beim Ehegatten, der eingetragenen Partnerin oder beim eingetragenen Partner des Schuldners oder des Dritten, falls das verpfändete Grundstück diesen Personen als Familienwohnung (Art. 169 ZGB) oder als gemeinsame Wohnung (Art. 14 PartG) dient, die Vorschriften betr. den Rechtsstillstand (Art. 57-62 SchKG), das Verwertungsverbot während der Nachlassstundung[10] (Art. 297 Abs. 1 SchKG) oder während der Ausschlagungsfrist (Deliberationsfrist) gem. Art. 567 ZGB zu beachten.

Für die Weiterführung der Betreibung hat der Gläubiger somit nicht nur den Rechtsvorschlag des Forderungsschuldners, sondern auch zusätzlich einen allfälligen Rechtsvorschlag eines Dritteigentümers (resp. aller am Grundpfand beteiligten Dritteigentümer), sowie einen allfälligen Rechtsvorschlag des Ehegatten, der eingetragenen Partnerin oder des eingetragenen Partners des Schuldners oder des Dritten zu beseitigen[11], sofern diesen das verpfändete Grundstück als Familienwohnung (Art. 169 ZGB) oder als gemeinsame Wohnung (Art. 14 PartG) dient.

---

[10] BGE 51 III 236; 67 III 110; BGE 101 III 72 ff: Keine Verwertung des Grundstückes, wenn dem Dritteigentümer eine Aufschubsbewilligung nach Art. 123 SchKG gewährt wurde.
[11] BGE 67 III 107; 77 III 30 ff.

## 4.     Konkurs des persönlich haftenden Schuldners

Gemäss Art. 206 SchKG können gegen den Gemeinschuldner während der Dauer des Konkursverfahrens keine Betreibungen angehoben werden. Eine Ausnahme ergibt sich allerdings dort, wo der sich in Konkurs befindliche Schuldner wohl Forderungsschuldner, aber nicht zugleich auch Grundpfandeigentümer ist. Trifft dies zu, kann gem. Art. 89 VZG die Betreibung auf Grundpfandverwertung gegen den Gemeinschuldner und den Dritteigentümer auch während des Konkursverfahrens durchgeführt werden. Dies gilt auch dann, wenn das Pfandgrundstück im Mit- oder Gesamteigentum des Schuldners steht.

## 5.     Fakultative Verfügungsbeschränkung

Gemäss Art. 155 Abs. 1 SchKG i.V.m. Art. 97 Abs. 1 VZG hat das Betreibungsamt nach Eingang des Verwertungsbegehrens von Amtes wegen eine Verfügungsbeschränkung (Art. 960 ZGB) mit Formular VZG 2 (EDV 7002) **«Anmeldung zur Vormerkung einer Verfügungsbeschränkung im Grundbuch»** (vgl. hinten § 8 Ziff. 5) beim Grundbuchamt zu veranlassen. Von dieser **obligatorischen Verfügungsbeschränkung** ist die **fakultative Verfügungsbeschränkung** gem. Art. 90 VZG zu unterscheiden. Auf besonderen Antrag des betreibenden Grundpfandgläubigers hin hat das Betreibungsamt deshalb schon **vor** Eingang des Verwertungsbegehrens die Anmeldung der fakultativen Verfügungsbeschränkung beim Grundbuchamt zu veranlassen, sofern nachfolgende Voraussetzungen gegeben sind:

>> Wenn ein Rechtsvorschlag nicht oder nicht in rechtsgültiger Form oder nicht innert Frist angehoben wurde;

oder

>> der gültig erhobene Rechtsvorschlag durch Urteil im Rechtsöffnungs- oder im ordentlichen Prozessverfahren oder durch Rückzug rechtskräftig beseitigt worden ist.

Der Gläubiger ist berechtigt, den Erlass der fakultativen Verfügungsbeschränkung nicht nur mit der Einleitung des Betreibungsbegehrens zu verlangen, sondern bis vor Stellung des Verwertungsbegehrens.

Die fakultative wie auch die obligatorische Verfügungsbeschränkung (Art. 90 VZG, resp. Art. 97 VZG) haben nicht den Sinn einer Grundbuchsperre. Sie bewirken jedoch, dass der spätere Erwerber eines mit einer Verfügungsbeschränkung belasteten Grundstückes nicht nachträglich noch als Dritteigentümer in das Betreibungsverfahren einbezogen werden kann (Art. 100 Abs. 1 und 2 VZG).

**6.     Tafel 2**

**Einleitung der Betreibung auf Verwertung eines Grundpfandes <u>mit</u> Begehren um Erlass einer fakultativen Verfügungsbeschränkung gemäss Art. 90 VZG**

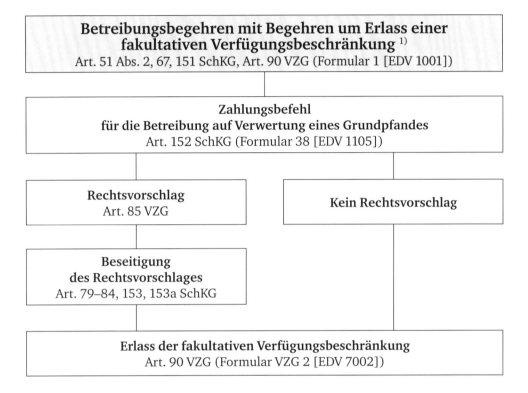

| **Betreibungsbegehren mit Begehren um Erlass einer fakultativen Verfügungsbeschränkung** [1] |
| Art. 51 Abs. 2, 67, 151 SchKG, Art. 90 VZG (Formular 1 [EDV 1001]) |

| **Zahlungsbefehl** |
| **für die Betreibung auf Verwertung eines Grundpfandes** |
| Art. 152 SchKG (Formular 38 [EDV 1105]) |

| **Rechtsvorschlag** | **Kein Rechtsvorschlag** |
| Art. 85 VZG | |

| **Beseitigung** |
| **des Rechtsvorschlages** |
| Art. 79–84, 153, 153a SchKG |

| **Erlass der fakultativen Verfügungsbeschränkung** |
| Art. 90 VZG (Formular VZG 2 [EDV 7002]) |

[1]  Das Begehren um Erlass einer fakultativen Verfügungsbeschränkung kann auch erst nach der Einleitung der Grundpfandbetreibung bis zum Zeitpunkt der Stellung des Verwertungsbegehrens gestellt werden.

# ZWEITER ABSCHNITT

## Ausdehnung der Pfandhaft auf die Miet- und/oder Pachtzinse (Miet- und/oder Pachtzinssperre)

## § 4 Miet- und/oder Pachtzinssperre/«Reduzierte» Verwaltung

### 1. Ausdehnung der Grundpfandhaft auf die Miet- und/oder Pachtzinsforderungen

#### 1.1 Allgemeines

Die Pfandhaft gem. Art. 805 ZGB umfasst sowohl das **verpfändete Grundstück** mit Einschluss aller **Bestandteile** sowie auch aller **Zugehör**. Die Grundpfandhaft erstreckt sich nach Art. 806 ZGB auch auf die **Miet- und/oder Pachtzinsforderungen,** die als Ertrag des Pfandgrundstückes seit Anhebung der Betreibung auf Verwertung des Grundpfandes (oder seit der Konkurseröffnung über den Schuldner) bis zur Verwertung auflaufen, sofern das Grundstück vermietet oder verpachtet ist[12].

Die Ausdehnung der Grundpfandhaft auf die Miet- und/oder Pachtzinserträgnisse gem. Art. 806 ZGB (Erlass der Miet- und/oder Pachtzinssperre[13] nach Art. 91 VZG) wird nach Einleitung der Grundpfandbetreibung **nicht** von selbst angeordnet, vielmehr hat der Grundpfandgläubiger diese im Betreibungsbegehren oder noch nachträglich ausdrücklich zu verlangen (Art. 152 Abs. 2 SchKG i.V.m. Art. 91 Abs. 1 VZG), vgl. vorne § 2 Ziff. 1.3.

#### 1.2 Auslegung der «reduzierten» Verwaltung infolge Grundpfandbetreibung mit Ausdehnung der Pfandhaft auf die Miet- und/oder Pachtzinse

Bei der Verwaltung infolge Grundpfandbetreibung mit der Ausdehnung der Pfandhaft auf die Miet- und/oder Pachtzinse (Art. 91 VZG), handelt es sich nur um eine **«reduzierte» Verwaltung**, wo die in Art. 94 VZG aufgezählten Pflichten des Betreibungsamtes während der Zinssperre weniger weit gehen, wie in der Verwaltung nach Art. 16–22 VZG infolge Pfändung, resp. nach der Stellung des Verwertungsbegehrens in der Grundpfandbetreibung (Art. 101 VZG)[14]. Die Massnahmen nach Art. 94 VZG bezwecken im Grunde genommen lediglich die **Sicherung der Miet- und/oder Pacht-**

---

[12]  BGE 77 III 119 ff.: Nicht der Miet- und Pachtzinssperre (Art. 806 ZGB, 91 ff. VZG) unterliegen hingegen, wenn das auf dem Grundstück betriebene Hotel mit Restaurant nicht vermietet oder verpachtet ist, die Forderungen des Eigentümers an Hotelgäste und Restaurantbesucher, noch, falls er das Haus durch einen Geranten führen lässt, seine Guthaben an diesen.

[13]  BGE 117 III 33 ff.: Gesetzliche Grundlagen für die Miet- und Pachtzinssperre.

[14]  BGE 109 III 46 ff. E. 1 lit. b und c; 117 III 35/36 E. 3; BGE 129 III 90.

**zinseinnahmen** bei der ausgedehnten Pfandhaft auf die Miet- und/oder Pachtzins-forderungen im Sinne von Art. 806 Abs. 1 ZGB. Bei der «**umfassenden**» Verwaltung nach Art. 16–22 i.V.m. Art. 101 VZG geht es demgegenüber um Erhalt von Ertragskraft und Wert des Grundstückes insgesamt. Nebst einem erweiterten Aufgabenkreis, wo die Aufgaben des Betreibungsamtes in **ordentliche** (Art. 17 VZG) und **ausserordent-liche** Verwaltungsmassnahmen (Art. 18 VZG) unterteilt werden, erwähnt das Gesetz nebst der Miet- und/oder Pachtzinsverwaltung zusätzlich auch die Bewirtschaftung des Grundstückes (Art. 16 Abs. 1 i.V.m. Art. 101 Abs. 1 VZG).

## 2. Abwicklung der Miet- und/oder Pachtzinssperre; Erlass von Anzeigen

a) **Prüfen des Betreibungsbegehrens** <u>mit</u> Begehren um Erlass der Miet- und/oder Pachtzinssperre nach Art. 91 VZG (Ausdehnung der Pfandhaft auf die Miet- und/oder Pachtzinse gem. Art. 806 ZGB).

b) **Zustellung des Zahlungsbefehls** (Formular 38 [EDV 1105]): «**Zahlungsbefehl für die Betreibung auf Verwertung eines Grundpfandes**» (vgl. vorne § 2 Ziff. 5) an den Schuldner und allenfalls an den/die Dritteigentümer sowie evtl. an den Ehe-gatten, die eingetragene Partnerin oder an den eingetragenen Partner des Schuld-ners oder des Dritten, falls das verpfändete Grundstück diesen Personen als Fami-lienwohnung (Art. 169 ZGB) oder als gemeinsame Wohnung (Art. 14 PartG) dient, sofern nicht schon erfolgt, vgl. auch vorne § 2 Ziff. 2.

c) Abklären, ob und welche **Miet- oder Pachtverträge** auf dem Pfandgrundstück be-stehen (Art. 91 Abs. 1 VZG). Dies geschieht in der Regel durch **Einvernahme des Schuldners, resp. des Pfandeigentümers.**

Steht fest, dass das Pfandgrundstück **vermietet oder verpachtet** ist, hat das Betrei-bungsamt nachfolgende weitere Abklärungen vorzunehmen und dementsprechend die notwendigen Mitteilungen und Verfügungen zu erlassen, siehe nachfolgende lit. d–l:

d) Prüfen anhand des Mietvertrages, ob allenfalls vom Mieter im Sinne von Art. 257e OR eine **Mietzinskaution** geleistet wurde. Im Weiteren siehe dazu hinten § 10 Ziff. 1 lit. d.

e) Abklären von bestehenden **Schadensversicherungsverträgen** betr. das vermietete oder verpachtete Pfandgrundstück, wie z.B.: Gebäudeversicherung gegen Feuer- und Elementarschäden, Haushaftpflichtversicherung usw.

Besteht z.B. eine **Schaden- und/oder Haftpflichtversicherung,** hat das Betrei-bungsamt dem Versicherer im Sinne von Art. 57 VVG Mitteilung zu machen.

Besteht z.B. **keine Haushaftpflichtversicherung**, so ist der Abschluss einer sol-chen für die Zeit der Verwaltung (resp. bis zur durchgeführten Verwertung) zum Schutz des Betreibungsamtes, resp. des Schuldners oder Pfandeigentümers emp-fehlenswert, ja sogar im Hinblick auf die Besichtigung des Grundstückes von Kaufinteressenten für die Versteigerung und zur Gewährung des Versicherungsschutzes für Mieter, Pächter usw. unerlässlich.

Im Weiteren siehe hinten § 10 Ziff. 1 lit. e.

f) Abklärungen bezüglich allenfalls bestehender **Service-Verträge** (Heizungswartung, Küchengerätewartung, Feuerlöschanlagen usw.). Die Vertragspartner sind bezüglich der Übernahme der Zwangsverwaltung durch das Betreibungsamt schriftlich zu orientieren. Vorab sind bestehende Service-Verträge auf ihre Notwendigkeit zu prüfen und allenfalls zu kündigen.

g) Abklären von allfällig bestehenden **Verwaltungs- und/oder Bewirtschaftungs-verträgen.**

h) Eventuell Aufnahme eines Protokolls über den **Zustand des Miet- oder Pacht-grundstückes.**

i) Unmittelbar **nach der Zustellung des Zahlungsbefehls** an den Schuldner, resp. Pfandeigentümer weist das Betreibungsamt mit Formular VZG 5 (EDV 7005) «**Anzeige an die Mieter und/oder Pächter betreffend Bezahlung der Miet- und/oder Pachtzinse**» (vgl. hinten § 11 Ziff. 1.6) **die Mieter und/oder Pächter** an, unter Hinweis auf die Gefahr der Doppelzahlung, die von nun an fällig werdenden Miet- und/oder Pachtzinse an das Betreibungsamt zu bezahlen (Art. 91 Abs. 1 VZG). Diese Anzeige ist auch während der Betreibungsferien sowie während eines dem Schuldner oder Pfandeigentümer gewährten Rechtsstillstandes zu erlassen, sofern der Zahlungsbefehl schon vor Beginn der Ferien oder des Rechtsstillstandes ausgestellt worden ist (Art. 91 Abs. 2 VZG). Den Zinsschuldnern gegenüber ist die Pfandhaft der Miet- und/oder Pachtzinse jedoch erst wirksam, nachdem ihnen durch das Betreibungsamt von der Miet- und/oder Pachtzinssperre Mitteilung gemacht wurde (Art. 806 Abs. 2 ZGB).

Bei einer **neu eingehenden Grundpfandbetreibung** mit Ausdehnung der Pfandhaft auf die Miet- und/oder Pachtzinse (resp. bei Eingang des nachträglichen Begehrens um Erlass der Miet- und/oder Pachtzinssperre einer zeitlich vorgehenden Grundpfandbetreibung, Pfändung des betreffenden Grundstückes oder Übernahme der Verwaltung infolge Eingangs eines Verwertungsbegehrens in der Grundpfandbetreibung) ist die Anzeige an die Mieter oder Pächter **nicht** mehr zu wiederholen, sofern eine frühere Anzeige an diese noch Gültigkeit hat (Art. 91 Abs. 2 VZG).

k) Gleichzeitig mit dem Erlass der Anzeige an die Mieter und/oder Pächter ist dem **Pfandeigentümer** mit Formular VZG 6 (EDV 7006) «**Anzeige an den Grundeigentümer betr. Einzug der Miet- und/oder Pachtzinse**» (vgl. hinten § 11 Ziff. 1.7) anzuzeigen, dass die von nun an fällig werdenden Miet- und/oder Pachtzinse[15] infolge gegen ihn angehobener Grundpfandbetreibung mit Ausdehnung der Pfandhaft auf die Miet- oder Pachtzinse durch das Betreibungsamt eingezogen werden.

Im erwähnten Formular wird ihm im Weiteren unter Straffolge angedroht, dass es ihm nicht mehr gestattet sei, Rechtsgeschäfte über noch nicht verfallene Miet- oder

---

[15]  BGE 64 III 26 ff.

Pachtzinsforderungen abzuschliessen, oder diesbezüglich Miet- oder Pachtzins-zahlungen entgegenzunehmen (Art. 92 Abs. 1 VZG). Dieser Anzeige ist beigefügt, dass der Pfandeigentümer, welcher die Einrede erheben will, **das Pfandrecht er-strecke sich nicht auch auf die Miet- und/oder Pachtzinse oder nur auf einen Teil davon,** dies dem Betreibungsamt innert **zehn Tagen** seit Empfang der Anzeige, unter Angabe der Gründe und allfällig des bestrittenen Teilbetrages, mitzuteilen hat (Art. 92 Abs. 2 VZG). Durch den Grundeigentümer nach Erhalt der erwähnten Verfügung getroffene Rechtsgeschäfte betreffend noch nicht verfallene Miet- und/oder Pachtzinsforderungen bezüglich des in Verwaltung genommenen Grund-stückes sind für den betreibenden Gläubiger nicht wirksam (Art. 806 Abs. 3 ZGB).

l) **Zusätzlich bei Stockwerkeigentum:** Bei einer vermieteten oder verpachteten Stockwerkeigentumseinheit ist dem **Verwalter der Stockwerkeigentümerge-meinschaft** die Mietzinssperre gegen den Stockwerkeigentümer in dem Sinne an-zuzeigen, dass er während der Dauer der Mietzinssperre dem Betreibungsamt die betr. die vermietete oder verpachtete Stockwerkeigentumseinheit **fällig werden-den Beiträge an die Stockwerkeigentümergemeinschaft** (Art. 712h ZGB) mitzu-teilen hat (inkl. Beiträge in den Erneuerungsfonds). Ferner sind dem Betreibungs-amt periodisch die **Verwaltungsabrechnungen** zuzustellen.

## 3.  Aufgaben des Betreibungsamtes während der Miet- und/oder Pachtzinssperre («reduzierte» Verwaltung)

Das Betreibungsamt hat nach Erlass der Anzeigen an die Mieter und/oder Pächter (Art. 91 VZG) gem. Art. 94 VZG alle zur **Sicherung** und zum Einzug der Miet- und/oder Pachtzinse erforderlichen Massnahmen anstelle des Schuldners oder Pfandeigen-tümers zu treffen, wie:

a) **Einzug** der Miet- und/oder Pachtzinse.

Wohnt der Schuldner, resp. der Pfandeigentümer selbst im Pfandgrundstück, kann er gem. Art. 19 i.V.m. Art. 101 Abs. 1 VZG **bis zur Verwertung desselben weder zur Bezahlung einer Entschädigung** für die von ihm benutzten Wohn- und Ge-schäftsräume verpflichtet, **noch zu deren Räumung genötigt werden.** Dieser für die Pfändung aufgestellte Grundsatz ist gem. bundesgerichtlicher Rechtspre-chung[16] sinngemäss in der Grundpfandbetreibung anwendbar, sobald die eigentli-che Verwaltung des Betreibungsamtes infolge Verwertungsbegehrens einsetzt und natürlich um so mehr bei blosser Miet- und/oder Pachtzinssperre.

b) **Anhebung der Betreibung** gegen säumige Mieter oder Pächter, evtl. Geltendma-chung des **Retentionsrechtes** nach Art. 283 SchKG i.V.m. Art. 268 ff. und 299c OR.

c) **Vornahme** von **Kündigungen** an Mieter oder Pächter[17].

---

[16]  BGE 77 III 122.
[17]  BGE 109 III 47: Erlass von Kündigungen an Mieter oder Pächter fallen auch während der Miet- und Pachtzinssperre in die Kompetenz des Betreibungsamtes.

d) Allenfalls anordnen der **Ausweisung** von Mietern und Pächtern (Kanton Zürich: § 307 ZPO)[18].

e) **Entgegennahme** von **Kündigungen**.

f) Vornahme von **Neuvermietungen**.

g) Abschluss und Erneuerung der **üblichen Versicherungsverträge**, siehe dazu auch vorgehende Ziff. 2 lit. e.

h) Anordnung **dringlicher Reparaturen,** die erforderlich sind, um das vermietete oder verpachtete Grundstück in Stand zu halten und drohenden Schaden abzuwenden (bei Stockwerkeigentum nur betreffend der vermieteten oder verpacheteten Stockwerkeigentumseinheit). Bei **grösseren Reparaturen** wird auf Art. 18 i.V.m. Art. 101 Abs. 1 VZG verwiesen, siehe dazu hinten § 11 Ziff. 1.4.

i) **Bezahlung** aus den eingegangenen Miet- oder Pachtzinseinnahmen der nachfolgenden laufenden **Auslagen und Abgaben**, die während der Dauer der Verwaltung betr. das vermietete oder verpachtete Pfandgrundstück fällig werden, wie u.a. für:
   > Dringliche Reparaturen.
   > Laufende Abgaben[19] für Gas, Wasser, Elektrizität, Kehrichtabfuhr und dergleichen.
   > Versicherungsprämien für Schadensversicherungen.
   > Auslagen für Serviceverträge.

   Die während der Verwaltungsperiode fällig werdenden oder vorher fällig gewordenen **Grundpfandzinse, Baurechtszinse**[20]**, Amortisationen oder Annuitäten** dürfen gem. Art. 17 i.V.m. Art. 101 Abs. 1 VZG jedoch **nicht** bezahlt werden.

k) **Zusätzlich bei Stockwerkeigentum:** Bei einer **Stockwerkeigentumseinheit** sind m.E. nebst den vorne unter lit. i erwähnten Auslagen aus den eingegangenen Miet- und/oder Pachtzinsen auch die **Beiträge an die Stockwerkeigentümergemeinschaft (Art. 712h ZGB)** zu bezahlen (inkl. Beiträge in den Erneuerungsfonds), die während der Dauer der Miet- und/oder Pachtzinssperre fällig werden.

l) **Zusätzlich bei Stockwerkeigentum:** Meines Erachtens hat das Betreibungsamt den Schuldner, resp. den Pfandeigentümer bei der **Versammlung der Stockwerkeigentümergemeinschaft** nicht schon während der Dauer der Mietzinssperre zu vertreten, sondern erst ab Stellung des Verwertungsbegehrens, da die Verwaltung der Stockwerkeigentumseinheit während der Dauer der Miet- und/oder Pachtzinssperre lediglich eine «reduzierte» Verwaltung im Sinne der vorgehenden Ziff. 1.2 ist. Die **Begründung** ergibt sich aus Art. 101 Abs. 1 i.V.m. Art. 94 Abs. 1 VZG: indem Art. 23c VZG, der die Vertretung des Schuldners durch das Betreibungsamt an der Stockwerkeigentümerversammlung vorsieht, erst nach Stellung des Verwertungsbegehrens zur Anwendung kommt. Im Zusammenhang mit der beschränkten Verwaltung nach Art. 94 Abs. 1 VZG hat das Betreibungsamt in diesem Stadium des

---

[18]  BGE 109 III 47: Mieter oder Pächter ausweisen zu lassen, fallen auch während der Miet- und Pachtzinssperre in die Kompetenz des Betreibungsamtes.
[19]  BGE 62 III 56 ff.: Begriff für laufende Abgaben.
[20]  BGE 129 III 90.

Betreibungsverfahrens anstelle des Schuldners, resp. des Pfandeigentümers, lediglich die zur Sicherung und zum Einzug der Miet- und/oder Pachtzinse erforderlichen Massnahmen zu treffen.

m) Eventuell Abschluss eines **Verwaltungsvertrages** mit einem Dritten, vgl. nachfolgende Ziff. 5 und hinten § 11 Ziff. 1.8.

n) Sollte sich ergeben, dass die Miet- oder Pachtzinseinnahmen des Grundstückes die **voraussichtlichen Kosten und Gebühren** während der amtlichen Miet- und/oder Pachtzinssperre **nicht decken werden**, so ist vom Gläubiger im Sinne von Art. 16 Abs. 4 i.V.m. Art. 101 Abs. 1 VZG ein entsprechender **Kostenvorschuss**[21] zu verlangen (Formular 43 [EDV 1004], siehe § 8 Ziff. 7), mit der Androhung, dass bei Nichtleistung die Miet- und/oder Pachtzinssperre aufgehoben wird.

o) Für jeden Mieter oder Pächter ist eine separate **Mietzinskontrolle** anzulegen, falls mehrere Miet- oder Pachtverhältnisse bestehen.

p) Während der Dauer der Verwaltung sind die diesbezüglichen Miet- und/oder Pachtverträge, Verwaltungsverträge, Hauswartverträge, Versicherungspolicen, Serviceverträge usw. vom Betreibungsamt in **Verwahrung** zu nehmen.

q) Im Kanton Zürich hat das Betreibungsamt die Übernahme der Verwaltung in der **Verwaltungskontrolle** einzutragen.

## 4.     Buchhaltung

In der **Buchhaltung** ist ein separates **Verwaltungskonto** zu eröffnen für sämtliche die Verwaltung betreffenden Einnahmen und Ausgaben.

Das Betreibungsamt hat über die **Einnahmen** und **Ausgaben** der Verwaltung laufend eine spezifizierte Rechnung zu führen. Daneben hat das Amt auch über die Kosten der Verwaltung eine separate Rechnung zu erstellen (Art. 20, 21 i.V.m. Art. 101 Abs. 1 VZG und Art. 15 und 16 Anl. VZG [siehe hinten § 35]).

**Verwendung der Miet- und/oder Pachtzinseinnahmen,** siehe hinten § 6.

## 5.     Verwaltung durch einen Dritten

Das Betreibungsamt kann gem. Art. 94 Abs. 2 VZG alle während der Dauer der Mietzinssperre zur Sicherung und zum Einzug der Miet- und/oder Pachtzinse erforderlichen Massnahmen (Art. 94 Abs. 1 VZG), auf seine Verantwortung hin, einem **Dritten** übertragen. Hat der Schuldner, resp. Pfandeigentümer vertraglich mit der Verwaltung einen Dritten beauftragt, so kann das Betreibungsamt im Sinne von Art. 94 Abs. 2 VZG die Verwaltung beim Dritten belassen. Das Betreibungsamt ist jedoch auch in diesem Fall berechtigt, die Verwaltung selbst zu übernehmen. Der Dritte ist allerdings darüber zu informieren.

---

[21]   BGE 64 III 53 ff.

Wird ein Dritter mit der Verwaltung beauftragt, oder wird sie beim Dritten belassen, hat das Betreibungsamt mit dem Dritten einen entsprechenden **Verwaltungsvertrag** abzuschliessen, vgl. dazu hinten § 11 Ziff. 1.8.

## 6.  Tafel 3

### Einleitung der Betreibung auf Verwertung eines Grundpfandes mit Ausdehnung der Pfandhaft auf die Miet- oder Pachtzinse und Zinsensperre gemäss Art. 806 ZGB i.V.m. Art. 91 und 92 VZG

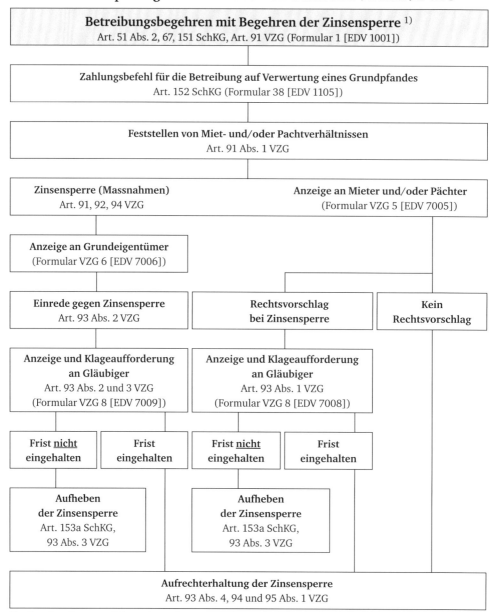

**Betreibungsbegehren mit Begehren der Zinsensperre** [1]
Art. 51 Abs. 2, 67, 151 SchKG, Art. 91 VZG (Formular 1 [EDV 1001])

**Zahlungsbefehl für die Betreibung auf Verwertung eines Grundpfandes**
Art. 152 SchKG (Formular 38 [EDV 1105])

**Feststellen von Miet- und/oder Pachtverhältnissen**
Art. 91 Abs. 1 VZG

**Zinsensperre (Massnahmen)**
Art. 91, 92, 94 VZG

**Anzeige an Mieter und/oder Pächter**
(Formular VZG 5 [EDV 7005])

**Anzeige an Grundeigentümer**
(Formular VZG 6 [EDV 7006])

**Einrede gegen Zinsensperre**
Art. 93 Abs. 2 VZG

**Rechtsvorschlag bei Zinsensperre**

**Kein Rechtsvorschlag**

**Anzeige und Klageaufforderung an Gläubiger**
Art. 93 Abs. 2 und 3 VZG
(Formular VZG 8 [EDV 7009])

**Anzeige und Klageaufforderung an Gläubiger**
Art. 93 Abs. 1 VZG
(Formular VZG 8 [EDV 7008])

**Frist nicht eingehalten**

**Frist eingehalten**

**Frist nicht eingehalten**

**Frist eingehalten**

**Aufheben der Zinsensperre**
Art. 153a SchKG,
93 Abs. 3 VZG

**Aufheben der Zinsensperre**
Art. 153a SchKG,
93 Abs. 3 VZG

**Aufrechterhaltung der Zinsensperre**
Art. 93 Abs. 4, 94 und 95 Abs. 1 VZG

[1]  Das Begehren um Erlass einer Zinsensperre kann auch noch nachträglich gestellt werden[22].

---

[22]  BGE 121 III 187.

# § 5   Rechtsvorschlag bei der Miet- und/oder Pachtzinssperre / Einrede gegen die Miet- und/ oder Pachtzinssperre

## 1.   Rechtsvorschlag und/oder Einrede gegen die Miet- und/ oder Pachtzinssperre

### 1.1   Rechtsvorschlag bei der Miet- und/oder Pachtzinssperre

Haben der Schuldner und/oder der/die Pfandeigentümer und/oder der Ehegatte, die eingetragene Partnerin oder der eingetragene Partner des Schuldners oder des Dritten, falls das verpfändete Grundstück diesen Personen als Familienwohnung (Art. 169 ZGB) oder als gemeinsame Wohnung (Art. 14 PartG) dient, gegen den Zahlungsbefehl in der Grundpfandbetreibung **mit Ausdehnung der Pfandhaft auf die Miet- oder Pachtzinse** (Art. 91 VZG) **Rechtsvorschlag** erhoben, fordert das Betreibungsamt den Gläubiger mit Formular VZG 8 (EDV 7008) **«Anzeige und Klageaufforderung an den Gläubiger gemäss Art. 93 VZG betreffend Rechtsvorschlag in der Grundpfandbetreibung mit Zinsensperre»** (vgl. nachfolgende Ziff. 1.4) auf, innerhalb **zehn Tagen** entweder direkt Klage auf Anerkennung der Forderung und Feststellung des Pfandrechts anzuheben oder ein Rechtsöffnungsbegehren zu stellen, und wenn dieses abgewiesen werden sollte, innerhalb **zehn Tagen** seit rechtskräftiger Abweisung den ordentlichen Prozess auf Feststellung der Forderung und des Pfandrechts einzuleiten (Art. 153a SchKG i.V.m. Art. 93 Abs. 1 VZG)[23].

Ein allfälliger **Rechtsvorschlag** des Schuldners verhindert allerdings die Anordnung der Miet- und/oder Pachtzinssperre des Amtes nach Art. 91 ff. VZG nicht[24].

### 1.2   Einrede gegen die Miet- und/oder Pachtzinssperre

Hat der Pfandeigentümer, resp. der Schuldner (sofern er Grundeigentümer des Pfandes ist) die **Einrede** erhoben, dass sich das Pfandrecht in der Grundpfandbetreibung **mit Ausdehnung der Pfandhaft auf die Miet- und/oder Pachtzinse** nicht auch auf die Miet- und/oder Pachtzinse, oder nur auf einen Teil davon erstrecke, fordert das Betreibungsamt den Gläubiger mit Formular VZG 8 (EDV 7009) **«Anzeige und Klageaufforderung an den Gläubiger gemäss Art. 93 Abs. 2 VZG betreffend Bestreitung der Zinsensperre in der Grundpfandbetreibung»** (vgl. nachfolgende Ziff. 1.5) auf, innerhalb **zehn Tagen** Klage auf Feststellung des bestrittenen Pfandrechts an den Miet- und/oder Pachtzinsen anzuheben (Art. 93 Abs. 2 VZG)[25].

---

[23]   BGE 126 III 482.
[24]   BGE 71 III 52 ff.
[25]   BGE 71 III 57 E. 3.

## 1.3     Wirkung der Klagefristansetzung

Die in den vorgehenden Ziff. 1.1 und 1.2 erwähnten Aufforderungen[26] erfolgen mit der Androhung, dass falls die dem betreibenden Gläubiger angesetzten Fristen nicht eingehalten werden, die an die Mieter und/oder Pächter erlassenen Anzeigen widerrufen oder, bei bloss teilweiser Bestreitung der Miet- und/oder Pachtzinssperre, entsprechend eingeschränkt und dass die allfällig bereits bezahlten Miet- und/oder Pachtzinsbeträge, bei bloss teilweiser Bestreitung der Miet- und/oder Pachtzinssperre, die bestrittenen Teilbeträge dem Vermieter oder Verpächter herausgegeben werden (Art. 153a Abs. 3 SchKG i.V.m. Art. 93 Abs. 3 VZG).

Werden die Fristen eingehalten, so bleibt die Miet- und/oder Pachtzinssperre in vollem Umfang, oder allfällig nur für den von der Klage festgehaltenen Teilbetrag, aufrecht (Art. 93 Abs. 4 VZG).

---

[26]  Im Kanton Zürich werden hierfür zwei EDV-Formulare verwendet: 1. Formular VZG 8 (EDV 7008) = Anzeige und Klageaufforderung an den Gläubiger gem. Art. 93 VZG betr. Rechtsvorschlag in der Grundpfandbetreibung mit Zinsensperre; 2. Formular VZG 8 (EDV 7009) = Anzeige und Klageaufforderung an den Gläubiger gem. Art. 93 Abs. 2 VZG betr. Bestreitung der Zinsensperre in der Grundpfandbetreibung, siehe dazu auch hinten § 36.

## 1.4 Formular: Anzeige und Klageaufforderung an den Gläubiger gemäss Art. 93 VZG betreffend Rechtsvorschlag in der Grundpfandbetreibung mit Zinsensperre

>> Formular VZG 8 (EDV 7008)

### Betreibungs- und Gemeindeammannamt Hausen am Albis

In der Rüti 10   8915 Hausen a.A.   Telefon 044 764 16 75   Postkonto 80-1507-5

**Briefadresse:**
In der Rüti 10
8915 Hausen a.A.

Einschreiben

Hausen a.A.,                                                Betreibung Nr.

### Anzeige und Klageaufforderung an den Gläubiger gemäss Art. 93 VZG betreffend Rechtsvorschlag in der Grundpfandbetreibung mit Zinsensperre

Schuldner:
Ref.
Pfandeigentümer:
Forderung:              Fr.

In der laufenden Betreibung auf Grundpfandverwertung mit Zinsensperre (Art. 91 VZG) hat nachfolgender Empfänger des Zahlungsbefehls Rechtsvorschlag erhoben:

☐  Schuldner              ☐  Pfandeigentümer              ☐  Dritteigentümer

☐  Ehegatte des Schuldners   ☐  Ehegatte des Dritteigentümers

**Es wird Ihnen hiermit eine Frist von 10 Tagen, vom Empfang dieser Anzeige an gerechnet, angesetzt, um entweder Klage auf Anerkennung Ihrer Forderung oder Feststellung des Pfandrechtes anzuheben oder ein Rechtsöffnungsbegehren zu stellen.** Falls Sie damit abgewiesen werden sollten, haben Sie innerhalb von **10 Tagen** seit der rechtskräftigen Abweisung den ordentlichen Prozess auf Feststellung der Forderung oder des Pfandrechts einzuleiten.

Die an die Mieter/Pächter erlassenen Anzeigen betreffend Bezahlung der Miet-/Pachtzinse werden widerrufen oder bei bloss teilweiser Bestreitung der Mietzins-/Pachtzinssperre entsprechend eingeschränkt und allfällig dem Betreibungsamt bereits bezahlte Miet-/Pachtzinse, bei bloss teilweiser Bestreitung der Zinsensperre die bestrittenen Teilbeträge, dem Vermieter/Verpächter herausgegeben, wenn Sie sich nicht rechtzeitig bei unserer Amtsstelle durch eine Bescheinigung der zuständigen Gerichtsstelle darüber ausweisen, dass Sie der vorstehenden Aufforderung nachgekommen sind.

Diese Verfügung können Sie gemäss Art. 17 SchKG innert **10 Tagen**, vom Empfang an gerechnet, beim Bezirksgericht Affoltern, Aufsichtsbehörde über Betreibungsämter, Im Grund 15, Postfach 76, 8910 Affoltern a.A., mit Beschwerde anfechten. Die Beschwerde ist im Doppel einzureichen und hat eine Begründung und einen Antrag zu enthalten.

Freundliche Grüsse

Betreibungsamt Hausen a.A.

## 1.5 Formular: Anzeige und Klageaufforderung an den Gläubiger gemäss Art. 93 Abs. 2 VZG betreffend Bestreitung der Zinsensperre in der Grundpfandbetreibung

>> Formular VZG 8 (EDV 7009)

### Betreibungs- und Gemeindeammannamt Hausen am Albis

In der Rüti 10    8915 Hausen a.A.    Telefon 044 764 16 75    Postkonto 80-1507-5

**Briefadresse:**
In der Rüti 10
8915 Hausen a.A.

Einschreiben

Hausen a.A.,                                                    Betreibung Nr.

---

### Anzeige und Klageaufforderung an den Gläubiger gemäss Art. 93 VZG Abs. 2 VZG betreffend Bestreitung der Zinsensperre in der Grundpfandbetreibung

---

Schuldner:
Ref.
Pfandeigentümer:
Forderung:                Fr.

Der oben erwähnte **Pfandeigentümer** hat in der laufenden Betreibung auf Grundpfandverwertung die Mietzins-/Pachtzinssperre bestritten. **Es wird Ihnen hiermit eine Frist von 10 Tagen, vom Empfang dieser Anzeige an gerechnet, angesetzt, um Klage auf Feststellung des bestrittenen Pfandrechts an den Miet-/Pachtzinsen anzuheben.**

Die an die Mieter/Pächter erlassenen Anzeigen betreffend Bezahlung der Miet-/Pachtzinse werden widerrufen oder bei bloss teilweiser Bestreitung der Miet-/Pachtzinssperre entsprechend eingeschränkt und allfällig dem Betreibungsamt bereits bezahlte Miet-/Pachtzinse, bei bloss teilweiser Bestreitung der Zinsensperre die bestrittenen Teilbeträge, dem Vermieter/Verpächter herausgegeben, wenn Sie sich nicht rechtzeitig bei unserer Amtsstelle durch eine Bescheinigung der zuständigen Gerichtsstelle darüber ausweisen, dass Sie der vorstehenden Aufforderung nachgekommen sind.

Diese Verfügung können Sie gemäss Art. 17 SchKG innert **10 Tagen**, vom Empfang an gerechnet, beim Bezirksgericht Affoltern, Aufsichtsbehörde über Betreibungsämter, Im Grund 15, Postfach 76, 8910 Affoltern a.A., mit Beschwerde anfechten. Die Beschwerde ist im Doppel einzureichen und hat eine Begründung und einen Antrag zu enthalten. Diese Verfügung und allfällige Beweismittel sind beizulegen.

Freundliche Grüsse

Betreibungsamt Hausen a.A.

# § 6    Miet- und/oder Pachtzinseinnahmen

## 1.    Verwendung der Zinse

### 1.1    Primäre Verwendung der Zinse

Die Miet- und/oder Pachtzinseinnahmen sind in erster Linie zur Deckung der **Verwaltungsauslagen** und **Verwaltungskosten** sowie zur Ausrichtung allfälliger Beiträge an den **Unterhalt des Schuldners und seiner Familie**, resp. des Pfandeigentümers zu verwenden, d. h. zur Deckung des **Existenzminimums**, längstens jedoch während der Dauer der Miet- und/oder Pachtzinssperre[27], sofern ein nachgewiesenes Bedürfnis dafür besteht (Art. 94 Abs. 1 VZG)[28].

Beim Entscheid darüber, in welchem Umfang das Betreibungsamt diesen Bedürfnissen nachzukommen hat, sind die Regeln für die Bestimmung des **unpfändbaren Betrages bei Einkommenspfändungen** entsprechend anzuwenden[29]. Der Schuldner hat Anspruch auf das erwähnte Existenzminimum während der ganzen Dauer der Verwaltung[30]. Diese Unterhaltsbeiträge sind jedoch der jeweiligen Lage des Schuldners und seiner Familie anzupassen. Sie unterliegen der Erhöhung, Ermässigung und allenfalls der gänzlichen Einstellung, je nach Entwicklung der Verhältnisse[31].

### 1.2    Abschlagszahlungen

#### 1.2.1    Allgemeines

Die in der Grundpfandbetreibung (mit Ausdehnung der Pfandhaft auf die Miet- und/oder Pachtzinse) eingegangenen Miet- und/oder Pachtzinse dürfen nicht bis zum Eingang des Verwertungsbegehrens oder bis zur Versteigerung, resp. bis nach der Versteigerung des Grundstückes, gehortet werden. Es sind darüber **periodisch Abrechnungen** zu erstellen und aus den Nettomietzinserträgnissen jeweils an den betreibenden Grundpfandgläubiger (mit Miet- und/oder Pachtzinssperre) **Abschlagszahlungen** vorzunehmen, sofern er sich darüber ausweist, dass seine Forderung anerkannt oder rechtskräftig festgestellt ist (Art. 95 Abs. 1 VZG). Vor der Auszahlung von Miet- oder Pachtzinserträgnissen müssen allerdings **alle Rechtsvorschläge** betreffend die Forderung, des Pfandrechtes und/oder betreffend die Ausdehnung der Pfandhaft auf die Miet- und/oder Pachtzinse, des Schuldners/der Schuldner und des Dritteigentümers oder der Dritteigentümer, des Ehegatten, der eingetragenen Partnerin oder des eingetragenen Partners des Schuldners oder des Dritten, falls das verpfändete Grundstück diesen Personen als Familienwohnung (Art. 169 ZGB) oder als gemeinsame Wohnung (Art. 14 PartG) dient, wie auch alle Einreden gegen Mietzinssperre **beseitigt** sein. An nicht betreibende Grundpfandgläubiger oder an Grundpfandgläubiger, die keine Miet-

---

[27]  BGE 65 III 21.
[28]  BGE 62 III 5.
[29]  BGE 65 III 20.
[30]  Sinngemäss bei der Grundpfandbetreibung: BGE 65 III 20.
[31]  Sinngemäss bei der Grundpfandbetreibung: BGE 65 III 22.

und/oder Pachtzinssperre verlangt haben, dürfen aus den eingegangenen Miet- und/oder Pachtzinsen für fällig werdende Zinsforderungen **keine** Zahlungen geleistet werden (Art. 95 Abs. 1 VZG).

### 1.2.2 Auszahlung an den/die Grundpfandgläubiger

Falls mehrere Grundpfandgläubiger, welchen dasselbe Grundstück verpfändet ist, Betreibung auf Verwertung eines Grundpfandes mit Ausdehnung der Pfandhaft auf die Miet- und/oder Pachtzinse eingeleitet haben, so können an sie aus den eingegangenen Miet- und Pachtzinsen Abschlagszahlungen vorgenommen werden, wenn und soweit sie alle mit der Verteilung einverstanden sind[32]. Haben mehrere Grundpfandgläubiger zu verschiedenen Zeiten das Betreibungsbegehren mit Ausdehnung der Pfandhaft auf die Miet- und Pachtzinse gestellt, so hat der Gläubiger, der **zuerst** das Begehren gestellt hat, bis zum Eingang eines Betreibungsbegehrens mit Begehren um Ausdehnung der Pfandhaft auf die Miet- und Pachtzinse oder bis zum Eingang des Verwertungsbegehrens eines anderen Gläubigers mit einem besseren Rang das **Vorrecht** an den Miet- und Pachtzinsen. Die ab diesem Zeitpunkt fällig werdenden Miet- und Pachtzinse fallen hernach dem Grundpfandgläubiger mit dem **besseren Rang** zu, und zwar wiederum nur solange, bis ein Grundpfandgläubiger mit einem noch besseren Rang die Grundpfandbetreibung mit Zinsensperre anhebt (resp. ab dem Zeitpunkt des Begehrens um Ausdehnung der Pfandhaft auf die Miet- und Pachtzinse, resp. Eingang des Verwertungsbegehrens)[33]. Art. 114 Abs. 2 VZG ist somit auch in diesem Stadium der Miet- und Pachtzinssperre sinngemäss anwendbar.

Erhebt jedoch einer davon **Widerspruch**, so muss gem. Art. 95 Abs. 2 VZG im Sinne von Art. 157 Abs. 3 SchKG ein Kollokationsplan, resp. eine Verteilungsliste für Pfandgläubiger erstellt werden, in welchem Rang und Bestand der Pfandforderung allenfalls angefochten werden können. Für die gem. Art. 95 VZG vorzunehmende vorläufige Verteilung der Miet- und/oder Pachtzinse (und sonstigen Erträgnisse) eines Grundstückes an mehrere konkurrierende Pfandgläubiger ist stets eine **provisorische Verteilungsliste** aufzustellen, welche zugleich mit der Abrechnung über die Einnahmen und Ausgaben und einer solchen über die Gebühren und Auslagen zur Einsicht der Beteiligten aufzulegen ist (Art. 24 Anl. VZG [siehe hinten § 35]). Gemäss Art. 24 Anl. VZG (siehe hinten § 35) ist hiefür das Formular VZG 16 zu verwenden. Dieses Formular ist jedoch in der neuen eidgenössischen Formularsammlung (gültig ab 1. Januar 1997) nicht mehr aufgeführt.

Die Auflegung ist den Bezugsberechtigten und dem Schuldner mit Formular VZG 17 (EDV 7215) **«Anzeige über die Auflage der Verteilungsliste für Miet-/Pachtzinse und/oder Erträgnisse von Grundstücken»** (vgl. nachfolgende Ziff. 1.4) anzuzeigen.

---

[32] BGE 122 III 88.
[33] BlSchK 58 (1994) S. 153 ff.

## 1.3     Zinszuteilung bei Konkurs des Schuldners

Wird über den Schuldner, der zugleich Eigentümer des Grundpfandes ist, der Konkurs eröffnet, bevor das Grundstück verwertet ist, so fallen die vor der Eröffnung des Konkurses fällig gewordenen und noch nicht verteilten Miet- und Pachtzinse in die **Konkursmasse**, unter Vorbehalt des den betreibenden Grundpfandgläubigern nach Art. 806 Abs. 1 ZGB zustehenden Vorzugsrechts (Art. 96 VZG). In einem solchen Falle hat das Betreibungsamt die Verwaltung dem Konkursamt abzutreten und für die Zeit bis zur Konkurseröffnung mit diesem abzurechnen und ihm den Nettosaldo abzuliefern.

## 1.4    Formular: Anzeige an den Schuldner und Pfandgläubiger über die Auflage der Verteilungsliste für Miet-/Pachtzinse und/oder Erträgnisse von Grundstücken

>> Formular VZG 17 (EDV 7215)

### Betreibungs- und Gemeindeammannamt Hausen am Albis

In der Rüti 10    8915 Hausen a.A.    Telefon 044 764 16 75    Postkonto 80-1507-5

Einschreiben

Hausen a.A.,                                                    Betreibung Nr.

### Anzeige an den Schuldner und Pfandgläubiger über die Auflage der Verteilungsliste für Miet-/Pachtzinse und/oder Erträgnisse von Grundstücken

Schuldner:

Pfandeigentümer:

Grundstück:

Im Betreibungsverfahren gegen den oben erwähnten Schuldner kann von den eingezogenen  eine Abschlagszahlung ausgerichtet werden. Die Verteilungsliste sowie die Kostenrechnung liegen während **20 Tagen**, d.h. vom              bis            , beim Betreibungsamt zur Einsicht auf.

Will ein Gläubiger die Forderung oder den Rang eines andern Gläubigers bestreiten, so muss er gegen diesen innert **20 Tagen** nach Empfang dieser Anzeige beim Gericht des Betreibungsortes Kollokationsklage erheben.

Behauptet ein Gläubiger, dass seine eigene Forderung nicht im richtigen Rang oder Betrag berücksichtigt worden sei, oder ficht er die Ausrechnung der Verteilungsliste an, so hat er innert **10 Tagen** Beschwerde bei der Aufsichtsbehörde zu erheben.

Diese Verfügung können Sie gemäss Art. 17 SchKG innert **10 Tagen**, vom Empfang an gerechnet, beim Bezirksgericht Affoltern, Aufsichtsbehörde über Betreibungsämter, Im Grund 15, Postfach 76, 8910 Affoltern a.A., mit Beschwerde anfechten. Die Beschwerde ist im Doppel einzureichen und hat eine Begründung und einen Antrag zu enthalten. Diese Verfügung und allfällige Beweismittel sind beizulegen.

Wenn die Verteilungsliste rechtskräftig geworden ist, werden die Betreffnisse überwiesen.

Besitzt der Gläubiger eine Forderungsurkunde, so hat er diese (quittiert, sofern die Forderung vollständig gedeckt wird) dem Betreibungsamt zuzustellen. Die Abschlagszahlung wird erst ausgerichtet, wenn das Betreibungsamt im Besitz der Forderungsurkunde ist (Art. 150 und 157 Abs. 4 SchKG).

**Auszug aus der Verteilungsliste**

| Betr. Nr. | Gläubiger | Forderung Fr. | Verteilung Fr. | noch ungedeckt / Fr. |
|---|---|---|---|---|
| | | | | |

Freundliche Grüsse

Betreibungsamt Hausen a.A.

# DRITTER ABSCHNITT
## Einleitung der Verwertung

## § 7 Verwertungsbegehren / Mitteilung des Verwertungsbegehrens / Aufschubsbewilligung

### 1. Verwertungsfristen; Verwertungsbegehren

Frühestens nach Ablauf von **sechs Monaten** und längstens bis zu **zwei Jahren nach der zeitlich letzten Zustellung des Zahlungsbefehls**, sei es an den Schuldner, an den oder die Dritteigentümer (Miteigentümer oder Gesamteigentümer im Sinne von Art. 88 Abs. 4 VZG), resp. an den Ehegatten, an die eingetragene Partnerin oder an den eingetragenen Partner des Schuldners oder des Dritten, falls das verpfändete Grundstück diesen Personen als Familienwohnung (Art. 169 ZGB) oder als gemeinsame Wohnung (Art. 14 PartG) dient, kann der Gläubiger mit dem **Verwertungsbegehren** (Formular 27 [EDV 6001], siehe nachfolgende Ziff. 5) **die Verwertung des Grundpfandes verlangen** (Art. 154 Abs. 1 SchKG i.V.m. Art. 98 Abs. 1 VZG). Das Verwertungsbegehren kann zudem erst gestellt werden, nachdem **alle Rechtsvorschläge** rechtskräftig beseitigt sind, vgl. vorne § 3 Ziff. 3 Abs. 2.

Wird innert der erwähnten **Verwertungsfrist** das **Verwertungsbegehren** nicht gestellt, so **erlischt** die Betreibung (Art. 154 Abs. 2 SchKG) und eine allfällige auf Grund von Art. 91 VZG angeordnete Verwaltung und/oder eine gem. Art. 90 VZG erlassene **fakultative Verfügungsbeschränkung**, siehe vorne § 3 Ziff. 5, ist aufzuheben bzw. im Grundbuch zu löschen. Die Löschung einer erlassenen Verfügungsbeschränkung im Grundbuch wird mittels Formular VZG 3 (EDV 7003) **«Anmeldung zur Löschung einer Verfügungsbeschränkung im Grundbuch»** (vgl. hinten § 25 Ziff. 4) beantragt.

Gemäss Art. 154 Abs. 1 SchKG i.V.m. Art. 98 Abs. 2 VZG wird bei der Ermittlung des Ablaufs der Verwertungsfrist die Dauer eines infolge **Rechtsvorschlages** angehobenen Prozesses (Rechtsöffnungsverfahren, Aberkennungsprozess oder Prozess auf Feststellung von Forderung und/oder Pfandrecht) zur Verwertungsfrist von zwei Jahren **hinzugezählt**, das gleiche gilt für die rechtskräftige Beseitigung eines allfälligen Rechtsvorschlages eines Dritteigentümers. Diese erwähnte Fristunterbrechung bezieht sich allerdings nur auf die **maximale Verwertungsfrist** (hier zwei Jahre), nicht aber auch auf die **Minimalfrist**, innert welcher frühestens das Verwertungsbegehren gestellt werden darf[34] (hier sechs Monate).

---

[34] BGE 90 III 85 (in der Betreibung auf Pfändung = BGE 125 III 45).

## 2. Mitteilung des Verwertungsbegehrens

Erweist sich das Verwertungsbegehren als zulässig, erfolgt nun die Zustellung der **Mitteilung des Verwertungsbegehrens** (Formular 28 [EDV 6004], siehe nachfolgende Ziff. 6) an den Schuldner und allenfalls auch an den/die Dritteigentümer (Art. 155 Abs. 2 SchKG i.V.m. Art. 99 Abs. 1 VZG). Handelt es sich beim zur Verwertung gelangenden Grundstück **um eine Familienwohnung im Sinne von Art. 169 ZGB, resp. um eine gemeinsame Wohnung im Sinne von Art. 14 PartG,** so sind m.E. die Mitteilung des Verwertungsbegehrens und alle weiteren Betreibungsurkunden im diesbezüglichen Grundpfandverwertungsverfahren auch dem andern Ehegatten, resp. der eingetragenen Partnerin oder dem eingetragenen Partner des Schuldners oder des Dritten zuzustellen, obwohl dies weder aus Art. 155 Abs. 2 SchKG noch aus Art. 99 VZG hervorgeht.

## 3. Aufschubsbewilligung

Sofern der Schuldner in der Lage ist, die in Betreibung gesetzte Forderung in Raten abzuzahlen (je nach Höhe der Forderung), kann ihm das Betreibungsamt eine **Aufschubsbewilligung** nach Art. 123 SchKG gewähren (Formular 29 [EDV 6006]). Aus Kostengründen empfiehlt es sich hier, mit der Einforderung des Grundbuchauszuges und des Katasterplanes sowie mit der Anordnung der Schätzung des Grundstückes noch zuzuwarten, sofern die Aufschubsraten vom Schuldner ohne Verzug bezahlt werden. Solange der Schuldner der Bezahlung von Aufschubsraten pünktlich nachkommt, ist auch keine Zinsensperre zu erlassen, keine Verwaltung und/oder Bewirtschaftung des Grundstückes anzuordnen und kein Kostenvorschuss für die (allenfalls) bevorstehende Grundpfandverwertung einzufordern.

Sofern die Voraussetzungen in der Person gegeben sind, muss allenfalls auch einem **Dritteigentümer** eine Aufschubsbewilligung gewährt werden[35], sofern er sich zur Leistung von Abschlagszahlungen verpflichtet.

Gemäss Art. 32 Abs. 1 i.V.m. Art. 102 VZG darf nach erfolgter Anordnung der Verwertung (Steigerungspublikation) ein Aufschub (Art. 123 i.V.m Art. 143a SchKG) nur noch dann bewilligt werden, wenn der Schuldner ausser dem festgesetzten Bruchteil der Betreibungssumme auch die Kosten der Anordnung und des Widerrufs der Verwertung sofort bezahlt[36]. Meines Erachtens darf ein Aufschubsgesuch im Zeitpunkt des Verwertungsverfahrens zudem nur dann bewilligt werden, wenn einerseits alle Voraussetzungen nach Art. 32 i.V.m. Art. 102 VZG erfüllt sind und anderseits die Aufschubsbewilligung vor dem angesetzten Steigerungstermin in **Rechtskraft** erwachsen kann. Voraussetzung für die Rechtskraft der Aufschubsbewilligung ist, nebst den erwähnten Geldleistungen, dass die Erteilung eines Aufschubes dem verwertenden Gläubiger im Sinne von Art. 123 SchKG mitgeteilt und ihm die in Art. 17 SchKG vorgesehene Frist von zehn Tagen zur Anfechtung der Aufschubsbewilligung eingeräumt wird.

Die Aufschubsrate ist unverzüglich nach deren Eingang dem Gläubiger abzuliefern, der die Verwertung verlangt hat (Art. 32 Abs. 2 i.V.m. Art. 102 VZG).

---

[35] BGE 101 III 73.
[36] BGE 121 III 197 ff.

## 4.  Arbeitsprogramm I

**Arbeitsprogramm für die Verrichtungen ab Eingang des Verwertungsbegehrens bis zur Publikation der Steigerung**

| I. | Verrichtungen nach Eingang des Verwertungsbegehren |
|---|---|

Mitteilung des Verwertungsbegehrens, siehe vorgehende Ziff. 2

Evtl. Aufschubsbewilligung, siehe vorgehende Ziff. 3

Obligatorische Verfügungsbeschränkung, siehe hinten § 8 Ziff. 1

Einfordern von: (erstem) Kostenvorschuss, Grundbuchauszug [1], Katasterplan, evtl. Schätzungsprotokoll der Gebäudeversicherung, siehe hinten § 8 Ziff. 2, 3 und 4

Einvernahme des Schuldners, resp. des Pfandeigentümers (allenfalls erst nach Eingang des Grundbuchauszuges), siehe hinten § 9 und 10 [1]

Evtl. Verwaltung und/oder Bewirtschaftung: Erlass der Anzeigen an Mieter / Pächter, Grundeigentümer usw., siehe hinten § 11

Evtl. Aufnahme und Schätzung von Zugehör, evtl. Aufnahme des Zustandes des Grundstückes (allenfalls erst nach Eingang des Grundbuchauszuges), siehe hinten § 12 [1]

[1]  Allenfalls erst nach Eingang des Kostenvorschusses.

**II. Verrichtungen nach Eingang des Kostenvorschusses, Grundbuchauszuges, Katasterplans und evtl. des Schätzungsprotokolls der Gebäudeversicherung**

Anordnung der Schätzung betreffend das Grundstück, siehe hinten § 12

Evtl. Einvernahme des Schuldners, resp. des Pfandeigentümers, sofern nochmals erforderlich oder noch nicht erfolgt, siehe hinten § 9 und 10

Evtl. Aufnahme und Schätzung von Zugehör, evtl. Aufnahme des Zustandes des Grundstückes, sofern erforderlich oder noch nicht erfolgt, siehe hinten § 12

**III. Verrichtungen nach Eingang des Schätzungsberichtes betreffend das Grundstück**

Mitteilung der betreibungsamtlichen Schätzung betreffend das Grundstück und allenfalls auch betreffend die Zugehör, siehe hinten § 12 Ziff. 2.4

Einholen der Rechtskraftbescheinigung betreffend die/der Schätzung(en), siehe hinten § 12 Ziff. 2.5

**IV. Verrichtungen nach Eingang der Rechtskraftbescheinigung betreffend die/den Schätzung(en)**

Erstellen des Terminplanes I «Verrichtungen für den Zeitraum ab Rechtskraft der Schätzung bis zur Steigerung» und des «Arbeitsprogrammes II mit Terminplan für die Verrichtungen ab rechtskräftiger Schätzung bis zur Steigerung», siehe hinten § 13 Ziff. 2 und 3

Versand des Steigerungsinserates für die Steigerungspublikation, siehe hinten § 14 Ziff. 1

Versand der Spezialanzeigen, siehe hinten § 14 Ziff. 2

**V. Erscheinen des Steigerungsinserates**

## 5. Muster: Verwertungsbegehren

» Formular 27 (EDV 6001)

# Verwertungsbegehren

Betreibung Nr. 3790
Eingang: 14. März 2007

An das **Betreibungsamt** der Gemeinde **Hausen a.A.**

**Schuldner** (Name, Vorname, genaue Adresse)
Chabloz Alain, Rigiblickstrasse 33, 8915 Hausen a.A.

**Gläubiger** (Name, Vorname, genaue Adresse)
Bank Zürich AG, Sihlquai 45, 8098 Zürich
Postkonto: 80-1407-7

**Allfälliger Vertreter des Gläubigers** (Name, Vorname, genaue Adresse)
Postkonto:

**Forderung**

| Fr. | 200 000.00 | nebst Zins zu 7% seit 1. Januar 2006 |
|---|---|---|
| Fr. | 200.00 | Kosten Zahlungsbefehl |
| Fr. | 145.80 | Rechtsöffnungskosten |

Es wird die **Verwertung** nachfolgender in der Betreibung Nr. **3790** betroffenen **Aktiven** verlangt:

☐ beweglichen Sachen        ☐ Forderungen        ☐ Rechte

☒ **Grundstück:** In der Gemeinde Hausen a.A., laut Grundregister Blatt 200, Kat.-Nr. 1911, Plan 15: Ein Wohnhaus mit angebauter Garage mit 358 m$^2$ Gebäudegrundfläche und Hausumschwung, Albisweg 7, 8915 Hausen a.A.

**Bemerkungen:** siehe beiliegende rechtskräftige Verfügung betreffend definitiver Rechtsöffnung des Bezirksgerichtes Affoltern vom 8. November 2006

Bank Zürich AG

*H. Küng*            *G. Fehr*

Zürich, 13. März 2007
Ort und Datum

H. Küng            G. Fehr
Unterschrift des Gläubigers oder seines Vertreters

Erläuterungen

1. Das Verwertungsbegehren ist in der **Betreibung auf Pfändung** dem Betreibungsamt einzureichen, das für die Pfändung zuständig war, in der **Faustpfandbetreibung** demjenigen, das für die Ausstellung des Zahlungsbefehls zuständig war, auch wenn die zu verwertenden Gegenstände in einem anderen Betreibungskreis liegen oder der Schuldner in einen anderen Betreibungskreis gezogen ist. In der **Grundpfandbetreibung** demjenigen, das für die Ausstellung des Zahlungsbefehls zuständig war.
2. Die Frist zur Stellung des Verwertungsbegehrens wird durch Betreibungsferien und Rechtsstillstand nicht gehemmt. Wird es innert der gesetzlichen Frist nicht gestellt oder zurückgezogen und nicht erneuert, so erlischt die Betreibung.
3. **Kostenvorschuss:** Für alle Kosten, die durch das Verwertungsbegehren beim Betreibungsamt verursacht werden, kann dieses vom Gläubiger Vorschuss verlangen. Wird der verlangte Kostenvorschuss nicht innert der gesetzten Frist geleistet, so wird das Verwertungsbegehren als zurückgezogen betrachtet.
4. Gläubiger mit **provisorischer Pfändung** haben dem Verwertungsbegehren eine Bescheinigung des zuständigen Gerichts beizulegen, dass eine Aberkennungsklage nicht angestellt oder zurückgezogen oder rechtskräftig abgewiesen worden ist.
5. Ein **allfälliger Rückzug** des Verwertungsbegehrens kann nicht an Bedingungen geknüpft werden. Insbesondere ist es unzulässig, das Begehren auf bestimmte Zeit zurückzuziehen in der Meinung, dass das Betreibungsamt nach deren Ablauf das Verfahren von sich aus fortsetzt. Jeder **vom Gläubiger** nach Stellung des Verwertungsbegehrens erteilte Aufschub (Stundung) unterbricht den gesetzlichen Gang der Betreibung und gilt daher als Rückzug des zuletzt gestellten Begehrens.

## 6. Muster: Mitteilung des Verwertungsbegehrens

>> Formular 28 (EDV 6004)

### Betreibungs- und Gemeindeammannamt Hausen am Albis

In der Rüti 10    8915 Hausen a.A.    Telefon 044 764 16 75    Postkonto 80-1507-5

**Briefadresse:**
In der Rüti 10
8915 Hausen a.A.

Einschreiben

Herr
Alain Chabloz
Rigiblickstrasse 33
8915 Hausen a.A.

Hausen a.A., 14. März 2007

Betreibung Nr. 3790

### Mitteilung des Verwertungsbegehrens

Gläubiger:    **Bank Zürich AG, Sihlquai 45, 8098 Zürich**
Ref.

Vertreter:

Eingang des Begehrens:    14. März 2007

Der oben erwähnte Gläubiger verlangt die Verwertung der von der entsprechenden Betreibung betroffenen **Aktiven**:

☐    beweglichen Sachen    ☐ Forderungen    ☐ Rechte

☒    **Grundstück:** In der Gemeinde Hausen a.A., laut Grundregister Blatt 200, Kat.-Nr. 1911, Plan 15:
Ein Wohnhaus mit angebauter Garage mit 358 m² Gebäudegrundfläche und Hausumschwung, Albisweg 7,
8915 Hausen a.A.

☒    **Ort und Zeit der Steigerung werden später angezeigt.**

☐    Wegnahme der Verwertungsgegenstände am:
**Sie werden ausdrücklich darauf aufmerksam gemacht, dass Sie bei der Wegnahme der Verwertungsgegenstände anwesend sein oder sich durch eine erwachsene Person vertreten lassen müssen.** Sollten wir die Räumlichkeiten verschlossen vorfinden, so behalten wir uns vor, diese unter polizeilicher Aufsicht zwangsweise öffnen zu lassen.

Macht der Schuldner glaubhaft, dass er die Schuld ratenweise tilgen kann, und verpflichtet er sich zu regelmässigen und angemessenen Abschlagszahlungen, so kann der Betreibungsbeamte nach Erhalt der ersten Rate die Verwertung um höchstens zwölf Monate, bei Betreibungen für Forderungen der ersten Klasse um höchstens sechs Monate hinausschieben. Der Aufschub fällt ohne weiteres dahin, wenn die Abschlagszahlungen nicht rechtzeitig geleistet werden.

Wird das Gesuch um Bewilligung von Teilzahlungen erst gestellt, wenn die Steigerung schon angekündigt oder andere Verwertungsmassnahmen getroffen worden sind, so kann ihm nur entsprochen werden, wenn alle durch deren Anordnung und Widerruf verursachten Kosten nebst der Teilzahlung sofort bezahlt werden.

Freundliche Grüsse
Betreibungsamt Hausen a.A.

*V. Moroff*

V. Moroff

# § 8 Verfügungsbeschränkung/Grundbuchauszug/ Kostenvorschuss/Katasterplan/ Gebäudeschätzungsprotokoll

## 1. Obligatorische Verfügungsbeschränkung

Nachdem das Verwertungsbegehren gestellt ist, hat das Betreibungsamt unverzüglich von Amtes wegen an das zuständige Grundbuchamt eine **Verfügungsbeschränkung** mit Formular VZG 2 (EDV 7002) «**Anmeldung zur Vormerkung einer Verfügungsbeschränkung im Grundbuch**» (siehe nachfolgende Ziff. 5) nach Art. 960 ZGB zur Vormerkung im Grundbuch zu erlassen (Art. 97 Abs. 1 VZG i.V.m. Art. 3 Anl. VZG [siehe hinten § 35]). Wurde in der gleichen Betreibung bereits schon bei der Einleitung der Grundpfandbetreibung die **fakultative Verfügungsbeschränkung** (Art. 90 VZG) im Grundbuch vorgemerkt (vgl. vorne § 3 Ziff. 5), so ist eine nochmalige Anmeldung in derselben Betreibung **nicht** mehr notwendig (Art. 97 Abs. 2 VZG).

Die Verfügungsbeschränkung ist auch dann zu erlassen, wenn dem Schuldner eine **Aufschubbewilligung** gem. Art. 123 SchKG erteilt wird[37]. Die Verfügungsbeschränkung erhält durch die Vormerkung Wirkung gegenüber jedem später erworbenen Recht (Art. 960 Abs. 2 ZGB). Sie bewirkt in betreibungsrechtlicher Hinsicht, dass der spätere Erwerber eines mit einer Verfügungsbeschränkung belasteten Grundstückes nicht noch nachträglich als Dritteigentümer in das Betreibungsverfahren einbezogen werden muss (Art. 100 Abs. 2 VZG).

## 2. Detaillierter Grundbuchauszug

Nach der Mitteilung des Verwertungsbegehrens an den Schuldner und gegebenenfalls an den/die Dritteigentümer des Grundpfandes hat das Betreibungsamt gleichzeitig mit dem Erlass der Verfügungsbeschränkung beim Grundbuchamt mit Formular VZG 7 (EDV 7007) «**Einforderung eines detaillierten Grundbuchauszuges**» (siehe nachfolgende Ziff. 6) einen vollständigen Grundbuchauszug einzufordern, aus dem alle notwendigen Angaben aus dem Grundbuch des zur Verwertung gelangenden Grundstückes ersichtlich sein müssen (Art. 99 Abs. 1 VZG i.V.m. Art. 10 Anl. VZG [siehe hinten § 35]). Allenfalls kann mit der Einforderung des Grundbuchauszugs bis zum Eingang des Kostenvorschusses zugewartet werden.

---

[37] Der Erlass einer Verfügungsbeschränkung, trotz Erteilung einer Aufschubbewilligung nach Art. 123 SchKG, kann auch aus Art. 6 Abs. 1 Ziff. 2 VZG abgeleitet werden (ist doch davon die Rede, dass eine Verfügungsbeschränkung infolge Bezahlung der Forderung von Amtes wegen zu löschen sei).

## 2.1    Allgemeine Angaben

a) Genaue Angabe des **Grundeigentümers** (Name, Vorname, Geburtsdatum, Adresse usw.).

b) Angabe des **Eigentumsverhältnisses**.

c) Genaue **Beschreibung** des Grundstückes.

d) **Pfandrechte** (inkl. der leeren Pfandstellen) mit Angabe von Betrag, Art, Errichtungsdatum, Name und Adresse der Gläubiger und ihrer allfällig Bevollmächtigten, Maximalzinsfuss, Zins- und Zahlungsbestimmungen (sofern im Grundbuch eingetragen).

e) Aus dem Grundbuch ersichtliche **Pfandgläubiger** und **Nutzniesser** an den Grundpfandforderungen und ihrer allfälligen Vertretern, mit deren Adressen.

f) Die Vormerkung **persönlicher Rechte** (Vor-, Rückkauf- und Kaufrechte, Pacht und Miete) und von Verfügungsbeschränkungen sowie **vorläufig eingetragener Rechte** (gem. Art. 959–961 ZGB) und die nach Art. 962 ZGB erfolgten Anmerkungen öffentlich-rechtlicher Eigentumsbeschränkungen.

g) Die auf dem Grundstück lastenden **Dienstbarkeiten** und **Grundlasten,** mit Angabe der berechtigten Personen oder Grundstücke und des Errichtungsdatums.

h) Die dem Grundstück zustehenden **Berechtigungen** (Grundlasten, Dienstbarkeiten).

## 2.2    Zusätzliche Angaben bei Miteigentum/Stockwerkeigentum
(siehe auch hinten §§ 27 und 28)

a) Die genaue Beschreibung der zu Miteigentum (Stockwerkeigentum) aufgeteilten **Gesamtliegenschaft** samt Anmerkungen, Vormerkungen, Dienstbarkeiten, eventuellen Pfandrechten auf der Gesamtliegenschaft usw.

b) Angabe der übrigen **Miteigentümer (Stockwerkeigentümer)** mit den entsprechenden ihnen zustehenden Bruchteilen oder Wertquoten.

c) Der Grundbuchauszug hat bei Stockwerkeigentum das im Grundbuch angemerkte **Benutzungs- und Verwaltungsreglement der Stockwerkeigentümergemeinschaft** zu enthalten.

## 3.    Kostenvorschuss

Für die bevorstehende Durchführung der Verwertung ist vom Gläubiger ein angemessener **Kostenvorschuss** zu verlangen (Art. 68 Abs. 1 SchKG). Für die Einforderung eines Kostenvorschusses ist das Formular 43 (EDV 1004) «**Aufforderung zur Leistung eines Kostenvorschusses**» (vgl. nachfolgende Ziff. 7) zu verwenden. Meines Erachtens ist es nicht notwendig, bereits im Stadium des Verwertungsbegehrens einen Kostenvorschuss in vollem Umfang für die gesamten zu erwartenden Verwertungskosten zu verlangen. In Anbetracht dessen, dass es ca. drei Monate dauert, bis die Verwertung durchgeführt und abgeschlossen ist, kann der Kostenvorschuss z.B. auch in zwei bis drei Teilzahlungen verlangt werden.

## 4.    Katasterplan; Gebäudeschätzungsprotokoll

Gleichzeitig mit der Einforderung eines Grundbuchauszuges ist beim Gemeindegeometer, Vermessungsamt (resp. bei der zuständigen Stelle, je nach Örtlichkeit) betreffend das zur Versteigerung gelangende Grundstück (bei Miteigentum auch über die Gesamtliegenschaft) ein **Katasterplan** einzufordern.

Es empfiehlt sich für die Schätzung des Grundstückes bei der zuständigen Gebäudeversicherung über die entsprechende Gebäude zudem das aktuelle **Schätzungsprotokoll** anzufordern.

## 5. Muster: Anmeldung zur Vormerkung einer Verfügungsbeschränkung im Grundbuch

>> Formular VZG 2 (EDV 7002)

### Betreibungs- und Gemeindeammannamt Hausen am Albis

In der Rüti 10    8915 Hausen a.A.    Telefon 044 764 16 75    Postkonto 80-1507-5

Einschreiben

Grundbuchamt Affoltern
Bahnhofplatz 9
8910 Affoltern a.A.

Hausen a.A., 14. März 2007                    Betreibung Nr. 3790

### Anmeldung zur Vormerkung einer Verfügungsbeschränkung im Grundbuch

1. **Name, Vorname und Wohnort des Eigentümers des Grundstückes, auf das sich die Verfügungsbeschränkung bezieht**
   Chabloz Alain, Rigiblickstrasse 33, 8915 Hausen a.A.

2. **Name und Wohnort des Schuldners**
   derselbe

3. **Name und Wohnort des Gläubigers**
   Bank Zürich AG, Sihlquai 45, 8098 Zürich

4. **Grund der von unserem Amt beantragten Verfügungsbeschränkung**
   ☐ definitive Pfändung vom
   ☐ Pfändungsanschluss vom
   ☐ Betreibung auf Pfandverwertung vom
   ☒ Begehren um Pfandverwertung vom 13. März 2007
   ☐ Arrest vom

5. **Betrag der Forderung**
   Fr. 200 000.00 nebst Zins und Kosten

6. **Beschreibung des Grundstückes**
   In der Gemeinde Hausen a.A., laut Grundregister Blatt 200, Kat.-Nr. 1911, Plan 15:
   Ein Wohnhaus mit angebauter Garage mit 358 m² Gebäudegrundfläche und Hausumschwung, Albisweg 7, 8915 Hausen a.A.

Freundliche Grüsse
Betreibungsamt Hausen a.A.

*V. Moroff*

V. Moroff

---

Ein gleichlautendes Doppel dieser Anmeldung heute erhalten zu haben, zum Zwecke der Vormerkung der Verfügungsbeschränkung im Grundbuch, bescheinigt:

Grundbuchamt Affoltern

................................................................                ................................................................
Ort und Datum                                                    Unterschrift

## 6. Muster: Einforderung eines detaillierten Grundbuchauszuges

» Formular VZG 7 (EDV 7007)

### Betreibungs- und Gemeindeammannamt Hausen am Albis

In der Rüti 10    8915 Hausen a.A.    Telefon 044 764 16 75    Postkonto 80-1507-5

Einschreiben

Grundbuchamt Affoltern
Bahnhofplatz 9
8910 Affoltern a.A.

Hausen a.A., 14. März 2007                    Betreibung Nr. 3790

### Einforderung eines detaillierten Grundbuchauszuges

| | |
|---|---|
| Schuldner: | **Chabloz Alain, Rigiblickstrasse 33, 8915 Hausen a.A.** |
| Pfandeigentümer: | derselbe |
| Grundstück: | In der Gemeinde Hausen a.A., laut Grundregister Blatt 200, Kat.-Nr. 1911, Plan 15: Ein Wohnhaus mit angebauter Garage mit 358 m² Gebäudegrundfläche und Hausumschwung, Albisweg 7, 8915 Hausen a.A. |

Wir ersuchen Sie, uns einen detaillierten Auszug aus dem Grundbuch zuzustellen über das auf den Namen des oben erwähnten Pfandeigentümers eingetragene Grundstück.

Der Auszug muss enthalten:

a) die genaue Beschreibung des Grundstücks;

b) die sämtlichen darauf haftenden Pfandrechte (inbegriffen die leeren Pfandstellen) mit Angabe von Betrag, Art, Errichtungsdatum, Name und Wohnort der Gläubiger und ihrer allfälligen Bevollmächtigten, der Verzinsungs- und Rückzahlungsbestimmungen;

c) allfällig aus dem Grundbuch oder dem Gläubigerregister ersichtliche Pfandgläubiger und Nutzniesser an den Grundpfandforderungen und ihre allfälligen Vertreter, mit Angabe des Wohnortes;

d) die Vormerkungen persönlicher Rechte (Vor- und Rückkaufs-, Kaufsrechte, Pacht, Miete) und von Verfügungsbeschränkungen sowie vorläufig eingetragener Rechte (Art. 959–961 ZGB) und die nach Art. 962 ZGB erfolgten Anmerkungen öffentlichrechtlicher Eigentumsbeschränkungen;

e) die auf dem Grundstück lastenden Dienstbarkeiten und Grundlasten, mit Angabe der berechtigten Personen oder Grundstücke und des Errichtungsdatums;

f) die dem Grundstück zustehenden Berechtigungen (Grundlasten, Dienstbarkeiten).

Handelt es sich um einen Miteigentumsanteil, so hat der Auszug auch über das Grundstück als ganzes Auskunft zu geben. Ferner sind in den Auszug die Personalien der übrigen Miteigentümer und die ihnen zustehenden Bruchteile bzw. Wertquoten aufzunehmen.

Freundliche Grüsse

Betreibungsamt Hausen a.A.

*V. Moroff*

V. Moroff

## 7. Muster: Aufforderung zur Leistung eines Kostenvorschusses

»  Formular 43 (EDV 1004)

### Betreibungs- und Gemeindeammannamt Hausen am Albis
In der Rüti 10  8915 Hausen a.A.  Telefon 044 764 16 75  Postkonto 80-1507-5

Einschreiben

Bank Zürich AG
Sihlquai 45
8098 Zürich

Hausen a.A., 14. März 2007                                Betreibung Nr. 3790

### Aufforderung zur Leistung eines Kostenvorschusses

Schuldner:        **Chabloz Alain, Rigiblickstrasse 33, 8915 Hausen a.A.**
Ref.

Begehren vom:        13. März 2007

Gemäss Ihrem Begehren verlangen Sie von unserem Amt

☐  die Einleitung einer Betreibung

☐  die Fortsetzung der Betreibung

☐  die amtliche Verwahrung der gepfändeten Gegenstände

☐  die Verwertung der gepfändeten Gegenstände

☒  die Verwertung des **Grundstückes:** In der Gemeinde Hausen a.A., laut Grundregister Blatt 200, Kat.-Nr. 1911, Plan 15: Ein Wohnhaus mit angebauter Garage mit 358 m$^2$ Gebäudegrundfläche und Hausumschwung, Albisweg 7, 8915 Hausen a.A.

ohne jedoch für das Begehren den erforderlichen Kostenvorschuss bezahlt zu haben.

Um dem Begehren Folge leisten zu können, benötigen wir einen Kostenvorschuss von **Fr. 10 000.00**.

Wir ersuchen Sie, den oben erwähnten Betrag auf unser nachfolgendes Postkonto 80-1507-5 zu überweisen. Zudem behalten wir uns das Recht vor, allfällige weitere Kosten in Rechnung zu stellen.

Bis zum Eingang dieses Betrages unterbleibt der Vollzug Ihres Begehrens. Nach unbenütztem Ablauf von **10 Tagen**, von heute an gerechnet, gilt Ihr Begehren als zurückgezogen.

Diese Verfügung können Sie gemäss Art. 17 SchKG innert **10 Tagen**, vom Empfang an gerechnet, beim Bezirksgericht Affoltern, Aufsichtsbehörde über Betreibungsämter, Im Grund 15, Postfach 76, 8910 Affoltern a.A., mit Beschwerde anfechten. Die Beschwerde ist im Doppel einzureichen und hat eine Begründung und einen Antrag zu enthalten. Diese Verfügung und allfällige Beweismittel sind beizulegen.

Freundliche Grüsse
Betreibungsamt Hausen a.A.

*V. Moroff*
V. Moroff

## 8.  Muster: Grundbuchauszug (Alleineigentum)

» Siehe dazu vorgehende Ziff. 2.

# Auszug
## aus dem Grundregister

**Eigentümer:**

**Alain Chabloz,** geb. 22. August 1954, Bürgerort: Clarens VD, Zivilstand: ledig, Rigiblickstrasse 33, 8915 Hausen a.A., als Alleineigentümer

**Grundstücksbeschreibung**

**Gemeinde Hausen a.A.**

Grundregister Blatt 200, Liegenschaft, Kataster Nr. 1911,
Albisweg 7

**Angaben der amtlichen Vermessung**

Kataster Nr. 1911, Albisweg 7, Plan 15
$358\,m^2$, mit folgenden Bodenbedeckungsarten:
– Gebäude, Nr. 189                                   $131\,m^2$
– Hausumschwung mit Gartenanlage          $227\,m^2$

**Angaben der Gebäudeversicherung**

Wohnhaus mit angebauter Garage, Gebäude Nr. 189, Basiswert 1939: Fr. 39 000.–,
Schätzungswert: Fr. 333 000.–, Schätzungsdatum: 14.06.1994
– Albisweg 7, 8915 Hausen a.A.

Anmerkung

Öffentlich-rechtliche Eigentumsbeschränkung: Provisorium betr. Tankanlage,
dat. 22.05.1981, Beleg 88

Vormerkung

Verfügungsbeschränkung infolge Betreibung auf Pfandverwertung für Fr. 200 000.– nebst Zins und
Kosten, zugunsten Bank Zürich AG, 8098 Zürich, dat. 15.03.2007, Beleg 54

Dienstbarkeit

Last:
Fusswegrecht, z.G. Kataster Nr. 1912,
dat. 16.05.1980, SP Art. 1148


Grundpfandrechte

Fr.          225 000.–    (Franken zweihundertfünfundzwanzigtausend)
                          Namenschuldbrief, dat. 17.06.1981,
                          1. Pfandstelle
                          Maximalzins 7 %                          Beleg 543

                          Letztbekannte Gläubigerin:
                          Zürcher Kantonalbank, 8010 Zürich

                          Zins- und Zahlungsbestimmungen:
                          Diese Schuld ist vom Entstehungstage an halbjährlich auf den 30. Juni
                          und 31. Dezember zu dem vom Gläubiger jeweils festgesetzten Zinsfuss –
                          höchstens 7 % im Jahr – zu verzinsen und für den Schuldner und den
                          Gläubiger täglich auf ein halbes Jahr zur Rückzahlung kündbar.


Fr.          200 000.–    (Franken zweihunderttausend)
                          Inhaberschuldbrief, dat. 09.12.1992,
                          2. Pfandstelle
                          Maximalzins 9 %                          Beleg 750

                          Letztbekannte Gläubigerin:
                          Bank Zürich AG, 8098 Zürich

                          Zins- und Zahlungsbestimmungen:
                          Diese Schuld ist von heute an auf 30. Juni und 31. Dezember mit 9 % im
                          Jahr zu verzinsen und auf eine beiden Teilen täglich freistehende halbjäh-
                          rige Kündigung hin zu bezahlen.


Fr.           50 000.–    (Franken fünfzigtausend)
                          Grundpfandverschreibung (Maximalhypothek), dat. 13.05.1993,
                          3. Pfandstelle
                          Maximalhypothek                          Beleg 129

                          Gläubigerin laut Grundregister:
                          Bank Bütschwil AG, 9606 Bütschwil


Fr.          100 000.–    (Franken einhunderttausend)
                          Leere Pfandstelle, dat. 13.05.1993,
                          4. Pfandstelle
                          Maximalzins 10 %                         Beleg 130

Fr.        75 000.–    (Franken fünfundsiebzigtausend)
                       Inhaberschuldbrief, dat. 09.09.1995,
                       <u>5. Pfandstelle</u>
                       Zinsfuss 9 %                              Beleg 490

                       <u>Letztbekannter Gläubiger:</u>
                       Pierre Barraud, 2108 Couvet

                       <u>Zins- und Zahlungsbestimmungen:</u>
                       Diese Schuld ist von heute an auf 30. Juni und 31. Dezember mit 9 %
                       im Jahr zu verzinsen und auf eine beiden Teilen täglich freistehende
                       halbjährige Kündigung hin zu bezahlen.

                       <u>mit Vormerkung Nachrückungsrecht</u>

Fr.        25 000.–    (Franken fünfundzwanzigtausend):
                       Inhaberschuldbrief, dat. 10.08.1996,
                       <u>6. Pfandstelle</u>
                       Maximalzins 9 %                           Beleg 466

                       <u>Zins- und Zahlungsbestimmungen:</u>
                       Diese Schuld ist vom Entstehungstage an zu den zwischen Gläubiger
                       und Schuldner jeweils vereinbarten Bestimmungen verzinslich und
                       kündbar. Der Maximalzinsfuss beträgt 9 %.


<u>Fehlen des eidgenössischen Grundbuches</u>
Es wird darauf hingewiesen, dass in der Gemeinde Hausen a.A. das eidgenössische Grundbuch
noch nicht eingeführt ist und demzufolge
– dinglische Rechte und Lasten aus der Zeit vor 1912 ohne Eintrag im Grundprotokoll/Grund-
  register bestehen können
  und
– die Grundbuchwirkung zugunsten des gutgläubigen Dritterwerbers nach Art. 973 ZGB nicht
  besteht.


Affoltern a.A., 23. März 2007                    FÜR RICHTIGEN AUSZUG

AK Nr. 555                                       **GRUNDBUCHAMT AFFOLTERN**

                                                 *P. Schreiber*
Gebühr Fr. 75.–                                  Peter Schreiber, Notar

# § 9    Eigentumsverhältnisse / Art der Verpfändung / Dritteigentum

## 1.    Abklären der Eigentumsverhältnisse und der Art der Verpfändung

### 1.1    Allgemeines

Nach Eingang des Grundbuchauszuges, Katasterplans und des Schätzungsprotokolls der Gebäudeversicherung hat das Betreibungsamt betr. das Grundstück usw. verschiedene umfangreiche **Abklärungen** zu treffen, um festzustellen, ob das eingeleitete Verwertungsverfahren fortgeführt werden kann oder nicht. Es ist sodann der **Schuldner** und sofern erforderlich auch der **Pfandeigentümer** betr. das Grundstück, die Pfandforderungen, Miet- und/oder Pachtverhältnisse usw. einzuvernehmen sowie je nach Stadium des Verwertungsverfahrens die entsprechenden Anzeigen zu erlassen.

Je nach Ausgang der formellen Abklärungen nach Eingang des Verwertungsbegehrens ist dieses zu behandeln oder mit einer beschwerdefähigen Verfügung abzuweisen oder dem Gläubiger Frist zur Berichtigung oder Ergänzung seines Verwertungsbegehrens anzusetzen.

Sind die Voraussetzungen für die Zulassung des Verwertungsbegehrens gegeben, hat das Betreibungsamt das Verwertungsverfahren anhand der nachfolgenden Ausführungen fortzusetzen.

### 1.2    Feststellen der Eigentumsverhältnisse und der Art der Verpfändung

Aufgrund des eingegangenen Grundbuchauszuges und des Katasterplanes hat das Betreibungsamt zu überprüfen, ob die Angaben des betreibenden Grundpfandgläubigers im Betreibungsbegehren betreffend das Pfandgrundstück mit dem Grundbucheintrag übereinstimmen. Falls Abweichungen und Unklarheiten bestehen, sind sofort die nötigen Abklärungen vorzunehmen.

Anhand des vorliegenden Grundbuchauszuges kann nun abschliessend festgestellt werden, ob:

» Das verpfändete Grundstück im **Alleineigentum** des Schuldners steht.

» Es im **Eigentum eines Dritten** steht.

» Das Grundstück allenfalls noch Bestandteil einer **unverteilten Erbschaft** ist.

» Neben dem Schuldner noch **Miteigentümer** vorhanden sind.

» Der Schuldner **Gesamteigentümer** des Grundstückes ist (z.B. infolge Erbengemeinschaft, einfache Gesellschaft usw.).

» Es sich um **gesamt verpfändete Grundstücke** handelt.

» Für die in Betreibung gesetzte Forderung **mehrere Grundstücke verschiedener Eigentümer** haften.

## 1.3    Dritteigentum

Sind aus dem Grundbuchauszug **Dritteigentumsverhältnisse** ersichtlich, so hat das Betreibungsamt nun zu überprüfen, ob nebst dem Schuldner auch allen am Grundstück beteiligten Dritteigentümern im Sinne von Art. 153 Abs. 2 SchKG i.V. mit Art. 88 VZG ein **Zahlungsbefehl** zugestellt worden ist. Sollte sich erst jetzt aufgrund des Grundbuchauszuges Dritteigentum ergeben, ist dem Dritten, resp. den Dritten, nachträglich ein Zahlungsbefehl zuzustellen (siehe nachfolgende Ziff. 1.4).

## 1.4    Nachträgliche Feststellung betreffend Dritteigentum, Familienwohnung oder betreffend gemeinsame Wohnung

Ergibt sich erst nach der Stellung des Verwertungsbegehrens, dass das verpfändete Grundstück im **Eigentum eines Dritten** steht, oder dass es dem Ehegatten des Schuldners oder des Dritten als **Familienwohnung** (Art. 169 ZGB), resp. der eingetragenen Partnerin oder dem eingetragenen Partner des Schuldners als **gemeinsame Wohnung** (Art. 14 PartG) dient, so ist diesen Personen **nachträglich ebenfalls ein Zahlungsbefehl** zuzustellen (Art. 153 Abs. 2 lit. a und b SchKG i.V.m. Art. 88 Abs. 1 und Art. 100 Abs. 1 VZG).

Diese nachträglichen Empfänger des Zahlungsbefehls können ebenfalls Rechtsvorschlag erheben wie der Schuldner (Art. 153 Abs. 2$^{bis}$ SchKG i.V.m. Art. 88 Abs. 1 VZG). Dies gilt nicht nur beim klassischen Dritteigentum, wo der betriebene Forderungsschuldner **nicht** Pfandeigentümer ist, da ein Dritter für den Schuldner sein Grundstück mit einem Grundpfand belastet hat, sondern gem. Art. 88 Abs. 4 und 106a VZG auch für diejenigen Fälle, wo das Pfandgrundstück im Gesamteigentum des Schuldners steht und auch dann, wo einem betreibenden Pfandgläubiger das zu Miteigentum aufgeteilte Gesamtgrundstück als Ganzes verpfändet ist.

Das Recht zur nachträglichen Zustellung eines Zahlungsbefehls findet jedoch dann **keine** Anwendung, wenn der Dritteigentümer das Grundstück erst **nach der Vormerkung einer fakultativen oder definitiven Verfügungsbeschränkung** (Art. 90 und 97 VZG) erworben hat (Art. 88 Abs. 2 und Art. 100 Abs. 2 VZG).

Das Verwertungsverfahren darf erst dann weitergeführt werden, wenn auch die nachträglich erlassenen Zahlungsbefehle zugestellt wurden, alle Rechtsvorschläge beseitigt sind und die sechsmonatige Verwertungsfrist nach Art. 154 Abs. 1 SchKG (Art. 98 Abs. 2 i.V.m. Art. 100 Abs. 1 VZG) seit der Zustellung des **letzten** Zahlungsbefehls abgelaufen ist.

## 1.5    Haftung mehrerer Grundstücke

Es ist auch zu prüfen, ob es sich beim Pfandgrundstück um ein **einzeln** verpfändetes Grundstück oder um **gesamthaft** verpfändete Grundstücke handelt und ob dementsprechend bei der Einleitung der Grundpfandbetreibung alle gesamt verpfändeten Grundstücke in die Betreibung miteinbezogen wurden, vgl. vorne § 1 Ziff. 1.4.

Wird anhand des eingegangenen Grundbuchauszuges zudem festgestellt, dass für die in Betreibung gesetzte Forderung mehrere Grundstücke **verschiedener Eigentümer** haften und ist nicht gegen alle Eigentümer Betreibung angehoben worden, so ist hier der Gläubiger vorerst aufzufordern, dem Betreibungsamt innert einer kurzen Frist (in der Regel innert zehn Tagen ab Erhalt der Verfügung) den Kostenvorschuss für die **nachträgliche Zustellung des Zahlungsbefehls** an die übrigen Eigentümer zu leisten, unter der Androhung, dass bei Ausbleiben desselben die Betreibung gegen den Forderungsschuldner als dahingefallen betrachtet werde (Art. 100 Abs. 3 VZG).

# § 10  Einvernahme des Schuldners, resp. des Pfandeigentümers / Begehung und Besichtigung des Grundstückes

## 1.  Einvernahme des Schuldners, resp. des Pfandeigentümers

Anhand der Betreibungsunterlagen, des Grundbuchauszuges, des Katasterplanes und allenfalls weiterer Dokumente, wie z.B. Gebäudeschätzungsprotokoll usw., hat das Betreibungsamt den Schuldner, resp. den Pfandeigentümer u.a. über nachfolgende Punkte einzuvernehmen, die für den weiteren Verlauf des Betreibungsverfahrens, insbesondere bezüglich der Anordnung einer allfälligen betreibungsamtlichen Verwaltung und/oder Bewirtschaftung des Pfandgrundstückes und den diesbezüglichen weiteren Betreibungshandlungen, unerlässlich sind.

**Wurde im Sinne von Art. 806 ZGB i.V.m. Art. 91 VZG anlässlich der Einleitung der Betreibung das Gesuch um Ausdehnung der Pfandhaft auf die Miet- und/oder Pachtzinse gestellt, so sind allenfalls bereits vorgenommene Abklärungen und entsprechend erlassene Anzeigen, vgl. vorne § 4 Ziff. 2 ff., nicht mehr zu wiederholen.**

a) **Einvernahme des Schuldners, resp. Pfandeigentümers** anhand des Grundbuchauszuges über die im Grundbuch eingetragenen **Grundpfandrechte** (Art. 28 Abs. 2 i.V.m. Art. 102 VZG) betreffend:
   > Name und genaue Adresse der Grundpfandgläubiger. Die Ermittlung der Pfandgläubiger ist sehr sorgfältig vorzunehmen. Zur Ermittlung der Adressen von Pfandrechtsinhabern ist nichts zu unterlassen[38].
   > Höhe der aktuellen Grundpfandschulden.
   > Art und Inhalt von Dienstbarkeiten, wie z.B. Wohnrecht, Baurecht usw.

b) Vornahme von Abklärungen betr. die allfällige Belehnung und/oder das Verbleiben von **Eigentümerpfandtiteln.** Sich im Besitze des Schuldners, resp. Grundeigentümers befindliche Eigentümerpfandtitel sind im Sinne von Art. 13 i.V.m. Art. 102 VZG sofort in amtliche Verwahrung zu nehmen[39]. Im Kanton Zürich haben die Betreibungsämter die in Verwahrung genommenen Schuldbriefe im Depositenverzeichnis einzutragen.

c) Abklären, ob und welche **Miet- und/oder Pachtverträge** auf dem Pfandgrundstück bestehen (Art. 17 i.V.m. Art. 101 Abs. 1 VZG), siehe dazu hinten § 11 Ziff. 1.2.

   Steht fest, dass das Pfandgrundstück **vermietet oder verpachtet** ist, hat das Betreibungsamt nachfolgende weitere Abklärungen vorzunehmen und dementsprechend

---

[38]  BGE 116 III 85 = Pra 80 (1991) Nr. 48.
[39]  BGE 66 III 41: Der für das Pfändungsverfahren vorgesehene Art. 13 VZG (Inverwahrungnahme von Eigentümerpfandtiteln für die Dauer der Pfändung) ist sinngemäss nach Stellung des Verwertungsbegehrens in der Grundpfandbetreibung anzuwenden (Art. 13 i.V.m. Art. 102 VZG).

die notwendigen Mitteilungen und Verfügungen zu erlassen, siehe nachfolgende lit. d–i:

**d)** Prüfen anhand des Mietvertrages, ob allenfalls vom Mieter im Sinne von Art. 257e OR eine **Mietzinskaution** geleistet wurde.

Der Vermieter ist über den Stand einer eventuellen Leistung einer Sicherheit durch den Mieter im Sinne von Art. 257e OR einzuvernehmen. Das Betreibungsamt hat anhand des Mietvertrages abzuklären, ob in diesem die Mietzinskautionspflicht des Mieters enthalten ist und ob der diesbezüglich zu leistende Betrag im Vertrag ausdrücklich aufgeführt ist. Trifft dies zu, ist im Weiteren zu prüfen, ob der Mieter die Mietzinskaution geleistet und ob der Vermieter diese gesetzeskonform bei einer Bank als Sicherheit hinterlegt hat.

Gemäss Art. 257e Abs. 1 OR kann der Mieter eines Wohn- oder Geschäftsraumes eine Sicherheit in **Geld** oder in **Wertpapieren** leisten. Der Vermieter muss sodann die geleistete Sicherheit bei einer Bank auf einem Sparkonto oder einem Depot, das auf den Namen des Mieters zu lauten hat, hinterlegen. In der Regel wird nur Sicherheit in Geld geleistet. Grundsätzlich sind im Zusammenhang mit der Ausdehnung der Pfandhaft auf die Miet- und/oder Pachtzinse bezüglich der sogenannten Mietzinskautionen folgende drei Verfahren denkbar:

> Der **Mieter** hat im Sinne von Art. 257e Abs. 1 OR eine Sicherheit geleistet und diese wurde vom **Vermieter** ordnungsgemäss bei einer Bank auf einem Sparkonto oder einem Mietzinsdepot, das auf den Namen des Mieters lautet, hinterlegt. Die diesbezüglichen Unterlagen des errichteten Bankdepotvertrages hat das Betreibungsamt während der Dauer der Verwaltung in Verwahrung zu nehmen. Gleichzeitig hat es die Bank über die Mietzinsverwaltung durch das Betreibungsamt zu informieren.

> Im Mietvertrag ist eine Kautionspflicht des Mieters enthalten, der diesbezügliche Betrag ist im Vertrag aufgeführt und der **Mieter** hat die Mietzinskaution nachweislich an den Vermieter **geleistet**, diese ist aber vom **Vermieter nicht** im Sinne von Art. 257e Abs. 1 OR bei einer Bank auf ein Sparkonto einbezahlt worden. Das Betreibungsamt hat den Vermieter einzunehmen und darüber ein Protokoll zu erstellen. Der Vermieter ist alsdann zur entsprechenden Hinterlegung bei einer Bank aufzufordern. Kommt der Vermieter der Aufforderung des Betreibungsamtes nicht nach, hat sich der Mieter bei einer allfälligen Kündigung des Mietverhältnisses betr. die geleistete Mietzinskaution an den ehemaligen Vermieter (Schuldner) und **nicht** an den neuen Eigentümer (Ersteigerer) zu halten.

> Im Mietvertrag ist eine Kautionspflicht des Mieters enthalten, der entsprechende Betrag ist im Vertrag aufgeführt und der **Mieter** hat die Mietzinskaution nachweislich **nicht geleistet.** Das Betreibungsamt hat den Mieter umgehend aufzufordern, den im Mietvertrag aufgeführten Betrag an das Betreibungsamt zu

bezahlen zwecks Hinterlegung der Sicherheit bei einer Bank auf ein Sparkonto, lautend auf den Mieter.

Regelung betr. die Mietzinskaution in den **Steigerungsbedingungen,** siehe hinten § 16 Ziff. 1.2.3 lit. b und Ziff. 1.3, Steigerungsbedingungen: Ziff. 18.

e) Abklären von bestehenden **Schadensversicherungsverträgen** betr. das vermietete oder verpachtete Pfandgrundstück, wie z.B.: Gebäudeversicherung gegen Feuer- und Elementarschäden, Haushaftpflichtversicherung usw., siehe dazu auch hinten § 16 Ziff. 1.2.3 lit. a und Ziff. 1.3, Steigerungsbedingungen: Ziff. 17.

Besteht z.B. eine **Schaden- und/oder Haftpflichtversicherung,** hat das Betreibungsamt dem Versicherer im Sinne von Art. 57 VVG Mitteilung zu machen.

Besteht z.B. **keine Haushaftpflichtversicherung,** so ist der Abschluss einer solchen für die Zeit der Verwaltung (resp. bis zur durchgeführten Verwertung) zum Schutz des Betreibungsamtes, resp. des Schuldners oder Pfandeigentümers empfehlenswert, ja sogar im Hinblick auf die Besichtigung des Grundstückes durch Kaufinteressenten für die Versteigerung und zur Gewährung des Versicherungsschutzes für Handwerker, Mieter, Pächter usw. unerlässlich.

An dieser Stelle wird darauf hingewiesen, dass im Sinne von Art. 54 Abs. 1 VVG der private Versicherungsvertrag bezüglich eines Grundstücks im Zeitpunkt der Handänderung endet (mit Ausnahme einer obligatorischen Versicherung für Gebäude gegen Feuer- und Elementarschäden gem. Art. 54 Abs. 2 VVG[40]). Damit ab diesem Zeitpunkt bis zur Eigentumsübertragung das Grundstück weiterhin versichert ist, empfiehlt es sich, mit dem Versicherer diesbezüglich schriftlich zu vereinbaren, dass der Versicherungsschutz betreffend das Grundstück zumindest bis zur grundbuchamtlichen Eigentumsübertragung aufrecht erhalten bleibt, vgl. hinten § 16 Ziff. 1.2.3 lit. a und Ziff. 1.3, Steigerungsbedingungen: Ziff. 17 lit. b Abs. 2.

f) Abklärungen bezüglich allenfalls bestehender **Service-Verträge** (Heizungswartung, Küchengerätewartung, Feuerlöschanlagen usw.). Die Vertragspartner sind bezüglich der Übernahme der Zwangsverwaltung durch das Betreibungsamt schriftlich zu orientieren. Vorab sind bestehende Service-Verträge auf ihre Notwendigkeit zu prüfen und allenfalls zu kündigen. Bestehende Service-Verträge sind dem Ersteigerer anlässlich der grundbuchlichen Eigentumsübertragung zu überbinden. Die Überbindung ist in den Steigerungsbedingungen entsprechend vorzusehen.

g) Abklären von allfällig bestehenden **Verwaltungs- und/oder Bewirtschaftungsverträgen** betreffend das Pfandgründstück.

h) Abklären von allfällig bestehenden **Hauswartverträgen** betr. das Pfandgrundstück.

---

[40] Art. 54 Abs. 2 VVG: In Kantonen mit einem Versicherungsobligatorium für Gebäude gegen Feuer- und Elementarschäden bei privaten Versicherungsträgern geht der bestehende Versicherungsvertrag auf den Erwerber über, sofern dieser oder der Versicherer den Vertrag nicht innert 14 Tagen nach der Handänderung kündigt.

i) **Zusätzlich bei Stockwerkeigentum:** Bei einer vermieteten oder verpachteten Stockwerkeigentumseinheit ist dem **Verwalter der Stockwerkeigentümergemeinschaft** die Mietzinssperre gegen den Stockwerkeigentümer in dem Sinne anzuzeigen, dass er während der Dauer der Verwaltung dem Betreibungsamt die betr. die vermietete oder verpachtete Stockwerkeigentumseinheit **fällig werdenden Beiträge an die Stockwerkeigentümergemeinschaft** (Art. 712h ZGB) mitzuteilen hat. Ferner sind dem Betreibungsamt periodisch die **Verwaltungsabrechnungen** zuzustellen.

Es empfiehlt sich, die erwähnte Einvernahme des Schuldners, resp. des Pfandeigentümers sowie die Anordnung der betreffenden Massnahmen und den Erlass der notwendigen Anzeigen allenfalls bereits **vor Erhalt** des Grundbuchauszuges, Katasterplanes oder des Versicherungsprotokolls der Gebäudeversicherung usw. vorzunehmen, sofern damit zu rechnen ist, dass z.B. die Ausfertigung des Grundbuchauszuges mehrere Tage in Anspruch nehmen kann.

## 2. Begehung und Besichtigung des Grundstückes

Zum Zweck nachfolgender Vorkehrungen ist das Grundstück (allenfalls) zu begehen und zu besichtigen:

a) Eventuell festhalten des **Zustandes der Bauten.** Abklären ob allenfalls Instandstellungsaufträge bestehen oder ob dringend notwendige Reparaturen anzuordnen oder dringende Mängel zu beseitigen sind. Allenfalls ist über den Zustand der Gebäude ein entsprechendes **Protokoll** aufzunehmen.

b) Im Zusammenhang mit der Steigerungspublikation ist eine formell richtige aber auch möglichst kurze und aussagekräftige **Beschreibung des Grundstückes** zu erstellen.

c) Es ist abzuklären, ob das Grundstück allenfalls von etwelchen **Altlasten** betroffen ist. Bei Altlasten handelt es sich um im Grundstück vorhandene Schadstoffe, welche früher oder später eine Gefahr für Mensch und Umwelt darstellen könnten. Die Kantone sind verpflichtet, einen öffentlich zugänglichen «**Altlastenkataster**» der belasteten Standorte zu führen (Art. 5 und 21 AltlV). Siehe dazu auch hinten § 16 Ziff. 1.2.3 lit. l.

d) Ermitteln von **mitverpfändeten Früchten und Erträgnissen,** siehe dazu hinten § 11 Ziff. 1.2.

e) Eventuell **aufnehmen und schätzen von Zugehör.** Es ist wichtig, bereits im jetzigen Zeitpunkt, nicht erst bei der Erstellung des Lastenverzeichnisses, die Zugehör, die im Grundbuch angemerkt ist oder deren Eigenschaft als Zugehör zu Zweifel Anlass gibt, aufzunehmen und einzeln zu schätzen, siehe dazu hinten § 12 Ziff. 2.2.

f) Vornahme oder Anordnung der **Schätzung des Grundstückes,** siehe dazu hinten § 12 Ziff. 2.

## 3.   Entscheid über die Ausübung der Verwaltung und/oder der Bewirtschaftung des Grundstückes

Nach den vorgenommenen Einvernahmen und durchgeführten Abklärungen hat das Betreibungsamt nun zu entscheiden, ob betreffend das Pfandgrundstück eine Verwaltung und/oder Bewirtschaftung anzuordnen ist oder nicht. Trifft die Übernahme einer Verwaltung und/oder Bewirtschaftung zu, hat das Betreibungsamt, je nach Ergebnis der vorgenommenen Abklärungen und Art des Grundstückes, die Möglichkeit, eine der nachfolgenden Massnahmen anzuordnen:

» **Übernahme der Verwaltung und/oder Bewirtschaftung des Grundstückes durch das Betreibungsamt** gem. Art. 16 ff. i.V.m. Art. 101 Abs. 1 VZG, siehe dazu hinten § 11 Ziff. 1 ff.

» **Übertragen der Bewirtschaftung des Grundstückes an den Schuldner,** siehe dazu hinten § 11 Ziff. 1.1.2.

» **Übertragen der Verwaltung und/oder Bewirtschaftung des Grundstückes an einen Dritten**, siehe dazu hinten § 11 Ziff. 1.1.2.

# § 11  Verwaltung und Bewirtschaftung / Rechnungsführung / Verwendung der Verwaltungserträgnisse

## 1.  Verwaltung und Bewirtschaftung

### 1.1  Allgemeines

### 1.1.1  Allgemeine Grundlagen

Von der Stellung des Verwertungsbegehrens an hat das Betreibungsamt gem. Art. 101 Abs. 1 VZG in gleicher Weise für die **Verwaltung und Bewirtschaftung** des Grundstückes zu sorgen wie im Pfändungsverfahren (Art. 102 Abs. 3 SchKG, Art. 16 ff. und 23c i.V.m. Art. 101 Abs. 1 VZG), sofern das Pfandgrundstück oder ein Teil davon vermietet oder verpachtet ist. Es sei denn, dass der betreibende Gläubiger ausdrücklich darauf verzichtet. Gehört das Grundstück einem **Dritten**, so kann es vom Betreibungsamt gem. Art. 101 Abs. 2 VZG erst in Verwaltung genommen werden, wenn ein allfälliger Rechtsvorschlag des Dritten beseitigt ist. Da das Verwertungsbegehren erst gestellt werden kann, nachdem alle Rechtsvorschläge rechtskräftig beseitigt sind, sei es der Rechtsvorschlag des Schuldners sowie auch derjenige des Dritten usw., vgl. dazu vorne § 2 Ziff. 3.1 und § 3 Ziff. 1.4 und 3, erübrigt sich somit die erwähnte Bestimmung von Art. 101 Abs. 2 VZG.

Besteht bereits im Sinne von Art. 91 ff. VZG eine Miet- oder Pachtzinssperre, so sind die bisher für die Miet- und/oder Pachtzinssperre angeordneten Massnahmen nach Art. 94 VZG («reduzierte» Verwaltungsmassnahmen [vgl. dazu vorne § 4 Ziff. 3]) im Sinne des bereits erwähnten Aufgabenkataloges auf die ordentlichen Verwaltungsmassnahmen gem. Art. 16 ff. und 23c i.V.m. Art. 101 Abs. 1 VZG auszudehnen.

Der Schuldner, resp. Pfandeigentümer kann bis zur Verwertung des Grundstückes weder zur Bezahlung einer Entschädigung für die von ihm benutzten Wohn- und Geschäftsräume verpflichtet, noch zu deren Räumung genötigt werden (Art. 19 i.V.m. Art. 101 Abs. 1 VZG[41]).

Sofern aus den Verwaltungseinnahmen die Auslagen für die Verwaltung und Bewirtschaftung des Grundstückes nicht gedeckt werden können, ist das Betreibungsamt berechtigt, von jedem verwertenden Gläubiger einen **Kostenvorschuss** zu verlangen, unter der Androhung, dass bei Nichtleisten des Vorschusses die Verwaltung und Bewirtschaftung durch das Betreibungsamt unterbleibt (Art. 16 Abs. 4 i.V.m. Art. 101 Abs. 1 VZG). Für die Einforderung des Kostenvorschusses hat das Betreibungsamt das Formular 43 (EDV 1004) zu verwenden, vgl. dazu vorne § 8 Ziff. 7.

Im Kanton Zürich hat das Betreibungsamt die Übernahme der Verwaltung in der **Verwaltungskontrolle** einzutragen.

---

[41]  Der für das Pfändungsverfahren anwendbare Art. 19 VZG gilt gem. BGE 77 III 122 auch für die Grundpfandbetreibung.

### 1.1.2 Verwaltung und/oder Bewirtschaftung durch Dritte; Bewirtschaftung durch den Schuldner, resp. Pfandeigentümer

Die Verwaltung geht auch dann auf das Betreibungsamt über, wenn sie vom Schuldner, resp. Pfandeigentümer vertraglich einem Dritten übertragen worden ist. Das Betreibungsamt kann jedoch die Verwaltung, gestützt auf Art. 16 Abs. 3 i.V.m. Art. 101 Abs. 1 VZG, beim Dritten belassen. Übernimmt das Betreibungsamt die Verwaltung selbst, so ist dieser Dritte darüber zu informieren. Die Verwaltung verbleibt beim Betreibungsamt auch während einer vorläufigen Einstellung der Betreibung (infolge Rechtsstillstandes oder Nachlassstundung) und während eines dem Schuldner erteilten Aufschubes (vgl. dazu vorne § 7 Ziff. 3).

Die **Verwaltung** und/oder Bewirtschaftung kann auf Verantwortung des Betreibungsamtes **einem Dritten übertragen** werden. Mit der **Bewirtschaftung** kann gem. Art. 16 Abs. 3 i.V.m. Art. 101 Abs. 1 VZG auch der **Schuldner,** resp. der **Pfandeigentümer** selbst beauftragt werden, was sich insbesondere bei einem landwirtschaftlichen Grundstück, Hotel, Restaurant, bei einer Werkstatt und dergleichen aufdrängt.

Wird die Bewirtschaftung dem Schuldner, resp. dem Pfandeigentümer übertragen, resp. wird ein Dritter mit der Bewirtschaftung oder Verwaltung beauftragt, hat das Betreibungsamt mit diesen Personen einen entsprechenden Verwaltungsvertrag resp. Bewirtschaftungsvertrag abzuschliessen, siehe nachfolgende Ziff. 1.8. Es empfiehlt sich, im Vertrag festzulegen, ob der Dritte in eigenem Namen handeln darf (allenfalls in welchem Umfang) oder nur im Namen des Betreibungsamtes[42].

### 1.2 Laufende Miet- und/oder Pachtzinse; Früchte und Erträgnisse

Ist das verpfändete Grundstück vermietet oder verpachtet, so erstreckt sich gem. Art. 806 Abs. 1 ZGB die **Pfandhaft** auch auf die **Miet- und/oder Pachtzinsforderungen,** die seit der Einleitung der Betreibung auf Verwertung des Grundpfandes auflaufen. Will der Grundpfandgläubiger diese zusätzliche Pfandhaft **vor** der Stellung des Verwertungsbegehrens geltend machen, hat er dies im Betreibungsbegehren ausdrücklich zu erwähnen oder nachträglich bis zur Einreichung des Verwertungsbegehrens zu verlangen, vgl. dazu vorne § 4 Ziff. 1. Fällige, noch ausstehende Miet- und/oder Pachtzinse gehören allerdings nicht dazu.

**Natürliche,** im Zeitpunkt der Stellung des Verwertungsbegehrens **noch stehende und hängende Früchte**, wie z.B. die Baumfrüchte aller Arten, die Boden-, Hülsen- und Feldfrüchte aller Arten, die Beerenfrüchte aller Arten sowie die Trauben sind gem. Art. 643 Abs. 3 ZGB Bestandteil der Sache, d.h. Bestandteil des Pfandgrundstückes. Im Zeitpunkt der Stellung des Verwertungsbegehrens bereits geerntete natürliche Früchte wären somit nicht mehr als Bestandteil des Grundstückes anzusehen.

Werden die natürlichen Früchte (Art. 643 Abs. 1 ZGB) von der Sache getrennt «gewonnen, geerntet usw.», bilden sie, wie Miet- und/oder Pachtzinseinnahmen, **Erträgnisse** des Grundstückes. Unter solche Erträgnisse gehören im Weiteren auch die **nicht wie-**

---

[42]  BlSchK 72 (2008) S. 29 f.

derkehrenden **Erzeugnisse** des Grundstückes, wie z.B. Holzschlag, Bodenschätze (wie Kohle, Kalk, Schiefer, Sand, Mineralien) usw.

Gemäss Art. 17 i.V.m. Art. 101 Abs. 1 VZG sorgt das Betreibungsamt von der Stellung des Verwertungsbegehrens an in gleicher Weise wie in der Pfändung, während der Zeit der Verwaltung, nebst dem Einzug der Miet- und/oder Pachtzinse, auch für die Gewinnung der Früchte und der vorne erwähnten Erträgnisse (103 Abs. 1 SchKG i.V.m. Art. 101 Abs. 1 VZG und 155 Abs. 1 SchKG).

## 1.3  Ordentliche Verwaltungsmassnahmen

### 1.3.1  Allgemeines

Die Verwaltung und die Bewirtschaftung des verpfändeten Grundstückes umfassen alle diejenigen Massnahmen, die zur Erhaltung des Grundstückes und seiner Ertragsfähigkeit sowie zur Gewinnung der Früchte und Erträgnisse notwendig sind[43].

Nach Art. 17 i.V.m. Art. 101 Abs. 1 VZG handelt es sich um folgende **ordentliche Verwaltungsmassnahmen**:

a) **Einzug** der Miet- und/oder Pachtzinse und weiterer Erträgnisse. Bezüglich das Verfahren und den Ablauf für den Einzug der Miet- und/oder Pachtzinse, siehe nachfolgende Ziff. 1.3.2. Betreffend Bewohnung des Grundstückes durch den Schuldner, resp. Pfandeigentümer, siehe vorgehende Ziff. 1.1.1 Abs. 3.

b) **Anhebung der Betreibung** gegen säumige Mieter oder Pächter; evtl. Geltendmachung des **Retentionsrechtes** nach Art. 283 SchKG i.V.m. Art. 268 ff. und 299c OR.

c) **Vornahme** von **Kündigungen** an Mieter oder Pächter.

d) Allenfalls anordnen der **Ausweisung** von Mietern und Pächtern (Kanton Zürich: § 307 ZPO)[44].

e) **Entgegennahme** von **Kündigungen.**

f) Vornahme von **Neuvermietungen.**

g) Abschluss und Erneuerung der **üblichen Versicherungen**, siehe dazu vorne § 4 Ziff. 2 lit. e.

h) Anordnung **dringlicher Reparaturen,** die erforderlich sind, um das vermietete oder verpachtete Grundstück in Stand zu halten und drohenden Schaden abzuwenden (bei Stockwerkeigentum nur betreffend der vermieteten oder verpachteten Stockwerkeigentumseinheit). Bei **grösseren Reparaturen** wird auf Art. 18 i.V.m. Art. 101 Abs. 1 VZG verwiesen, siehe dazu nachfolgende Ziff. 1.4.

i) Besorgung der **Anpflanzungen.**

---

[43]  BGE 129 III 90.
[44]  BGE 109 III 47: Mieter oder Pächter ausweisen zu lassen, fallen auch während der Miet- und Pachtzinssperre in die Kompetenz des Betreibungsamtes.

k) **Einbringung** und **Verwertung** der Früchte zur Reifezeit.

l) Eventuell Abschluss eines **Bewirtschaftungsvertrages** mit dem Schuldner oder einem Dritten betreffend die Bewirtschaftung des Grundstückes.

m) Eventuell Abschluss eines **Verwaltungsvertrages** mit einem Dritten, vgl. nachfolgende Ziff. 1.8.

n) **Bezahlung** aus den eingegangenen Miet- oder Pachtzinseinnahmen nachfolgender laufender **Auslagen und Abgaben**, die während der Dauer der Verwaltung betr. das vermietete oder verpachtete Pfandgrundstück fällig werden, wie u.a. für:
   > Dringliche Reparaturen.
   > Laufende Abgaben[45] für Gas, Wasser, Elektrizität, Kehrichtabfuhr und dergleichen.
   > Versicherungsprämien für Schadenversicherungen.
   > Auslagen für Serviceverträge.

   Die während der Verwaltungsperiode fällig werdenden oder vorher fällig gewordenen **Grundpfandzinse, Baurechtszinse**[46], **Amortisationen oder Annuitäten** dürfen gem. Art. 17 i.V.m. Art. 101 Abs. 1 VZG jedoch **nicht** bezahlt werden.

o) **Zusätzlich bei Stockwerkeigentum:** Bei einer **Stockwerkeigentumseinheit** sind m.E. nebst den oben unter lit. n erwähnten Auslagen aus den eingegangenen Miet- und/oder Pachtzinsen auch die **Beiträge an die Stockwerkeigentümergemeinschaft (Art. 712h ZGB)** zu bezahlen (inkl. Beiträge in den Erneuerungsfonds), die während der Dauer der Verwaltung fällig werden.

p) **Zusätzlich bei Stockwerkeigentum:** Vertreten des Schuldners an der **Versammlung der Stockwerkeigentümergemeinschaft** mit Ausübung des ihm zustehenden Stimmrechts betr. das diesbezügliche vermietete Pfandgrundstück (Art. 23c i.V.m. Art. 101 Abs. 1 VZG).

q) Für jeden Mieter oder Pächter ist eine separate **Mietzinskontrolle** anzulegen, falls mehrere Miet- oder Pachtverhältnisse bestehen.

r) Während der Dauer der Verwaltung sind die diesbezüglichen Miet- und/oder Pachtverträge, Verwaltungsverträge, Hauswartverträge, Versicherungspolicen, Serviceverträge usw. vom Betreibungsamt in **Verwahrung** zu nehmen.

s) Im Kanton Zürich hat das Betreibungsamt die Übernahme der Verwaltung in der **Verwaltungskontrolle** einzutragen.

### 1.3.2    Einzug der Miet- und/oder Pachtzinse

Über allfällig bestehende Miet- und/oder Pachtverhältnisse und die Höhe der von den Mietern, bzw. den Pächtern zu bezahlenden Zinse und ihre Fälligkeitstermine hat sich das Betreibungsamt von Amtes wegen zu erkundigen. Es hat alsdann den **Mietern und Pächtern** mit Formular VZG 5 (EDV 7005) **«Anzeige an die Mieter und Pächter be-**

---

[45]  BGE 62 III 56 ff.: Begriff für laufende Abgaben.
[46]  BGE 129 III 90.

treffend Bezahlung der Miet- und/oder Pachtzinse» (siehe nachfolgende Ziff. 1.6) sofort Anzeige zu machen, dass sie in Zukunft die fällig werdenden Miet- und/oder Pachtzinse mit befreiender Wirkung nicht mehr an den Schuldner, resp. an den Pfandeigentümer, sondern nur noch an das Betreibungsamt bezahlen dürfen. Gleichzeitig wird dem Mieter oder Pächter mit der Anzeige mitgeteilt, dass Kündigungen usw. für das Miet- oder Pachtverhältnis an das Betreibungsamt zu richten sind. Bei einem neuen **Verwertungsbegehren** ist während der Dauer der Verwaltung diese Anzeige an die Mieter und/oder Pächter **nicht** erneut zu erlassen.

Gleichzeitig mit der Anzeige an die Mieter und/oder Pächter ist dem Schuldner, resp. Pfandeigentümer mit Formular VZG 6 (EDV 7006) **«Anzeige an den Grundeigentümer betreffend Einzug der Miet- und/oder Pachtzinse»** (siehe nachfolgende Ziff. 1.7) anzuzeigen, dass die von nun an fällig werdenden Miet- und/oder Pachtzinse durch das Betreibungsamt eingezogen werden und dass ihm daher bei Straffolge nicht mehr gestattet ist, Zahlungen für diese Miet- und/oder Pachtzinsforderungen entgegenzunehmen oder Rechtsgeschäfte über sie abzuschliessen (Art. 92 Abs. 1 VZG i.V.m. Art. 8 Anl. VZG [siehe hinten § 35]).

**Die vorne in Ziff. 1.3.2 Abs. 1 und 3 erwähnten Anzeigen sind nicht mehr zu erlassen, sofern dies bereits anlässlich der Einleitung der Betreibung mit der Ausdehnung der Pfandhaft auf die Miet- und/oder Pachtzinse geschehen ist, vgl. dazu vorne § 4 Ziff. 2 ff.**

## 1.4  Ausserordentliche Verwaltungsmassnahmen

Neben den ordentlichen Verwaltungsmassnahmen kennt das Gesetz auch **ausserordentliche** Verwaltungsmassnahmen. Sie unterscheiden sich von den ordentlichen dadurch, dass sie vom Betreibungsamt in der Regel nicht allein angeordnet werden können, sondern nur nach Anhörung und Mitwirkung der Beteiligten. Ausserordentliche Massnahmen sind z.B. die Führung von Prozessen im Zusammenhang mit der Verwaltung, Anordnung von grösseren und kostspieligen Reparaturen oder Instandstellungen.

In Art. 18 i.V.m. Art. 102 Abs. 1 VZG sind die **ausserordentlichen Verwaltungsmassnahmen** wie folgt umschrieben:

Erfordert die Verwaltung die Führung von Prozessen oder andere, mit grösseren Kosten verbundene oder sonstwie aussergewöhnliche Massnahmen, so hat das Betreibungsamt, wenn Gefahr in Verzug ist, von sich aus das Nötige vorzukehren, jedoch die betreibenden Grundpfandgläubiger und den Schuldner unverzüglich von den getroffenen Massnahmen zu benachrichtigen, unter Hinweis auf ihr Beschwerderecht. Ist keine Gefahr in Verzug, so soll das Betreibungsamt die Gläubiger und den Schuldner vorher um ihre Ansicht befragen, unter Ansetzung einer angemessenen Frist und unter Formulierung eines bestimmten Vorschlages über die zu treffenden Massnahmen und die Art der Kostendeckung, der bei unbenütztem Ablauf der Frist als angenommen gilt.

Verständigen sich Gläubiger, Dritteigentümer und Schuldner über die Vornahme ausserordentlicher Massnahmen, so hat das Betreibungsamt die ihm erteilten Instruktionen zu befolgen, vorausgesetzt, dass die Gläubiger einen allfälligen Kostenvorschuss leisten oder dass sonst genügend Mittel vorhanden sind. Sind sich die Beteiligten über das weitere Vorgehen nicht einig, so ersucht das Betreibungsamt die **Aufsichtsbehörde** um die nötige Weisung.

## 1.5      Dauer der Verwaltung

Das Betreibungsamt verwaltet das Grundstück solange die Grundpfandbetreibung besteht, **längstens jedoch bis zur Versteigerung, resp. bis zur Eigentumsübertragung.** Kann die in Betreibung gesetzte Forderung aus den Verwaltungserträgnissen vorher gedeckt werden, so ist über die Verwaltung die Schlussabrechnung zu erstellen und anschliessend die an die Mieter und Pächter erlassenen Sperranzeigen aufzuheben, sofern die Verwaltung nicht in einem anderen Betreibungsverfahren weitergeführt werden muss.

## 1.6     Muster: Anzeige an den Mieter betreffend Bezahlung der Mietzinse

>> Formular VZG 5 (EDV 7005)

### Betreibungs- und Gemeindeammannamt Hausen am Albis
In der Rüti 10    8915 Hausen a.A.    Telefon 044 764 16 75    Postkonto 80-1507-5

**Briefadresse:**
In der Rüti 10
8915 Hausen a.A.

Einschreiben

Herr
Werner Hegglin
Albisweg 7
8915 Hausen a.A.

Hausen a.A., 19. März 2007

Betreibung Nr. 3790

### Anzeige an den Mieter betreffend Bezahlung der Mietzinse

Vermieter:      **Chabloz Alain, Rigiblickstrasse 33, 8915 Hausen a.A.**

Vertreter:      ---

Mietobjekt:     Einfamilienhaus mit angebauter Garage, Albisweg 7, 8915 Hausen a.A.

Sie werden angewiesen, **die vom Empfang dieser Anzeige an fällig werdenden Mietzinse**, die Sie bisher an den Vermieter zu bezahlen hatten, zur Vermeidung von Doppelzahlung bis zu unserem schriftlichen Widerruf **an unsere Amtsstelle zu entrichten**. Ebenso können Kündigungen und Reklamationen nur noch bei uns gültig angebracht werden. Allfällige Rechtsgeschäfte in Bezug auf die noch nicht verfallenen Zinsen haben keine Gültigkeit.

Diese Verfügung können Sie gemäss Art. 17 SchKG innert **10 Tagen**, vom Empfang an gerechnet, beim Bezirksgericht Affoltern, Aufsichtsbehörde über Betreibungsämter, Im Grund 15, Postfach 76, 8910 Affoltern a.A., mit Beschwerde anfechten. Die Beschwerde ist im Doppel einzureichen und hat eine Begründung und einen Antrag zu enthalten. Diese Verfügung und allfällige Beweismittel sind beizulegen.

Freundliche Grüsse

Betreibungsamt Hausen a.A.

*V. Moroff*

V. Moroff

## 1.7 Muster: Anzeige an den Grundeigentümer betreffend Einzug der Mietzinse

>> Formular VZG 6 (EDV 7006)

### Betreibungs- und Gemeindeammannamt Hausen am Albis

In der Rüti 10    8915 Hausen a.A.    Telefon 044 764 16 75    Postkonto 80-1507-5

Einschreiben

Herr
Alain Chabloz
Rigiblickstrasse 33
8915 Hausen a.A.

Hausen a.A., 19. März 2007                    Betreibung Nr. 3790

### Anzeige an den Grundeigentümer betreffend Einzug der Mietzinse

Grundstück:        Einfamilienhaus mit angebauter Garage, Albisweg 7, 8915 Hausen a.A.

Infolge    ☐    Betreibung auf Grundpfandverwertung mit Ausdehnung der Pfandhaft auf die Mietzinse

☒    Verwertungsbegehren in der Betreibung auf Grundpfandverwertung

☐    Pfändung

☐    Arrest

werden die von nun an fälligen Miet-/Pachtzinse Ihres Grundstückes durch unsere Amtsstelle eingezogen.

Sie werden darauf aufmerksam gemacht, dass es Ihnen bei Straffolge gemäss Art. 169 und 289 StGB nicht mehr gestattet ist, Zahlungen für diese Mietzins-/Pachtzinsforderungen entgegenzunehmen oder Rechtsgeschäfte über sie abzuschliessen. Abschluss, Änderung oder Kündigung der Miet-/Pachtverträge bedürfen zu ihrer Gültigkeit der Zustimmung des Betreibungsamtes.

**Sie werden aufgefordert, dem Betreibungsamt innert 10 Tagen sämtliche Verwaltungsunterlagen wie Miet-/Pachtverträge, Vertragsänderungen, Mieterspiegel, Hauswartvertrag, Kündigungen, Mieterdepots, Versicherungspolicen, Abonnementsverträge und Schlüssel zu leerstehenden Räumlichkeiten einzusenden, soweit sie nicht schon abgeliefert worden sind.**

**Nur bei Betreibung auf Pfandverwertung:**

Sollten Sie geltend machen wollen, dass sich das Pfandrecht nicht auf die Miet-/Pachtzinse oder nur auf einen Teil davon erstrecke, so haben Sie dies dem Betreibungsamt innerhalb von **10 Tagen** seit Empfang dieser Anzeige zu erklären, unter Angabe der Gründe und allfällig unter genauer Bezeichnung des bestrittenen Teilbetrages. Nach Ablauf dieser Frist kann die Miet-/Pachtzinssperre nicht mehr bestritten werden. Eine allfällige Bestreitung bewirkt als solche noch keine Aufhebung der Miet-/Pachtzinssperre.

Diese Verfügung können Sie gemäss Art. 17 SchKG innert **10 Tagen**, vom Empfang an gerechnet, beim Bezirksgericht Affoltern, Aufsichtsbehörde über Betreibungsämter, Im Grund 15, Postfach 76, 8910 Affoltern a.A., mit Beschwerde anfechten. Die Beschwerde ist im Doppel einzureichen und hat eine Begründung und einen Antrag zu enthalten. Diese Verfügung und allfällige Beweismittel sind beizulegen.

Freundliche Grüsse

Betreibungsamt Hausen a.A.

*V. Moroff*

V. Moroff

## 1.8    Muster: Verwaltungsvertrag

>> Siehe vorgehende Ziff. 1.1.2 Abs. 3.

## Betreibungs- und Gemeindeammannamt Hausen am Albis

In der Rüti 10    8915 Hausen a.A.    Telefon 044 764 16 75    Postkonto 80-1507-5

**Briefadresse:**
In der Rüti 10
8915 Hausen a.A.

**Verwaltungsvertrag für Grundstücke** im Sinne von Art. 16 Abs. 3 i.V.m. Art. 101 Abs. 1 VZG

zwischen dem **Betreibungsamt** XXX (Auftraggeber)

und XXX (Beauftragter/Verwaltung)

bezüglich des nachfolgenden Grundstücks[1] :

XXX

**1.    Grundlagen**

Soweit in den nachstehenden Ziffern nichts Abweichendes festgelegt wird, gelten die Bestimmungen von Art. 394 ff. des Schweizerischen Obligationenrechtes (OR).

**2.    Umfang des Verwaltungsmandates**

**2.1**    Die Vornahme sämtlicher Rechtsgeschäfte mit den Mietern erfolgt durch die Verwaltung, wie u.a. Abschluss und Kündigung von Mietverträgen, Anzeigen von Mietzinserhöhungen, Regelung der Hauswartung, Heizkostenabrechnungen, Bezahlung von Abgaben, Steuern, Versicherungen usw. Das Betreibungsamt ist über abzuschliessende Mietverträge (vor der Unterzeichnung) und beabsichtigte Kündigungen, Ausweisungs- sowie anstehende Gerichts- und Schlichtungsverfahren rechtzeitig zu orientieren. Ebenfalls ist das Betreibungsamt bezüglich neu abzuschliessenden oder zu erneuernden Versicherungsverträgen usw. rechtzeitig in Kenntnis zu setzen.

**2.2**    Vorgängig einer Neuvermietung sind dem Betreibungsamt die zu erwartenden Insertionskosten bekanntzugeben.

**2.3**    Der Einzug der Mietzinse (inkl. Inkassomassnahmen) erfolgt durch die Verwaltung. Die Mietzinse sind ab XXX auf das Konto der Verwaltung zu überweisen. Die Mieter werden durch das Betreibungsamt bezüglich Übernahme der Verwaltung durch XXX, sowie über die Zahlstelle der zukünftig zu leistenden Mietzinszahlungen entsprechend informiert.

**2.4**   An den Schuldner, resp. Grundeigentümer dürfen aus den Mietzinseinnahmen ohne Zustimmung des Betreibungsamtes keine Zahlungen geleistet werden.

**2.5**   Es dürfen keine Hypothekarzins- sowie Amortisationszahlungen an Grundpfandgläubiger usw. vorgenommen werden.

**2.6**   Allfällige Reparatur-, Erneuerungs- und/oder Renovationsaufträge dürfen nur bis zu einem Betrag von **Fr.** XXX ohne Zustimmung des Betreibungsamtes vergeben werden. Reparatur-, Erneuerungs- und/oder Renovationsaufträge, die den erwähnten Betrag übersteigen, sind dem Betreibungsamt mit einem separaten Kostenvoranschlag mitzuteilen und dürfen nur mit Zustimmung des Betreibungsamtes in Auftrag gegeben werden. Seitens des Betreibungsamtes wird die Zustimmung für solche Aufwendungen vom Einverständnis der Gläubiger sowie allenfalls des Schuldners, resp. Grundeigentümers abhängig gemacht.

**2.7**   Die Verwaltung schliesst eine Gebäudehaftpflicht- und Wasserschadenversicherung ab, sofern eine solche fehlt, resp. erneuert bei Bedarf die bestehende Versicherung, meldet Schadenfälle der Versicherungsgesellschaft und überwacht deren Erledigung.

**3.   Vollmachten**

Die Verwaltung wird ausdrücklich bevollmächtigt in eigenen Namen[47], Mietverträge rechtsverbindlich abzuschliessen und zu unterzeichnen, Kündigungen vorzunehmen sowie allfällige Ausweisungsverfahren einzuleiten. Die Vollmacht schliesst alle sich aus dem vorliegenden Vertrag ergebenden Rechtshandlungen ein, inkl. Vertretung vor Gerichts-, Schlichtungs- und Verwaltungsbehörden. In allen wichtigen Fällen (vgl. dazu auch Ziffer 2.6) ist das Betreibungsamt rechtzeitig zu orientieren.

**4.   Rechnungsführung**

Die Verwaltung ist verpflichtet, nach kaufmännischen Grundsätzen getreue und sorgfältige Rechnung zu führen. Das Betreibungsamt ist jederzeit berechtigt, die Buchhaltung, Rechnungsbelege und diesbezügliche Unterlagen einzusehen. Die Verwaltung erstellt auf Verlangen des Betreibungsamtes eine Verwaltungsabrechnung und überweist periodisch einen Teil aus den Mietzinseinnahmen auf das Konto XXX des Betreibungsamtes.

**5.   Verwaltungsentschädigung**

Diese beträgt **X Prozent**[2] von den Mietzinseinnahmen. Darin sind alle monatlichen Spesen und Auslagen wie Porti, Telefone, Kopien, Wegentschädigungen usw. eingeschlossen.

**6.   Dauer des Verwaltungsmandates**

Der vorliegende Verwaltungsvertrag gilt ab sofort und dauert höchstens solange, als das Betreibungsamt für die Zwangsverwaltung des Pfandgrundstückes zuständig ist. Der Verwaltungsvertrag kann im Sinne von Art. 404 Abs. 1 OR jederzeit widerrufen bzw. gekündigt werden.

---

[47]   BlSchK 72 (2008) S. 29 f.

**7.**  **Gerichtsstand**

Als Gerichtsstand [3)] wird XXX vereinbart.

......................................................................................................................................................................
(Ort und Datum)

Betreibungsamt XXX (Auftraggeber)                    XXX (Beauftragter/Verwaltung)

....................................................................                    ....................................................................
(Unterschrift)                                                          (Unterschrift)

[1)]  Handelt es sich um mehrere Grundstücke, um ein Stockwerkeigentum und/oder andere Objekte, wie z.B. Pachtliegenschaft, ist dies im Vertrag entsprechend zu erwähnen. Zudem ist das zu verwaltende Grundstück genau zu beschreiben. Bezieht sich die Verwaltung auf eine Stockwerkeinheit ist im Vertrag auch die Bezahlung der Beiträge an die Stockwerkeigentümergemeinschaft sowie die Vertretung des Schuldners resp. des Grundeigentümers an der Versammlung der Stockwerkeigentümergemeinschaft zu regeln.

[2)]  Gemäss Art. 27 Abs. 1 GebV SchKG beträgt die Gebühr für die Verwaltung maximal 5 Prozent der während der Dauer der Verwaltung erzielten oder erzielbaren Miet- oder Pachtzinse[48].

[3)]  Ort des Betreibungsamtes.

---

[48]  BGE 126 III 490.

## 2. Rechnungsführung; Verwendung der Verwaltungserträgnisse

### 2.1 Allgemeines

In der **Buchhaltung** ist ein separates **Verwaltungskonto** zu eröffnen für sämtliche die Verwaltung betreffenden Einnahmen und Ausgaben.

Das Betreibungsamt hat über die **Einnahmen** und **Ausgaben** der Verwaltung laufend eine spezifizierte Rechnung zu führen. Daneben hat das Amt auch über die Kosten der Verwaltung eine separate Rechnung zu erstellen (Art. 20, 21 i.V.m. Art. 101 Abs. 1 VZG und Art. 15 und 16 Anl. VZG [siehe hinten § 35]).

Wie bei der Mietzinssperre nach Art. 91 ff. VZG, ist es auch in der Verwaltung infolge Verwertungsbegehrens wichtig, über die Verwaltung **periodisch abzurechnen** und an den verwertenden Gläubiger aus dem Reinerlös Abschlagszahlungen vorzunehmen, siehe dazu vorne § 6 Ziff. 1.2.

### 2.2 Primäre Verwendung der Verwaltungserträgnisse

Wie in der Verwaltung infolge Pfändung oder in der Grundpfandbetreibung infolge Ausdehnung der Pfandhaft auf die Miet- und/oder Pachtzinse, so sind auch hier bei der **obligatorischen Verwaltung** infolge Grundpfandverwertungsbegehrens die Verwaltungseinnahmen (Erlös aus natürlichen Früchten, Erträgnissen, Mietzinseinnahmen usw.) in erster Linie zur Deckung der Verwaltungsauslagen und Verwaltungskosten, sowie zur Ausrichtung allfälliger Beiträge an den Unterhalt des Schuldners und seiner Familie, resp. des Pfandeigentümers zu verwenden, d.h. zur Deckung des **Existenzminimums des Schuldners und seiner Familie**, sofern ein nachgewiesenes Bedürfnis dafür besteht (Art. 94 Abs. 1 VZG i.V.m. Art. 103 Abs. 2 SchKG)[49], längstens jedoch während der Dauer der Mietzinssperre (Dauer der Verwaltung)[50].

Beim Entscheid darüber, in welchem Umfang das Betreibungsamt diesen Bedürfnissen nachzukommen hat, sind die Regeln für die Bestimmung des unpfändbaren Betrages bei Einkommenspfändungen entsprechend anzuwenden[51]. Der Schuldner hat Anspruch auf das erwähnte Existenzminimum während der ganzen Dauer der Verwaltung[52]. Diese Unterhaltsbeiträge sind jedoch der jeweiligen Lage des Schuldners und seiner Familie anzupassen; sie unterliegen der Erhöhung, Ermässigung und allenfalls gänzlicher Einstellung, je nach Entwicklung der Verhältnisse[53].

---

[49] BGE 62 III 4 ff.
[50] BGE 65 III 21.
[51] BGE 65 III 20.
[52] Sinngemäss bei der Grundpfandbetreibung: BGE 65 III 20.
[53] Sinngemäss bei der Grundpfandbetreibung: BGE 65 III 22.

## 2.3 Verwendung der Verwaltungserträgnisse für die Grundpfandgläubiger

Der **Reinerlös,** der seit der Stellung des Verwertungsbegehrens bis zur Verwertung des Grundstückes **eingegangenen Mietzinse,** ist dem verwertenden Grundpfandgläubiger für seine Forderung zuzuweisen ohne Rücksicht darauf, ob der Erlös des Grundstückes ihm genügende Deckung bieten werde (Art. 114 Abs. 1 VZG).

Haben **mehrere Grundpfandgläubiger** zu verschiedenen Zeiten die Verwertung verlangt, so hat für die nach Stellung des Verwertungsbegehrens fällig werdenden Miet- und/oder Pachtzinse derjenige das Vorrecht, der den besseren Rang hat (Art. 114 Abs. 2 VZG). Im Weiteren siehe vorne § 6.

Dagegen ist der **Reinerlös aus den natürlichen Früchten,** der nach Stellung des Verwertungsbegehrens erzielt wurde, sowie der Erlös einer allfälligen Ausfallforderung (Art. 72 i.V.m. Art. 102 VZG ) zum Grundstückverwertungserlös hinzuzurechnen und zur Befriedigung sämtlicher Pfandgläubiger nach ihrer Rangordnung zu verwenden.

# VIERTER ABSCHNITT
## Vorbereitung der Steigerung

## § 12   Allgemeines/Schätzungen

### 1.   Allgemeines

Gemäss Art. 133 Abs. 1 SchKG ist das Grundstück vom Betreibungsamt **frühestens einen Monat** und **spätestens drei Monate** nach Eingang des Verwertungsbegehrens **öffentlich zu versteigern**. Diese vom Gesetzgeber aufgestellten Fristen sind Normvorschriften. Betreffend den Zeitplan für die Durchführung einer Verwertung eines Grundstückes, siehe hinten § 13 Ziff. 2 und 3 sowie § 21 Ziff. 1.2 und 2.

An die Stelle der Versteigerung kann der **freihändige Verkauf** treten, wenn alle Beteiligten damit einverstanden sind und mindestens der Schätzungswert angeboten wird (Art. 143b SchKG).

Es ist wichtig, dass bei mehreren eingegangenen Verwertungsbegehren darauf geachtet wird, dass die Versteigerung nur für den verwertenden Pfandgläubiger im besseren Rang angeordnet wird. Als **betreibender Gläubiger** nach Art. 142a SchKG i.V.m. Art. 126 SchKG gilt derjenige Gläubiger, auf dessen Begehren die Steigerung angeordnet wurde, und unter **mehreren** derjenige, der den andern **pfandrechtlich vorgeht**. Steht der Pfandgläubiger, auf dessen Begehren die Verwertung angeordnet wurde, mit andern Pfandgläubigern im **gleichen Rang**, so gelten diese als **mitbetreibend**, auch wenn sie die Verwertung nicht verlangt haben (Art. 105 VZG).

### 2.   Schätzung des Grundstückes und der Zugehör

#### 2.1   Schätzung des Grundstückes

Nach der Mitteilung des Verwertungsbegehrens an den Schuldner und gegebenenfalls an den Dritteigentümer des Grundpfandes (Art. 155 Abs. 2 SchKG) ordnet das Betreibungsamt die **Schätzung** an (Art. 99 Abs. 1 i.V.m. Art. 9 Abs. 1 und Art. 23 VZG). Die Schätzung soll den mutmasslichen Verkaufswert des Grundstückes und seiner Zugehör, unabhängig von einer Kataster- oder Brandassekuranzschätzung, bestimmen[54].

Der Beamte kann das Grundstück selbst schätzen[55] oder damit einen **Sachverständigen** beauftragen. Wird davon Gebrauch gemacht, so sollte vom Beauftragten ein **Kostenvoranschlag** verlangt werden, bevor ihm der Schätzungsauftrag erteilt wird. Dem Beauftragten sind die nötigen Unterlagen zu liefern, wie Grundbuchauszug, Katasterplan, allenfalls auch das letzte aktuelle Schätzungsprotokoll der Gebäudeversicherung und bei einem Stockwerkeigentumsgrundstück zusätzlich auch das Benutzungs- und

---

[54]   BGE 134 III 43 E. 4.
[55]   BGE 73 III 52 ff.

Verwaltungsreglement der Stockwerkeigentümergemeinschaft. Für die Ablieferung des Schätzungsberichtes ist dem Beauftragten eine **angemessene Frist** zu setzen.

Handelt es sich beim zur Verwertung gelangenden Grundstück um eine **Stockwerkeigentumseinheit**, so ist die **Gesamtliegenschaft** gem. Art. 23 Abs. 1 i.V.m. Art. 99 VZG zusätzlich separat zu schätzen (das Gleiche gilt beim gewöhnlichen unausgeschiedenen Miteigentum), vgl. dazu hinten § 27 und § 28.

## 2.2 Bestandteile und Zugehör / Schätzung von Zugehör

Gemäss Art. 805 Abs. 1 ZGB haften dem Grundpfandgläubiger nebst dem Grundstück auch die Bestandteile sowie die Zugehör (Art. 642, 644, 645 ZGB) als Pfand.

» **Bestandteil** einer Sache ist alles, was nach der am Orte üblichen Auffassung zu ihrem Bestande gehört und ohne Zerstörung, Beschädigung oder Veränderung nicht abgetrennt werden kann (Art. 642 Abs. 2 ZGB[56]).

» **Zugehör** sind im Sinne von Art. 644 Abs. 2 ZGB die beweglichen Sachen, die für eine sachgemässe Nutzung oder Bewirtschaftung einer Liegenschaft unerlässlich sind[57]. Die Zugehör gilt bei der Grundstückverwertung mit dem Grundstück als **mitverpfändet**. Die **ortsübliche Zugehör** ist deshalb in der Steigerungspublikation sowie in der Spezialanzeige und im Lastenverzeichnis nicht zusätzlich aufzuführen und auch nicht separat zu schätzen (Art. 11 Abs. 1 und 38 i.V.m. Art. 102 VZG).

Ist die Zugehör dagegen **im Grundbuch angemerkt**, oder gibt deren Eigenschaft als Zugehör zu **Zweifel Anlass**, ist diese gem. Art. 11 Abs. 2 und 34 Abs. 1 lit. a i.V.m. Art. 102 VZG separat im Lastenverzeichnis aufzunehmen und einzeln zu schätzen. Die Aufnahme der Zugehör inkl. der Schätzung ist ebenfalls vorgängig in der Mitteilung der betreibungsamtlichen Schätzung detailliert aufzuführen. In der Spezialanzeige und in der Steigerungspublikation dagegen genügt es, lediglich die Zugehör summarisch mit dem diesbezüglichen Gesamtschätzungsbetrag zu erwähnen.

Es empfiehlt sich, die Zugehör, die im Grundbuch angemerkt ist oder deren Eigenschaft als Zugehör zu Zweifel Anlass gibt, nicht erst im Zeitpunkt der Erstellung des Lastenverzeichnisses abzuklären, resp. hierfür die Schätzung vorzunehmen, **sondern bereits vorgängig gleichzeitig mit der Schätzung des Grundstückes**. Es ist Voraussetzung, dass bis zum Steigerungstag nicht nur die Schätzung des Grundstückes in Rechtskraft erwachsen ist, sondern auch diejenige der Zugehör.

## 2.3 Beizug der Polizei zur Vornahme der Schätzung

Zur korrekten Durchführung der Zwangsverwertung von Grundstücken gehört auch die Vornahme der betreibungsamtlichen Schätzung des Grundstückes, allenfalls auch der Zugehör, ungeachtet ob diese durch das Betreibungsamt selbst oder durch einen Beauftragten vorgenommen wird.

---

[56]  § 135 EG zum ZGB (Kanton Zürich).
[57]  § 136 EG zum ZGB (Kanton Zürich).

Werden dem Betreibungsamt für die Vornahme der erwähnten Amtshandlungen Grundstücke und Räumlichkeiten nicht zugänglich gemacht, so ist es berechtigt, für die Durchsetzung solcher und ähnlicher Amtshandlungen Polizeigewalt in Anspruch zu nehmen[58]. Diese Vorschrift gilt nach Praxis und Doktrin nicht nur für den Pfändungsvollzug, sondern allgemein zur Durchsetzung aller im Rahmen der Kompetenzen des Betreibungsamtes liegenden und verfahrensmässig nötigen Vorkehrungen, also auch zur Öffnung oder zum Aufbrechen von Türen zwecks Schätzung oder Besichtigung durch Interessenten eines zur Versteigerung gelangenden Grundstückes. Damit solche einschneidenden Massnahmen angeordnet werden können, ist es m.E. zwingende Voraussetzung, dass dem Schuldner/Pfandeigentümer die erwähnten Massnahmen **vorgängig ordnungsgemäss angezeigt und angedroht werden**.

## 2.4  Mitteilung der betreibungsamtlichen Schätzung

Das Ergebnis der betreibungsamtlichen Schätzung **des verpfändeten Grundstückes** (inkl. der allfälligen Schätzung von **Zugehör**, resp. der **Gesamtliegenschaft** bei Stockwerkeigentum, resp. der Gesamtliegenschaft bei Miteigentum) ist gem. Art. 99 Abs. 2 VZG dem Grundpfandgläubiger, der die Verwertung verlangt hat sowie dem Schuldner und einem allfälligen Dritteigentümer (m.E. beim gewöhnlichen Miteigentum auch allen übrigen Miteigentümern, bei Gesamteigentum auch allen übrigen Gesamteigentümern) mit Formular ZH710 (EDV 7010) **«Anzeige der betreibungsamtlichen Schätzung des Grundstückes und der Zugehör»** (siehe nachfolgende Ziff. 2.6) mitzuteilen, verbunden mit der Anweisung, dass sie innerhalb der Beschwerdefrist von **zehn Tagen** bei der unteren Aufsichtsbehörde[59] gegen Leistung des entsprechenden Kostenvorschusses eine **neue Schätzung** verlangen können.

Dient das verpfändete Grundstück dem Ehegatten des Schuldners oder des Dritten als Familienwohnung (Art. 169 ZGB), resp. der eingetragenen Partnerin oder dem eingetragenen Partner als gemeinsame Wohnung (Art. 14 PartG), so ist die betreibungsamtliche Schätzung m.E. auch diesen Personen zuzustellen.

Die Erfahrungen der letzten Jahre haben ergeben, dass immer mehr Schuldner davon Gebrauch machen, die betreibungsamtliche Schätzung nur deshalb anzufechten, um einerseits Zeit zu gewinnen und andererseits dadurch zu erreichen, dass der bereits publizierte Steigerungstermin nicht eingehalten werden kann, weil in den meisten Fällen die infolge Anfechtung angeordnete Neuschätzung bis zum publizierten Steigerungstag nicht in Rechtskraft erwachsen kann. Um aus diesem Grund die angesetzte Steigerung nicht einstellen zu müssen, empfiehlt es sich, vorerst dem Schuldner/Pfandeigentümer sowie dem Gläubiger, der die Verwertung verlangt hat, die betreibungsamtliche Schätzung mitzuteilen und erst nach Eintritt der **Rechtskraft der betreibungsamtlichen Schätzung** das Verwertungsverfahren mit der Zustellung der Spezialanzeigen und Anordnung der Steigerungspublikation fortzusetzen (was im Kanton Zürich bereits jahrelange Praxis ist).

---

[58]  BlSchK 54 (1990) S. 228.
[59]  BGE 120 III 135.

## 2.5      Rechtskraftbescheinigung betreffend die Schätzungen

Bevor das Verwertungsverfahren mit der Anordnung der Steigerungspublikation weitergeführt wird, ist die untere kantonale Aufsichtsbehörde schriftlich anzufragen, ob
die betreibungsamtliche Schätzung betr. das Grundstück und allenfalls auch betr. die
Zugehör innert Frist nicht angefochten wurde. Hierfür kann das Formular ZH711 (EDV
7011) **«Anfrage an die Aufsichtsbehörde betreffend Beschwerde gegen die betreibungsamtliche Schätzung»** (siehe nachfolgende Ziff. 2.7) verwendet werden.

## 2.6  Muster: Mitteilung der betreibungsamtlichen Schätzung des Grundstückes

» Formular ZH710 (EDV 7010)

Empfänger dieser Anzeige siehe vorgehende Ziff. 2.4 Abs. 1 und 2.

### Betreibungs- und Gemeindeammannamt Hausen am Albis

In der Rüti 10   8915 Hausen a.A.   Telefon 044 764 16 75   Postkonto 80-1507-5

**Briefadresse:**
In der Rüti 10
8915 Hausen a.A.

Einschreiben

Bank Zürich AG
Sihlquai 45
8098 Zürich

Hausen a.A., 3. Mai 2007

Betreibung Nr. 3790

### Mitteilung der betreibungsamtlichen Schätzung des Grundstückes

Schuldner:  **Chabloz Alain, Rigiblickstrasse 33, 8915 Hausen a.A.**
Ref.

Pfandeigentümer:  derselbe

Grundstück:  In der Gemeinde Hausen a.A., laut Grundregister Blatt 200, Kat.-Nr. 1911, Plan 15: Ein Wohnhaus mit angebauter Garage mit 358 m² Gebäudegrundfläche und Hausumschwung, Albisweg 7, 8915 Hausen a.A.

Im laufenden Verwertungsverfahren teilen wir Ihnen die **betreibungsamtliche Schätzung** mit. Diese beträgt für das oben erwähnte Grundstück: **Fr. 475 000.00.**

Im Sinne von Art. 99 Abs. 2 i.V.m. Art. 9 Abs. 2 VZG sind Sie berechtigt, innert **10 Tagen,** seit Empfang dieser Anzeige, beim Bezirksgericht Affoltern, Aufsichtsbehörde über Betreibungsämter, Im Grund 15, Postfach 76, 8910 Affoltern a.A., eine begründete, im Doppel ausgefertigte und mit einem Antrag versehene Beschwerde einzureichen und gegen Vorschuss der entstehenden Kosten eine neue Schätzung des Grundstückes bzw. auch der Zugehör durch Sachverständige zu verlangen. Nach unbenütztem Ablauf dieser Frist wird die betreibungsamtliche Schätzung rechtskräftig.

Freundliche Grüsse
Betreibungsamt Hausen a.A.

*V. Moroff*
V. Moroff

## 2.7 Muster: Anfrage an die Aufsichtsbehörde betreffend Beschwerde gegen die betreibungsamtliche Schätzung

>> Formular ZH711 (EDV 7011)

## Betreibungs- und Gemeindeammannamt Hausen am Albis
In der Rüti 10    8915 Hausen a.A.    Telefon 044 764 16 75    Postkonto 80-1507-5

**Briefadresse:**
In der Rüti 10
8915 Hausen a.A.

A-Post

Bezirksgericht Affoltern
Im Grund 15
Postfach 76
8910 Affoltern a.A.

Hausen a.A., 25. Mai 2007                          Betreibung Nr. 3790

## Anfrage an die Aufsichtsbehörde betreffend Beschwerde gegen die betreibungsamtliche Schätzung

| | |
|---|---|
| Schuldner: | **Chabloz Alain, Rigiblickstrasse 33, 8915 Hausen a.A.** |
| Pfandeigentümer: | derselbe |
| Grundstück: | In der Gemeinde Hausen a.A., laut Grundregister Blatt 200, Kat.-Nr. 1911, Plan 15: Ein Wohnhaus mit angebauter Garage mit 358 m² Gebäudegrundfläche und Hausumschwung, Albisweg 7, 8915 Hausen a.A. |

Im Verwertungsverfahren gegen den oben erwähnten Schuldner wurde die betreibungsamtliche Schätzung am 3. Mai 2007 an die Beteiligten versandt. Wir fragen Sie an, ob innert Frist eine Beschwerde dagegen erfolgt ist.

Freundliche Grüsse
Betreibungsamt Hausen a.A.

*V. Moroff*
V. Moroff

# § 13 Terminplan und Arbeitsprogramm für die Verrichtungen ab rechtskräftiger Schätzung bis zur Steigerung

## 1. Allgemeines

Steht nun fest, dass die betreibungsamtliche Schätzung des Grundstückes und allenfalls auch der Zugehör in **Rechtskraft erwachsen** ist, hat das Betreibungsamt für die Vornahme der Arbeiten bis zur Steigerung auf Grund des **Terminplanes I** (siehe nachfolgende Ziff. 2) ein **Arbeitsprogramm mit Terminplan** zu erstellen (siehe nachfolgende Ziff. 3), um einerseits die vorgegebenen Fristen einzuhalten und anderseits die zeitlich aufwändigen und rechtlich anspruchsvollen Arbeiten vorschriftsgemäss erledigen zu können.

## 2. Terminplan I

### Terminplan für die Verrichtungen ab Rechtskraft der Schätzung bis zur Steigerung

» Siehe auch nachfolgende Ziff. 3 und hinten §§ 14–20.

| Tag | Verrichtungen |
|---|---|
| Tag X | » Versand des Steigerungsinserates für die Steigerungspublikation<br>» Versand der Spezialanzeigen |
| 1. Tag | » Erscheinen des Steigerungsinserates |
| ca. 13. Tag | » Erste Besichtigung |
| 21. Tag | » Ablauf der Eingabefrist (am 20. Tag nach der Steigerungspublikation im Schweizerischen Handelsamtsblatt [SHAB]) |
| ca. 22. bis 26. Tag | » Erstellen des Lastenverzeichnisses<br>» Erstellen der Steigerungsbedingungen |
| ca. 27. Tag | » Versand des Lastenverzeichnisses und der Steigerungsbedingungen |
| 35. bis 44. Tag | » Auflegen des Lastenverzeichnisses und der Steigerungsbedingungen |
| ca. 38. Tag | » Zweite Besichtigung |
| ca. 46. Tag | » Versand des Steigerungsinserates für die «verkürzte» Steigerungspublikation |
| ca. 50. Tag | » Einholen der Rechtskraftbescheinigung betreffend das Lastenverzeichnis und die Steigerungsbedingungen |
| ca. 53. Tag | » Erscheinen des «verkürzten» Steigerungsinserates |
| ca. 60. Tag | » Steigerung |

## 3. Arbeitsprogramm II

**Muster: Arbeitsprogramm mit Terminplan für die Verrichtungen ab rechtskräftiger Schätzung bis zur Steigerung**

》 Siehe auch vorgehende Ziff. 1 und 2 sowie hinten §§ 14–20.

### Betreibungs- und Gemeindeammannamt Hausen am Albis
In der Rüti 10    8915 Hausen a.A.    Telefon 044 764 16 75    Postkonto 80-1507-5

Hausen a.A., 4. Juni 2007

Betreibung Nr. 3790
Gruppe Nr.

### Arbeitsprogramm mit Terminplan für die Verrichtungen ab rechtskräftiger Schätzung bis zur Steigerung

**Schuldner:** Chabloz Alain, Rigiblickstrasse 33, 8915 Hausen a.A.

**Pfandeigentümer:** derselbe

**Grundstück:** Einfamilienhaus, Albisweg 7, 8915 Hausen a.A.

| Kon-trolle | | Verrichtungen | Datum |
|---|---|---|---|
| | **1.** | **Aufgabe Steigerungsinserat für die erste Publikation** (ca. 1 Woche vor der Publikation) | |
| | 1.1 | SHAB (Grundpfandverwertungen werden im SHAB nur am Freitag publiziert) | *14.06.07* |
| | 1.2 | Kantonales Amtsblatt (Kanton Zürich: erscheint am Freitag) | *do.* |
| | 1.3 | *Tages-Anzeiger* | *do.* |
| | 1.4 | *Anzeiger aus dem Bezirk Affoltern* | *do.* |
| | 1.5 | | |
| | **2.** | **Versand Spezialanzeige** (gleichzeitig mit dem Steigerungsinserat) | |
| | 2.1 | Schuldner | *14.06.07* |

| Kon-trolle | | Verrichtungen | Datum |
|---|---|---|---|
| | 2.2 | Dritteigentümer / Miteigentümer / Gesamteigentümer | --- |
| | 2.3 | Alle Grundpfandgläubiger | *do.* |
| | 2.4 | Gebäudeversicherung | *do.* |
| | 2.5 | Gemeindeverwaltung / Stadtverwaltung | *do.* |
| | 2.6 | Dienstbarkeitsberechtigte usw. | --- |
| | 2.7 | *Mieter mit langfristigem Mietvertrag, siehe hinten § 15 Ziff. 7 und 15, II. Lastenverzeichnis, B. Andere Lasten: Nr. 3* | *do.* |
| | 2.8 | | |
| | 2.9 | | |
| | **3.** | **Erscheinen der ersten Publikation** | |
| | 3.1 | SHAB (Grundpfandverwertungen werden im SHAB nur am Freitag publiziert) | *22.06.07* |
| | 3.2 | Kantonales Amtsblatt (Kanton Zürich: erscheint am Freitag) | *do.* |
| | 3.3 | *Tages-Anzeiger* | *do.* |
| | 3.4 | *Anzeiger aus dem Bezirk Affoltern* | *do.* |
| | 3.5 | | |
| | 3.6 | | |
| | **4.** | **Ablauf der Eingabefrist** (20 Tage ab der 1. Publikation im SHAB) | *12.07.07* |
| | **5.** | **Erstellen Lastenverzeichnis und Steigerungsbedingungen** | *ab 09.07.07* |
| | **6.** | **Versand Lastenverzeichnis und Steigerungsbedingungen** | |
| | **6.1** | **Versand Lastenverzeichnis** | *02.08.07[1)]* |
| | | 1. Schuldner | *do.* |
| | | 2. Dritteigentümer / Miteigentümer / Gesamteigentümer | --- |
| | | 3. Alle Grundpfandgläubiger | *do.* |
| | | 4. Gemeindeverwaltung / Stadtverwaltung | *do.* |
| | | 5. *Mieter mit langfristigem Mietvertrag, siehe hinten § 15 Ziff. 7 und 15, II. Lastenverzeichnis, B. Andere Lasten: Nr. 3* | *do.* |

[1)] Betreibungsferien vom 15. bis 31. Juli 2007

| Kon- trolle | Verrichtungen | Datum |
|---|---|---|
| | 6. | |
| | 7. | |
| | 8. | |
| 6.2 | **Versand Steigerungsbedingungen** (gleichzeitig mit dem Lastenverzeichnis) | *02.08.07[1]* |
| | 1. Schuldner | *do.* |
| | 2. Dritteigentümer / Miteigentümer / Gesamteigentümer | --- |
| | 3. Alle Grundpfandgläubiger | *do.* |
| | 4. Gemeindeverwaltung / Stadtverwaltung | *do.* |
| | 5. *Mieter mit langfristigem Mietvertrag, siehe hinten § 15 Ziff. 7 und 15, II. Lastenverzeichnis, B. Andere Lasten: Nr. 3* | *do.* |
| | 6. | |
| | 7. | |
| | 8. | |
| 7. | **Auflegen Lastenverzeichnis und Steigerungsbedingungen** (10 Tage; die Auflagefrist beginnt mit dem ersten Tag der Auflage) | *13.08. bis 22.08.07* |
| 8. | **Erste Besichtigung** (Empfehlung: während der Eingabefrist) | *03.07.07* |
| 9. | **Zweite Besichtigung** (Empfehlung: während der Auflagefrist) | *17.08.07* |
| 10. | **Einholen der Rechtskraftbescheinigung betreffend das Lastenverzeichnis und die Steigerungsbedingungen** | *27.08.07* |
| 11. | **Aufgabe Steigerungsinserat für die verkürzte Publikation** (1–2 Lokalzeitungen; Publikation ca. 1 Woche vor der Steigerung) | |
| 11.1 | *Anzeiger aus dem Bezirk Affoltern* | *07.09.07* |
| 11.2 | | |
| 12. | **Erscheinen der verkürzten Publikation** | |
| 12.1 | *Anzeiger aus dem Bezirk Affoltern* | *14.09.07* |
| 12.2 | | |
| 13. | **Steigerungstag** (ca. 60 Tage nach der 1. Publikation im SHAB) | *20.09.07* |

[1] Betreibungsferien vom 15. bis 31. Juli 2007

# § 14    Steigerungspublikation und Spezialanzeige

## 1.    Steigerungspublikation

### 1.1    Zeitpunkt der Publikation; Publikationsorgan

Gemäss Art. 138 Abs. 1 SchKG, Art. 29 i.V.m. Art. 102 und 103 VZG ist die Publikation der Steigerung mindestens **einen Monat** vorher öffentlich bekannt zu machen, was sich in der Praxis allerdings als zu enge Frist erweist. Der Zeitpunkt der Steigerung ist zudem so festzusetzen, dass die Frist zur Beschwerde gegen die Steigerungsbedingungen vor dem Steigerungstag abgelaufen ist (Art. 29 Abs. 1 i.V.m. Art. 102 VZG), m.E. hat dies auch Gültigkeit für das Lastenverzeichnis.

Die Steigerungspublikation hat gem. Art. 35 Abs. 1 i.V.m. Art. 138 SchKG zwingend im **Schweizerischen Handelsamtsblatt** (Steigerungspublikationen erscheinen im **SHAB** jeweils am Freitag) und im **kantonalen Amtsblatt** (im Kanton Zürich erscheint dieses am Freitag) zu erscheinen. Nebst diesen obligatorischen Publikationen empfiehlt es sich, das Steigerungsinserat gleichzeitig auch in einer oder mehreren Tageszeitungen und/oder Lokalblättern zu publizieren. Für die **Publikation** einer Grundpfandverwertung hat das Betreibungsamt das Formular VZG 7ab (EDV 7013) «**Grundpfandverwertung**» (vgl. nachfolgende Ziff. 1.3) zu verwenden. Für den **Fristenlauf**, was die Eingabefrist, Auflegungsfrist der Steigerungsbedingungen und des Lastenverzeichnisses angeht, ist die Publikation im Schweizerischen Handelsamtsblatt massgebend (Art. 35 Abs. 1 SchKG).

Die zweite «**verkürzte**» Steigerungspublikation (die allerdings nicht vorgeschrieben ist, sich aber in der Praxis seit Jahren bewährt hat) ist ca. eine Woche vor der Steigerung nur noch in einer bis zwei verbreiteten Regionalzeitungen zu veröffentlichen. Dabei sind die gem. nachfolgender Ziff. 1.2 nicht mehr zutreffenden Angaben im Inserat, wie z.B.: Aufforderung zur Eingabe der Forderungen, Auflegung der Steigerungsbedingungen und des Lastenverzeichnisses, evtl. bereits abgehaltene Besichtigungen usw., wegzulassen.

Es ist darauf zu achten, dass die Steigerungsinserate **rechtzeitig versandt werden**, damit sie auch zum gewünschten Termin publiziert werden. Das Betreibungsamt hat die publizierten Steigerungsinserate auf die Richtigkeit hin zu überprüfen und bei den Akten des Amtes aufzubewahren.

### 1.2    Inhalt der Steigerungspublikation

Im Sinne von Art. 138 Abs. 2 SchKG i.V.m. Art. 29 Abs. 2 und 3 sowie Art. 102 VZG und Art. 12 Anl. VZG (siehe hinten § 35) hat die Steigerungspublikation mindestens Nachfolgendes zu enthalten (vgl. dazu auch nachfolgende Ziff. 1.3):

>> Name und Wohnort des Schuldners.

>> Gehört das Grundstück einem Dritten, so ist in der Bekanntmachung der Steigerung auch dessen Name und Wohnort anzugeben (Art. 103 VZG).

» Tag und Zeit der Steigerung.

» Steigerungslokal.

» Eingabefrist.

» Die Angaben über die Auflegung der Steigerungsbedingungen und des Lastenverzeichnisses mit den Daten, Zeiten und dem Lokal der Auflage.

» Die Angaben über die Durchführung von Besichtigungen (Empfehlung: geführte Besichtigungen, erste während der Eingabefrist, zweite während der Auflagefrist des Lastenverzeichnisses und der Steigerungsbedingungen).

» Die genaue Bezeichnung des Grundstückes.

» Die Angaben über die rechtskräftige betreibungsamtliche Schätzung des Grundstückes und allenfalls auch der Zugehör.

» Die Angaben über die zu leistende Anzahlung an der Steigerung.

» Die Angaben über die Vertretungsmodalitäten von Bietern an der Steigerung.

» Der Hinweis auf das Bundesgesetz über den Erwerb von Grundstücken durch Personen im Ausland.

» Die Aufforderung an die Pfandgläubiger und Grundlastberechtigten, beim Betreibungsamt innert zwanzig Tagen ihre Ansprüche am Grundstück, insbesondere für Zinsen und Kosten, anzumelden.

In dieser Aufforderung ist im Weiteren zu erwähnen, dass sie bei Nichteinhalten dieser Frist am Ergebnis der Verwertung nur teilhaben, sofern ihre Rechte im Grundbuch eingetragen sind.

Die Aufforderung an die Pfandgläubiger (Art. 138 Abs. 2 Ziff. 3 SchKG) ist damit zu ergänzen, dass in der Eingabe an das Betreibungsamt auch mitgeteilt werden soll, ob die Pfandforderung ganz oder teilweise fällig oder gekündigt sei. Wenn ja, für welchen Betrag und auf welchen Termin.

» Wo das Grundbuch noch nicht mindestens zwei Jahre eingeführt ist, hat die Steigerungspublikation bzgl. der «altrechtlichen» Dienstbarkeiten eine spezielle Aufforderung zu enthalten, vgl. dazu nachfolgende Ziff. 1.3 zweitletzter Absatz.

» Gemäss Art. 30 Abs. 3 i.V.m. Art. 102 VZG ist nicht nur in der Spezialanzeige an den Pfandgläubiger, sondern insbesondere auch im Steigerungsinserat zu erwähnen, ob ein Pfändungsgläubiger oder ein Pfandgläubiger die Verwertung verlangt hat (mit Angabe der Pfandstelle des verwertenden Grundpfandgläubigers).

Bei der Zwangsverwertung eines **Stockwerkeigentumsanteils**, resp. bei **unausgeschiedenen Miteigentumsanteilen** sind in der Steigerungspublikation noch zusätzliche Angaben aufzuführen. Siehe dazu nachfolgende Hinweise:

» Stockwerkeigentum: Siehe hinten § 27 Ziff. 3.3 und 3.4.

» Unausgeschiedene Miteigentumsanteile: Siehe hinten § 28 Ziff. 2.4.1.

## 1.3     Muster: Steigerungsinserat (Alleineigentum)

>> Formular VZG 7ab (EDV 7013)

Betreffend des diesbezüglichen Grundbuchauszuges (Grundregisterauszuges) siehe vorne § 8 Ziff. 2, 6 und 8.

### Betreibungs- und Gemeindeammannamt Hausen am Albis

In der Rüti 10    8915 Hausen a.A.    Telefon 044 764 16 75    Postkonto 80-1507-5

# Grundpfandverwertung

### Schuldner und Pfandeigentümer

Chabloz Alain, geb. 22. August 1954, von Clarens VD, Rigiblickstrasse 33, 8915 Hausen a.A.

### Tag und Zeit der Steigerung

Donnerstag, 20. September 2007, 10.00 Uhr.

### Steigerungslokal

Mehrzweckgebäude, Zugerstrasse 59, 8915 Hausen a.A.

**Eingabefrist** bis 12. Juli 2007.

### Auflegung der Steigerungsbedingungen und des Lastenverzeichnisses

Montag, 13. August 2007 bis Mittwoch, 22. August 2007, im Büro des Betreibungsamtes Hausen a.A., In der Rüti 10, 8915 Hausen a.A., Montag bis Freitag von 09.00 bis 11.00 Uhr und 14.00 bis 15.00 Uhr.

### Besichtigungen

Dienstag, 3. Juli 2007 und Freitag, 17. August 2007, jeweils um 14.00 Uhr. Geführte Besichtigungen, Besammlung beim Hauseingang Albisweg 7, 8915 Hausen a.A.

### Grundstück

In der Gemeinde Hausen a.A., laut Grundregister Blatt 200, Kataster Nr. 1911, Plan 15:
**Ein freistehendes 4½-Zimmer-Einfamilienhaus mit angebauter Garage** mit 131 m$^2$ Gebäudegrundfläche, für Fr. 333 000.00 versichert (Schätzungsjahr 1994, Gebäude Nr. 189) und 227 m$^2$ Hausumschwung mit Gartenanlage (Gesamtfläche: 358 m$^2$), Albisweg 7, 8915 Hausen a.A.

Grenzen laut Katasterplan. Anmerkung, Vormerkung und Dienstbarkeit laut Grundregisterauszug.

**Rechtskräftige betreibungsamtliche Schätzung:** Fr. 475 000.00.

Die Verwertung erfolgt auf Verlangen der Grundpfandgläubigerin an 2. Pfandstelle.

Der Erwerber hat an der Steigerung unmittelbar vor dem Zuschlag, auf Abrechnung an die Steigerungssumme, **Fr. 50 000.00** in bar oder mit einem auf eine Bank mit Sitz in der Schweiz an die Order des Betreibungsamtes Hausen a.A. ausgestellten Bankcheck (kein Privatcheck) zu bezahlen.

Personen, die als Stellvertreter in fremdem Namen, als Mitglied einer Rechtsgemeinschaft oder als Organ einer juristischen Person bieten, haben sich unmittelbar vor dem Zuschlag über ihre Vertretereigenschaft auszuweisen. Vertreter von Vereinen und Stiftungen haben sich zusätzlich über ihre Vertretungsbefugnis auszuweisen. Handelsgesellschaften und Genossenschaften haben zudem unmittelbar vor dem Zuschlag einen Handelsregisterauszug vorzulegen.

Es wird ausdrücklich auf das Bundesgesetz über den Erwerb von Grundstücken durch Personen im Ausland (BewG) sowie auf die Verordnung über den Erwerb von Grundstücken durch Personen im Ausland (BewV) aufmerksam gemacht.

Wir fordern hiermit die Pfandgläubiger und Grundlastberechtigten auf, ihre Ansprüche am Grundstück, insbesondere auch für Zinsen und Kosten, bis zum **12. Juli 2007** beim Betreibungsamt Hausen a.A., anzumelden und gleichzeitig anzugeben, ob die Kapitalforderung schon fällig oder gekündigt ist, allfällig für welchen Betrag und auf welchen Termin.

Innert der Frist nicht angemeldete Ansprüche sind, soweit sie nicht durch die öffentlichen Bücher festgestellt sind, von der Teilnahme am Ergebnis der Verwertung ausgeschlossen. Ebenso haben Faustpfandgläubiger von Pfandtiteln ihre Faustpfandforderungen anzumelden.

Innert der gleichen Frist sind auch alle Dienstbarkeiten anzumelden, welche vor 1912 unter dem früheren kantonalen Recht begründet und noch nicht in die öffentlichen Bücher eingetragen worden sind. Soweit sie nicht angemeldet werden, können sie einem gutgläubigen Erwerber des Grundstückes gegenüber nicht mehr geltend gemacht werden, sofern sie nicht nach den Bestimmungen des Zivilgesetzbuches auch ohne Eintragung im Grundbuch dinglich wirksam sind [1].

Im Übrigen wird auf die Steigerungsbedingungen verwiesen.

Hausen a.A., 22. Juni 2007

Betreibungsamt Hausen a.A.

V. Moroff

---

[1]  Dieser Absatz kann weggelassen werden, wenn das Grundbuch seit mindestens zwei Jahren eingeführt ist, vgl. vorgehende Ziff. 1.2 Abs. 1 zweitletzte Aufzählung.

## 2.  Spezialanzeige

### 2.1  Allgemeines

Gleichzeitig mit dem Versand des Steigerungsinserates sind die **Spezialanzeigen (entspricht der Steigerungsanzeige)** gem. Art. 139 SchKG i.V.m. Art. 30 und 102 VZG zu versenden, d.h. der Publikationstext mit der Überschrift «Spezialanzeige gem. Art. 139 SchKG i.V.m. Art. 30 und 102 VZG». Hierfür hat das Betreibungsamt das Formular VZG 7a (EDV 7012) **«Spezialanzeige gemäss Art. 139 SchKG in Verbindung mit Art. 30 VZG»** (vgl. dazu nachfolgende Ziff. 2.3) zu verwenden.

### 2.2  Mitteilung der Spezialanzeige

Im Sinne von Art. 139 SchKG, Art. 30 Abs. 2 und 4 i.V.m. Art. 102 VZG sind die Spezialanzeigen nachfolgenden **Empfängern** zuzustellen, sofern sie einen bekannten Wohnsitz oder einen Vertreter haben:

>> Schuldner.

>> Ehegatte des Schuldners oder des Dritten, sofern es sich beim verpfändeten Grundstück um eine Familienwohnung (Art. 169 ZGB) handelt.

>> Eingetragene Partnerin oder eingetragener Partner des Schuldners oder des Dritten, sofern das verpfändete Grundstück diesen als gemeinsame Wohnung (Art. 14 PartG) dient.

>> Dritteigentümer, resp. gemeinschaftliche Eigentümer: dazu gehören alle gemeinschaftlichen Eigentümer des Pfandgrundstückes, wie Mit- oder Gesamteigentümer.

>> Grundpfandgläubiger.

>> Faustpfandgläubiger von verpfändeten Schuldbriefen.

>> Pfändungsgläubiger, für die das Grundstück (noch) gepfändet ist[60].

>> Nutzniesser an Grundpfandforderungen.

>> Personen, denen ein sonstiges, im Grundbuch eingetragenes oder vorgemerktes Recht an dem Grundstück zusteht, wie z.B.:
> > Dienstbarkeiten, wie Nutzniessungs-, Wohn- und Baurecht usw.;
> > Vorgemerkte persönliche Rechte, wie z.B.:
> >   Vorkaufs-, Kaufs- und Rückkaufsrecht, Miete und Pacht, Zugehörigkeit zu einer Genossenschaft, Gewinnanteilsrecht;
> > Inhabern von gesetzlichen Vorkaufsrechten nach Art. 682 ZGB. In einem Begleitschreiben ist ihnen zudem im Sinne von Art. 30 Abs. 4 VZG i.V.m. Art. 102 VZG mitzuteilen, dass sie ihr gesetzliches Vorkaufsrecht an der Steigerung nur nach

---

[60]  BGE 55 III 189: Nach Art. 30 Abs. 2, Art. 37 i.V.m. Art. 102 VZG sind auch in der Grundpfandverwertungsbetreibung den pfändenden Gläubigern Steigerungsanzeigen zuzustellen und das Lastenverzeichnis mitzuteilen.

der Vorschrift von Art. 60a VZG i.V.m. Art. 102 VZG und Art. 33 Anl. VZG (siehe hinten § 35) ausüben können, siehe dazu hinten § 32 Ziff. 3.1.

» Gebäudeversicherung.

» Gemeindeverwaltung/Stadtverwaltung (Steueramt): vor allem betreffend die allfälligen gesetzlichen Pfandrechte, die keiner Eintragung im Grundbuch bedürfen, oder als Vororientierung über die bevorstehende Versteigerung.

» Mieter und/oder Pächter: als Information bezüglich der bevorstehenden Versteigerung des Grundstückes.

**Zusätzlich bei Stockwerkeigentum:**

» Verwalter (Verwaltung) der Stockwerkeigentümergemeinschaft.

» Alle übrigen Stockwerkeigentümer. M.E. ist es nicht notwendig, allen Stockwerkeigentümern später auch ein Lastenverzeichnis und die Steigerungsbedingungen zuzustellen. Es empfiehlt sich deshalb, den übrigen Stockwerkeigentümern in der Spezialanzeige folgenden Vermerk anzubringen: «In diesem Verwertungsverfahren werden das Lastenverzeichnis und die Steigerungsbedingungen nicht mehr den einzelnen Stockwerkeigentümern, sondern nur noch dem Verwalter der Stockwerkeigentümergemeinschaft (resp. an die Verwaltung) zugestellt. Sie sind berechtigt, diese Dokumente während der Auflagefrist beim Verwalter[1] (resp. bei der Verwaltung[1]) oder beim Betreibungsamt einzusehen».

[1] Ist vorher mit dem Verwalter resp. mit der Verwaltung abzusprechen.

Soweit nach dem Auszug aus dem Grundbuch für Grundpfandgläubiger Vertreter bestellt sind, ist die Anzeige diesen zuzustellen.

Die Unterlassung der Mitteilung der Spezialanzeige an einen Berechtigten, dessen Person und Adresse durch eine blosse Befragung des Schuldners und/oder des Pfandeigentümers hätte festgestellt werden können, kann die **Ungültigkeit** der Steigerung zur Folge haben[61]. Es empfiehlt sich deshalb, die Spezialanzeige als **eingeschriebene Briefpostsendung** zu versenden oder gegen **Empfangsbescheinigung** zuzustellen, obwohl gem. Art. 139 SchKG hierfür die **uneingeschriebene** Postzustellung vorgesehen ist.

---

[61] BGE 116 III 85 = Pra 80 (1991) Nr. 48.

## 2.3 Muster: Spezialanzeige

>> Formular VZG 7a (EDV 7012)

Die Empfänger dieser Anzeige sind in der vorgehenden Ziff. 2.2 ersichtlich. Aus Platzgründen wird nachfolgend nur die Spezialanzeige für die Pfandgläubigerin an der 1. Pfandstelle aufgeführt.

## Betreibungs- und Gemeindeammannamt Hausen am Albis

In der Rüti 10   8915 Hausen a.A.   Telefon 044 764 16 75   Postkonto 80-1507-5

**Briefadresse:**
In der Rüti 10
8915 Hausen a.A.

Eingeschrieben[1]

Zürcher Kantonalbank
Bahnhofstrasse 22
Postfach
8010 Zürich

Hausen a.A., 14. Juni 2007

Betreibung Nr. 3790

## Spezialanzeige gemäss Art. 139 SchKG in Verbindung mit Art. 30 VZG

| | |
|---|---|
| **Schuldner:** | Chabloz Alain, geb. 22. August 1954, von Clarens VD, Rigiblickstrasse 33, 8915 Hausen a.A. |
| **Pfandeigentümer:** | derselbe |
| **Grundstück:** | In der Gemeinde Hausen a.A., laut Grundregister Blatt 200, Kataster Nr. 1911, Plan 15: Ein freistehendes 4½-Zimmer-Einfamilienhaus mit angebauter Garage, mit 358 m² Gebäudegrundfläche, Hausumschwung mit Gartenanlage, Albisweg 7, 8915 Hausen a.A. |

In der Beilage finden Sie den Publikationstext als Spezialanzeige in der laufenden Grundpfandverwertung.

**Die Grundpfandgläubiger und Grundlastberechtigten werden angewiesen, dem Betreibungsamt innert der im Publikationstext aufgeführten Frist ihre pfandgesicherten Forderungen für die Aufnahme ins Lastenverzeichnis anzumelden.** Bei dieser Gelegenheit wird darauf aufmerksam gemacht, dass für die Forderungseingaben folgende Punkte zu beachten sind:

1. Die Forderungen sind **einzeln je Pfandstelle** auszurechnen und nach folgenden Kriterien anzumelden:
   a  Kapitalforderung, jedoch höchstens im Umfang des Kapitalbetrages gemäss Grundbuch,
   b) verfallene Zinse mit Angabe des Zinsfusses und des Zinstermins,
   c) allfälliger Verzugszins mit Angabe des Zinsfusses und des Zinstermins,

    d)    laufender Zins ab letztem Zinstermin bis zum Steigerungstag, mit Angabe des Zinsfusses,

    e)    allfällige Betreibungskosten, jedoch nur bezüglich Ihrer Grundpfandbetreibung.

2.    Allfällige Zinse über dem im Grundbuch eingetragenen Maximalzinsfuss sind am Schluss der Eingabe aufzuführen, wiederum ausgerechnet pro Pfandstelle, unter Angabe des Zinsfusses über den im Grundbuch eingetragenen Maximalzinsfuss.

3.    Bezüglich Umfang der Pfandsicherheit verweisen wir auf Art. 818 ZGB.

[1] Vgl. vorgehende Ziff. 2.2 letzter Absatz.

 

                    Freundliche Grüsse

                    Betreibungsamt Hausen a.A.

                    *V. Moroff*

                    V. Moroff

Beilage: Publikationstext

# FÜNFTER ABSCHNITT

## Lastenverzeichnis / Steigerungsbedingungen / Deckungsprinzip / Berechnung des Mindestangebotes

## § 15   Lastenverzeichnis

### 1.   Lastenverzeichnis

#### 1.1   Funktion des Lastenverzeichnisses

Das **Lastenverzeichnis** stellt ein «ad-hoc-Grundbuch» dar. Darin sind u.a. die auf dem zur Verwertung gelangenden Grundstück bestehenden Lasten und Rechte aufzunehmen. Unter solchen Lasten sind hauptsächlich Grundpfandrechte, Grundlasten, Dienstbarkeiten sowie gesetzliche Verfügungsbeschränkungen, aber auch vorgemerkte persönliche Rechte (z.B. Mietverträge, vertragliche Vorkaufsrechte) zu verstehen. Das Lastenverzeichnis bildet nicht nur die Grundlage der Steigerungsbedingungen, sondern die unerlässliche und sichere Grundlage für die Verwertung überhaupt. Eine Steigerung, welche anhand eines Lastenverzeichnisses durchgeführt wird, welches wesentliche Mängel aufweist, kann allenfalls zur Aufhebung des Steigerungszuschlages führen.

#### 1.2   Zeitpunkt der Aufstellung des Lastenverzeichnisses

Nach Ablauf der Eingabefrist von **zwanzig Tagen** (Art. 138 Abs. 2 Ziff. 3 SchKG) hat das Betreibungsamt gem. Art. 17 Anl. VZG (siehe hinten § 35) das **Lastenverzeichnis** mit Formular VZG 9B (EDV 7101) «**Mitteilung des Lastenverzeichnisses**» (siehe nachfolgende Ziff. 15) zu erstellen, gestützt auf die **Forderungseingaben** und aufgrund des **Grundbuchauszuges** (vgl. dazu vorne § 8 Ziff. 8).

Die Aufstellung des Lastenverzeichnisses hat fristgerecht zu erfolgen, so dass es zusammen mit den Steigerungsbedingungen zu Beginn der Auflagefrist eingesehen werden kann und gleichzeitig bereits im Besitze der Empfänger ist (Art. 140 Abs. 2 SchKG i.V.m. Art. 33, 37 Abs. 1 und 102 VZG).

### 2.   Aktueller Grundbuchauszug

Es empfiehlt sich, vor der Erstellung des Lastenverzeichnisses dem Grundbuchamt den seinerzeit eingeforderten Grundbuchauszug (siehe vorne § 8 Ziff. 2 und 8) zur **Bestätigung** resp. zur **Ergänzung** einzureichen, um so zu gewährleisten, dass das vom Betreibungsamt zu erstellende Lastenverzeichnis mit dem aktuellen Stand der Grundbucheinträge übereinstimmt (vgl. hinten § 35 Art. 11).

## 3.  Forderungseingaben zur Aufnahme in das Lastenverzeichnis

### 3.1  Allgemeines

In der Regel erfolgen beim Betreibungsamt nur Eingaben über die pfandgesicherten Forderungen. Es sind deshalb alle weiteren Angaben im Grundbuchauszug, wie z.B. betr. das Grundstück und allenfalls die Zugehör, Anmerkungen, Vormerkungen (Verfügungsbeschränkungen, vorläufig eingetragene Rechte usw.), Zins- und Zahlungsbestimmungen betr. die grundpfandgesicherten Forderungen, Dienstbarkeiten usw., von Amtes wegen ins Lastenverzeichnis zu übertragen.

### 3.2  Prüfen der Forderungseingaben

#### 3.2.1  Formelle Prüfung

Anders als im Konkurs, ist das Betreibungsamt nicht befugt, die Forderungseingaben in materiellrechtlicher Hinsicht zu prüfen. So ist das Betreibungsamt, mit Ausnahmen, auch nicht berechtigt, bei Forderungseingaben Forderungstitel oder z.B. Beweismittel zu verlangen (Art. 36 Abs. 2 i.V.m. Art. 102 VZG). Dem Betreibungsamt obliegen jedoch **formelle Prüfungspflichten**, um z.B. bestimmen zu können, ob es sich bei der eingegebenen Forderung um eine grundpfandgesicherte Forderung handelt, ob die Forderung zum Zeitpunkt der Steigerung fällig ist oder ob sie allenfalls als zu überbindende Forderung ins Lastenverzeichnis aufzunehmen ist.

Unklarheiten sind durch Rückfragen abzuklären. Ansprüche, die **nach Ablauf der Anmeldungsfrist** geltend gemacht werden und Anmeldungen von Rechtsansprüchen, die **keine Belastung** des Grundstückes darstellen, sind gem. Art. 36 Abs. 1 i.V.m Art. 102 VZG sofort nach Eingang mit einer beschwerdefähigen Verfügung abzuweisen (vgl. dazu nachfolgende Ziff. 11.2).

#### 3.2.2  Kriterien für die Aufnahme von Forderungen in das Lastenverzeichnis

Die eingegebenen Forderungen haben verschiedene Kriterien zu erfüllen, damit sie als **grundpfandgesicherte** Forderungen ins Lastenverzeichnis aufgenommen werden können. Aus der Eingabe muss u.a. nicht nur hervorgehen, dass es sich um eine **pfandgesicherte Forderung** handelt, sondern auch, ob die Forderung als **fällige** (bar zu bezahlende) oder **nicht fällige** (zu überbindende) ins Lastenverzeichnis aufzunehmen ist.

Anhand der nachfolgenden **Fragestellungen** können im Wesentlichen die eingegebenen Forderungen bezüglich der Aufnahmeberechtigung ins Lastenverzeichnis formalrechtlich **geprüft** werden.

**A.** **Handelt es sich um eine Grundpfandforderung gestützt auf ein gesetzliches Pfandrecht, wie z.B. nach Art. 712i, 779i, 808, 810, 819, 820, 836, 837–841 ZGB oder gem. kantonalrechtlichen Bestimmungen?**[62]

**Wenn Ja, ist dabei u.a. zu prüfen:**

» Ist der Eintrag im Grundbuch Voraussetzung? Wird der Eintrag des gesetzlichen Pfandrechtes im Grundbuch vorausgesetzt, so kann die Aufnahme der Forderung im Lastenverzeichnis nur erfolgen, wenn der diesbezügliche Pfandrechtseintrag definitiv (als Grundpfandrecht) im Grundbuch vorhanden ist[63].

» Ist der Eintrag im Grundbuch nicht Voraussetzung? Wird der Eintrag des gesetzlichen Pfandrechtes im Grundbuch nicht vorausgesetzt, kann die Aufnahme der Forderung im Lastenverzeichnis auch ohne formellen Eintrag im Grundbuch erfolgen[64].

» Geht die Forderung den vertraglichen Pfandrechten im Lastenverzeichnis vor?[65]

**B.** **Handelt es sich um eine Grundpfandforderung gestützt auf ein vertragliches Pfandrecht nach Art. 793 ff. ZGB?**

**Wenn Ja, ist dabei u.a. zu prüfen:**

» Ist die Pfandforderung innerhalb der Pfandsicherheit nach Art. 818 ZGB eingegeben worden? Vgl. dazu nachfolgende Ziff. 4.

» Ist die eingegebene Kapitalforderung nicht höher als im Grundbuch eingetragen?

» Sind Zinsforderungen zu einem höheren als im Grundbuch eingetragenen Maximalzinsfuss eingegeben worden? Wenn Ja: Siehe dazu nachfolgende Ziff. 6.

» Sind die diesbezüglichen Zins- und Zahlungsbestimmungen (insbesondere betr. die zu überbindenden Forderungen) aus dem Grundbuchauszug oder aus den Forderungseingaben ersichtlich?

---

[62] § 194–197 EG zum ZGB (Kanton Zürich).

[63] Es handelt sich dabei um sogenannt mittelbare gesetzliche Grundpfandrechte (der Eintrag im Grundbuch wird vorausgesetzt, z.B. Art. 712i, 779d, 779i, 779k, 837 ZGB, Art. 523 OR). Auch die jeweiligen kantonalrechtlichen Vorschriften sehen diverse mittelbare gesetzliche Grundpfandrechte vor (z.B. § 197 f. EG zum ZGB [Kanton Zürich]).

[64] Es handelt sich dabei um sogenannt unmittelbare gesetzliche Grundpfandrechte (der Eintrag im Grundbuch wird nicht vorausgesetzt), welche sowohl gem. Bundesrecht (z.B. Art. 808 Abs. 3, 810 Abs. 2, 819 ZGB), als auch nach kantonalem Recht vorkommen (z.B. Art. 836 ZGB i.V.m. § 194 EG zum ZGB [Kanton Zürich]).

[65] Die unmittelbaren gesetzlichen Grundpfandrechte (der Eintrag im Grundbuch wird nicht vorausgesetzt) gehen allen vertraglichen Pfandrechten sowie auch den mittelbaren gesetzlichen Grundpfandrechten (der Eintag im Grundbuch wird vorausgesetzt) ranglich vor. Das mittelbare gesetzliche Pfandrecht nimmt jedoch den Rang (Pfandstelle) ein, welches ihm gestützt auf den Zeitpunkt seiner Eintragung im Grundbuch zusteht.

## C.  Handelt es sich um eine fällige Forderung?

**Wenn Ja:**

>> Ist die gesamte Forderung oder nur ein Teil davon fällig?

>> Zeitpunkt der Fälligkeit?

## D.  Handelt es sich um eine Maximalhypothek?

**Wenn Ja:**

>> Siehe nachfolgende Ziff. 5.

## E.  Handelt es sich um eine faustpfandgesicherte Forderung?

**Wenn Ja:**

>> Ist die Pfandforderung im Umfang der Pfandsicherheit nach Art. 818 ZGB eingegeben worden? Vgl. dazu nachfolgende Ziff. 4.

>> Ist die eingegebene Kapitalforderung nicht höher als im Grundbuch eingetragen?

>> Sind Zinsforderungen zu einem höheren als im Grundbuch eingetragenen Maximalzinsfuss eingegeben worden? Wenn Ja: Siehe dazu nachfolgende Ziff. 6.

>> Sind die Zins- und Zahlungsbestimmungen aus dem Grundbuchauszug oder aus den Forderungseingaben ersichtlich?

## 4.  Umfang der Pfandhaftsicherheit nach Art. 818 ZGB

Bei der Erstellung des Lastenverzeichnisses hat das Betreibungsamt den in Art. 818 ZGB aufgeführten Umfang der Pfandsicherheit zu berücksichtigen.

Gemäss Art. 818 ZGB bietet das Grundpfandrecht dem **Gläubiger**[a] Sicherheit:

1. für die **Kapitalforderung**[b];

2. für die **Kosten der Betreibung**[c] und die **Verzugszinse**[d];

3. für **drei** zur Zeit der Konkurseröffnung oder des Pfandverwertungsbegehrens **verfallene Jahreszinse**[e] und den seit dem **letzten Zinstage**[f] **laufenden Zins**[g].

Der ursprünglich vereinbarte Zins darf nicht zum Nachteil nachgehender Grundpfandgläubiger **über den Zinsfuss von 5 % erhöht werden**[h].

[a] **Gläubiger**

Unter «Gläubiger» ist hier der Grundpfandgläubiger zu verstehen. Nach neuster Gerichtspraxis und Lehre sind auch dem Faustpfandgläubiger eines verpfändeten Eigentümerschuldbriefes bezüglich der Pfandsicherheit zur Forderungseingabe ins Lastenverzeichnis die gleichen Sicherungsrechte nach Art. 818 ZGB zuerkannt worden wie einem Grundpfandgläubiger. Diese neue Praxis ist in der Zwangsvollstreckung umstritten und in Frage gestellt. Dem Betreibungsamt ist jedoch die materiellrechtliche Prüfungspflicht versagt und es hat somit nach formalrechtlicher Prüfung die Forderungseingaben von Faustpfandgläubigern an Schuldbriefen den gleichen Kriterien zu unterziehen und auch diesen Gläubigern u.a. auch die Pfandsicherheit nach Art. 818 ZGB zuzugestehen.

#### b) Kapitalforderung

Massgebend für den maximalen Betrag ist der im Grundbuch eingetragene Kapitalbetrag. Handelt es sich um eine Kapitalforderung für ein gesetzliches Pfandrecht, das **ohne** Eintrag im Grundbuch entstehen kann und der Eintrag ins Grundbuch nicht Voraussetzung für die Aufnahme ins Lastenverzeichnis ist (vgl. dazu vorgehende Ziff. 3.2.2 lit. A.), sind m.E. dem Betreibungsamt die entsprechenden Forderungsverfügungen zur summarischen Prüfung einzureichen.

#### c) Kosten der Betreibung

Zur Aufnahme ins Lastenverzeichnis kommen nur die Zahlungsbefehlskosten des betreibenden Grundpfandgläubigers resp. der betreibenden Grundpfandgläubiger mit Einschluss allfälliger Rechtsöffnungskosten und Parteientschädigungen in Frage (Art. 80, 152 und 153 SchKG), nicht aber die Pfändungskosten, Kosten aus dem ordentlichen Prozess- oder Verwaltungsverfahren (Art. 79 SchKG). Solche und weitere Kosten sind für die Aufnahme ins Lastenverzeichnis abzuweisen.

#### d) Verzugszinse

Bezüglich Verzugszinse siehe Art. 104 und 105 OR. Als Zinssatz gilt höchstens der im Grundbuch eingetragene Höchstzinsfuss. Bezüglich eines allfälligen Mehrzinses wird auf die nachfolgende Ziff. 6 verwiesen.

#### e) Verfallene Jahreszinse

Für die Berechnung der drei Jahre ist das Verwertungsbegehren desjenigen Pfandgläubigers massgebend (Art. 154, 155 SchKG), auf dessen Begehren die Verwertung angeordnet wurde. Ist der Zins halbjährlich oder vierteljährlich zu leisten, so beläuft sich der pfandrechtlich gesicherte Zinsanspruch auf 6 bzw. 12 verfallene Zinsraten. Die mehr als drei Jahre rückständigen Zinse sind nicht mehr pfandgesichert und gelten somit als gewöhnliche Schulden. Eine Ausnahme diesbezüglich ergibt sich allerdings nach Art. 57b Abs. 1 SchKG, wonach sich die Haftung des Grundpfandes für die Zinse der Grundpfandschuld (Art. 818 Abs. 1 Ziff. 3 ZGB) gegenüber einem Schuldner, der wegen Militär-, Zivil- oder Schutzdienstes Rechtsstillstand geniesst, um die Dauer des Rechtsstillstandes (Art. 56 SchKG) verlängert.

Hat ein Gläubiger gleichzeitig für Forderungen an verschiedenen Pfandstellen Betreibung eingeleitet und die Verwertung verlangt, ist m.E. im Sinne der bundesgerichtlichen Rechtsprechung[66], für die Berechnung der Zeitdauer, seine Betreibung für die bessere Pfandstelle massgebend. Handelt es sich um eine Forderung mit gesetzlichem Pfandrecht **ohne** Zins- und Zahlungsbestimmungen, ist z.B. im Kanton Zürich für die Bestimmung der Zinstage nach § 200 EG zum ZGB zu verfahren, der bestimmt, dass als übliche Zinstage der erste Mai und der erste November gelten.

---

[66]  BGE 58 III 13 ff.

#### f) Zinstage

Der letzte Zinstag ist der vertragliche Zinstermin unmittelbar vor der Einleitung des Verwertungsbegehrens desjenigen Pfandgläubigers, auf dessen Begehren die Steigerung angeordnet wurde.

#### g) Laufender Zins und Zinssatz

Als Zinssatz gilt höchstens der im Grundbuch eingetragene Höchstzinsfuss. Bezüglich allfälligen Mehrzinsen vgl. nachfolgende Ziff. 6. Ist das Kapital im Zeitpunkt der Steigerung fällig, gekündigt oder in Betreibung gesetzt worden, so ist der laufende Zins bis zum Steigerungstag im Lastenverzeichnis in der Spalte «bar zu bezahlen» aufzuführen. Ist das Kapital im Zeitpunkt der Steigerung noch nicht fällig, nicht gekündigt, resp. nicht betrieben, so ist der laufende Zins dem Ersteigerer im Lastenverzeichnis zu überbinden.

#### h) Zinserhöhung bis 5 %

Die Auslegung nach Art. 818 Abs. 2 ZGB, wonach der ursprünglich **vereinbarte** Zins nicht zum Nachteil der nachgehenden Grundpfandgläubiger über 5 % erhöht werden darf, bezieht sich m.E. nur auf diejenigen Fälle, in denen der im Grundbuch eingetragene Maximalzinsfuss **kleiner ist als 5 %**. Trifft dies zu, so darf der Pfandgläubiger nebst seiner Kapitalforderung die Zinsforderung **bis zu 5 %** als pfandgesicherte Forderung zur Aufnahme ins Lastenverzeichnis eingeben, **ohne** dass es der **Zustimmung** der nachgehenden Pfandgläubiger bedarf und ohne dass dieser eingegebene Zins vom Betreibungsamt abgewiesen werden kann[67] oder als Mehrzins im Sinne der nachfolgenden Ziff. 6 ins Lastenverzeichnis aufzunehmen ist.

Ist vertraglich ein **höherer Zins als 5 %** vereinbart worden und gibt der Pfandgläubiger deshalb eine Zinsforderung ein, die auf einem höheren Zinsfuss basiert als im Grundbuch eingetragen, hat das Betreibungsamt den Schutz der nachgehenden Pfandgläubiger zu beachten und darf für den eingebenden Pfandgläubiger an seiner Pfandstelle im Lastenverzeichnis nur eine Zinsforderung innerhalb des im Grundbuch eingetragenen Maximalzinsfusses aufnehmen. Ein allfälliger «Mehrzins» wäre nach der letzten Pfandstelle im Lastenverzeichnis aufzuführen (siehe dazu nachfolgende Ziff. 6).

## 5.  Maximalhypothek

Unter der **Maximalhypothek** wird ein Pfandrecht, genauer eine Grundpfandverschreibung (Art. 824 ff. ZGB) verstanden, bei dem im Sinne von Art. 794 Abs. 2 ZGB im Grundbuch ein Höchstbetrag eingetragen wird, in welchem Betrag die Pfandhaft (Art. 818 ZGB) des Grundstückes abgegolten ist, d.h. also **inkl.** Kapitalbetrag, Zinse, Betreibungskosten usw.[68] (vgl. nachfolgende Ziff. 15, II. Lastenverzeichnis, A. Grundpfandgesicherte Forderungen, B. Vertragliche Forderungen: Nr. 9).

---

[67]  BGE 101 III 74 f.
[68]  BGE 115 II 349 ff.

## 6. Aufnahme von Mehrzinsen ins Lastenverzeichnis

### 6.1 Verfahren

Bei der Berücksichtigung der pfandgesicherten Zinsen, inkl. Verzugszinse, ist darauf zu achten, dass kein Pfandgläubiger zum Nachteil eines nachgehenden Gläubigers einen höheren Zins als im Grundbuch eingetragen ist zur Aufnahme ins Lastenverzeichnis anmelden darf, **mit Ausnahme bei Zinsen unter 5 %** (siehe dazu vorgehende Ziff. 4 lit. h Abs. 1). Nach bewährter Praxis bei den Betreibungsämtern im Kanton Zürich sind solche «**Mehrzinse**» (sofern sie **nicht** über die «pfandgesicherte» Zeit von drei Jahren und bis zum Steigerungstag hinausgehen) ins Lastenverzeichnis aufzunehmen und zwar so, dass der Mehrzins über den im Grundbuch eingetragenen Maximalzinsfuss nach der letzten Pfandstelle aufzuführen ist (vgl. dazu nachfolgende Ziff. 15, II. Lastenverzeichnis, A. Grundpfandgesicherte Forderungen, B. Vertragliche Pfandrechte: Nrn. 14 und 15).

Melden mehrere Gläubiger einen «Mehrzins» an, sind diese, wie gesagt, am Schluss des Lastenverzeichnisses und zwar in der Rangfolge ihrer Pfandstelle aufzuführen.

Es wird bei dieser Gelegenheit darauf hingewiesen, dass auch dann so vorzugehen ist, wenn ein höherer Zins geltend gemacht wird als im Grundbuch eingetragen ist, sich aber die Zinsforderung **nicht** über die ganze pfandgesicherte Dauer von Art. 818 Abs. 1 Ziff. 3 ZGB erstreckt[69].

### 6.2 Bemerkungen betreffend die Mehrzinse

Zu diesem im Kanton Zürich seit Jahren eingeführten und bewährten Verfahren gilt es allerdings nachfolgende Bemerkungen zu beachten:

» Ist der Gläubiger, der die Verwertung verlangt hat, ein **Pfändungsgläubiger** (nicht Grundpfandgläubiger), darf m.E. dieses Verfahren nicht angewendet werden, führen doch allfällige Mehrzinse im Umfang des «nachgestellten» Zinsbetrages zu einer entsprechenden Erhöhung des Mindestangebotes. Im Weiteren führt eine Berücksichtigung des Mehrzinses im Lastenverzeichnis im Zusammenhang mit der Verteilung des Pfanderlöses zu einer Reduktion des Verwertungserlöses zugunsten von bestehenden Pfändungsgläubigern.

» Hat der **Grundpfandgläubiger,** der die Verwertung verlangt hat, Mehrzinsen eingegeben und kommt er nach erfolgter Pfandverwertung zu Verlust, erhöht sich aufgrund dieses Verfahrens der allfällige Pfandausfallschein um den ganzen Mehrzins, resp. um den noch ungedeckten Restforderungsbetrag gem. Lastenverzeichnis.

» Der vorstehenden Behandlung des Mehrzinses fehlt die eigentliche **rechtliche Grundlage** im Sinne von **Art. 818 ZGB.** Will der Schuldner und/oder ein Dritter geltend machen, der Aufnahme des Mehrzinses fehle diese erwähnte rechtliche Grundlage, müssten die Mehrzinse im Lastenverzeichnis im Sinne von Art. 140 Abs. 2 SchKG somit bestritten werden.

---

[69] BGE 101 III 75.

## 7. Langfristige Miet- und/oder Pachtverträge

Ist ein Grundstück ohne Zustimmung des vorgehenden Grundpfandgläubigers mit einer Dienstbarkeit, einer Grundlast oder einem vorgemerkten persönlichen Recht belastet und ergibt sich der Vorrang des Pfandrechts aus dem Lastenverzeichnis, so kann der Grundpfandgläubiger innert **zehn Tagen** nach Zustellung des Lastenverzeichnisses den Aufruf sowohl mit als auch ohne die Last verlangen (Doppelaufruf gem. Art. 142 Abs. 1 SchKG). Dabei ist der **Doppelaufruf** auch bei im Grundbuch vorgemerkten sowie bei **nicht** vorgemerkten **langfristigen Miet- und/oder Pachtverträgen** zulässig. Solche Miet- oder Pachtverträge fallen mit dem Doppelaufruf jedoch **nicht** dahin, sondern gehen auf den Erwerber über. Dieser kann dann den Vertrag, **ohne** Geltendmachung dringenden Eigenbedarfs, auf den nächsten gesetzlichen Termin kündigen[70].

Einem Gesuch um Doppelaufruf kann allerdings nur stattgegeben werden, wenn sich der Vorrang des Pfandrechts gegenüber der Last aus dem Lastenverzeichnis selber ergibt[71]. Solche Miet- oder Pachtverträge sind somit im Lastenverzeichnis unter der Rubrik «**B. Andere Lasten**» entsprechend aufzuführen (siehe nachfolgende Ziff. 15, II. Lastenverzeichnis, B. Andere Lasten: Nr. 3). Betreffend Ablauf des Doppelaufrufes vgl. hinten § 30.

## 8. Leere Pfandstellen und Eigentümerpfandtitel

Gemäss Art. 35 i.V.m. Art. 102 VZG sind **leere Pfandstellen** bei der Aufstellung des Lastenverzeichnisses nicht zu berücksichtigen, desgleichen im Besitz des Schuldners befindliche **Eigentümerpfandtitel**, die nicht belehnt oder gepfändet sind. M.E. ist jedoch im Lastenverzeichnis bei der betreffenden Pfandstelle auf diesen Umstand hinzuweisen, ohne Aufnahme eines Forderungsbetrages, um nicht den Eindruck zu erwecken, dass an dieser Stelle eine Anmeldung, resp. die Aufnahme vergessen gegangen sei (siehe nachfolgende Ziff. 15, II. Lastenverzeichnis, A. Grundpfandgesicherte Forderungen, B. Vertragliche Pfandrechte: Nrn. 10 und 13).

Gemäss Art. 13 Abs. 1 i.V.m. Art. 102 VZG sind die im Besitz des Schuldners befindlichen Eigentümerpfandtitel vom Betreibungsamt in **Verwahrung** zu nehmen.

---

[70] BGE 124 III 37; 125 III 123; BlSchK 65 (2001) S. 161 ff.
[71] BlSchK 65 (2001) S. 177.

# 9. Ausbleiben der Forderungseingabe

Erfolgt für eine im Grundbuch eingetragene pfandgesicherte Last innert der Eingabefrist **keine** Forderungseingabe, hat das Betreibungsamt im Sinne von Art. 138 Abs. 2 Ziff. 3 SchKG die nicht angemeldete Pfandforderung nebst dem laufenden Zins anhand des Grundbuchauszuges als zu **überbindende Forderung** ins Lastenverzeichnis aufzunehmen[72]. Meines Erachtens muss auf die Aufnahme des laufenden Zinses allenfalls dort verzichtet werden, wo nach neuer Grundbuchpraxis die Zins- und Zahlungsbestimmungen, ausgenommen den Maximalzinsfuss, nicht mehr in jedem Fall im Grundbuchauszug erscheinen. Hat das Amt jedoch von den diesbezüglichen Zins- und Zahlungsbestimmungen Kenntnis, darf m.E. nur der laufende Zins im Umfang von höchstens **5 %** als zu überbindende Forderung ins Lastenverzeichnis aufgenommen werden, dies in Anlehnung an Art. 104 OR (vgl. nachfolgende Ziff. 15, II. Lastenverzeichnis, A. Grundpfandgesicherte Forderungen, B. Vertragliche Pfandrechte: Nrn. 11 und 12).

Werden solche ins Lastenverzeichnis aufgenommene Grundpfandforderungen, deren Gläubiger unbekannt ist, bestritten, so ist für das Lastenbereinigungsverfahren nach Art. 39 i.V.m. Art. 102 VZG ein Beistand zu ernennen[73].

# 10. Zugehör

Dem Grundpfandgläubiger haften nebst dem Grundstück auch die Bestandteile sowie die **Zugehör** (Art. 642, 644, 645 ZGB) als Pfand. Wie bereits erwähnt, sind deshalb bereits im Zeitpunkt der Schätzung des Grundstückes Abklärungen und evtl. die Aufnahme von Zugehör und deren Schätzung mit entsprechender Sorgfalt vorzunehmen (vgl. diesbezüglich vorne § 12 Ziff. 2.2).

Ist seinerzeit nebst dem Grundstück auch Zugehör, insbesondere im Grundbuch angemerkte oder solche, deren Zugehöreigenschaft zu Zweifel Anlass gibt, festgestellt und geschätzt worden, ist diese nun gem. Art. 11 Abs. 2, 34 Abs. 1 lit. a i.V.m. Art. 102 VZG separat im Lastenverzeichnis mit der Schätzung aufzunehmen.

# 11. Abweisung von Forderungseingaben

## 11.1 Vorgehen

Unklarheiten bei Forderungseingaben sind durch Rückfragen zu klären. Ansprüche, die nach Ablauf der Anmeldungsfrist geltend gemacht werden und Anmeldungen von Rechtsansprüchen, die **keine** Belastung des Grundstückes darstellen, sind gem. Art. 36 Abs. 1 i.V.m. Art. 102 VZG sofort nach Eingang mit einer beschwerdefähigen Verfügung abzuweisen (vgl. dazu nachfolgende Ziff. 11.2).

---

[72] BGE 116 III 85 ff. = Pra 80 (1991) Nr. 48.
[73] BGE 62 III 123; 71 III 111.

## 11.2 Muster: Abweisung einer Forderungseingabe

### Betreibungs- und Gemeindeammannamt Hausen am Albis
In der Rüti 10    8915 Hausen a.A.    Telefon 044 764 16 75    Postkonto 80-1507-5

**Briefadresse:**
In der Rüti 10
8915 Hausen a.A.

Einschreiben

Bank Bütschwil AG
Sohrstrasse 22
9606 Bütschwil SG

Hausen a.A., 29. Juni 2007                    Betreibung Nr. 3790

### Forderungseingabe

Sehr geehrte Damen und Herren

Wir bestätigen Ihnen die Forderungseingabe in der Grundpfandbetreibung betreffend:

**Schuldner und Pfandeigentümer:** Chabloz Alain, Rigiblickstrasse 33, 8915 Hausen a.A.,

**Grundstück:** Grundregister Blatt 200, Kat.-Nr. 1911, Albisweg 7, 8915 Hausen a.A.,

im **Betrag** von:

| Fr. | 50 000.00 | Kapitalbetrag Grundpfandverschreibung an 3. Pfandstelle |
| Fr. | 6 200.00 | aufgelaufene Zinsen |
| Fr. | 159.80 | Umtriebsentschädigung |
| Fr. | 56 359.80 | Totalbetrag |

Bei Ihrer Grundpfandforderung handelt es sich gemäss Grundbuchauszug um eine **Maximalhypothek**[1], bei der **innerhalb** des im Grundbuch eingetragenen Kapitalbetrages die Pfandsicherheit sowohl für das Kapital, allfällige Zinsen und Betreibungskosten abschliessend **abgegolten ist**. Ihre Forderungseingabe übersteigt den pfandgesicherten Maximalbetrag von Fr. 50 000.00 um Fr. 6 359.80. Dieser Betrag stellt somit keine grundpfandgesicherte Forderung dar und kann deshalb nicht in das Lastenverzeichnis aufgenommen werden.

**Verfügung:**

1. Fr. 50 000.00 Kapitalbetrag gemäss Grundpfandverschreibung an 3. Pfandstelle wird als grundpfandgesicherte Forderung in das Lastenverzeichnis aufgenommen.

2. Der Mehrbetrag von Fr. 6 359.80 über den im Grundbuch eingetragenen Maximalbetrag wird als nicht grundpfandgesicherte Forderungen von der Aufnahme ins Lastenverzeichnis abgewiesen.

3.  Diese Verfügung können Sie gemäss Art. 17 SchKG innert **10 Tagen**, vom Empfang an gerechnet, beim Bezirksgericht Affoltern, Aufsichtsbehörde über Betreibungsämter, Im Grund 15, Postfach 76, 8910 Affoltern a.A., mit Beschwerde anfechten. Die Beschwerde ist im Doppel einzureichen und hat eine Begründung und einen Antrag zu enthalten. Diese Verfügung und allfällige Beweismittel sind beizulegen.

[1] Vgl. vorne § 8 Ziff. 8 und vorgehende Ziff. 5.

Freundliche Grüsse

Betreibungsamt Hausen a.A.

*V. Moroff*

V. Moroff

## 12.     Inhalt des Lastenverzeichnisses

### 12.1     Allgemeines

Nebst dem **allgemeinen Inhalt** (siehe nachfolgende Ziff. 12.2) sind im Lastenverzeichnis alle aktuellen **grundpfandgesicherten Forderungen** (siehe nachfolgende Ziff. 12.3) sowie die **anderen Lasten** z.B. Dienstbarkeiten usw. (siehe nachfolgende Ziff. 12.4) aufzunehmen.

### 12.2     Allgemeiner Inhalt

**Im Lastenverzeichnis** unter:

**Mitteilung des Lastenverzeichnisses, Rechtsmittelbelehrung,
I. Beschrieb und Schätzung des Grundstückes und der Zugehör:**

» Angaben über den **Schuldner** und **Pfandeigentümer** (Name und Adresse usw.).

» **Tag und Zeit** der Steigerung.

» **Steigerungslokal.**

» **Grund der Steigerung** (Verwertung infolge Pfändung, Verwertungsauftrag des Betreibungsamtes XXX, Verwertung infolge Betreibung auf Verwertung eines Grundpfandes des Pfandgläubigers, unter Angabe von dessen Pfandstelle).

» **Rechtsmittelbelehrung.**

» **Auszug aus der Verordnung über die Zwangsverwertung von Grundstücken (VZG)**: Art. 34, 35 und Art. 36 VZG.

» Beschrieb des zu versteigernden **Grundstückes** und allfälliger **Zugehör**, mit Angabe des **Schätzungsbetrages.**

» **Mietverhältnisse / Pachtverhältnisse** / Mietzinseinnahmen / Pachtzinseinnahmen.

» **Anmerkungen**, z.B.: Öffentlich-rechtliche Eigentumsbeschränkungen gem. Art. 962 ZGB (z.B.: Beseitigungsrevers betr. Garagenanbau, Beseitigungsrevers betr. Aussenparkplatz, Provisorium betr. Tankanlage), Benutzungs- und Verwaltungsreglement der Stockwerkeigentümergemeinschaft, Konkurseröffnung, Veräusserungsbeschränkung betr. Art. 30e BVG (vgl. dazu hinten § 16 Ziff. 1.2.3 lit. g sowie hinten § 34 [Ziff. 4]), Veräusserungsbeschränkung betr. Art. 50 WEG (vgl. dazu hinten § 16 Ziff. 1.2.3 lit. h sowie hinten § 34 Ziff. 5).

» **Bemerkungen** wie z.B. im Sinne von Art. 31 Abs. 4 GBV (Anzeige an das Grundbuchamt von der Pfändung eines Anteils an einem Gemeinschaftsvermögen).

## 12.3  Grundpfandgesicherte Forderungen

**Im Lastenverzeichnis** (siehe nachfolgende Ziff. 15) aufzunehmen unter:

### II. Lastenverzeichnis «A. Grundpfandgesicherte Forderungen»:

» Die im Grundbuch eingetragenen sowie die aufgrund der öffentlichen Aufforderung angemeldeten **grundpfandgesicherten Forderungen** mit nachfolgenden Angaben, in der **Reihenfolge**: A. Gesetzliche Pfandrechte, B. Vertragliche Pfandrechte:
  > Pfandstelle;
  > Name und Adresse des Pfandgläubigers;
  > Kapitalforderung gem. Namenschuldbrief, Inhaberschuldbrief, Gült, Grundpfandverschreibung (Maximal- oder Kapitalhypothek), mit Angabe betr. Nominalbetrag, Datum der Errichtung, Maximalzinsfuss usw.;
  > Angabe, ob die Kapitalforderung fällig oder gekündigt ist, allfällig für welchen Betrag und auf welchen Termin;
  > drei verfallene Jahreszinse, Verzugszinse, laufender Zins;
  > Betreibungskosten;
  > Zins- und Zahlungsbestimmungen.

» Die zu **überbindenden** oder **bar zu bezahlenden** (fälligen) Forderungen sind im Lastenverzeichnis je in einer separaten Spalte aufzuführen. In der Spalte «**bar zu bezahlen**» sind diejenigen Forderungen einzusetzen, die im Zeitpunkt der Steigerung fällig sind. Die im Zeitpunkt der Steigerung nicht fälligen Forderungen, die dem Ersteigerer überbunden werden, sind in der Spalte «**zu überbinden**» aufzuführen. Vgl. dazu nachfolgende Ziff. 15, II. Lastenverzeichnis, A. Grundpfandgesicherte Forderungen.

Weicht die Anmeldung einer Last von dem Inhalte des Grundbuchauszuges ab, so ist auf die **Anmeldung** abzustellen, dabei aber der Inhalt des Grundbucheintrages anzugeben (Art. 34 Abs. 1 lit. b i.V.m. Art. 102 VZG). Meines Erachtens darf auch in solchen Fällen der Umfang der Pfandsicherheit nach Art. 818 ZGB (siehe dazu vorgehende Ziff. 4) nicht überschritten werden. Weitergehende Forderungseingaben wären somit aufgrund der formellen Prüfungspflicht mit einer beschwerdefähigen Verfügung abzuweisen (siehe dazu vorgehende Ziff. 11).

## 12.4  Andere Lasten

**Im Lastenverzeichnis** (siehe nachfolgende Ziff. 15) aufzunehmen unter:

### II. Lastenverzeichnis «B. Andere Lasten»:

Unter diesem Titel sind im Lastenverzeichnis alle aus dem Grundbuchauszug ersichtlichen sonstigen dinglichen Rechte (Dienstbarkeiten usw.) und realobligatorischen Rechte (wie z.B. Vormerkungen usw.) aufzunehmen, wie:

» **Dienstbarkeiten** (z.B.: Fuss- und Fahrwegrecht, Mitbenützungsrecht des Containerplatzes, Baurecht, Wohnrecht, Durchleitungsrecht usw.).

>> **Grundlasten** gem. Art. 782 ff. ZGB.

>> **Vormerkungen** gem. Art. 959 ZGB (z.B. betr.: Miet- und/oder Pachtvertrag, Vor-
kaufsrecht, Kaufsrecht, Rückkaufsrecht, Gewinnanteilsrecht usw.).

>> **Verfügungsbeschränkungen** gem. Art. 960 ZGB (z.B. betr.: Pfändung oder Grund-
pfandbetreibung usw.).

>> **Vorläufig eingetragene Rechte** gem. Art. 961 ZGB (z.B. Bauhandwerkerpfand-
recht, Pfandrecht für Beitragsforderungen der Stockwerkeigentümergemeinschaft
usw.).

>> **Weitere Lasten,** wie z.B. ein nicht im Grundbuch eingetragener langfristiger Miet-
und/oder Pachtvertrag (vgl. dazu vorgehende Ziff. 7).

In **separaten Spalten** sind aufzuführen:

>> Bezeichnung der berechtigten Grundstücke und ihrer Eigentümer bzw. anderer Be-
rechtigter.

>> Inhalt des Rechtes und Datum der Begründung.

>> Rangverhältnis untereinander und gegenüber den vertraglichen und gesetzlichen
Pfandrechten im Lastenverzeichnis.

## 13. Mitteilung und Auflegung des Lastenverzeichnisses; Frist zur Anfechtung

### 13.1 Mitteilung und Auflegung

Das Lastenverzeichnis ist zusammen mit den Steigerungsbedingungen während der
**zehntägigen** Auflagefrist zur Einsicht für jedermann aufzulegen (Art. 134 Abs. 2
SchKG, Art. 33 i.V.m. Art. 102 VZG). Gemäss Art. 37 Abs. 1 i.V.m. Art. 102 VZG und
Art. 140 Abs. 2 SchKG ist das Lastenverzeichnis sämtlichen Gläubigern, zu deren Guns-
ten das Grundstück gepfändet ist, allen Grundpfandgläubigern sowie den aus Vormerkung Berechtigten (Art. 959 ZGB), dem Schuldner und gem. Art. 103 VZG auch dem
Dritteigentümer zuzustellen.

Im Sinne des Gesagten ist somit folgenden **Empfängern** das Lastenverzeichnis zuzustellen:

>> Schuldner.

>> Ehegatten des Schuldners oder Ehegatten des Dritten, sofern es sich beim verpfän-
deten Grundstück um eine Familienwohnung (Art. 169 ZGB) handelt.

>> Eingetragene Partnerin oder eingetragener Partner des Schuldners oder des Drit-
ten, sofern diesem das verpfändete Grundstück als gemeinsame Wohnung (Art. 14
PartG) dient.

» Dritteigentümer, resp. gemeinschaftliche Eigentümer: dazu gehören alle gemein-schaftlichen Eigentümer des Pfandgrundstückes, wie Mit- oder Gesamteigentümer (siehe dazu auch hinten § 28).

» Grundpfandgläubiger.

» Faustpfandgläubiger von verpfändeten Schuldbriefen.

» Pfändungsgläubiger, für die das Grundstück (noch) gepfändet ist[74].

» Personen, denen ein sonstiges, im Grundbuch eingetragenes oder vorgemerktes Recht an dem Grundstück zusteht, wie z.B.:
  › Dienstbarkeiten, wie: Nutzniessungs-, Wohn- und Baurecht usw.;
  › Grundlasten;
  › Vorgemerkte persönliche Rechte, wie z.B. Vorkaufs-, Kaufs- und Rückkaufsrecht, Miete und Pacht, Zugehörigkeit zu einer Genossenschaft, Gewinnanteilsrecht.

» Inhabern von gesetzlichen Vorkaufsrechten nach Art. 682 Abs. 1 und 2 ZGB.

» Gemeindeverwaltung/Stadtverwaltung, Steueramt, fakultativ, sofern für diese im Lastenverzeichnis keine Forderungen oder andere Rechte aufgeführt sind.

» Mietern und/oder Pächtern mit nicht im Grundbuch vorgemerkten, langfristigen Miet- und/oder Pachtverträgen, für die gem. BGE 125 III 123 im Sinne von Art. 142 SchKG der Doppelaufruf zulässig ist (vgl. vorgehende Ziff. 7).

**Zusätzlich bei Stockwerkeigentum** (siehe auch hinten § 27):

» Verwalter (Verwaltung) der Stockwerkeigentümergemeinschaft.

## 13.2    Frist zur Anfechtung des Lastenverzeichnisses

Die Mitteilung des Lastenverzeichnisses erfolgt mit der Anzeige, dass derjenige, der ei-nen im Verzeichnis aufgeführten Anspruch nach **Bestand, Umfang, Rang oder Fällig-keit bestreiten** will, dies innerhalb von **zehn Tagen,** von der Zustellung an gerechnet, **beim Betreibungsamt schriftlich,** unter genauer Bezeichnung des bestrittenen An-spruchs, zu erklären habe, widrigenfalls der Anspruch für die betreffende Betreibung als von ihm anerkannt gelte (Art. 140 Abs. 2 und 107 Abs. 2 und 4 SchKG i.V.m. Art. 37 Abs. 2 und Art. 102 VZG). Ist in einer Betreibung der Rechtsvorschlag unterlassen wor-den oder Rechtsöffnung bewilligt worden, so kann der Schuldner Bestand und Höhe der Forderung nicht mehr durch Anfechtung des Lastenverzeichnisses bestreiten[75].

Sind im Lastenverzeichnis Gegenstände als **Zugehör** des Grundstückes aufgeführt, kann innert der gleichen Frist die Zugehöreigenschaft dieser Gegenstände oder einzel-ner derselben beim Betreibungsamt bestritten werden (Art. 38 Abs. 2 i.V.m. Art. 102

---

[74]  BGE 55 III 189: Nach Art. 30 Abs. 2, Art. 37 i.V.m. Art. 102 VZG sind auch in der Grundpfandver-wertungsbetreibung den pfändenden Gläubigern Steigerungsanzeigen zuzustellen und das Las-tenverzeichnis mitzuteilen.
[75]  BGE 118 III 22 ff.

VZG). Werden Zugehörgegenstände von einem **Dritten als Eigentum** beansprucht, ist auch diesem ein Lastenverzeichnis zuzustellen.

Wird innert der Frist zur Anfechtung des Lastenverzeichnisses, d.h. nach Versand des Lastenverzeichnisses, von einem Berechtigten die **Aufnahme weiterer Gegenstände als Zugehör** ins Verzeichnis verlangt (Art. 38 Abs. 1 i.V.m. Art. 102 VZG), hat das Betreibungsamt allen Beteiligten, die das Lastenverzeichnis erhalten haben, namentlich auch dem Schuldner, Mitteilung zu machen, unter Ansetzung einer Bestreitungsfrist von **zehn Tagen.** Gemäss Art. 18 Anl. VZG (siehe hinten § 35) ist hierfür das Formular VZG 10 (EDV 7103) «**Anzeige betreffend Zugehörgegenstände** (nach Versand des Lastenverzeichnisses)», vgl. nachfolgende Ziff. 15.1, zu verwenden.

Entgegen vieler Annahmen läuft die **Frist zur Anfechtung des Lastenverzeichnisses** nicht ab dem Zeitpunkt der Auflage, wie es bei den Steigerungsbedingungen der Fall ist (siehe nachfolgender Absatz), sondern **ab Datum von dessen Zustellung.** Es ist deshalb darauf zu achten, dass das Lastenverzeichnis im Zeitpunkt der Auflage bei den Empfängern angekommen ist, damit der erstellte Terminplan eingehalten werden kann.

Hingegen beginnt die Frist zur Anfechtung der **Steigerungsbedingungen** bereits **mit dem ersten Tag der öffentlichen Auflage**[76] zu laufen. Es gilt somit zu beachten, dass die Auflegungsfrist der Steigerungsbedingungen die einzige zehntägige SchKG-Frist ist, bei welcher für den Fristenlauf der erste Tag (Beginn der öffentlichen Auflage) bereits **mitgezählt** wird (vgl. hinten § 16 Ziff. 1.5).

## 14. Anfechtung des Lastenverzeichnisses

### 14.1 Beschwerde

Wird das Lastenverzeichnis infolge einer Beschwerde durch Verfügung der Aufsichtsbehörde **ergänzt oder bereinigt**, so hat das Betreibungsamt die Ergänzung und Änderung den Beteiligten wiederum unter Ansetzung einer **zehntägigen Bestreitungsfrist** mitzuteilen (Art. 40 i.V.m. Art. 102 VZG).

### 14.2 Fristansetzung zur Klage infolge Bestreitung

Erfolgt innert Frist eine Bestreitung gegen einen im Lastenverzeichnis aufgeführten **Anspruch** (resp. Last), so hat das Betreibungsamt im Sinne von Art. 39 i.V.m. Art. 102 VZG und Art. 20 Anl. VZG (siehe hinten § 35) mit Formular VZG 11a (EDV 7102) «**Fristansetzung zur Klage auf Aberkennung eines Anspruchs im Lastenverzeichnis gemäss Art. 39 VZG**» (vgl. nachfolgende Ziff. 15.2) die Frist von **zwanzig Tagen** (Art. 107 Abs. 5 SchKG) zur Klage auf **Aberkennung** eines Anspruchs im Lastenverzeichnis wie folgt anzusetzen:

---

[76] BGE 51 III 179; 105 III 6.

>> Handelt es sich um ein im Grundbuch eingetragenes Recht, dessen Bestand oder Rang vom Eintrag abhängt, so ist die Klägerrolle demjenigen zuzuweisen, der eine Abänderung oder die Löschung des Rechtes verlangt[77].

>> In den anderen Fällen ist dem Beklagten die Klägerrolle zuzuweisen.

## 14.3 Aussetzung der Versteigerung

Wenn über einen in das Lastenverzeichnis aufgenommenen Anspruch Streit entsteht oder zur Zeit der Aufstellung des Verzeichnisses bereits ein Forderungsprozess hängig ist, so ist die **Versteigerung** bis zum Prozessentscheid **einzustellen**, sofern anzunehmen ist, dass der Streit die Höhe des Zuschlagspreises **(Mindestzuschlagspreis)** beeinflusst[78] oder durch eine vorherige Steigerung **andere berechtigte Interessen** verletzt werden (Art. 141 Abs. 1 SchKG).

## 14.4 Anfechtung der Bestandteil- oder Zugehöreigenschaft

Wird die **Bestandteil- oder Zugehöreigenschaft** eines im Lastenverzeichnis aufgeführten Gegenstandes bestritten, so hat das Betreibungsamt wie folgt Frist zur Klage anzusetzen:

>> Wenn es sich um einen Gegenstand handelt, der **ortsüblichen Auffassung** nach Bestandteil oder Zugehör ist oder auf Begehren des Eigentümers des Grundstückes im Grundbuch als Zugehör angemerkt worden ist, so ist dem die Zugehöreigenschaft **Bestreitenden** mit Formular VZG 11 (EDV 7104) «**Fristansetzung zur Klage auf Aberkennung der Bestandteil- bzw. Zugehöreigenschaft gemäss Art. 19 lit. a Anl. VZG**» (vgl. nachfolgende Ziff. 15.3) eine Frist von **zwanzig Tagen** zur Klage auf **Aberkennung** der Bestandteil- bzw. Zugehöreigenschaft anzusetzen (Art. 19 lit. a Anl. VZG [siehe hinten § 35 ]).

>> Wenn der betreffende Gegenstand gem. Art. 38 Abs. 1 i.V.m. Art. 102 VZG erst auf Verlangen eines Beteiligten in das Lastenverzeichnis aufgenommen worden ist (siehe vorgehende Ziff. 13.2 Abs. 3), so ist **demjenigen, der die Aufnahme des neuen Gegenstandes in das Verzeichnis verlangt hat,** mit Formular VZG 12 (EDV 7105) «**Fristansetzung zur Klage auf Anerkennung der Bestandteil- bzw. Zugehöreigenschaft gemäss Art. 19 lit. b Anl. VZG**» (vgl. nachfolgende Ziff. 15.4) eine Frist **von zwanzig Tagen** zur Klage auf **Anerkennung** der Bestandteil- bzw. Zugehöreigenschaft anzusetzen (Art. 19 lit. b Anl. VZG [siehe hinten § 35]).

Besteht Streit über die Zugehöreigenschaft oder darüber, ob die Zugehör nur einzelnen Pfandgläubigern verpfändet sei, so **kann** die Versteigerung des Grundstückes samt der Zugehör gleichwohl stattfinden (Art. 141 Abs. 2 SchKG). Je nach **Wert** der umstrittenen Zugehörgegenstände muss m.E. die Steigerung bis zur Klärung der Zugehöreigenschaft allenfalls dennoch **aufgeschoben** werden, kann doch die offene Frage der Zugehör den Steigerungspreis wesentlich beeinflussen.

---

[77]  BGE 112 III 26 ff.
[78]  BGE 84 III 89 ff.; 87 III 64 ff.; 107 III 125 E. 2.

## 15.   Muster: Lastenverzeichnis

» Formular VZG 9B (EDV 7101)

Die Empfänger des Lastenverzeichnisses sind in der vorgehenden Ziff. 13.1 ersichtlich.

### Betreibungs- und Gemeindeammannamt Hausen am Albis

In der Rüti 10    8915 Hausen a.A.    Telefon 044 764 16 75    Postkonto 80-1507-5

Hausen a.A., 2. August 2007                                        Betreibung Nr. 3790

### Mitteilung des Lastenverzeichnisses

**Schuldner:**          Chabloz Alain, geb. 22. August 1954, von Clarens VD, Rigiblickstrasse 33,
                        8915 Hausen a.A.

Ref.

**Pfandeigentümer:**    derselbe

**Tag und Zeit der Steigerung:**  Donnerstag, 20. September 2007, 10.00 Uhr

**Steigerungslokal:**    Mehrzweckgebäude, Zugerstrasse 59, 8915 Hausen a.A.

Sie erhalten nachstehend eine Abschrift des Lastenverzeichnisses betreffend des/der infolge

☐   Betreibung auf Pfändung

☐   Verwertungsauftrag des Betreibungsamtes

☒   Betreibung auf Verwertung eines Grundpfandes der Grundpfandgläubigerin an 2. Pfandstelle

zur Verwertung gelangenden Grundstücks.

**Mit Bezug auf das Lastenverzeichnis werden Sie darauf aufmerksam gemacht:**

1.  dass die darin bezeichneten Lasten sowohl nach Bestand als nach Fälligkeit, Umfang und Rang als von Ihnen anerkannt gelten, wenn und soweit sie nicht innerhalb von 10 Tagen, vom Empfang dieser Anzeige an gerechnet, schriftlich beim Betreibungsamt von Ihnen bestritten worden sind;

2.  ~~dass namentlich auch die im Verzeichnis angegebenen Zugehörgegenstände als solche anerkannt gelten, wenn nicht innerhalb der gleichen Frist eine Bestreitung erfolgt;~~

3.  ~~dass Sie ferner berechtigt sind, innert der gleichen Frist die Aufnahme anderer Gegenstände als Zugehör in das Lastenverzeichnis zu verlangen, wenn Sie bei der Pfändung dazu keine Gelegenheit gehabt haben;~~

4.  dass, falls die Verwertung in einer Betreibung auf Pfandverwertung erfolgt, die Inhaber derjenigen Grundpfandrechte, die den im Lastenverzeichnis enthaltenen Dienstbarkeiten, Grundlasten und nach Art. 959 ZGB vorgemerkten Rechten im Range vorgehen, innert der gleichen Frist beim Betreibungsamt schriftlich den doppelten Ausruf des Grundstücks nach Art. 142 SchKG verlangen können. Ergibt sich der Vorrang nicht aus dem Lastenverzeichnis selbst, so ist eine ihn anerkennende Erklärung des Inhabers des betreffenden Rechtes beizubringen oder vorerst innerhalb von 10 Tagen, vom Empfang dieser Anzeige an gerechnet, gerichtliche Klage auf Feststellung des Vorranges anzustrengen.

## Auszug aus der Verordnung über die Zwangsverwertung von Grundstücken (VZG):

### Art. 34

In das Lastenverzeichnis sind aufzunehmen:
Die im Grundbuch eingetragenen sowie die aufgrund der öffentlichen Aufforderung (Art. 29 Abs. 2 und 3 VZG) angemeldeten Lasten (Dienstbarkeiten, Grundlasten, Grundpfandrechte und vorgemerkte persönliche Rechte), unter genauer Verweisung auf die Gegenstände, auf die sich die einzelnen Lasten beziehen, und mit Angabe des Rangverhältnisses der Pfandrechte zueinander und zu den Dienstbarkeiten und sonstigen Lasten, soweit sich dies aus dem Grundbuchauszug (Art. 28 VZG) oder aus den Anmeldungen ergibt. Bei Pfandforderungen sind die zu überbindenden und die fälligen Beträge (Art. 135 SchKG) je in einer besonderen Kolonne aufzuführen. Weicht die Anmeldung einer Last von dem Inhalt des Grundbuchauszuges ab, so ist auf die Anmeldung abzustellen, dabei aber der Inhalt des Grundbucheintrages anzugeben. Ist ein Anspruch in geringerem Umfang angemeldet worden, als aus dem Grundbuch sich ergibt, so hat das Betreibungsamt die Änderung oder Löschung des Grundbucheintrages mit Bewilligung des Berechtigten zu erwirken.

Aufzunehmen sind auch diejenigen Lasten, die vom Berechtigten angemeldet werden, ohne dass eine Verpflichtung zur Anmeldung besteht. Lasten, die erst nach der Pfändung des Grundstückes ohne Bewilligung des Betreibungsamtes in das Grundbuch eingetragen worden sind, sind unter Angabe dieses Umstandes und mit der Bemerkung in das Verzeichnis aufzunehmen, dass sie nur berücksichtigt werden, sofern und soweit die Pfändungsgläubiger vollständig befriedigt werden (Art. 53 Abs. 3 VZG).

### Art. 35:

Leere Pfandstellen sind bei der Aufstellung des Lastenverzeichnisses nicht zu berücksichtigen, desgleichen im Besitze des Schuldners befindliche Eigentümerpfandtitel, die nicht gepfändet, aber nach Art. 13 VZG in Verwahrung genommen worden sind (Art. 815 ZGB und Art. 68 Abs. 1 lit. a VZG).

Sind die Eigentümerpfandtitel verpfändet oder gepfändet, so dürfen sie, wenn das Grundstück selbst gepfändet ist und infolge dessen zur Verwertung gelangt, nicht gesondert versteigert werden, sondern es ist der Betrag, auf den der Pfandtitel lautet, oder sofern der Betrag, für den er verpfändet oder gepfändet ist, kleiner ist, dieser Betrag nach dem Range des Titels in das Lastenverzeichnis aufzunehmen.

### Art. 36:

Ansprüche, die nach Ablauf der Anmeldefrist geltend gemacht werden, sowie Forderungen, die keine Belastung des Grundstückes darstellen, dürfen nicht in das Lastenverzeichnis aufgenommen werden. Das Betreibungsamt hat den Ansprechern von der Ausschliessung solcher Ansprüche sofort Kenntnis zu geben, unter Angabe der Beschwerdefrist (Art. 17 Abs. 2 SchKG).

Im Übrigen ist das Betreibungsamt nicht befugt, die Aufnahme der im Grundbuchauszug enthaltenen oder besonders angemeldeten Lasten in das Verzeichnis abzulehnen, diese abzuändern oder zu bestreiten oder die Einreichung von Beweismitteln zu verlangen. Ein von einem Berechtigten nach Durchführung des Lastenbereinigungsverfahrens erklärter Verzicht auf eine eingetragene Last ist nur zu berücksichtigen, wenn die Last vorher gelöscht worden ist.

## I.      Beschrieb und Schätzung des Grundstücks ~~und der Zugehör~~

### Grundstück

In der Gemeinde Hausen a.A., laut Grundregister Blatt 200, Kataster Nr. 1911, Plan 15:

**Ein freistehendes 4½-Zimmer-Einfamilienhaus mit angebauter Garage** mit 131 m² Gebäude-grundfläche, für Fr. 333 000.00 versichert (Schätzungsdatum 14.06.1994, Gebäude Nr. 189) und 227 m² Hausumschwung mit Gartenanlage (Gesamtfläche: 358 m²), Albisweg 7, 8915 Hausen a.A.

**Rechtskräftige betreibungsamtliche Schätzung:** Fr. 475 000.00

### Anmerkung

Öffentlich-rechtliche Eigentumsbeschränkung: Provisorium betr. Tankanlage, dat. 22.05.1981, Beleg 88

### Mietverhältnis

Das zur Verwertung gelangende Grundstück ist gem. Mietvertrag vom 8. September 2000 vermietet an Werner Hegglin, Albisweg 7, 8915 Hausen a.A. (weitere Bemerkungen zu diesem Mietvertrag siehe Seite 8 Nr. 3 des Lastenverzeichnisses)

### Mietzinseinnahmen pro Monat / Jahr

Fr. 2050.00 pro Monat inkl. Nebenkosten / Fr. 24 600.00 pro Jahr

## II. Lastenverzeichnis

**Bemerkung:** Eingang des Verwertungsbegehrens am 14. März 2007 von der betreibenden Gläubigerin an der 2. Pfandstelle, siehe vorne § 2 Ziff. 1.5 und § 7 Ziff. 5.

| Nr. | Gläubiger und Forderungsurkunde | Einzelbeträge Fr. | Gesamtbetrag Fr. | zu überbinden Fr. | bar zu bezahlen Fr. |
|---|---|---|---|---|---|
| | **A. Gesetzliche Pfandrechte** Keine. | | | | |
| | **B. Vertragliche Pfandrechte** | | | | |
| | **1. Pfandstelle** Zürcher Kantonalbank Bahnhofstrasse 22 8010 Zürich | | | | |
| 1 | Kapital [1] laut **Namenschuldbrief,** per nom. Fr. 225 000.00, dat. 17. Juni 1981, Maximalzins 7 %, **nicht gekündigt** [1] *siehe vorgehende Ziff. 4 lit. b* | 225 000.00 | | | |
| 2 | drei verfallene Jahreszinse [2] zu 9 % ab 1. Januar 2004 bis 31. Dezember 2006: **Fr. 60 750.00** **Aufnahme zu 7 %** **(Mehrzins [3] siehe Nr. 14)** [2] *siehe vorgehende Ziff. 4 lit. e* [3] *siehe vorgehende Ziff. 6* | 47 250.00 | | | |
| 3 | laufender Zins [4] zu 9 % ab 1. Januar 2007 bis 20. September 2007 (Steigerungstag): **Fr. 14 625.00** **Aufnahme zu 7 %** | 11 375.00 | 283 625.00 | 236 375.00 | 47 250.00 |
| | **(Mehrzins [3] siehe Nr. 15)** [4] *siehe vorgehende Ziff. 4 lit. g* [3] *siehe vorgehende Ziff. 6* | | | | |
| | **Zins- und Zahlungsbestimmungen:** Diese Schuld ist vom Entstehungstage an halbjährlich auf den 30. Juni und 31. Dezember zu dem vom Gläubiger jeweils festgesetzten Zinsfuss – höchstens 7 % im Jahr – zu verzinsen und für den Schuldner und den Gläubiger täglich auf ein halbes Jahr zur Rückzahlung kündbar. | | | | |
| | Übertrag | | 283 625.00 | 236 375.00 | 47 250.00 |

*Table title: **A. Grundpfandgesicherte Forderungen***

| | A. Grundpfandgesicherte Forderungen | | | | |
|---|---|---|---|---|---|
| Nr. | Gläubiger und Forderungsurkunde | Einzelbeträge Fr. | Gesamtbetrag Fr. | zu überbinden Fr. | bar zu bezahlen Fr. |
| | Vortrag | | 283 625.00 | 236 375.00 | 47 250.00 |
| | **2. Pfandstelle**<br>Bank Zürich AG<br>Sihlquai 45<br>8098 Zürich | | | | |
| 4 | Kapital laut **Inhaberschuldbrief,**<br>per nom. Fr. 200 000.00,<br>dat. 9. Dezember 1992,<br>Maximalzins 9 %,<br>**gekündigt** | 200 000.00 | | | |
| 5 | ein verfallener Jahreszins zu 7 %<br>ab 1. Januar 2006 bis 31. Dezember<br>2006 | 14 000.00 | | | |
| 6 | Verzugszins [5] zu 5 %<br>ab 1. Januar 2007 bis 20. September<br>2007 (Steigerungstag)<br>auf Fr. 14 000.00<br>[5] *siehe vorgehende Ziff. 4 lit. d* | 505.55 | | | |
| 7 | laufender Zins zu 7 %<br>ab 1. Januar 2007 bis 20. September<br>2007 (Steigerungstag) | 10 111.10 | | | |
| 8 | Betreibungskosten [6]<br>G-Betr. Nr. 3790<br>[6] *siehe vorgehende Ziff. 4 lit. c* | 345.80 | 224 962.45 | 0.00 | 224 962.45 |
| | **Zins- und Zahlungsbestimmungen:**<br>Diese Schuld ist von heute an auf<br>30. Juni und 31. Dezember mit<br>9 % im Jahr zu verzinsen und auf<br>eine beiden Teilen täglich freiste-<br>hende halbjährige Kündigung hin zu<br>bezahlen. | | | | |
| | **3. Pfandstelle**<br>Bank Bütschwil AG<br>Sohrstrasse 22<br>9606 Bütschwil SG | | | | |
| | Übertrag | | 508 587.45 | 236 375.00 | 272 212.45 |

| \$ A. Grundpfandgesicherte Forderungen | | | | |
|---|---|---|---|---|
| Nr. | Gläubiger und Forderungsurkunde | Einzelbeträge Fr. | Gesamtbetrag Fr. | zu überbinden Fr. | bar zu bezahlen Fr. |

| Nr. | Gläubiger und Forderungsurkunde | Einzelbeträge Fr. | Gesamtbetrag Fr. | zu überbinden Fr. | bar zu bezahlen Fr. |
|---|---|---|---|---|---|
| | Vortrag | | 508 587.45 | 236 375.00 | 272 212.45 |
| 9 | Kapital laut Grundpfandverschreibung **(Maximalhypothek** [7]**)**, per nom. Fr. 50 000.00, dat. 13. Mai 1993, **zur Rückzahlung fällig** | 50 000.00 | 50 000.00 | 0.00 | 50 000.00 |
| | [7] *siehe vorgehende Ziff. 5 und 11* | | | | |
| 10 | **4. Pfandstelle** | | | | |
| | Kapital Fr. 100 000.00 **Leere Pfandstelle** [8], dat. 13. Mai 1993, Maximalzins 10 % | 0.00 | 0.00 | 0.00 | 0.00 |
| | [8] *siehe vorgehende Ziff. 8* | | | | |
| | **5. Pfandstelle** | | | | |
| | Letzt bekannter Gläubiger gem. Grundregisterauszug: Pierre Barraud, 2108 Couvet | | | | |
| 11 | Kapital laut **Inhaberschuldbrief,** per nom. Fr. 75 000.00, dat. 9. September 1995, Zinsfuss 9 % **Nachrückungsrecht** | 75 000.00 | | | |
| 12 | laufender Zins zu 5 % ab 1. Januar 2007 bis 20. September 2007 (Steigerungstag) | 2 708.35 | 77 708.35 | 77 708.35 | 0.00 |
| | Für diese Pfandstelle erfolgte **keine Forderungseingabe** [9]. Die Aufnahme erfolgt somit von Amtes wegen. | | | | |
| | [9] *siehe vorgehende Ziff. 9* | | | | |
| | **Zins- und Zahlungsbestimmungen:** Diese Schuld ist von heute an auf 30. Juni und 31. Dezember mit 9 % im Jahr zu verzinsen und auf eine beiden Teilen täglich freistehende halbjährige Kündigung hin zu bezahlen. | | | | |
| | Übertrag | | 636 295.80 | 314 083.35 | 322 212.45 |

| | A. Grundpfandgesicherte Forderungen | | | | |
|---|---|---|---|---|---|
| Nr. | Gläubiger und Forderungsurkunde | Einzelbeträge Fr. | Gesamtbetrag Fr. | zu überbinden Fr. | bar zu bezahlen Fr. |
| | Vortrag | | 636 295.80 | 314 083.35 | 322 212.45 |
| 13 | **6. Pfandstelle** Kapital laut **Inhaberschuldbrief,** per nom. Fr. 25 000.00, dat. 10. August 1996, Maximalzins 9 % | | | | |
| | Nicht belehnter **Eigentümerschuld- brief** [10], der sich in Verwahrung des Betreibungsamtes Hausen a.A. befindet. [10] *siehe vorgehende Ziff. 8* | 0.00 | 0.00 | 0.00 | 0.00 |
| | **Zins- und Zahlungsbestimmungen:** Diese Schuld ist vom Entstehungstage an zu den zwischen Gläubiger und Schuldner jeweils vereinbarten Bestimmungen verzinslich und künd- bar. Der Maximalzinsfuss beträgt 9 %. | | | | |
| | **Aufnahme von Mehrzinsen** [3] Differenz zwischen dem vertraglichen Zinsfuss und dem im Grundregistger eingetragenen Maximalzinsfuss. [3] *siehe vorgehende Ziff. 6* | | | | |
| | **1. Pfandstelle** Zürcher Kantonalbank Bahnhofstrasse 22 8010 Zürich | | | | |
| 14 | **Mehrzins** zu 2 % für drei verfallene Jahreszinse auf Fr. 225 000.00 ab 1. Januar 2004 bis 31. Dezember 2006, siehe Nr. 2 | 13 500.00 | | | |
| 15 | **Mehrzins** zu 2 % für den laufenden Zins auf Fr. 225 000.00 ab 1. Januar 2007 bis 20. September 2007 (Steigerungstag), siehe Nr. 3 | 3 250.00 | 16 750.00 | 3 250.00 | 13 500.00 |
| | **Total Grundpfandbelastung** | | **653 045.80** | **317 333.35** | **335 712.45** |

| | B. Andere Lasten | |
|---|---|---|
| | (Dienstbarkeiten, Vormerkungen, Verfügungsbeschränkungen, vorläufig eingetragene Rechte) | |
| Nr. | Bezeichnung der berechtigten Grund- stücke und ihrer Eigentümer bzw. anderer Berechtigter | Inhalt des Rechtes und Datum der Begründung | Rang |
| | **Dienstbarkeit:** | | |
| 1 | <u>Last:</u><br>z.G. Kataster Nr. 1912 | Fusswegrecht<br>dat. 16. Mai 1980,<br>SP Art. 1148 | allen Grundpfandrechten an<br>1. bis 6. Pfandstelle vorgehend |
| | **Vormerkung:** | | |
| 2 | Verfügungsbeschränkung infolge Betreibung auf Pfandverwertung | dat. 15. März 2007,<br>Beleg 54 | allen Grundpfandrechten an<br>1. bis 6. Pfandstelle nachgehend |
| | **Andere Last:** | | |
| 3 | <u>Nicht</u> im Grundregister vorge- merkter langfristiger Mietver- trag [11] | | allen Grundpfandrechten an<br>1. bis 6. Pfandstelle nachgehend |
| | Mieter: | Werner Hegglin, Albisweg 7, 8915 Hausen a.A. | |
| | Mietobjekt: | 4½-Zimmer-Einfamilienhaus, Albisweg 7, 8915 Hausen a.A. | |
| | Datum Mietvertrag: | 8. September 2000 | |
| | Mietbeginn: | 1. Januar 2001 | |
| | Erstmals kündbar: | Auf Ende Juni 2010 | |
| | Mietzins pro Monat: | Fr. 2050.00 inkl. Nebenkosten | |
| | [11] *siehe vorgehende Ziff. 7* | | |

Freundliche Grüsse
Betreibungsamt Hausen a.A.
*V. Moroff*
V. Moroff

121

## 15.1 Formular: Anzeige betreffend Zugehörgegenstände
(nach Versand des Lastenverzeichnisses)

>> Formular VZG 10 (EDV 7103)

## Betreibungs- und Gemeindeammannamt Hausen am Albis
In der Rüti 10    8915 Hausen a.A.    Telefon 044 764 16 75    Postkonto 80-1507-5

**Briefadresse:**
In der Rüti 10
8915 Hausen a.A.

Einschreiben

Hausen a.A.,                                                    Betreibung Nr.

## Anzeige betreffend Zugehörgegenstände
(nach Versand des Lastenverzeichnisses)

Gläubiger:
Ref.

Grundstück:

Im Lastenbereinigungsverfahren sind auf Verlangen des oben erwähnten Gläubigers die nachfolgend unten aufgeführten Gegenstände als Zugehör noch in das Lastenverzeichnis aufgenommen worden.

Sie haben die Möglichkeit, innerhalb von **10 Tagen**, vom Empfang dieser Anzeige an gerechnet, die Zugehöreigenschaft dieser Gegenstände beim unterzeichneten Betreibungsamt zu bestreiten. Im Unterlassungsfalle bleiben die Gegenstände als Zugehör im Lastenverzeichnis.

Diese Verfügung können Sie gemäss Art. 17 SchKG innert **10 Tagen**, vom Empfang an gerechnet, beim Bezirksgericht Affoltern, Aufsichtsbehörde über Betreibungsämter, Im Grund 15, Postfach 76, 8910 Affoltern a.A., mit Beschwerde anfechten. Die Beschwerde ist im Doppel einzureichen und hat eine Begründung und einen Antrag zu enthalten. Diese Verfügung und allfällige Beweismittel sind beizulegen.

| Nr. | Gegenstand | Schätzung Fr. |
|-----|------------|---------------|
|     |            |               |
|     |            |               |
|     |            |               |

Freundliche Grüsse

Betreibungsamt Hausen a.A.

## 15.2 Formular: Fristansetzung zur Klage auf Aberkennung eines Anspruchs im Lastenverzeichnis gemäss Art. 39 VZG

>> Formular VZG 11a (EDV 7102)

### Betreibungs- und Gemeindeammannamt Hausen am Albis

In der Rüti 10   8915 Hausen a.A.   Telefon 044 764 16 75   Postkonto 80-1507-5

**Briefadresse:**
In der Rüti 10
8915 Hausen a.A.

Einschreiben

Hausen a.A.,                                                   Betreibung Nr.

### Fristansetzung zur Klage auf Aberkennung eines Anspruchs im Lastenverzeichnis gemäss Art. 39 VZG

Schuldner:
Ref.

Grundstück:

Eingang des Begehrens:

**Bestrittener Anspruch im Lastenverzeichnis**

**Forderungsgläubiger / Berechtigter**

In Ihrer Eingabe haben Sie den oben aufgeführten Anspruch im Lastenverzeichnis bestritten. **Sie haben daher innerhalb von 20 Tagen, vom Empfang dieser Anzeige an gerechnet, beim zuständigen Gericht der gelegenen Sache Klage auf Aberkennung des Anspruchs im Lastenverzeichnis gegen den erwähnten Forderungsgläubiger einzureichen**, ansonsten angenommen wird, Sie verzichten auf die Bestreitung. Von der Klageeinreichung ist unserer Amtsstelle durch Vorlegung einer Bescheinigung der betreffenden Gerichtsstelle Kenntnis zu geben.

Diese Verfügung können Sie gemäss Art. 17 SchKG innert **10 Tagen**, vom Empfang an gerechnet, beim Bezirksgericht Affoltern, Aufsichtsbehörde über Betreibungsämter, Im Grund 15, Postfach 76, 8910 Affoltern a.A., mit Beschwerde anfechten. Die Beschwerde ist im Doppel einzureichen und hat eine Begründung und einen Antrag zu enthalten. Diese Verfügung und allfällige Beweismittel sind beizulegen.

Freundliche Grüsse

Betreibungsamt Hausen a.A.

## 15.3  Formular: Fristansetzung zur Klage auf Aberkennung der Bestandteil- bzw. Zugehöreigenschaft gemäss Art. 19 lit. a Anl. VZG

>> Formular VZG 11 (EDV 7104)

### Betreibungs- und Gemeindeammannamt Hausen am Albis

In der Rüti 10    8915 Hausen a.A.    Telefon 044 764 16 75    Postkonto 80-1507-5

**Briefadresse:**
In der Rüti 10
8915 Hausen a.A.

Einschreiben

Hausen a.A.,                                           Betreibung Nr.

### Fristansetzung zur Klage auf Aberkennung der Bestandteil- bzw. Zugehöreigenschaft gemäss Art. 19 lit. a Anl. VZG

Schuldner:

Ref.

Grundstück:

Gläubiger:

Sie haben beim Betreibungsamt die Bestandteil- bzw. Zugehöreigenschaft der im Lastenverzeichnis resp. unten aufgeführten Gegenstände bestritten.

Sie haben daher innerhalb von **20 Tagen**, vom Empfang dieser Anzeige an gerechnet, beim zuständigen Gericht der gelegenen Sache, Klage auf Aberkennung der Bestandteil- bzw. Zugehöreigenschaft der aufgeführten Gegenstände gegen den erwähnten Gläubiger einzureichen. Im Unterlassungsfalle bleiben diese Gegenstände als Bestandteil- bzw. Zugehör im Lastenverzeichnis. Von der Klageeinreichung ist dem Betreibungsamt durch Vorlegung einer Bescheinigung der betreffenden Gerichtsstelle Kenntnis zu geben.

Diese Verfügung können Sie gemäss Art. 17 SchKG innert **10 Tagen**, vom Empfang an gerechnet, beim Bezirksgericht Affoltern, Aufsichtsbehörde über Betreibungsämter, Im Grund 15, Postfach 76, 8910 Affoltern a.A., mit Beschwerde anfechten. Die Beschwerde ist im Doppel einzureichen und hat eine Begründung und einen Antrag zu enthalten. Diese Verfügung und allfällige Beweismittel sind beizulegen.

| Nr. | Gegenstand | Schätzung Fr. |
|-----|------------|---------------|
|     |            |               |
|     |            |               |

Freundliche Grüsse

Betreibungsamt Hausen a.A.

## 15.4 Formular: Fristansetzung zur Klage auf Anerkennung der Bestandteil- bzw. Zugehöreigenschaft gemäss Art. 19 lit. b Anl. VZG

>> Formular VZG 12 (EDV 7105)

### Betreibungs- und Gemeindeammannamt Hausen am Albis

In der Rüti 10    8915 Hausen a.A.    Telefon 044 764 16 75    Postkonto 80-1507-5

**Briefadresse:**
In der Rüti 10
8915 Hausen a.A.

Einschreiben

Hausen a.A.,                                  Betreibung Nr.

### Fristansetzung zur Klage auf Anerkennung der Bestandteil- bzw. Zugehöreigenschaft gemäss Art. 19 lit. b Anl. VZG

Schuldner:

Ref.

Grundstück:

Bestreitender:

Die Bestandteil- bzw. Zugehöreigenschaft der auf Ihr Verlangen in das Lastenverzeichnis aufgenommenen und unten aufgeführten Gegenstände wurde bestritten.

Sie haben daher innerhalb von **20 Tagen**, vom Empfang dieser Anzeige an gerechnet, beim zuständigen Gericht der gelegenen Sache gegen den oben erwähnten Bestreitenden Klage auf Anerkennung der Bestandteil- bzw. Zugehöreigenschaft der aufgeführten Gegenstände anzuheben. Im Unterlassungsfalle fällt Ihr Anspruch dahin und diese Gegenstände werden aus dem Lastenverzeichnis entlassen. Von der Klageeinreichung ist dem Betreibungsamt durch Vorlegung einer Bescheinigung der betreffenden Gerichtsstelle Kenntnis zu geben.

Diese Verfügung können Sie gemäss Art. 17 SchKG innert **10 Tagen**, vom Empfang an gerechnet, beim Bezirksgericht Affoltern, Aufsichtsbehörde über Betreibungsämter, Im Grund 15, Postfach 76, 8910 Affoltern a.A., mit Beschwerde anfechten. Die Beschwerde ist im Doppel einzureichen und hat eine Begründung und einen Antrag zu enthalten. Diese Verfügung und allfällige Beweismittel sind beizulegen.

| Nr. | Gegenstand | Schätzung Fr. |
|---|---|---|
|  |  |  |
|  |  |  |

Freundliche Grüsse

Betreibungsamt Hausen a.A.

# § 16   Steigerungsbedingungen

## 1.      Allgemeines

### 1.1      Erstellung

Das Betreibungsamt hat die **Steigerungsbedingungen** gleichzeitig mit dem **Lasten-verzeichnis**, und nicht erst, wie nach alter Lehre und Praxis, nach Rechtskraft des Lastenverzeichnisses zu erstellen. Als Vorlage dient ihm das Formular VZG 13B (EDV 7106) **«Protokoll der Grundstücksteigerung (Steigerungsbedingungen)»**, siehe nachfolgende Ziff. 1.3, an welches sich das Betreibungsamt zu halten hat. Die Steigerungsbedingungen sind jedoch inhaltlich für den einzelnen Fall und insbesondere bei Spezialfällen an das entsprechende Verwertungsverfahren anzupassen.

Die nachfolgenden Ausführungen zeigen auf, welche Bestimmungen und Normvorschriften die Steigerungsbedingungen zu enthalten haben und was zumindest für eine «übliche» Grundstückverwertung in den Steigerungsbedingungen geregelt sein muss. Die Reihenfolge der nachfolgenden Erläuterungen ergibt sich dabei aus dem erwähnten Formular «Steigerungsbedingungen», vgl. nachfolgende Ziff. 1.3.

### 1.2      Inhalt

### 1.2.1    Inhalt im Allgemeinen

Die Steigerungsbedingungen sind inhaltlich so abzufassen, dass sich an der Steigerung ein möglichst gutes Ergebnis erwarten lässt (Art. 134 Abs. 1 SchKG).

Gemäss Art. 135–137 SchKG i.V.m. Art. 45 ff. und Art. 102 VZG haben diese, ausser den grundlegenden Angaben, wie:

>> Grund der Steigerung;

>> Name und Adresse des Schuldners und des Dritteigentümers (Pfandeigentümer);

>> Tag und Zeit der Steigerung;

>> Ort der Steigerung und Steigerungslokal;

>> Beschreibung des Grundstückes und der Zugehör samt deren Schätzungen;

>> Angabe des Gläubigers auf dessen Begehren die Verwertung erfolgt;

>> Datum der Auflegung der Steigerungsbedingungen und des Lastenverzeichnisses;

auch noch weitere nachfolgende Bestimmungen zu enthalten:

### a)      Ausruf des Höchstangebotes und Erteilung des Zuschlages

Die Bestimmung, dass das Grundstück nach dreimaligem Ausruf des Höchstangebotes zugeschlagen wird, sofern der Mindestzuschlagspreis geboten oder überboten wird (Art. 126 Abs. 1, 142a SchKG i.V.m. Art. 53–55, Art. 60 Abs. 1 und Art. 102 VZG), vgl. nachfolgende Ziff. 1.3, Steigerungsbedingungen: Ziff. 1. Betreffend die Berechnung des Mindestzuschlagspreises (unter Beachtung des Deckungsprinzipes) siehe hinten § 17 Ziff. 1.

### b)      Erwerb von Grundstücken durch Personen im Ausland

Die diesbezüglichen aktuellen Bestimmungen aus dem Bundesgesetz über den Erwerb von Grundstücken durch Personen im Ausland (BewG), vgl. nachfolgende Ziff. 1.3, Steigerungsbedingungen: Ziff. 2.

### c)      Überbindung der Belastungen gemäss Lastenverzeichnis

Die Bestimmung, dass das Grundstück mit allen nach dem Lastenverzeichnis darauf haftenden Belastungen (Dienstbarkeiten, Grundlasten, Grundpfandrechte und vorgemerkte persönliche Rechte) versteigert werde, unter Überbindung der damit verbundenen persönlichen Schuldpflicht auf den Erwerber (Art. 135 Abs. 1 SchKG i.V.m. Art. 45 Abs. 1 lit. a, Art. 46 Abs. 3 und Art. 102 VZG), vgl. nachfolgende Ziff. 1.3, Steigerungsbedingungen: Ziff. 3.

### d)      Nicht fällige und fällige Pfandforderungen

Hinweis, dass die **nicht** fälligen Pfandforderungen dem Erwerber bis zum Zuschlagspreis überbunden werden (Art. 46 Abs. 3 i.V.m. Art. 102 VZG), vgl. nachfolgende Ziff. 1.3, Steigerungsbedingungen: Ziff. 3.

Hingegen werden die **fälligen** grundpfandgesicherten Forderungen dem Erwerber **nicht überbunden**, sondern vorweg aus dem Erlös bezahlt (Art. 135 Abs. 1 SchKG).

### e)      Entlassung aus der Pfandverpflichtung

Bestimmung, dass der Schuldner einer überbundenen Schuld aus Grundpfandverschreibung oder aus Schuldbrief erst von der Pfandverpflichtung befreit wird, wenn ihm der Gläubiger nicht innert eines Jahres nach dem Zuschlag erklärt, ihn **beibehalten zu wollen** (Art. 832 ZGB, Art. 135 Abs. 1 SchKG), vgl. nachfolgende Ziff. 1.3, Steigerungsbedingungen: Ziff. 11.

### f)      Einzel-, Gruppen- oder Gesamtaufruf

Werden mehrere Grundstücke gleichzeitig versteigert, ist anzugeben, ob sie einzeln, in Gruppen oder gesamthaft versteigert werden, unter Angabe der Reihenfolge des Ausrufs der Grundstücke (Art. 45 Abs. 1 lit. b i.V.m. Art. 102 VZG). Siehe dazu auch Art. 107, 108 und 118 VZG sowie hinten § 33.

### g)      Wegbedingung der Gewährleistung

Eine Bestimmung über die Wegbedingung der Gewährleistung[79] (Art. 45 Abs. 1 lit. g i.V.m. Art. 102 VZG), vgl. nachfolgende Ziff. 1.3, Steigerungsbedingungen: Ziff. 16.

---

[79]  BGE 120 III (136).

## 1.2.2  Bezahlung des Zuschlagspreises

### A.  Barzahlung des Zuschlagspreises

#### a)  Barzahlungsbeträge

Die Bestimmung über die Angabe der effektiven Beträge, die der Ersteigerer auf Abrechnung am Zuschlagpreis bar zu bezahlen hat (Art. 45 Abs. 1 lit. d i.V.m. mit Art. 46 und Art. 102 VZG sowie Art. 156 Abs. 1 SchKG), vgl. nachfolgende Ziff. 1.3, Steigerungsbedingungen: Ziff. 8.

#### b)  Anzahlung an der Steigerung

Die Bestimmung, welcher Betrag und in welcher Form an der Steigerung als Anzahlung zu leisten ist und wann die Bezahlung des Restkaufpreises zur Zahlung fällig wird (Art. 45 Abs. 1 lit. e i.V.m. Art. 102 VZG und Art. 156 Abs. 1 SchKG), vgl. nachfolgende Ziff. 1.3, Steigerungsbedingungen: Ziff. 12 Abs. 1 und Ziff. 14.

#### c)  Zahlungstermin

Die Bestimmung betr. allfälliger Gewährung eines Zahlungstermins (Art. 136 und 137 SchKG i.V.m. Art. 45 Abs. 1 lit. e und Art. 102 VZG), vgl. nachfolgende Ziff. 1.3, Steigerungsbedingungen: Ziff. 12 Abs. 2.

### B.  Bezahlung des Zuschlagspreises auf andere Weise

Die Bestimmung über die Bezahlung des Steigerungspreises auf andere Weise (Schuldübernahme[80] / Novation [Neuerung]) im Sinne von Art. 47 i.V.m. Art. 102 VZG, vgl. nachfolgende Ziff. 1.3, Steigerungsbedingungen: Ziff. 13 und 14.

### C.  Behandlung der laufenden Zinse bei überbundenen Kapitalien

Die Bestimmung betr. die Behandlung von laufenden Zinsen der überbundenen Pfandforderungen, resp. die anfallenden laufenden Erträgnisse (Art. 48 i.V.m. Art. 102 VZG), vgl. nachfolgende Ziff. 1.3, Steigerungsbedingungen: Ziff. 10.

### D.  Überbindung ohne Abrechnung am Zuschlagspreis

In den Steigerungsbedingungen ist im Weiteren zu regeln, welche Auslagen und Kosten der Ersteigerer zusätzlich zum Zuschlagspreis zur Zahlung zu übernehmen hat (Art. 135 Abs. 2 SchKG i.V.m. Art. 45 Abs. 1 lit. d, Art. 49 und Art. 102 VZG), wie z.B.:

#### a)  Kosten der Eigentumsübertragung

Kosten der Eigentumsübertragung und der in Bezug auf die Grundpfandrechte, Dienstbarkeiten usw. erforderlichen Löschungen und Änderungen im Grundbuch und in den

---

[80]  BGE 115 III 60.

Pfandtiteln (Art. 49 Abs. 1 lit. a i.V.m. Art. 102 VZG), vgl. nachfolgende Ziff. 1.3, Steigerungsbedingungen: Ziff. 9 lit. a.

### b)        Noch nicht fällige Auslagen

Die im Zeitpunkt der Versteigerung noch nicht fälligen Forderungen mit gesetzlichem Pfandrecht (wie z.B.: Brandassekuranzsteuern usw.), ferner die laufenden Abgaben für Wasser, Elektrizität, Abfuhrwesen usw. (Art. 49 Abs. 1 lit. b i.V.m. Art. 102 VZG), vgl. nachfolgende Ziff. 1.3, Steigerungsbedingungen: Ziff. 9 lit. b.

Zu weiteren Zahlungen über den Zuschlagspreis hinaus kann der Ersteigerer nicht verpflichtet werden, ausser es werde in den Steigerungsbedingungen vorgesehen (Art. 49 Abs. 2 i.V.m. Art. 102 VZG).

## E.        Zahlungsverzug

Hinweis betr. Zahlungsverzug (Art. 143 SchKG i.V.m. Art. 47 Abs. 2, 63 und Art. 102 VZG), vgl. nachfolgende Ziff. 1.3, Steigerungsbedingungen: Ziff. 14.

### 1.2.3    Verschiedene Bestimmungen

#### a)        Schadenversicherungen

Vor dem Erstellen der Steigerungsbedingungen hat das Betreibungsamt u.a. auch abzuklären, ob betr. das Grundstück und allenfalls die Zugehör Versicherungsverträge bestehen, vgl. dazu vorne § 4 Ziff. 2 lit. e und § 10 Ziff. 1 lit. e).

In den Steigerungsbedingungen ist auf bestehende Versicherungsverträge sowie auf die Vorschriften von Art. 54 Abs. 1 und 2 VVG hinzuweisen, vgl. dazu nachfolgende Ziff. 1.3, Steigerungsbedingungen: Ziff. 17.

Allfällige Versicherungspolicen sind dem Ersteigerer anlässlich der Eigentumsübertragung auszuhändigen.

#### b)        Miet- und/oder Pachtverträge; Mietzinskautionen

**Miet- und/oder Pachtverträge**

Die Bestimmung betr. den Übergang von bestehenden Miet- und/oder Pachtverhältnissen an den Erwerber (Art. 50 i.V.m. Art. 102 VZG), vgl. nachfolgende Ziff. 1.3, Steigerungsbedingungen: Ziff. 18 Abs. 1.

**Mietzinskautionen**

Ist das zu versteigernde Grundstück vermietet, hat das Betreibungsamt in den Steigerungsbedingungen den diesbezüglichen Stand allfälliger **Mietzinskautionen** im Sinne von Art. 257e OR aufzunehmen, siehe nachfolgende Zif. 1–3:

**1.  Die vom Mieter geleistete Mietzinskaution wurde vom Vermieter bei einer Bank hinterlegt**

Wurde die vom Mieter im Sinne von Art. 257e Abs. 1 OR geleistete Mietzinskaution gesetzeskonform vom Vermieter bei einer Bank auf ein Sparkonto einbezahlt oder auf einem Mietzinsdepot hinterlegt, so ist dies in den Steigerungsbedingungen wie folgt zu erwähnen:

Der Mietvertrag mit XXX sowie die bei der Bank XXX im Sinne von Art. 257e Abs. 1 OR hinterlegte Mietzinskaution im Betrag von Fr. XXX, auf dem Sparkonto oder Mietzinsdepots Nr. XXX, lautend auf den Mieter XXX, gehen an den Ersteigerer über. Der schriftliche Mietvertrag sowie die Unterlagen betr. die Mietzinskaution werden dem Ersteigerer im Anschluss an die grundbuchliche Eigentumsübertragung ausgehändigt (vgl. dazu nachfolgende Ziffer 1.3, Steigerungsbedingungen: Ziff. 18).

**2.  Die vom Mieter geleistete Mietzinskaution wurde vom Vermieter <u>nicht</u> bei einer Bank hinterlegt**

**2.1  Ausgangslage und Formulierung in den Steigerungsbedingungen**

Ist im Mietvertrag eine Kautionspflicht des Mieters enthalten und ist der diesbezügliche Betrag im Vertrag aufgeführt und hat der **Mieter** die Mietzinskaution nachweislich an den Vermieter **geleistet**, ist diese aber vom **Vermieter nicht** im Sinne von Art. 257e Abs. 1 OR bei einer Bank auf ein Sparkonto einbezahlt worden, so ist dies in den Steigerungsbedingungen wie folgt zu erwähnen:

Der Mietvertrag mit XXX geht an den Ersteigerer über und diesem wird der schriftliche Mietvertrag im Anschluss an die grundbuchliche Eigentumsübertragung übergeben. Das Betreibungsamt XXX übernimmt keinerlei Gewährleistung für ein allfällig vom Mieter geleistetes Mietzinsdepot. Vom Vermieter sind dem Betreibungsamt auf eine schriftliche Aufforderung hin keine Unterlagen und Belege bezüglich der Mietzinskaution im Sinne von Art. 257e OR vorgelegt worden.

**2.2  Weitere Bemerkungen**

Für die Erfüllung der ehemaligen Pflichten des Vermieters, die geleistete Sicherheit bei einer Bank zu hinterlegen, kann der neue Ersteigerer m.E. nicht haftbar gemacht werden. Der Mieter, welcher an den bisherigen Vermieter ein Depot bezahlt hat, muss sich also diesbezüglich an den bisherigen Vermieter halten. Der Mieter kann somit vom neuen Eigentümer, bei einer Kündigung des Mietverhältnisses, nicht die Herausgabe des einst an den bisherigen Vermieter geleisteten Depots verlangen. Der Ersteigerer eines Grundstückes, welches zwangsrechtlich verwertet wurde, hat somit nicht nachträglich für solche «Altlasten» des bisherigen Vermieters einzustehen. Zwar gehen Rechte an geleisteter Sicherheit im Sinne von Art. 257e OR grundsätzlich auf einen Erwerber über, allerdings nur in dem Masse, als diese auch tatsächlich auf einem Sperrkonto einbezahlt oder auf einem Mietzinsdepot hinterlegt wurden. Der Mieter läuft in diesem Falle allenfalls Gefahr, vom Ersteigerer zur nochmaligen Leistung des vereinbarten Mietzinsdepots angehalten zu werden.

### 3. Der Mieter hat die im Mietvertrag vorgesehene Mietzinskaution **nicht** geleistet

Ist im Mietvertrag eine Kautionspflicht des Mieters enthalten und ist der diesbezügliche Betrag im Vertrag aufgeführt und hat der **Mieter** die Mietzinskaution nachweislich **nicht** an den Vermieter **geleistet**, ist dies in den Steigerungsbedingungen wie folgt zu erwähnen:

> Im Mietvertrag mit XXX ist eine Kautionspflicht des Mieters enthalten und darin der diesbezügliche Betrag aufgeführt. Nachweislich hat der Mieter trotz Aufforderung des Betreibungsamtes (vgl. vorne § 10 Ziff. 1 lit. d) keine Mietzinskaution geleistet. Der Mietvertrag geht an den Ersteigerer über und diesem wird der schriftliche Mietvertrag im Anschluss an die grundbuchliche Eigentumsübertragung ausgehändigt. Es ist Sache des Ersteigerers, beim Mieter allenfalls die Mietzinskaution im Sinne von Art. 257e Abs. 1 OR einzufordern.

### c) Mobiliar *(Regelung im Kanton Zürich)*

Hinweis, dass das Mobiliar nicht mitversteigert wird (mit Ausnahme von Zugehör), vgl. nachfolgende Ziff. 1.3, Steigerungsbedingungen: Ziff. 18 Abs. 5.

### d) Öltankinhalt

Regelung betr. Öltankinhalt zum Zeitpunkt der Versteigerung:

» Der allfällige Öltankinhalt per Steigerungstag wird mitversteigert und ist im Zuschlagspreis inbegriffen (Regelung im Kanton Zürich); oder z.B.:

» Der allfällige Öltankinhalt per Steigerungstag hat der Ersteigerer zusätzlich zum Zuschlagspreis per Steigerungstag zum aktuellen Tagespreis zu übernehmen, wofür in der Steigerungsabrechnung Barzahlung verlangt wird.

Im Weiteren vgl. nachfolgende Ziff. 1.3, Steigerungsbedingungen: Ziff. 19.

### e) Ausübung der gesetzlichen Vorkaufsrechte

Allfällige Regelung im Sinne von Art. 51, 60a i.V.m. Art. 102 VZG betr. Ausübung der gesetzlichen Vorkaufsrechte an der Versteigerung, vgl. dazu hinten § 32 Ziff. 3 und § 35 Art. 33 und 34.

### f) Reglemente, Serviceverträge, Arbeitsverträge, Baurechtsverträge usw.

Die Bestimmungen, dass das Benutzungs- und Verwaltungsreglement der Stockwerkeigentümergemeinschaft, bestehende Serviceverträge (z.B. Ölbrenner, Garagentor), Arbeitsverträge (z.B. Hauswart, Verwaltung), Baurechtsverträge usw., dem Erwerber überbunden werden (vgl. dazu z.B. hinten § 27 Ziff. 3.5 lit. c).

### g) Besondere Bestimmungen betreffend die Zwangsverwertung eines mit BVG-Geldern finanzierten Grundstückes

Betreffend die besonderen Bestimmungen bei der Zwangsverwertung eines mit BVG-Geldern finanzierten Grundstückes, siehe hinten § 34 Ziff. 4.3.

h)    **Besondere Bestimmungen betreffend die Zwangsverwertung von Wohneigentum, welches gestützt auf das Wohn- und Eigentumsförderungsgesetz (WEG) erworben wurde**

Betreffend die besonderen Bestimmungen bei der Zwangsverwertung eines Grundstückes, welches im Sinne des WEG erworben wurde, siehe hinten § 34 Ziff. 5.2.

i)    **Besondere Bestimmungen betreffend die Zwangsverwertung eines Miteigentumsanteils**

Betreffend die besonderen Bestimmungen bei der Zwangsverwertung eines Miteigentumsanteils, siehe hinten § 28.

j)    **Besondere Bestimmungen betreffend die Zwangsverwertung eines Baurechtes**

Betreffend die Besonderheiten bei der Zwangsverwertung eines Baurechtes, siehe hinten § 29.

k)    **Baurechtskonformität**

Vorbehalt z.B. betr. den unbewilligten Umbau, Ausbau usw. einer Liegenschaft. Siehe dazu nachfolgende Ziff. 1.3, Steigerungsbedingungen: Ziff. 16.

l)    **Altlasten**

Ist das zur Verwertung gelangende Grundstück im Altlastenkataster eingetragen, ist dies in den Steigerungsbedingungen zu erwähnen, vgl. dazu auch vorne § 10 Ziff. 2 lit. c.

## 1.2.4    Grundstückgewinnsteuer / Mehrwertsteuer
*(Regelung im Kanton Zürich)*

Mit Entscheid vom 6. Januar 1996 (BGE 122 III 246 ff.) befand das Bundesgericht, dass die bei der Verwertung in der Betreibung auf Grundpfandverwertung anfallende **Grundstückgewinnsteuer** im Sinne von Art. 157 Abs. 1 SchKG i.V.m. Art. 144 Abs. 3 SchKG als **Verwertungskosten** zu betrachten sind. Diese sind vom Bruttosteigerungserlös abzuziehen und zu bezahlen, bevor der Nettosteigerungserlös im Sinne von Art. 157 Abs. 2 i.V.m. Art. 144 Abs. 4 SchKG an die Gläubiger verteilt wird.

In einem späteren Entscheid vom 10. Januar 2003 (BGE 129 III 200 ff.) regelte das Bundesgericht, dass die **Mehrwertsteuer**, die bei der Verwertung eines Grundstücks im Konkurs anfällt, aus dem Erlös des betreffenden Grundstücks vorab zu decken ist. In Anlehnung an die bundesgerichtliche Rechtsprechung, dass sowohl im Konkurs (BGE 120 III 153 E. 2b S. 156) als auch in der Grundpfandbetreibung (BGE 122 III 246 E. 5b S. 248) die Grundstückgewinnsteuer zu den Verwertungskosten gehört (BlSchK 67 [2003] S. 74 Ziff. 3.1), gilt dies bezüglich der Mehrwertsteuer auch in der Verwertung infolge Grundpfandbetreibung.

Betreffend das Verfahren der Grundstückgewinnsteuer und/oder der Mehrwertsteuer in der Zwangsverwertung von Grundstücken, was die Zuordnung zu den Verwertungskosten angeht, wird auf die diesbezügliche Regelung in den Steigerungsbedingungen verwiesen, vgl. nachfolgende Ziff. 1.3, Steigerungsbedingungen: Ziff. 21.

### 1.2.5  Steigerungsangebote

#### a)  Behaftung des Angebotes

Die Bestimmung betr. Behaftung des Steigerungsangebotes (Art. 45 Abs. 1 lit. e i.V.m. Art. 102 VZG), vgl. nachfolgende Ziff. 1.3, Steigerungsbedingungen: Ziff. 12 Abs. 4.

#### b)  Ungültige Angebote, Angebote mit Bedingungen oder Vorbehalte

Die Bestimmung betr. ungültige Angebote, Angebote mit Bedingungen, Vorbehalte oder Angebote ohne Angabe einer Summe (Art. 58 Abs. 1 i.V.m. Art. 102 VZG), vgl. nachfolgende Ziff. 1.3, Steigerungsbedingungen: Ziff. 4 Abs. 1.

#### c)  Angebote ohne Namensbezeichnung

Die Bestimmung betr. Ablehnung von Angeboten ohne Namensbezeichnung usw. (Art. 58 Abs. 3 i.V.m. Art. 102 VZG), vgl. nachfolgende Ziff. 1.3, Steigerungsbedingungen: Ziff. 4 Abs. 4.

#### d)  Angebote von Stellvertretern

Bestimmung betr. die Vorlage von Vollmachten, Registerauszügen usw. bei Personen, die an der Steigerung als Bevollmächtigte oder in Stellvertretung bieten (Art. 58 Abs. 2 i.V.m. Art. 102 VZG), vgl. nachfolgende Ziff. 1.3, Steigerungsbedingungen: Ziff. 4 Abs. 3.

#### e)  Schriftliche Angebote

Regelung betr. die Abgabe von schriftlichen Angeboten (Art. 58 Abs. 4 i.V.m. Art. 102 VZG), vgl. nachfolgende Ziff. 1.3, Steigerungsbedingungen: Ziff. 4 Abs. 2. Ein schriftliches Angebot kann bis zu seiner Bekanntgabe bei Beginn der Steigerung noch zurückgezogen werden[81], vgl. dazu hinten § 19 Ziff. 2.2.

#### f)  Abstufung der Angebote

Wenn das Betreibungsamt den Betrag der einzelnen Angebote beschränken will, die Bestimmung, dass jedes Angebot das vorgehende um einen bestimmten Betrag übersteigen müsse (Art. 45 Abs. 1 lit. f i.V.m. Art. 102 VZG), vgl. nachfolgende Ziff. 1.3, Steigerungsbedingungen: Ziff. 6.

---

[81]  BGE 128 III 198 f. E. 3.

### g) Doppelaufruf

Wenn ein Doppelaufruf für das Grundstück oder seiner Zugehör stattfindet (Art. 42, 56, 57 VZG i.V.m. Art. 102 Art. 104 und Art. 116 VZG), die Bestimmung, dass der Meistbietende beim ersten Ausgebot für sein Angebot behaftet bleibe bis nach Schluss des zweiten Ausgebotes (Art. 45 Abs. 1 lit. c i.V.m. Art. 102 VZG), vgl. nachfolgende Ziff. 1.3, Steigerungsbedingungen: Ziff. 4 Abs. 5. Zudem ist der Ablauf des Doppelaufrufes im Sinne von Art. 56 i.V.m. Art. 102 VZG in den Steigerungsbedingungen, resp. in einem Zusatz dazu, genau zu regeln, vgl. dazu hinten § 30, insbesondere Ziff. 2.

### h) Gemeinsame Steigerungsangebote mehrerer Personen

Die Bestimmung nach Art. 59 i.V.m. Art. 102 VZG, wenn mehrere Personen gemeinsam bieten, vgl. nachfolgende Ziff. 1.3, Steigerungsbedingungen: Ziff. 7.

## 1.2.6 Ausruf der Angebote und Zuschlag

### a) Ausruf der Angebote und Erteilen des Zuschlages

Die Bestimmung auf die Berechtigung zur Erteilung des Zuschlages, resp. Fortsetzung der Versteigerung mit dem nächsttieferen Angebot (Art. 60 i.V.m. Art. 102 VZG)[82], vgl. nachfolgende Ziff. 1.3, Steigerungsbedingungen: Ziff. 20 Abs. 1.

### b) Sicherheitsleistung *(Regelung im Kanton Zürich)*

Die Regelung betr. allfälliger Leistung einer Sicherheit vor der Erteilung des Zuschlages (Art. 60 Abs. 2 i.V.m Art. 102 VZG ), vgl. nachfolgende Ziff. 1.3, Steigerungsbedingungen: Ziff. 12. Abs. 3[83].

### c) Zuschlag an Ehegatten *(Regelung im Kanton Zürich)*

Bestimmungen betr. die Formalitäten für die Erteilung des Zuschlages an Ehegatten resp. an eine Ehefrau, welche unter dem altrechtlichen Güterstand der Güterverbindung lebt, vgl. nachfolgende Ziff. 1.3, Steigerungsbedingungen: Ziff. 20 Abs. 2–4 und 6.

### d) Zuschlag an Vertreter oder Bevollmächtigte *(Regelung im Kanton Zürich)*

Bestimmungen betr. die Formalitäten für die Erteilung des Zuschlages an Vertreter von Gesellschaften oder Bevollmächtigte usw., vgl. nachfolgende Ziff. 1.3, Steigerungsbedingungen: Ziff. 20 Abs. 5 und 6.

## 1.2.7 Antritt des Steigerungsgrundstückes

Die Regelung über den Zeitpunkt des Antritts des Steigerungsgrundstückes (Art. 137 SchKG i.V.m. Art. 66, 67 i.V.m. Art. 102 VZG), vgl. nachfolgende Ziff. 1.3, Steigerungsbedingungen: Ziff. 15.

---

[82] BGE 93 III 39 ff.: Definition des nächsttieferen Angebotes = ein Angebot tiefer als das erste Angebot des «Nichtersteigerers».
[83] BGE 109 III 107.

## 1.2.8     Anfechtung der Steigerungsbedingungen und des Zuschlages

### a)          Anfechtung der Steigerungsbedingungen

Bestimmungen zur Anfechtung der Steigerungsbedingungen (Art. 17 SchKG), vgl. nachfolgende Ziff. 1.3, Steigerungsbedingungen: Ziff. 22. lit. a.

### b)          Anfechtung des Steigerungszuschlages

Bestimmungen zur Anfechtung der Verwertung (Art. 132a SchKG), vgl. nachfolgende Ziff. 1.3, Steigerungsbedingungen: Ziff. 22. lit. b.

## 1.3    Muster: Steigerungsbedingungen

» Formular VZG 13B (EDV 7106)

### Betreibungs- und Gemeindeammannamt Hausen am Albis

In der Rüti 10    8915 Hausen a.A.    Telefon 044 764 16 75    Postkonto 80-1507-5

Hausen a.A., 2. August 2007                                                      Betreibung Nr. 3790

## Steigerungsbedingungen

infolge

☐ Betreibung auf Pfändung
☐ Verwertungsauftrag des Betreibungsamtes
☒ Betreibung auf Verwertung eines Grundpfandes

| | |
|---|---|
| **Schuldner:** | Chabloz Alain, geb. 22. August 1954, von Clarens VD, Rigiblickstrasse 33, 8915 Hausen a.A. |
| **Pfandeigentümer:** | derselbe |
| **Tag und Zeit der Steigerung:** | Donnerstag, 20. September 2007, 10.00 Uhr |
| **Steigerungslokal:** | Mehrzweckgebäude, Zugerstrasse 59, 8915 Hausen a.A. |

**Grundstück**
In der Gemeinde Hausen a.A., laut Grundregister Blatt 200, Kataster Nr. 1911, Plan 15:
**Ein freistehendes 4½-Zimmer-Einfamilienhaus mit angebauter Garage** mit 131 m² Gebäude-grundfläche, für Fr. 333 000.00 versichert (Schätzungsdatum 14.06.1994, Gebäude Nr. 189) und 227 m² Hausumschwung mit Gartenanlage (Gesamtfläche: 358 m²), Albisweg 7, 8915 Hausen a.A.

**Rechtskräftige betreibungsamtliche Schätzung:** Fr. 475 000.00.
Für weitere Angaben zum Grundstück wird auf das Lastenverzeichnis verwiesen.

**Zugehör:** ---

**Gläubiger, auf dessen Begehren die Verwertung erfolgt**
Bank Zürich AG, Sihlquai 45, 8098 Zürich. Grundpfandgläubigerin an der 2. Pfandstelle.

**Auflegung der Steigerungsbedingungen und des Lastenverzeichnisses**
Montag, 13. August 2007 bis Mittwoch, 22. August 2007.

Abgeändert durch Beschwerdeentscheid vom: ---

Neu aufgelegt am: ---

1.   Das Grundstück wird nach **dreimaligem Aufruf des höchsten Angebotes** zugeschlagen, sofern der **Mindestzuschlagspreis** von **Fr. 283 625.00** geboten wird. [1]

[1] *Betreffend Berechnung dieses Mindestzuschlagspreises siehe hinten § 17 Ziff. 1, insbesondere Ziff. 2.1 Nr. 2.*

2.   Es wird ausdrücklich auf das **Bundesgesetz über den Erwerb von Grundstücken durch Personen im Ausland (BewG)** vom 16. Dezember 1983 und auf die **Verordnung über den Erwerb von Grundstücken durch Personen im Ausland (BewV)** vom 1. Oktober 1984 aufmerksam gemacht. Danach gelten als Personen im Ausland:

a)   Staatsangehörige der Mitgliedstaaten der Europäischen Gemeinschaft oder der Europäischen Freihandelsassoziation, die ihren rechtmässigen und tatsächlichen Wohnsitz nicht in der Schweiz haben;

b)   Staatsangehörige anderer ausländischer Staaten, die nicht das Recht haben, sich in der Schweiz niederzulassen;

c)   juristische Personen oder vermögensfähige Gesellschaften ohne juristische Persönlichkeit, die ihren statutarischen oder tatsächlichen Sitz im Ausland haben;

d)   juristische Personen oder vermögensfähige Gesellschaften ohne juristische Persönlichkeit, die ihren statutarischen und tatsächlichen Sitz in der Schweiz haben und in denen Personen im Ausland eine beherrschende Stellung innehaben;

e)   natürliche und juristische Personen sowie vermögensfähige Gesellschaften ohne juristische Persönlichkeit, die nicht Personen im Ausland nach den Buchstaben a, b und d sind, wenn sie ein Grundstück für Rechnung von Personen im Ausland erwerben.

Ersteigerer von Grundstücken, die aufgrund der vorstehend genannten Kriterien als Personen im Ausland gelten, werden darauf hingewiesen, dass der Grundstückerwerb als solcher grundsätzlich bewilligungspflichtig ist. Keine Bewilligung ist erforderlich, wenn:

a)   das Grundstück als ständige Betriebsstätte eines Handels-, Fabrikations- oder eines anderen nach kaufmännischer Art geführten Gewerbes, eines Handwerkbetriebes oder eines freien Berufes dient;

b)   das Grundstück dem Erwerber als natürlicher Person als Hauptwohnung am Ort seines rechtmässigen und tatsächlichen Wohnsitzes dient; oder

c)   eine Ausnahme nach Art. 7 BewG vorliegt.

Ersteigert jemand ein Grundstück in einer Zwangsversteigerung, so hat er der Steigerungsbehörde nach dem Zuschlag schriftlich zu erklären, ob er eine Person im Ausland ist, namentlich ob er auf Rechnung einer Person im Ausland handelt.

Besteht Gewissheit über die Bewilligungspflicht und liegt noch keine rechtskräftige Bewilligung vor, oder lässt sich die Bewilligungspflicht ohne nähere Prüfung nicht ausschliessen, so räumt die Steigerungsbehörde dem Erwerber eine Frist von 10 Tagen ein, um:

a)   die Bewilligung oder die Feststellung einzuholen, dass der Erwerber keiner Bewilligung bedarf;

b)   den Kaufpreis sicherzustellen, wobei für die Dauer der Sicherstellung ein jährlicher Zins von 5 % zu entrichten ist;

c)   die Kosten einer erneuten Versteigerung sicherzustellen.

Handelt der Erwerber nicht fristgerecht oder wird die Bewilligung rechtskräftig verweigert, so hebt die Steigerungsbehörde den Zuschlag auf und ordnet eine neue Versteigerung an. Vorbehalten bleibt die Beschwerde im Sinne von Art. 19 Abs. 4 BewG.

Wird bei der erneuten Versteigerung ein geringerer Erlös erzielt, so haftet der erste Ersteigerer für den Ausfall und allen weiteren Schaden.

Im Übrigen gelten die Zahlungsbedingungen nach Massgabe dieser Steigerungsbedingungen.

3.  Das Grundstück wird mit allen nach dem **Lastenverzeichnis darauf haftenden Belastungen** (Grundpfandrechten, Grundlasten, Dienstbarkeiten und dergleichen) versteigert, sofern und soweit sie durch den Zuschlagspreis gedeckt sind. Die **nicht fälligen Pfandforderungen** werden dem Erwerber bis zum Betrag der Zuschlagssumme **überbunden.** Wo mit diesen Belastungen eine **persönliche** Schuldpflicht verbunden ist, geht diese auf den Ersteigerer über (Art. 135 Abs. 1 SchKG). Ist der Gemeinschuldner persönlicher Schuldner einer überbundenen Schuld aus Grundpfandverschreibung oder aus Schuldbrief, so wird er sofort frei (Art. 130 Abs. 4 VZG).

4.  **Angebote**, die an **Bedingungen oder Vorbehalte** geknüpft sind oder nicht auf eine bestimmte Summe lauten, werden nicht berücksichtigt.

    **Schriftliche Angebote** vor der Steigerung sind statthaft und können unter den gleichen Bedingungen wie mündliche berücksichtigt werden, sind aber den Teilnehmern an der Steigerung vor deren Beginn bekannt zu geben.

    Von Personen, die als **Stellvertreter** in fremdem Namen oder als Organ einer juristischen Person bieten, wird der Nachweis der Vertretungsbefugnis verlangt. Vormünder, die für ihre Mündel bieten, haben immer eine Vollmacht der zuständigen Vormundschaftsbehörde vorzuweisen.

    Angebote für nicht mit Namen bezeichnete oder erst später zu bezeichnende Personen sowie für noch nicht bestehende juristische Personen werden nicht angenommen.

    Wird das Grundstück **doppelt**, mit und ohne Anzeige einer Last oder mit und ohne Zugehör ausgeboten, so bleibt der beim ersten Ausgebot Meistbietende bei seinem Angebot behaftet bis nach Schluss des letzten Ausgebotes.

5.  Wenn **Zugehörgegenstände** mit dem Grundstück zu verwerten sind, so kann der Schuldner und jeder betreibende Gläubiger und Pfandgläubiger vor der Steigerung **zunächst getrennte und hernach gemeinsame Ausbietung der Zugehör** des Grundstückes verlangen. Übersteigt dabei das Ergebnis des Gesamtrufes die Summe der Einzelangebote, so gilt der Zuschlag an die Einzelangebote als dahingefallen.

6.  **Angebote**, die das vorangehende nicht um mindestens **Fr. 5000.00** übersteigen, bleiben unberücksichtigt.

7.  Bieten **mehrere Personen gemeinsam** und erklären sie nichts anderes, so wird ihnen das Grundstück zu **Miteigentum** zu gleichen Teilen zugeschlagen, und sie haften solidarisch für alle Verbindlichkeiten aus dem Zuschlag.

8. Der Ersteigerer hat **auf Abrechnung am Zuschlagspreis** bar zu bezahlen:

   a) Die **Verwaltungskosten**, soweit sie nicht aus den eingegangenen Erträgnissen Deckung finden.

   b) Die **Verwertungskosten** (mit Einschluss einer allfälligen **Grundstückgewinnsteuer** und/oder **Mehrwertsteuer**, siehe Ziffer 21) sowie die **Verteilungskosten**.

   c) Die nach Ausweis des Lastenverzeichnisses fälligen, durch vertragliches oder gesetzliches Pfandrecht gesicherten **Kapitalforderungen** und die **fälligen Kapitalzinse** mit Einschluss der Verzugszinse und **Betreibungskosten**.

   d) Den allfälligen den Gesamtbetrag der grundversicherten Forderungen übersteigenden Mehrerlös.

9. **Ohne Abrechnung am Zuschlagspreis** hat der Ersteigerer zu übernehmen bzw. bar zu bezahlen:

   a) Die Kosten der **Eigentumsübertragung** und der in Bezug auf Grundpfandrechte, Dienstbarkeiten usw. erforderlichen **Löschungen** und **Änderungen im Grundbuch** und in den **Pfandtiteln**. Dazu gehören auch die Kosten der Löschung untergegangener Pfandtitel (Art. 69 VZG) und die Kosten der vorgängigen Eintragung des Schuldners als Eigentümer (Art. 66 Abs. 5 VZG).

   b) Die im Zeitpunkt der Versteigerung noch nicht fälligen und deshalb im Lastenverzeichnis nicht aufgeführten **Forderungen mit gesetzlichem Pfandrecht** (Brandassekuranzsteuern), ferner die laufenden Abgaben für Wasser, Elektrizität, Abfuhrwesen usw.

10. Hinsichtlich der **laufenden Zinse der dem Ersteigerer überbundenen Kapitalien** wird bestimmt:

    Die bis zum Steigerungstage laufenden Zinse der überbundenen Kapitalforderungen (Marchzinse) sind im Zuschlagspreis inbegriffen und im Lastenverzeichnis aufgeführt.

    ~~Die bis zum Steigerungstag laufenden Zinse der überbundenen Kapitalforderungen werden dem Ersteigerer~~ **~~ohne Abrechnung~~** ~~am Zuschlagspreis überbunden.~~ Die im Zeitpunkt der Steigerung laufenden, ~~noch~~ **~~nicht fälligen~~** ~~Erträgnisse, hängenden und stehenden Früchte sowie~~ **nicht fälligen** Miet- und/oder Pachtzinse fallen dem Ersteigerer zu.

11. Der frühere Schuldner einer **überbundenen Schuld** aus Grundpfandverschreibung oder Schuldbrief wird erst frei, wenn ihm der Gläubiger nicht innert Jahresfrist, vom Zuschlag an gerechnet, erklärt, ihn beibehalten zu wollen.

12. Die **Barzahlungen** nach Ziffern 8 und 9 hievor sind wie folgt zu leisten:
    **Fr. 50 000.00** bar oder mit einem auf eine Bank mit Sitz in der Schweiz an die Order des Betreibungsamtes Hausen a.A., 8915 Hausen a.A., ausgestellten Bankcheck (kein Privatcheck), anlässlich der Steigerung, unmittelbar vor dem Zuschlag. Der Rest auf spezielle Aufforderung des Betreibungsamtes hin, welche nach Eintritt der Rechtskraft des Zuschlages erlassen wird, unter Ansetzung einer **zehntägigen** Zahlungsfrist.

    Wird ein **Zahlungstermin** bewilligt, so ist die gestundete Summe bis zur Zahlung zu 5 % zu verzinsen.

Das Betreibungsamt behält sich das Recht vor, **neben** der vor dem Zuschlag zu leistenden Barzahlung noch **Sicherheit** für den gestundeten Betrag zu verlangen in Form einer Bankgarantie einer Bank mit Sitz in der Schweiz. Kann oder will der Bieter einer solchen Aufforderung an der Steigerung keine Folge leisten, so fällt sein Angebot dahin und es wird durch dreimaliges Ausrufen des nächsttieferen Angebotes die Steigerung fortgesetzt (Art. 60 Abs. 2 VZG).

Jeder Bieter bleibt bei seinem Angebot so lange behaftet, als nicht dem Höherbietenden der Zuschlag erteilt ist.

13. Will der Ersteigerer eine **bar zu bezahlende Forderung** auf andere Weise, z.B. durch **Schuldübernahme oder Neuerung**, tilgen, so ist dem Amt **innerhalb der Zahlungsfrist** eine **schriftliche Erklärung des betreffenden Gläubigers** über seine anderweitige vollständige Befriedigung vorzulegen.

14. Wird die **Frist für die Barzahlung** oder Beibringung des Ausweises über anderweitige Befriedigung eines Gläubigers **nicht eingehalten,** so wird, sofern nicht alle **Beteiligten** mit einer Verlängerung der Frist sich einverstanden erklären, **der Zuschlag sofort aufgehoben** und **eine neue Steigerung** angeordnet. Der frühere Ersteigerer und seine Bürgen haften für den Ausfall und allen weiteren Schaden. Der Zinsverlust wird hierbei zu 5 % berechnet.

15. Der **Antritt des Steigerungsobjektes** erfolgt mit der Anmeldung des Eigentumsüberganges zur Eintragung im Grundbuch. Für diese Anmeldung gelten die Vorschriften der Art. 66 und 67 der Verordnung über die Zwangsverwertung von Grundstücken. Bis zu diesem Zeitpunkt bleibt das Grundstück auf Rechnung und Gefahr des Ersteigerers in der Verwaltung des Betreibungsamtes (Art. 137 SchKG).

16. Das Betreibungsamt übernimmt bezüglich des Grundstückes und der Zugehör **keinerlei Gewährleistung.** Dies gilt betreffend dem Grundstück auch für die **Baurechtskonformität**, insbesondere bezüglich der bestehenden Nutzungen.

17. **Schadensversicherung** *(Regelung im Kanton Zürich)*

    a) Obligatorische Gebäudeversicherung bei der Gebäudeversicherung des Kantons Zürich, Thurgauerstrasse 56, 8050 Zürich. Die Prämien für das Jahr 2007 im Betrag von Fr. 450.20 sind bezahlt.

    In Kantonen mit einem Versicherungsobligatorium für Gebäude gegen Feuer- und Elementarschäden bei privaten Versicherungsträgern geht der bestehende Versicherungsvertrag auf den Erwerber über, sofern dieser oder der Versicherer den Vertrag nicht innert 14 Tagen nach der Handänderung kündigt (Art. 54 Abs. 2 des Versicherungsvertragsgesetzes [VVG]).

    b) Haushaftpflichtversicherung bei der Mobiliar-Versicherungsgesellschaft, Bahnhofstrasse 22, 8001 Zürich, laut Police Nr. 1-75767-C. Die Prämien für das Jahr 2007 im Betrag von Fr. 610.50 sind bezahlt.

    Es wird auf Art. 54 Abs. 1 des Versicherungsvertragsgesetzes (VVG) aufmerksam gemacht, wonach private Versicherungsverträge zum Zeitpunkt der Handänderung enden. Mit der Mobiliar-Versicherungsgesellschaft, Bahnhofstrasse 22, 8001 Zürich, hat das Betreibungsamt schriftlich vereinbart, dass der Versicherungsschutz betr. die Haushaftpflichtversicherung nach der Handänderung **bis 31. Dezember 2007** bestehen bleibt. Es wird dem Ersteigerer überlassen, die allfällige Weiterführung der Versicherung neu zu regeln. Die Police und die erwähnte Vereinbarung werden dem Ersteigerer anlässlich der Eigentumsübertragung übergeben.

18. **Miet-/Pachtverhältnisse / Mobiliar** *(Regelung im Kanton Zürich)*

Es besteht nachfolgender Mietvertrag, der mit dem Eigentum an der Sache **auf den Erwerber übergeht** (Art. 50 VZG, Art. 261, 261b und 290 lit. a OR):

Mietvertrag bezüglich des Steigerungsobjektes mit Werner Hegglin, Albisweg 7, 8915 Hausen a.A., Mietbeginn 1. Januar 2001, Mietvertrag erstmals kündbar auf 30. Juni 2010, Mietzins pro Monat inkl. Nebenkosten: Fr. 2050.00.

Die im Sinne von Art. 257e Abs. 1 OR hinterlegte Mietzinskaution im Betrag von Fr. 2050.00, Mietzinsdepot Nr. 5900462714, Zürcher Kantonalbank, Filiale Hausen a.A., 8915 Hausen a.A., lautend auf den Mieter Werner Hegglin, Albisweg 7, 8915 Hausen a.A., wird dem Ersteigerer übertragen.

Der Mietvertrag sowie die Unterlagen betr. die Mietzinskaution werden dem Ersteigerer anlässlich der Eigentumsübertragung ausgehändigt.

Das Mobiliar in den Miet-/Pachträumen wird **nicht** mitversteigert.

19. **Öltankinhalt** *(Regelung im Kanton Zürich)*

Der allfällige Öltankinhalt per Steigerungstag wird mitversteigert und ist im Zuschlagspreis inbegriffen.

20. **Zuschlag**

Mit der Übergabe der ausbedungenen Barzahlung an den Steigerungsleiter erwirbt der Meistbietende das Recht auf den Zuschlag. Bei Nichtleistung der Barzahlung wird die Steigerung mit dem nächsttieferen Angebot fortgesetzt (Art. 60 VZG).

Der Zuschlag an Ehegatten, welche unter dem neurechtlichen Güterstand der Gütergemeinschaft leben (neu ZGB Art. 221 ff.) und für das Gesamtgut erwerben wollen, kann nur gemeinsam, als Gesamteigentum, erfolgen. Zudem ist der Ehevertrag, welcher die Gütergemeinschaft begründet, vorzulegen.

Der Zuschlag an Ehegatten, welche noch unter dem altrechtlichen Güterstand der Gütergemeinschaft leben (alt ZGB Art. 215 ff.), kann nur gemeinsam, als Gesamteigentum, erfolgen, unter der Bedingung, dass der Ehevertrag, der die Gütergemeinschaft begründet, vorgelegt und ein Auszug aus dem Güterrechtsregister beigebracht wird, aus welchem hervorgeht, dass der Vertrag am 1. Januar 1988 eingetragen war.

Die Ehefrau, welche unter dem altrechtlichen Güterstand der Güterverbindung lebt (alt ZGB Art. 195 ff.) und

a) auf den eigenen Namen erwerben will, hat schriftlich zu erklären, dass der Erwerb aus ihrem Sondergut erfolge;

b)   für das eingebrachte Gut erwerben will, hat die schriftliche Zustimmung des Ehemannes vorzulegen.

Personen, die als Stellvertreter in fremdem Namen, als Mitglied einer Rechtsgemeinschaft oder als Organ einer juristischen Person bieten, haben sich unmittelbar vor dem Zuschlag über ihre Vertretereigenschaft auszuweisen. Vertreter von Vereinen und Stiftungen haben sich zusätzlich über ihre Vertretungsbefugnis auszuweisen. Handelsgesellschaften (Kollektivgesellschaft, Kommanditgesellschaft, Aktiengesellschaft, Kommanditaktiengesellschaft, Gesellschaft mit beschränkter Haftung) und Genossenschaften haben zudem unmittelbar vor dem Zuschlag einen Handelsregisterauszug vorzulegen. Vormünder, die für ihre Mündel bieten, haben eine Vollmacht der zuständigen Vormundschaftsbehörde vorzuweisen.

Die erwähnten Erklärungen, Vollmachten und Auszüge sind **vor dem Zuschlag** dem Steigerungsleiter vorzulegen. Bei Nichtbeachtung dieser Vorschriften kann der Zuschlag nicht erteilt werden und die Steigerung wird mit dem nächsttieferen Angebot fortgesetzt.

21.   **Grundstückgewinnsteuer / Mehrwertsteuer** *(Regelung im Kanton Zürich)*

21.1   **Grundstückgewinnsteuer**

Hinsichtlich der aus dieser Zwangsversteigerung allenfalls entstehender Grundstückgewinnsteuer wird ausdrücklich auf die nachfolgenden Punkte aufmerksam gemacht:

21.1.1   Das Grundstück haftet der Gemeinde Hausen a.A. als Pfand für die aus dieser Versteigerung allenfalls entstehende Grundstückgewinnsteuer (Art. 836 ZGB, § 208 Steuergesetz und § 194 lit. e EG zum ZGB).

21.1.2   Die Grundstückgewinnsteuerforderung, welche gemäss § 216 Abs. 1 Steuergesetz in Verbindung mit Art. 656 Abs. 2 ZGB im Zwangsverwertungsverfahren von Grundstücken erst im Zeitpunkt des Zuschlages entsteht und gemäss § 71 der Verordnung zum Steuergesetz am 90. Tag nach der Handänderung fällig wird, ist aus diesen Gründen im Lastenverzeichnis nicht aufgeführt.

21.1.3   Mit Entscheid vom 6. Januar 1996 (BGE 122 III 246 ff.) befand das Bundesgericht, dass die bei der Verwertung in der Betreibung auf Grundpfandverwertung anfallende Grundstückgewinnsteuer im Sinne von Art. 157 Abs.1 SchKG (i.V.m. Art. 144 Abs. 3 SchKG) als Verwertungskosten zu betrachten sind. Diese sind vom Bruttosteigerungserlös abzuziehen und zu bezahlen, bevor der Nettosteigerungserlös im Sinne von Art. 157 Abs. 2 SchKG (i.V.m. Art. 144 Abs. 4 SchKG) an die Gläubiger verteilt wird.

21.1.4   **Verfahren nach erfolgter Verwertung**

a)   Nach erfolgter Verwertung fragt das Betreibungsamt das Steueramt Hausen a.A. an, ihm innert einer Frist von 10 Tagen den aus der Verwertung angefallenen mutmasslichen Steuerbetrag mitzuteilen, oder ihm innert der gleichen Frist bekannt zu geben, dass aus der Zwangsverwertung keine Grundstückgewinnsteuer entstanden ist.

b)   Steht fest, dass eine Grundstückgewinnsteuer entstanden ist, wird der mitgeteilte Betrag im Sinne des oben erwähnten Bundesgerichtsentscheides vor der Verteilung des Steigerungserlöses an die Pfandgläubiger vom

Bruttosteigerungserlös in Abzug gebracht, ungeachtet der für die Berechnung des Mindestzuschlagspreises, resp. Deckungsprinzipes geltenden Bestimmungen (Art. 142a i.V.m. 126 Abs. 1 SchKG und Art. 53 i.V.m. Art. 102 VZG sowie Art. 157 i.V.m. Art. 144 SchKG).

c) Gleichzeitig weist das Betreibungsamt die steuerpflichtige Person (Schuldner) mit separater Verfügung an – (mit Kopie an das Steueramt) –, **innerhalb 30 Tagen** nach der Handänderung dem Gemeindesteueramt eine Steuererklärung einzureichen (§ 226 Steuergesetz i.V.m. § 70 der Verordnung zum Steuergesetz).

d) Grundstückgewinnsteuerforderungen, welche dem Betreibungsamt nicht innerhalb der erwähnten Frist eingegeben werden, oder zu einem späteren Zeitpunkt mitgeteilte höhere Beträge, als ursprünglich angemeldet, werden nicht mehr in die Verteilung einbezogen. Der Ersteigerer wird darauf hingewiesen, dass das Grundstück, auch für solche nicht aus dem Steigerungserlös bezahlte Grundstückgewinnsteuern der Gemeinde Hausen a.A. als Pfand haftet.

e) Die Überweisung des Steuerbetrages an das Steueramt erfolgt nach rechtskräftiger Steuerveranlagung. Bis zu diesem Zeitpunkt wird der Steuerbetrag vom Betreibungsamt zurückbehalten.

f) Ergibt sich erst nach erfolgter Verteilung des Verwertungserlöses, dass keine Grundstückgewinnsteuer geschuldet gewesen wäre, obwohl aufgrund der Mitteilung des Steueramtes eine solche in der Verteilung mitberücksichtigt worden ist, oder wird nachträglich der seinerzeitige Steuerbetrag reduziert, hat das Steueramt den gesamten Steuerbetrag, resp. Differenzbetrag – zuzüglich Zins – dem Betreibungsamt im Sinne der bundesgerichtlichen Rechtsprechung zur Nachverteilung zurückzuerstatten (BGE 129 III 246 ff.).

## 21.2  Mehrwertsteuer

21.2.1  Mit Entscheid vom 10. Januar 2003 (BGE 129 III 200 ff.) stellte das Bundesgericht fest, dass die Mehrwertsteuer, die bei der Verwertung eines Grundstücks im Konkurs anfällt, aus dem Erlös des betreffenden Grundstücks vorab zu decken ist. In Anlehnung an die bundesgerichtliche Rechtsprechung, dass sowohl im Konkurs (BGE 120 III 153 E. 2b S. 156) als auch in der Grundpfandbetreibung (BGE 122 III 246 E. 5b S. 248) die Grundstückgewinnsteuer zu den Verwertungskosten gehört (BlSchK 67 (2003) S. 74 Ziff. 3.1), gilt dies bezüglich der Mehrwertsteuer auch in der Verwertung infolge Grundpfandbetreibung.

21.2.2  **Verfahren nach erfolgter Verwertung**

a) Nach erfolgter Verwertung fragt das Betreibungsamt die Eidgenössische Steuerverwaltung, Hauptabteilung Mehrwertsteuer, Abteilung Revisorat (Sektion Steuereinzug) Schwarztorstrasse 50, 3003 Bern, an, ihm innert einer Frist von 10 Tagen mitzuteilen, ob aus der Zwangsverwertung eine Mehrwertsteuer angefallen ist, oder nicht.

b) Steht fest, dass eine Mehrwertsteuer entstanden ist, wird im Sinne des oben erwähnten Bundesgerichtsentscheides vor der Verteilung des Steigerungserlöses an die Pfandgläubiger vom Bruttosteigerungserlös die Mehrwertsteuer in Abzug gebracht, ungeachtet der für die Berechnung des Mindestzuschlagspreises, resp. Deckungsprinzipes geltenden Bestimmungen (Art. 142a i.V.m. 126 Abs. 1 SchKG und Art. 53 i.V.m. Art. 102 VZG sowie Art. 157 i.V.m. Art. 144 SchKG). Der vom Zuschlagspreis berechnete Steuerbetrag beträgt zurzeit 7,6% (Art. 36 Abs. 3 Mehrwertsteuergesetz [MWSTG]).

c)  Gleichzeitig weist das Betreibungsamt die steuerpflichtige Person (Schuldner) mit separater Verfügung an (mit Kopie an die Eidgenössische Steuerverwaltung), die Mehrwertsteuer im Sinne von Art. 45 und 46 MWSTG mit der Eidgenössischen Steuerverwaltung abzurechnen. Nach Erhalt der rechtskräftigen Steuerveranlagung hat die steuerpflichtige Person dem Betreibungsamt umgehend den geschuldeten Steuerbetrag mitzuteilen.

d)  Die Überweisung des Steuerbetrages an die Eidgenössische Steuerverwaltung erfolgt nach rechtskräftiger Steuerveranlagung. Bis zu diesem Zeitpunkt wird der Steuerbetrag vom Betreibungsamt zurückbehalten.

e)  Ergibt sich erst nach erfolgter Verteilung des Verwertungserlöses, dass keine Mehrwertsteuer geschuldet gewesen wäre, obwohl aufgrund der Mitteilung der Eidgenössischen Steuerverwaltung eine solche in der Verteilung mitberücksichtigt worden ist, oder wird nachträglich der seinerzeitige Steuerbetrag reduziert, hat die Eidgenössische Steuerverwaltung den gesamten Steuerbetrag, resp. Differenzbetrag – zuzüglich Zins – dem Betreibungsamt im Sinne der bundesgerichtlichen Rechtsprechung zur Nachverteilung zurückzuerstatten (BGE 129 III 246 ff.).

## 21.3  Geltungsbereich

Die in Ziffern 21.1 und 21.2 aufgeführten Bestimmungen gelten nicht nur für das Verwertungsverfahren infolge Grundpfandbetreibung, sondern finden auch Anwendung in der Zwangsverwertung von Grundstücken infolge Pfändung.

Es wird darauf hingewiesen, dass die Bestimmungen betreffend dem Deckungsprinzip, resp. für die Berechnung des Mindestzuschlagspreises m.E. nur für den Steigerungszuschlag gelten und bei der Verteilung des Steigerungserlöses nicht zur Anwendung kommen. Dies vor allem auch deshalb, indem im revidierten SchKG in Art. 157 Abs. 1 (i.V.m. Art. 144 Abs. 3 SchKG) neu bestimmt wird, dass aus dem Erlös vorweg u.a. die Kosten der Verwertung bezahlt werden. Der Grundpfandgläubiger muss sich somit bei der Verteilung einen allfälligen «Eingriff» in den erzielten Mindestzuschlagspreis gefallen lassen.

## 22.  Beschwerdefrist

### a)  Anfechtung der Steigerungsbedingungen

Eine allfällige Beschwerde gegen die Steigerungsbedingungen ist innerhalb der zehntägigen Auflagefrist, d.h. vom 13. August 2007 bis 22. August 2007 bei der unteren kantonalen Aufsichtsbehörde, Bezirksgericht Affoltern, Aufsichtsbehörde über Betreibungsämter, Im Grund 15, Postfach 76, 8910 Affoltern a.A., einzureichen.

b)    **Anfechtung des Steigerungszuschlages**

Eine allfällige Anfechtung des Steigerungszuschlages hat innerhalb von 10 Tagen nach der Steigerung bei der unteren kantonalen Aufsichtsbehörde, Bezirksgericht Affoltern, Aufsichtsbehörde über Betreibungsämter, Im Grund 15, Postfach 76, 8910 Affoltern a.A., als Beschwerde zu erfolgen.

Die Beschwerde ist im Doppel einzureichen und hat eine Begründung und einen Antrag zu enthalten. Diese Steigerungsbedingungen und allfällige Beweismittel sind beizulegen. Stillschweigen gilt als Verzicht auf eine Beschwerde.

Betreibungsamt Hausen a.A.

*V. Moroff*

V. Moroff

## 1.4    Mitteilung und Auflegung der Steigerungsbedingungen

Die Steigerungsbedingungen sind **während zehn Tagen vor der Steigerung** zusammen mit dem Lastenverzeichnis beim Betreibungsamt für jedermann zur Einsicht aufzulegen (Art. 134 Abs. 2 SchKG).

Weder das SchKG noch die VZG schreiben die Zustellung der Steigerungsbedingungen an irgendwelche Empfänger vor. Die Erfahrungen der letzten Jahre haben jedoch gezeigt, dass es zweckmässig ist, nicht zuletzt als Dienstleistung oder aus der Sicht der Rechtssicherheit und Transparenz, wie beim Lastenverzeichnis, nachfolgenden Empfängern gleichzeitig mit dem Lastenverzeichnis auch die Steigerungsbedingungen zuzustellen:

>> Schuldner.

>> Ehegatten des Schuldners oder des Dritten, sofern es sich beim verpfändeten Grundstück um eine Familienwohnung (Art. 169 ZGB) handelt.

>> Eingetragenen Partnerin oder eingetragener Partner des Schuldners oder des Dritten, sofern diesen das verpfändete Grundstück als gemeinsame Wohnung (Art. 14 PartG) dient.

>> Dritteigentümer, resp. gemeinschaftliche Eigentümer: dazu gehören alle gemeinschaftlichen Eigentümer des Pfandgrundstückes, wie Mit- oder Gesamteigentümer (siehe dazu auch hinten § 28).

>> Grundpfandgläubiger.

>> Faustpfandgläubiger von verpfändeten Schuldbriefen.

>> Pfändungsgläubiger, für den die Verwertung angeordnet wurde (aus Kostengründen ist es nicht vertretbar, den übrigen Pfändungsgläubigern ebenfalls die Steigerungsbedingungen zuzustellen).

» Allenfalls auch Personen, denen ein sonstiges, im Grundbuch eingetragenes oder vorgemerktes Recht an dem Grundstück zusteht, wie z.B.:
  › Dienstbarkeiten, wie: Nutzniessungs-, Wohn- und Baurecht usw.;
  › Grundlasten;
  › Vorgemerkte persönliche Rechte, wie z.B.: Vorkaufs-, Kaufs- und Rückkaufsrecht, Miete und Pacht, Zugehörigkeit zu einer Genossenschaft, Gewinnanteilsrecht.

» Inhabern von gesetzlichen Vorkaufsrechten nach Art. 682 Abs. 1 und 2 ZGB.

» Gemeindeverwaltung/Stadtverwaltung, Steueramt.

» Mietern und/oder Pächtern mit nicht im Grundbuch vorgemerkten, langfristigen Miet- und/oder Pachtverträgen, für die gem. BGE 125 III 123 im Sinne von Art. 142 SchKG der Doppelaufruf zulässig ist (vgl. vorne § 15 Ziff. 7).

**Zusätzlich bei Stockwerkeigentum** (siehe dazu auch hinten § 27):

» Verwalter (Verwaltung) der Stockwerkeigentümergemeinschaft.

Soweit nach dem Auszug aus dem Grundbuch für Grundpfandgläubiger Vertreter bestellt sind, hat die Zustellung der Steigerungsbedingungen an diese zu erfolgen.

## 1.5   Fristenlauf bei den Steigerungsbedingungen

Gemäss Rechtsprechung beginnt die Frist zur Anfechtung der Steigerungsbedingungen, nicht wie beim Lastenverzeichnis, d.h. erst ab dem Zeitpunkt der Kenntnisnahme, sondern bereits **mit dem ersten Tag der öffentlichen Auflage**[84] zu laufen.

Im Weitern gilt es zu beachten, dass die **Auflagefrist** der Steigerungsbedingungen die einzige zehntägige SchKG-Frist ist, bei welcher für den Fristenlauf **der erste Tag** bereits mitgezählt wird (Beginn der öffentlichen Auflage).

Gegen die Steigerungsbedingungen ist nur die Beschwerde nach Art. 17 SchKG möglich. Sie können von Steigerungsteilnehmern oder nachträglich z.B. vom Ersteigerer nicht mehr angefochten werden[85].

Sind die Steigerungsbedingungen in **Rechtskraft** erwachsen, ist eine nachträgliche Abänderung nur zulässig, falls sie neu aufgelegt, publiziert und die Abänderungen den Beteiligten nach Art. 139 SchKG mitgeteilt werden (Art. 52 VZG i.V.m. Art. 102 VZG), wobei m.E. nur noch die erfolgten Änderungen neu angefochten werden können.

---

[84]   BGE 51 III 179; 105 III 6.
[85]   BGE 60 III 31 ff.; BGE 109 III 109 E. 2.

# § 17 Deckungsprinzip / Mindestangebot (Mindestzuschlagspreis)

## 1. Deckungsprinzip; Berechnung des Mindestangebotes (Mindestzuschlagspreis)

### 1.1 Allgemeines

Für die Beachtung des **Deckungsprinzips** und die Berechnung des Mindestangebotes sind die Bestimmungen von Art. 126 Abs. 1 und 142a SchKG sowie Art. 53 ff. i.V.m. Art. 102 VZG entsprechend anzuwenden. Als Ausgangslage für die Berechnung des **Mindestzuschlagspreises** gilt das Verwertungsbegehren des betreibenden Grundpfandgläubigers, auf dessen Begehren die Steigerung angeordnet wurde. Bei mehreren Verwertungsbegehren ist dabei auf dasjenige Begehren des Grundpfandgläubigers abzustellen, das den andern pfandrechtlich vorgeht (Art. 105 Abs. 1 VZG).

Steht der Pfandgläubiger, auf dessen Begehren die Verwertung angeordnet wurde, **mit andern im gleichen Range,** so gelten diese für die Berechnung des Mindestzuschlagspreises als **Mitbetreibende**[86], auch wenn sie die Verwertung nicht verlangt haben (Art. 105 Abs. 2 VZG).

Wurde für **Zinse zweier in ungleichem Range** stehender Pfandforderungen des gleichen Grundpfandgläubigers betrieben und die Verwertung verlangt, so muss weder die Kapitalforderung im nachgehenden Rang, noch eine der betriebenen Zinsforderungen des betreibenden Gläubigers an der Steigerung überboten werden, resp. bei der Berechnung des Mindestzuschlagspreises miteingerechnet werden[87].

### 1.2 Kriterien für die Berechnung des Mindestzuschlagspreises in der Grundpfandverwertung

» **Grundlagen des Deckungsprinzipes**
Art. 126, 142a SchKG, Art. 53, 54, 55 i.V.m. Art. 102 und 105 VZG, BGE 58 III 13 ff. sowie kantonalrechtliche Bestimmungen[88].

» **Ausgangspunkt für die Berechnung des Mindestzuschlagspreises**
Pfandstelle des Gläubigers, auf dessen Begehren die Versteigerung angeordnet wird (siehe vorgehende Ziff. 1.1).

## 2. Berechnungsbeispiele

**Was ist zu schützen,** d.h. welcher Mindestzuschlagspreis muss an der Steigerung gem. den Steigerungsbedingungen geboten werden?

---

[86]   BGE 110 III 74 E. 1b.
[87]   BGE 58 III 13 ff.
[88]   § 196 EG zum ZGB (Kanton Zürich).

## 2.1    Grundpfandbetreibung für das ganze Kapital

**Zu schützen sind (anhand des Lastenverzeichnisses):**

a) Dem betreibenden Grundpfandgläubiger im Lastenverzeichnis **vorgehende grund-pfandgesicherte Forderungen für gesetzliche Pfandrechte** nach Art. 808, 810, 819, 820, 836 ZGB sowie kantonalrechtliche Bestimmungen[89].

b) Dem betreibenden Grundpfandgläubiger im Lastenverzeichnis **vorgehende grund-pfandgesicherte Forderungen für vertragliche Pfandrechte** nach Art. 793 ff. ZGB **und für vorgehende pfandgesicherte Forderungen für gesetzliche Pfand-rechte** nach Art. 712i, 779d, 837–841 ZGB sowie kantonalrechtliche Bestimmungen.

» **Beispiele** anhand des Lastenverzeichnisses, siehe vorne § 15 Ziff. 15, Lastenverzeichnis: A. Grundpfandgesicherte Forderungen, B. Vertragliche Pfandrechte: Nrn. 1–15:

| Nr. | Ausgangslage | Zu schützen sind | Mindest-angebot / Fr. |
|---|---|---|---|
| 1 | Betreibung der Grundpfandgläubigerin an **1. Pfandstelle** für das ganze Kapital von Fr. 225 000.00 | allfällige vorgehende gesetzliche Pfandrechte | 0.00 |
| 2 | Betreibung der Grundpfandgläubigerin an **2. Pfandstelle** für das ganze Kapital von Fr. 200 000.00 | – allfällige vorgehende gesetzliche Pfandrechte<br>– vorgehende vertragliche Pfandrechte an 1. Pfandstelle | 283 625.00 |
| 3 | Betreibung der Grundpfandgläubigerin an **3. Pfandstelle** für das ganze Kapital von Fr. 50 000.00 | – allfällige vorgehende gesetzliche Pfandrechte<br>– vorgehende vertragliche Pfandrechte an 1. bis 2. Pfandstelle | 508 587.45 |
| 4 | **Annahme:** Die Gläubigerin an 1. und 2. Pfandstelle stehen im **gleichen Rang**[1)]<br>Betreibung der Grundpfandgläubigerin an **2. Pfandstelle** für das ganze Kapital von Fr. 200 000.00<br>[1)] vgl. vorgehende Ziff. 1.1 Abs. 2 | – allfällige vorgehende gesetzliche Pfandrechte | 0.00 |

## 2.2    Grundpfandbetreibung für einen Teil des Kapitals[90]

**Zu schützen sind (anhand des Lastenverzeichnisses):**

a) Wie vorgehende Ziff. 2.1 lit. a.

---

[89]   § 194-197 EG zum ZGB (Kanton Zürich).
[90]   BGE 107 III 124 E. 1.

**b)** Wie vorgehende Ziff. 2.1 lit. b.

**c) Das nicht in Betreibung gesetzte grundpfandgesicherte Restkapital** gem. Lastenverzeichnis **des betreibenden Grundpfandgläubigers.**

&raquo;    **Beispiel** anhand des Lastenverzeichnisses, siehe vorne § 15 Ziff. 15, Lastenverzeichnis: A. Grundpfandgesicherte Forderungen, B. Vertragliche Pfandrechte: Nrn. 1–15:

| Nr. | Ausgangslage | Zu schützen sind | Mindest-angebot / Fr. |
|-----|--------------|------------------|-----------------------|
| 5 | Betreibung der Grundpfandgläubigerin an **3. Pfandstelle** für einen Kapitalbetrag von Fr. 30 000.00 | – allfällige vorgehende gesetzliche Pfandrechte<br>– vorgehende vertragliche Pfandrechte an 1. bis 2. Pfandstelle<br>– das nicht betriebene Kapital der betreibenden Grundpfandgläubigerin an 3. Pfandstelle im Betrag von Fr. 20 000.00 | 528 587.45 |

## 2.3 Grundpfandbetreibung für Zinse[91]

**Zu schützen sind (anhand des Lastenverzeichnisses):**

**a)** Wie vorgehende Ziff. 2.1 lit. a.

**b)** Wie vorgehende Ziff. 2.1 lit. b.

**c) Grundpfandgesichertes Kapital** gem. Lastenverzeichnis **des betreibenden Grundpfandgläubigers.**

&raquo;    **Beispiel** anhand des Lastenverzeichnisses, siehe vorne § 15 Ziff. 15, Lastenverzeichnis, A. Grundpfandgesicherte Forderungen, B. Vertragliche Pfandrechte: Nrn. 1–15:

| Nr. | Ausgangslage | Zu schützen sind | Mindest-angebot / Fr. |
|-----|--------------|------------------|-----------------------|
| 6 | **Annahme:** Betreibung der Grundpfandgläubigerin an **5. Pfandstelle** für Zinsen | – allfällige vorgehende gesetzliche Pfandrechte<br>– vorgehende vertragliche Pfandrechte an 1. bis 4. Pfandstelle<br>– das nicht betriebene Kapital des betreibenden Grundpfandgläubigers an 5. Pfandstelle im Betrag von Fr. 75 000.00 | 633 587.45 |

---

[91]  BGE 110 III 72 ff.

# § 18 Rechtskraftbescheinigung betreffend Lastenverzeichnis und Steigerungsbedingungen

## 1. Einholen der Rechtskraftbescheinigung

Bevor das Verwertungsverfahren weitergeführt wird, ist die zuständige Aufsichtsbehörde schriftlich anzufragen, ob gegen das Lastenverzeichnis und die Steigerungsbedingungen keine Beschwerde eingereicht wurde. Hierfür ist das Formular ZH721 (EDV 7107) «**Anfrage an die Aufsichtsbehörde betreffend Beschwerde gegen das Lastenverzeichnis und die Steigerungsbedingungen**» (siehe nachfolgende Ziff. 2) zu verwenden.

## 2. Muster: Anfrage an die Aufsichtsbehörde betreffend Beschwerde gegen das Lastenverzeichnis und die Steigerungsbedingungen

>> Formular ZH721 (EDV 7107)

**Betreibungs- und Gemeindeammannamt Hausen am Albis**
In der Rüti 10   8915 Hausen a.A.   Telefon 044 764 16 75   Postkonto 80-1507-5

A-Post

Bezirksgericht Affoltern
Postfach 76
8910 Affoltern a.A.

Hausen a.A., 27. August 2007

Betreibung Nr. 3790

**Anfrage an die Aufsichtsbehörde betreffend Beschwerde gegen das Lastenverzeichnis und die Steigerungsbedingungen**

| | |
|---|---|
| Schuldner: | **Chabloz Alain, Rigiblickstrasse 33, 8915 Hausen a.A.** |
| Pfandeigentümer: | derselbe |
| Grundstück: | In der Gemeinde Hausen a.A., laut Grundregister Blatt 200, Kat.-Nr. 1911, Plan 15: Ein Wohnhaus mit angebauter Garage mit 358 m² Gebäudegrundfläche mit Hausumschwung, Albisweg 7, 8915 Hausen a.A. |

Im Verwertungsverfahren gegen den oben erwähnten Schuldner sind das Lastenverzeichnis und die Steigerungsbedingungen vom 13. August 2007 bis 22. August 2007 aufgelegen.

Wir fragen Sie an, ob innert Frist eine Beschwerde dagegen erfolgt ist.

Freundliche Grüsse
Betreibungsamt Hausen a.A.

*V. Moroff*
V. Moroff

# SECHSTER ABSCHNITT

## Steigerungsverfahren

## § 19    Vorbereiten der Steigerung / Ablauf der Steigerung / Leitfaden für die Steigerungsleitung / Steigerungsprotokoll

### 1.    Vorbereiten der Steigerung

Die Steigerung ist frühzeitig und sehr sorgfältig vorzubereiten. Es sind hierfür vorgängig u.a. folgende organisatorische Vorkehrungen zu treffen und zwingend verschiedene notwendige Dokumente zu erstellen.

### 1.1    Organisation

» Reservieren des Steigerungslokals. Dies ist vor der Aufgabe der «ersten» Steigerungspublikation vorzunehmen, vgl. hiezu vorne § 13 und 14.

» Bestimmen der Steigerungsleitung: Steigerungsleiter, Protokollführer und allenfalls weiterer Mitwirkenden.

» Evtl. Aufbieten von Hinweisposten, resp. von Sicherheitsleuten für die Dauer der Steigerung, wie. z.B.: Securitas, Polizei usw.

» Evtl. Beschilderung des Steigerungslokals (Hinweistafeln usw.).

### 1.2    Erstellen der Steigerungsunterlagen

Für die Durchführung der Steigerung sind folgende spezielle Unterlagen zu erstellen:

a) **Leitfaden für die Steigerungsleitung,** siehe dazu nachfolgende Ziff. 4.

b) **Steigerungsprotokoll** mit zusätzlichen Protokollblättern für das Protokollieren der Steigerungsangebote usw., siehe dazu nachfolgende Ziff. 5.

### 1.3    Bereitstellen von Dokumenten, Literatur, Material usw.

Zur Steigerung sind u.a. nachfolgende Dokumente, Literatur, Material usw. mitzunehmen:

» Evtl. Amtsausweis.

» Steigerungsinserat, Lastenverzeichnis, Steigerungsbedingungen, Grundbuch- resp. Grundregisterauszug, Katasterplan usw.

» Evtl. Betreibungs- und Verwaltungsakten, inkl. Miet- und/oder Pachtverträge usw.

» Leitfaden für die Steigerungsleitung.

» Vorbereitetes Steigerungsprotokoll mit zusätzlichen Protokollblättern für das Protokollieren der Steigerungsangebote usw.

» Quittungsblock.

» Evtl. grosse Namens- und Funktionsschilder der Gantleitung.

» Literatur usw. wie z.B.: Mustersammlung oder Handbuch für die Zwangsverwertung von Grundstücken, SchKG, VZG, OR, ZGB, BewG, GebV SchKG usw.

» Schreibmaterial, Telefonlisten usw.

» Taschenrechner.

» Technisches Material, wie z.B.: Natel, Tonbandgerät, Notebook, Drucker, Hellraumprojektor oder Beamer, entsprechende Anschluss- und Verlängerungskabel usw.

## 2.     Ablauf der Steigerung

Der Steigerungsleiter hat die Steigerung anhand des für die Steigerung vorbereiteten **Leitfadens für die Steigerungsleitung**, siehe dazu nachfolgende Ziff. 4, wie folgt zu eröffnen und ohne Unterbrechung (Art. 61 Abs. 1 i.V.m. Art. 102 VZG) durchzuführen[92]:

### 2.1     Eröffnung der Steigerung

» Begrüssung und Vorstellung der Steigerungsleitung.

» Orientierung über den Steigerungsablauf.

» Allenfalls weitere Bekanntmachungen, wie z.B.: Ablauf des Doppelaufrufes, Verfahren bei Einzel-, Gruppen- und Gesamtausruf.

» Verlesen von:
  › Lastenverzeichnis;
  › Steigerungsbedingungen.

» Beantwortung von Fragen, insbesondere betr. das Lastenverzeichnis und die Steigerungsbedingungen. Die Fragen und die diesbezüglichen Antworten sind in Kurzform ins Steigerungsprotokoll aufzunehmen, vgl. dazu nachfolgende Ziff. 5.

---

[92]  BGE 130 III 133.

## 2.2 Beginn des Steigerungsaktes

» Information über die Voraussetzungen zur Abgabe von mündlichen Angeboten.

» Bekanntmachung allfälliger schriftlicher Angebote. Ein schriftliches Steigerungsangebot kann bis zu seiner Bekanntgabe bei Beginn der Steigerung zurückgezogen werden[93].

» Bekanntgabe des allfälligen Mindestangebotes.

## 2.3 Ausruf und Protokollierung der Angebote; Erteilung des Zuschlages

Bei jedem Ausruf eines Angebotes hat der Ausrufer jeweils bekannt zu geben, ob es sich um den **ersten**, **zweiten** oder **dritten Ausruf** des jeweiligen Angebotes handelt[94].

Nach dreimaligem Ausruf des höchsten Angebotes[95] ist dem Höchstbieter sofort der Zuschlag öffentlich zu erteilen, nachdem er den Auflagen der Steigerungsbedingungen, wie:

» Bekanntgabe der Personalien und Vorlegung eines Personalausweises mit Foto[96];

» Abgabe der verlangten Anzahlung (Barzahlung oder Bankcheck);

» Evtl. Abgabe einer Vollmacht;

» Evtl. Abgabe eines Auszuges aus dem Handelsregister;

» Evtl. Abgabe eines Ehevertrages;

» Evtl. Abgabe eines Auszuges aus dem Güterrechtsregister[97];

» Evtl. Abgabe einer Sicherheitsleistung[98];

unverzüglich nachgekommen ist[99], andernfalls wird die Steigerung mit dem dreimaligen Ausruf des nächsttieferen Angebotes fortgesetzt (Art. 60 Abs. 2 i.V.m Art. 102 VZG), vgl. vorne § 16 Ziff. 1.2.6 lit. a[100].

## 2.4 Schliessung der Steigerung

Nach der Erteilung des Zuschlages ist die Steigerung zu schliessen. Danach sind mit dem Ersteigerer noch folgende Formalitäten zu erledigen:

» Aushändigen einer Quittung für die Baranzahlung resp. für den Bankcheck.

---

[93]  BGE 128 III 198 f. E. 3.
[94]  BGE 83 III 38 ff.
[95]  BGE 118 III 52 ff.
[96]  BGE 120 III 25.
[97]  Art. 9a ff. Schlusstitel ZGB.
[98]  BGE 109 III 107.
[99]  BGE 118 III 52 ff.
[100]  BGE 93 III 39 ff.: Definition des nächsttieferen Angebotes = ein Angebot tiefer als das erste Angebot des «Nichtersteigerers»

» Unterschreiben und Aushändigen einer Abschrift des Zuschlagsprotokolls = letzte Seite des Steigerungsprotokolls (versehen mit den Originalunterschriften des Steigerungsleiters, Protokollführers und des Ersteigerers), vgl. dazu nachfolgende Ziff. 3 und 5.

» Informieren des Ersteigerers u.a. über den weiteren zeitlichen Ablauf nach erfolgter Versteigerung, wie z.B.:
  > Rechtskraft der Steigerung;
  > Abrechnung und Leisten des Restkaufpreises;
  > Möglichkeit der Schuldübernahme oder Novation (Neuerung), vgl. vorne § 16 Ziff. 1.2.2 Buchstabe B.;
  > Möglichkeit der Herausgabe von Schuldbriefen an den Ersteigerer, vgl. hinten § 24 Ziff. 5;
  > Zeitpunkt des Abschlusses einer allfälligen Verwaltung;
  > Zeitpunkt der Eigentumsübertragung und Antritt des Steigerungsobjektes.

## 3.　　　Steigerungsprotokoll

Über die Steigerung ist gem. Art. 61 Abs. 2 i.V.m. Art. 102 VZG ein **Protokoll** zu führen, das vom Steigerungsleiter sowie vom Ersteigerer und m.E. auch vom Protokollführer zu unterzeichnen ist. Betreffend Inhalt des Steigerungsprotokolls siehe nachfolgende Ziff. 5.

## 4. Muster: Leitfaden für die Steigerungsleitung

>> Siehe dazu auch vorgehende Ziff. 1.2.

### Betreibungs- und Gemeindeammannamt Hausen am Albis

In der Rüti 10   8915 Hausen a.A.   Telefon 044 764 16 75   Postkonto 80-1507-5

Betreibung Nr. *3790*
Gruppe Nr.

### Leitfaden für die Steigerungsleitung [1]

über die zwangsrechtliche Grundstückversteigerung
vom *20. September 2007, 10.00* Uhr

| | |
|---|---|
| **Schuldner:** | *Chabloz Alain, Rigiblickstrasse 33, 8915 Hausen a.A.* |
| **Pfandeigentümer:** | *derselbe* |
| **Grundstück:** | *In der Gemeinde Hausen a.A., laut Grundregister Blatt 200, Kat.-Nr. 1911, Plan 15: Ein* **freistehendes 4½-Zimmer-Einfamilienhaus mit angebauter Garage** *mit 131 m$^2$ Gebäudegrundfläche, für Fr. 333 000.00 versichert (Schätzungsjahr 1994, Gebäude Nr. 189) und 227 m$^2$ Hausumschwung mit Gartenanlage (Gesamtfläche 358 m$^2$), Albisweg 7, 8915 Hausen a.A.* |
| **Steigerungslokal:** | *Mehrzweckgebäude, Zugerstrasse 59, 8915 Hausen a.A.* |
| **Steigerungsleitung:** | *Vreni Moroff, Betreibungsbeamtin, Betreibungsamt Hausen a.A.* |
| **Protokollführung:** | *Rolf Muster, Stellvertreter, Betreibungsamt Hausen a.A.* |

[1] Der **Leitfaden für die Steigerungsleitung** ist gleichzeitig mit dem Steigerungsprotokoll, siehe nachfolgende Ziff. 5, für die Steigerung vorzubereiten. Die spezifisch diese Steigerung betreffenden Angaben erscheinen im Leitfaden in **kursiver** Schrift.

**Dokumente, Literatur, Material usw.,** die an die Versteigerung mitzunehmen sind, siehe vorgehende Ziff. 1.3.

# I.  Eröffnen der Versteigerung

## 1.  Begrüssung

**Steigerungsleiterin:**

Ich begrüsse Sie zur zwangsrechtlichen Grundstückversteigerung. Ich gebe bekannt:

- Dass die vorgeschriebenen **Steigerungspublikationen** erfolgt sind.
- Dass die **Steigerungsbedingungen** und das **Lastenverzeichnis** vorschriftsgemäss **vom** *13. August 2007* **bis** *22. August 2007* aufgelegt wurden.
- Dass gem. Bescheinigung der unteren kantonalen Aufsichtsbehörde, ***Bezirksgericht Affoltern,*** das Lastenverzeichnis und die Steigerungsbedingungen in **Rechtskraft** erwachsen sind.

## 2.  Vorstellen der Steigerungsleitung

**Steigerungsleiterin:**

Ich stelle Ihnen die Leitung der Versteigerung vor:

- **Leitung der Steigerung:** *Mein Name ist Vreni Moroff, ich bin Betreibungsbeamtin in Hausen a.A. und leite die Steigerung.*
- **Protokollführung:** *Das Protokoll wird von meinem Stellvertreter, Rolf Muster, geführt.*

## 3.  Orientieren über den Steigerungsablauf

**Steigerungsleiterin:**

Ich orientiere Sie über den nachfolgenden Ablauf der Steigerung:

- Es erfolgt anschliessend das Verlesen:
  - Des Lastenverzeichnisses (mit Beschrieb des Grundstückes, grundpfandgesicherte Lasten sowie andere Lasten).
  - Der Steigerungsbedingungen.
- Hernach besteht die Möglichkeit, der Steigerungsleitung Fragen zu stellen, insbesondere betr. das Lastenverzeichnis und die Steigerungsbedingungen.
- Anschliessend wird zum Steigerungsakt übergegangen.

## 4.  Weitere Bekanntmachungen

(Wie z.B.: Ablauf des Doppelaufrufes; vertragliche oder gesetzliche Vorkaufsrechte; Einzel-, Gruppen- und/oder Gesamtaufruf usw.).

**Steigerungsleiterin:**

*Ich habe keine weiteren Informationen.*

## 5. Verlesen

**Steigerungsleiterin:**

Es erfolgt nun das Verlesen des Lastenverzeichnisses und der Steigerungsbedingungen durch nachfolgende Personen, welches ca. 30 Minuten dauern wird.

- **Lastenverzeichnis** durch: *Steigerungsleiterin.*
- **Steigerungsbedingungen** durch: *Rolf Muster.*

## 6. Beantwortung von Fragen

**Steigerungsleiterin:**

Sie haben nun die Möglichkeit, insbesondere betr. das Lastenverzeichnis und die Steigerungsbedingungen, Fragen zu stellen.

(Es sind ins Protokoll aufzunehmen: Name und Wohnort des Fragestellers, kurzer Inhalt der Frage. Antwort: Name des Auskunftsgebers, kurzer Inhalt der Antwort.)

## II. Beginn des Steigerungsaktes

## 1. Mündliche Angebote

**Steigerungsleiterin:**

Ich mache die Interessenten vor Beginn des Steigerungsaktes noch auf nachfolgende Punkte aufmerksam:

- Die mündlichen Steigerungsangebote sind deutlich und verständlich abzugeben und müssen in Franken genau beziffert sein.
- Der Bieter hat jeweils bei der Abgabe eines Angebotes seinen Namen, Vornamen und den Wohnort bekannt zu geben.
- Gleichzeitig ist der Steigerungsleitung mitzuteilen, ob der Bieter für sich selbst bietet oder auf welchen Namen geboten wird.
- Wird für eine Personenmehrheit geboten, ist mitzuteilen, ob der Bieter das Grundstück zu Miteigentum (zu welchen Teilen) oder zu Gesamteigentum erwerben will.

## 2. Bekanntgabe von schriftlichen Angeboten

(Ein schriftliches Angebot kann bis zu seiner Bekanntgabe bei Beginn der Steigerung zurückgezogen werden[101]).

---

[101]  BGE 128 III 198 f. E. 3.

**Steigerungsleiterin:**

Ich erwähne, dass beim *Betreibungsamt Hausen a.A.*

☒  **Keine** schriftlichen Angebote eingegangen sind.

☐  Nachfolgende **schriftlichen Angebote** eingegangen sind:

## III.  Ausruf und Protokollierung der Angebote

### 1.  Mindestangebot (Mindestzuschlagspreis)
(Vgl. dazu Steigerungsbedingungen Ziff. 1 Seite 2).

**Steigerungsleiterin:**

Ich gebe im Weiteren bekannt:

☐  Dass **kein Mindestangebot** besteht.

☒  Dass das **Mindestangebot Fr. 283 625.00**[1] beträgt.
[1] vgl. vorne § 16 Ziff. 1.3, Steigerungsbedingungen: Ziff. 1 (S. 2 der Steigerungsbedingungen)

### 2.  Ausruf und protokollieren der Angebote

**Steigerungsleiterin:**

Ich teile mit, dass nun mit dem Ausruf und dem Protokollieren der Angebote begonnen wird.

**Steigerungsleiterin:**

Wer bietet **Fr. 283 625.00** oder mehr?

**Steigerungsleiterin:**

**Ausrufen der Angebote** gem. fortlaufender Protokollierung des Protokollführers (siehe dazu nachfolgende Ziff. 5, Steigerungsprotokoll: III. Ausruf und Protokollierung der Angebote, Ziff. 2). Bei jedem Ausruf eines Angebotes hat der Ausrufer jeweils bekannt zu geben, ob es sich um den **ersten**, **zweiten** oder **dritten Ausruf** des jeweiligen Angebotes handelt.

## IV.  Erteilen des Zuschlages und Schliessung der Steigerung

### 1.  Anweisungen an das Gantpublikum und an den Meistbietenden (nach dreimaligem Ausruf des Höchstangebotes)

**Steigerungsleiterin:**

- Ich mache die Anwesenden darauf aufmerksam, dass die Steigerung noch nicht beendet ist, da der Zuschlag dem Meistbietenden noch nicht erteilt wurde.

- Ich weise die Bieter an, noch hier zu bleiben, da ihre Angebote so lange verbindlich bleiben, bis dem Meistbietenden der Zuschlag erteilt ist.

- Der Meistbietende (Herr/Frau, Name und Vorname, Firma usw.) .................................................

  .............................................................................................................................................................

  wird gebeten nach vorne zu kommen, sich auszuweisen und die in den Steigerungs-bedingungen vorgeschriebene Anzahlung zu leisten, damit ihm anschliessend der Zuschlag erteilt werden kann.

## 2.  Formalitäten mit dem Meistbietenden vor der Erteilung des Zuschlages

**Steigerungsleiterin und Protokollführer:**

- Aufnahme der Personalien, wie: Name und Vorname, Geburtsdatum, Beruf, Bürgerort, Zivilstand, Wohnadresse, Art des Ausweises[102] mit Nr. und Ausstellungsdatum.

- Angabe des Ersteigerers über den Erwerb des Grundstückes: Alleineigentum, Miteigentum oder Gesamteigentum.

- Abnahme der Anzahlung (Barzahlung oder Bankcheck).

- Evtl. überprüfen und Entgegennahme einer Vollmacht.

- Evtl. überprüfen und Entgegennahme eines Auszuges aus dem Handelsregister.

- Evtl. Entgegennahme eines Ehevertrages.

- Evtl. Entgegennahme eines Auszuges aus dem Güterrechtsregister.

- Evtl. Entgegennahme einer Sicherheitsleistung.

- Evtl. überprüfen der Bewilligungspflicht bezüglich das BewG.

---

[102]  BGE 120 III 25.

## 3.  Erteilen des Zuschlages

**Steigerungsleiterin:**

Nachdem sich der Meistbietende ausgewiesen und er die vorgeschriebene Anzahlung geleistet hat, wird der Zuschlag für das nachfolgende Grundstück:

**Ein freistehendes 4½-Zimmer-Einfamilienhaus mit angebauter Garage, Albisweg 7, 8915 Hausen a.A., laut Grundregister Blatt 200, Kataster Nr. 1911,**

zum **Höchstangebot von Fr.** ........................................................................................

**erteilt an** (Herr/Frau, Name und Vorname, Firma usw.): .........................................

........................................................................................

Wohnort oder Sitz: ........................................................................................

........................................................................................

zu (Alleineigentum, Miteigentum [zu welchem Teil] oder Gesamteigentum):

........................................................................................

Bemerkung: In das **Steigerungsprotokoll,** siehe nachfolgende Ziff. 5, sind noch weitere Angaben usw. aufzunehmen.

## 4.  Schliessen der Steigerung

**Steigerungsleiterin:**

Ich bitte den Ersteigerer, zwecks Erledigung weiterer Formalitäten, noch hier zu bleiben. Ich danke den Anwesenden für das Erscheinen und schliesse die Steigerung.

## V.  Formalitäten mit dem Ersteigerer nach dem Steigerungszuschlag

### 1.  Steigerungsprotokoll

- Fertig erstellen des Steigerungsprotokolls mit Bescheinigung über den Steigerungszuschlag.
- Kopieren des Steigerungsprotokolls mit Bescheinigung über den Steigerungszuschlag.
- Unterschreiben der diesbezüglichen Dokumente.
- Aushändigen der Bescheinigung über den Steigerungszuschlag an den Ersteigerer.

### 2.  Quittung

- Erstellen und Abgabe einer Quittung an den Ersteigerer für die geleistete Anzahlung (Barzahlung oder Bankcheck).

### 3.  Informieren des Ersteigerers über den weiteren Verlauf

- Rechtskraft der Steigerung.
- Abrechnung und Leistung des Restkaufpreises.
- Möglichkeit der Schuldübernahme oder Novation (Neuerung), vgl. vorne § 16 Ziff. 1.2.2 Buchstabe B. und Ziff. 1.3, Steigerungsbedingungen: Ziff. 13.
- Möglichkeit der Herausgabe von Schuldbriefen an den Ersteigerer (vgl. hinten § 24 Ziff. 5).
- Zeitpunkt des Abschlusses einer allfälligen Verwaltung.
- Zeitpunkt der Eigentumsübertragung und Antritt des Steigerungsobjektes.

## 5. Muster: Steigerungsprotokoll

>> Siehe dazu auch vorgehende Ziff. 1.2 und Ziff. 3.

### Betreibungs- und Gemeindeammannamt Hausen am Albis
In der Rüti 10    8915 Hausen a.A.    Telefon 044 764 16 75    Postkonto 80-1507-5

Betreibung Nr. *3790*
Gruppe Nr.

## Steigerungsprotokoll [1]

über die zwangsrechtliche Grundstückversteigerung
vom *20. September 2007, 10.00* Uhr

| | |
|---|---|
| **Schuldner:** | *Chabloz Alain, Rigiblickstrasse 33, 8915 Hausen a.A.* |
| **Pfandeigentümer:** | *derselbe* |
| **Grundstück:** | *In der Gemeinde Hausen a.A., laut Grundregister Blatt 200, Kat.-Nr. 1911, Plan 15:* **Ein freistehendes 4½-Zimmer-Einfamilienhaus mit angebauter Garage** *mit 131 m² Gebäudegrundfläche, für Fr. 333 000.00 versichert (Schätzungsjahr 1994, Gebäude Nr. 189) und 227 m² Hausumschwung mit Gartenanlage (Gesamtfläche 358 m²), Albisweg 7, 8915 Hausen a.A.* |
| **Steigerungslokal:** | *Mehrzweckgebäude, Zugerstrasse 59, 8915 Hausen a.A.* |
| **Steigerungsleitung:** | *Vreni Moroff, Betreibungsbeamtin, Betreibungsamt Hausen a.A.* |
| **Protokollführung:** | *Rolf Muster, Stellvertreter, Betreibungsamt Hausen a.A.* |

[1] Das **Steigerungsprotokoll** ist für die Steigerung anhand des **«Leitfadens für die Steigerungsleitung»**, siehe vorgehende Ziff. 4, vorzubereiten. Die spezifisch diese Steigerung betreffenden Angaben und die während der Steigerung vorgenommenen Protokolleinträge erscheinen im Steigerungsprotokoll in **kursiver** Schrift. Die an der Steigerung von der Steigerungsleitung nicht erwähnten Informationen und Bekanntmachungen, oder anders lautende Bekanntmachungen usw., die im Protokoll bereits als vorgegeben aufgeführt sind, müssen im Steigerungsprotokoll entsprechend gestrichen oder geändert werden.

## I.    Eröffnen der Versteigerung

**Anzahl** anwesende Personen zu Beginn der Versteigerung: *27.*

### 1.    Begrüssung

Um *10.00* Uhr begrüsst die **Steigerungsleiterin,** *Vreni Moroff,* die Anwesenden und eröffnet die zwangsrechtliche Grundstückversteigerung. Sie gibt bekannt:

*   Dass die vorgeschriebenen **Steigerungspublikationen** erfolgt sind.
*   Dass die **Steigerungsbedingungen** und das **Lastenverzeichnis** vorschriftsgemäss **vom** *13. August 2007* **bis** *22. August 2007* aufgelegt wurden.
*   Dass gem. Bescheinigung der unteren kantonalen Aufsichtsbehörde, ***Bezirksgericht Affoltern,*** das Lastenverzeichnis und die Steigerungsbedingungen in **Rechtskraft** erwachsen sind.

### 2.    Vorstellen der Steigerungsleitung

Die Steigerungsleiterin stellt die Leitung der Versteigerung vor:

*   **Leitung der Steigerung:** *Vreni Moroff, Betreibungsbeamtin.*
*   **Protokollführung:** *Rolf Muster, Stellvertreter.*

### 3.    Orientieren über den Steigerungsablauf

Die Steigerungsleiterin orientiert über den nachfolgenden Ablauf der Steigerung:

*   Es erfolgt anschliessend das Verlesen:
    *   Des Lastenverzeichnisses (mit Beschrieb des Grundstückes, grundpfandgesicherte Lasten sowie andere Lasten).
    *   Der Steigerungsbedingungen.
*   Hernach besteht die Möglichkeit, der Steigerungsleitung Fragen zu stellen, insbesondere betr. das Lastenverzeichnis und die Steigerungsbedingungen.
*   Anschliessend wird zum Steigerungsakt übergegangen.

### 4.    Weitere Bekanntmachungen

(Protokollieren, wie z.B.: Ablauf des Doppelaufrufes; vertragliche oder gesetzliche Vorkaufsrechte; Einzel-, Gruppen- und/oder Gesamtaufruf usw.)

Keine weiteren Informationen.

## 5.    Verlesen

Gemäss Steigerungsleiterin erfolgt nun das Verlesen des Lastenverzeichnisses und der Steigerungsbedingungen durch nachfolgende Personen, welches ca. 30 Minuten dauern wird.

- **Lastenverzeichnis** durch: *Vreni Moroff.*
- **Steigerungsbedingungen** durch: *Rolf Muster.*

## 6.    Beantwortung von Fragen

Die Steigerungsleiterin gibt bekannt, dass nun, insbesondere betr. das Lastenverzeichnis und die Steigerungsbedingungen, Fragen gestellt werden können.

(Protokollieren: Name und Wohnort des Fragestellers, kurzer Inhalt der Frage. Antwort: Name des Auskunftsgebers, kurzer Inhalt der Antwort.)

### Fragen und Antworten:

1.    *Reto Hauser, Hausen a.A.: Müssen das Mietverhältnis mit Herrn Hegglin bzw. der bestehende Mietvertrag übernommen werden?*

*Antwort Steigerungsleiterin: Ja, da während der Auflagefrist des Lastenverzeichnisses für diese Last (langfristiger Mietvertrag) kein Doppelaufruf verlangt wurde. Der Doppelaufruf hätte bewirkt, dass der langfristige Mietvertrag in einen ordentlich kündbaren Mietvertrag geändert würde, d.h. der Erwerber des Grundstückes kann dann den Vertrag ohne Geltendmachung dringenden Eigenbedarf auf den nächsten gesetzlichen Termin kündigen (vgl. vorne § 15 Ziff. 7).*

2.    *Anna Kunz, Knonau: Kann die verlangte Anzahlung auch mit einem Postcheck geleistet werden?*

*Antwort Steigerungsleiterin: Nein, da in den Steigerungsbedingungen und in der Publikation ausdrücklich erwähnt ist, dass die Anzahlung in bar oder mit einem auf eine Bank mit Sitz in der Schweiz und an die Order des Betreibungsamtes Hausen a.A. ausgestellten Bankcheck zu leisten ist.*

3.    *Josef Iten, Zug: Wie lange dauert es, bis die Eigentumsübertragung vorgenommen werden kann?*

*Antwort Steigerungsleiterin: In der Regel 30 bis 40 Tage nach der Steigerung, sofern gegen den Steigerungszuschlag keine Beschwerde erhoben wird und der Ersteigerer die Restzahlung fristgerecht leistet.*

*Keine weiteren Fragen.*

## II.    Beginn des Steigerungsaktes

### 1.    Mündliche Angebote

Die Steigerungsleiterin macht die Interessenten vor Beginn des Steigerungsaktes auf nachfolgende Punkte aufmerksam:

- Die mündlichen Steigerungsangebote sind deutlich und verständlich abzugeben und müssen in Franken genau beziffert sein.

- Der Bieter hat jeweils bei der Abgabe eines Angebotes seinen Namen, Vornamen und den Wohnort bekannt zu geben.

- Gleichzeitig ist der Steigerungsleitung mitzuteilen, ob der Bieter für sich selbst bietet oder auf welchen Namen geboten wird.

- Wird für eine Personenmehrheit geboten, ist mitzuteilen, ob der Bieter das Grundstück zu Miteigentum (zu welchen Teilen) oder zu Gesamteigentum erwerben will.

### 2.    Bekanntgabe von schriftlichen Angeboten

(Ein schriftliches Angebot kann bis zu seiner Bekanntgabe bei Beginn der Steigerung zurückgezogen werden.)

Die Steigerungsleiterin informiert, dass beim *Betreibungsamt Hausen a.A.*

☒ **Keine** schriftlichen Angebote eingegangen sind.

☐ Nachfolgende **schriftlichen Angebote** eingegangen sind:                      .

## III.    Ausruf und Protokollierung der Angebote

### 1.    Mindestangebot (Mindestzuschlagspreis)

(Vgl. dazu Steigerungsbedingungen Ziff. 1 Seite 2).

Die Steigerungsleiterin gibt im Weiteren bekannt:

☐ Dass **kein Mindestangebot** besteht.

☒ Dass das **Mindestangebot Fr. 283 625.00** beträgt.

### 2.    Ausruf und protokollieren der Angebote

Die Steigerungsleiterin erwähnt, dass nun mit dem Ausruf und dem Protokollieren der Angebote begonnen wird.

Sie beginnt: Wer bietet **Fr. 283 625.00** oder mehr?

| Nr. | Angebot in Fr. | Name und Wohnort des Bieters. Für wen wird geboten. Allenfalls Angabe betreffend Erwerb des Grundstückes als Miteigentum oder Gesamteigentum | Ausruf zum | | |
|---|---|---|---|---|---|
| | | | 1 | 2 | 3 |
| 1 | 283'625.00 | *Kunz Anna, Knonau, für sich* | X | X | |
| 2 | 290 000.00 | *Renggli Christian, Horgen, für sich und seine Ehefrau Sabine Renggli-Meier, Horgen, zu je ½ Miteigentum* | X | | |
| 3 | 300 000.00 | *Kunz Anna, Knonau, für sich* | X | | |
| 4 | 305 000.00 | *Renggli Christian, Horgen, für sich und seine Ehefrau Sabine Renggli-Meier, Horgen, zu je ½ Miteigentum* | X | X | |
| 5 | 350 000.00 | *Iten Josef, Zug, für Josef Iten AG, Zug* | X | | |
| 6 | 400 000.00 | *Küng Hermann, Zürich, für Bank Zürich AG, Zürich* | X | X | |
| 7 | 430 000.00 | *Iten Josef, Zug, für Josef Iten AG, Zug* | X | X | |
| 8 | 450 000.00 | *Küng Hermann, Zürich, für Bank Zürich AG, Zürich* | X | | |
| 9 | 455 000.00 | *Hauser Reto, Hausen a.A., für sich* | X | X | |
| 10 | 460 000.00 | *Küng Hermann, Zürich, für Bank Zürich AG, Zürich* | X | | |
| 11 | 465 000.00 | *Hauser Reto, Hausen a.A., für sich* | X | X | |
| 12 | 485 000.00 | *Küng Hermann, Zürich, für Bank Zürich AG, Zürich* | X | X | |
| 13 | 490 000.00 | *Hauser Reto, Hausen a.A., für sich* | X | X | X |

## IV. Erteilen des Zuschlages und Schliessung der Steigerung

### 1. Anweisungen an das Gantpublikum und an den Meistbietenden

- Die Steigerungsleiterin macht die Anwesenden darauf aufmerksam, dass die Steigerung noch nicht beendet sei, da der Zuschlag dem Meistbietenden noch nicht erteilt wurde.

- Gleichzeitig werden die Bieter angewiesen, noch hier zu bleiben, da ihre Angebote so lange verbindlich bleiben, bis dem Meistbietenden der Zuschlag erteilt ist.

- Die Steigerungsleiterin bittet den Meistbietenden, *Herrn Reto Hauser,* nach vorne zu kommen, sich auszuweisen und die in den Steigerungsbedingungen vorgeschriebene Anzahlung zu leisten, damit ihm anschliessend der Zuschlag erteilt werden kann.

### 2. Formalitäten mit dem Meistbietenden vor der Erteilung des Zuschlages

Von der Steigerungsleitung müssen beim Meistbietenden nachfolgende Formalitäten vorgenommen werden, wie u.a.: Kontrolle des Ausweises[103] (mit Foto), überprüfen einer allfälligen Vollmacht, eventuelle Entgegennahme eines Handelsregisterauszuges, allfällige Überprüfung der Bewilligungspflicht bezüglich des BewG, Abnahme der Anzahlung (Barzahlung oder Bankcheck), welche für die Erteilung des Zuschlages Voraussetzungen sind.

### 3. Erteilen des Zuschlages

Die Steigerungsleiterin gibt bekannt, nachdem sich der Meistbietende ausgewiesen und er die vorgeschriebene Anzahlung geleistet hat, dass der Zuschlag für das nachfolgende Grundstück:

**Ein freistehendes 4½-Zimmer-Einfamilienhaus mit angebauter Garage, Albisweg 7, 8915 Hausen a.A., laut Grundregister Blatt 200, Kataster Nr. 1911,**

zum **Höchstangebot von *Fr. 490 000.00,*** erteilt wird an: *Herr Reto Hauser,* verheiratet, wohnhaft *Zugerstrasse 43, 8915 Hausen a.A., für sich zu Alleineigentum.*

### 4. Schliessen der Steigerung

Die Steigerungsleiterin bittet den Ersteigerer, zwecks Erledigung weiterer Formalitäten, noch hier zu bleiben. Sie dankt den Anwesenden für das Erscheinen und schliesst die Steigerung.

**Schluss der Steigerung:** *11.10* Uhr.

*Hausen a.A., 20. September 2007*

Für richtiges Protokoll:

*Rolf Muster*
Rolf Muster

---

[103]   BGE 120 III 25.

## V.  Bescheinigung über den Steigerungszuschlag
(Bestandteil des Steigerungsprotokolls)

Nachdem sich der Meistbietende ausgewiesen und die vorgeschriebene Anzahlung von
**Fr. 50 000.00**

☐  in **Bargeld** (wofür dem Meistbietenden eine separate Quittung ausgestellt wurde)

☒  mit einem **Bankcheck** Nr. *456 897 198*, lautend an die Order des Betreibungsamtes Hausen a.A., ausgestellt am *19. September 2007*, durch die *Zürcher Kantonalbank, Affoltern a.A.* (wofür dem Meistbietenden eine separate Empfangsbescheinigung ausgestellt wurde), geleistet hat, wurde der Zuschlag für das nachfolgende Grundstück:

**In der Gemeinde Hausen a.A., laut Grundregister Blatt 200, Kat.-Nr. 1911, Plan 15: Ein freistehendes 4 ½-Zimmer-Einfamilienhaus mit angebauter Garage mit 131 m$^2$ Gebäudegrundfläche, für Fr. 333 000.00 versichert (Schätzungsjahr 1994, Gebäude Nr. 189) und 227 m$^2$ Hausumschwung mit Gartenanlage (Gesamtfläche 358 m$^2$), Albisweg 7, 8915 Hausen a.A.,**

zum Höchstangebot von **Fr. 490 000.00** (in Worten: *Franken-Vier-Neun-Null-Null-Null-Null-00/100)*, nach vorausgegangenem dreimaligem Ausruf dieses Angebotes, erteilt an:

**Herrn Hauser Reto, geb. 8. November 1977, Kaufmann, von Embrach, verheiratet, wohnhaft Zugerstrasse 43, 8915 Hausen a.A., für sich zu Alleineigentum.**

Der Ersteigerer hat sich mit folgendem **Ausweispapier** ausgewiesen:
*Identitätskarte Nr. E07165498, ausgestellt am 25. August 2006.*

Der Ersteigerer erklärt, dass er nicht unter die bewilligungspflichtigen Personen fällt, die im Bundesgesetz über den Erwerb von Grundstücken durch Personen im Ausland (BewG) vom 16.12.1983 aufgeführt sind. Ferner bestätigt er, dass er auch nicht im Namen von Personen im Ausland oder für Firmen oder Gesellschaften, in denen solche Personen eine beherrschende Stellung innehaben, gehandelt bzw. dieses Grundstück ersteigert hat.

Hausen a.A., 20. September 2007

| Die Steigerungsleiterin: | Der Ersteigerer: | Der Protokollführer: |
|---|---|---|
| *V. Moroff* | *R. Hauser* | *Rolf Muster* |
| Vreni Moroff | Reto Hauser | Rolf Muster |

# § 20  Ergebnislose Versteigerung / Zahlungsverzug

## 1.  Ergebnislose Versteigerung

War die Versteigerung **ergebnislos**, weil an der Steigerung der Mindestzuschlagspreis gem. den Steigerungsbedingungen nicht geboten wurde oder weil kein Angebot erfolgte (Art. 71 i.V.m. Art. 111 Abs. 1 VZG), so fällt die Betreibung dahin und das Betreibungsamt hat das Pfandrecht des verwertenden Gläubigers im Umfang seiner Grundpfandbetreibung (Kapital, Zinse oder Annuität) sowie die nach Art. 90 und 97 VZG vorgemerkte Verfügungsbeschränkung dem Grundbuchamt zur Löschung anzumelden (Art. 111 Abs. 1 VZG). Diese erwähnte Löschung des Pfandrechtes im Grundbuch bezieht sich jedoch nur auf die betriebene Grundpfandforderung des verwertenden Gläubigers und nicht auf ein allfälliges Pfandrecht im gleichen Rang[104] oder auf die dem betreibenden Grundpfandgläubiger allenfalls vor- oder nachgehenden Pfandrechte, denn diese bleiben unverändert weiter bestehen.

Bei der Betreibung für das Kapital wäre ein allfälliger Schuldbrief im Sinne von Art. 110 Abs. 2 VZG dem Grundbuchamt zur Entkräftung, resp. bei einer Betreibung für einen Teil des Kapitals zur Abschreibung auszuhändigen.

Für die in Betreibung gesetzte Forderung ist dem Gläubiger der Pfandausfallschein mit Formular 42a (EDV 7220) **«Pfandausfallschein nach Art. 158 SchKG»** (siehe hinten § 25 Ziff. 5) auszustellen.

Eine allenfalls für den verwertenden Gläubiger angehobene **Verwaltung ist abzuschliessen**, sofern die Verwaltung nicht für einen andern Grundpfandgläubiger oder Pfändungsgläubiger aufrecht bleiben muss. Die allfälligen Nettoerträgnisse sind dem verwertenden Grundpfandgläubiger zuzuweisen (Art. 111 Abs. 2 VZG).

## 2.  Zahlungsverzug

### 2.1  Aufhebung des Zuschlages

Befindet sich der Ersteigerer in **Zahlungsverzug** und können allfällige von ihm bestellte Sicherheiten nicht sofort ohne Betreibung oder Prozess liquidiert werden, so hat das Betreibungsamt, sofern nicht sämtliche Beteiligte (Schuldner, zu Verlust gekommene Pfandgläubiger, betreibende Gläubiger) zu einer Verlängerung der Zahlungsfrist ihre Einwilligung erteilen, ohne weiteres den **Zuschlag aufzuheben**[105] und sofort eine **neue Steigerung nach Art. 143 Abs. 1 SchKG anzuordnen** (Art. 63 Abs. 1 und Art. 72 i.V.m. Art. 102 VZG).

Die Aufhebung des Zuschlages ist im Steigerungsprotokoll vorzumerken und dem Ersteigerer mit einer schriftlichen beschwerdefähigen Verfügung anzuzeigen, siehe nachfolgend:

---

[104]  BGE 55 III 59 ff.
[105]  BGE 75 III 11 ff.

## Aufhebung des Steigerungszuschlages

Sehr geehrter Herr XXX

Wir beziehen uns auf die zwangsrechtliche Grundpfandverwertung vom XXX.

| | |
|---|---|
| Schuldner: | XXX |
| Pfandeigentümer: | XXX |
| Beschrieb des Grundstückes: | XXX |
| Ersteigerer: | XXX |
| Zuschlagspreis: | XXX |

Nachdem der Zuschlag der Eingangs erwähnten Grundpfandverwertung rechtskräftig geworden ist, haben wir Sie mit der Abrechnung vom XXX aufgefordert, den Restkaufpreis von Fr. XXX bis spätestens XXX dem Betreibungsamt XXX zu überweisen. Mit Einwilligung sämtlicher Beteiligten wurde Ihnen mit Verfügung vom XXX eine Nachfrist für die Überweisung des Restkaufpreises bis zum XXX gewährt [1].

Diesen Aufforderungen sind Sie jedoch innert den angesetzten Fristen **nicht** nachgekommen.

Gemäss Ziffer XXX der Steigerungsbedingungen ist bei Verzug der Zahlung der Zuschlag aufzuheben und das Betreibungsamt hat sofort eine neue Steigerung anzuordnen (Art. 143 Abs. 1 SchKG, Art. 63 Abs. 1 i.V.m. Art 72 und Art. 102 VZG).

**Verfügung:**

1. Der im Betreibungsverfahren gegen den Schuldner XXX (Pfandeigentümer XXX), an der zwangsrechtlichen Grundstückverwertung vom XXX, an den Meistbietenden XXX, erteilte **Zuschlag** im Betrag von Fr. XXX für das versteigerte Grundstück (genauer Beschrieb) XXX, wird mit sofortiger Wirkung **aufgehoben** und ohne Verzug **eine neue Steigerung** angeordnet.

2. Diese Verfügung können Sie gemäss Art. 17 SchKG innert **10 Tagen,** vom Empfang an gerechnet, beim Bezirksgericht XXX, mit Beschwerde anfechten. Die Beschwerde ist im Doppel einzureichen und hat eine Begründung und einen Antrag zu enthalten. Diese Verfügung und allfällige Beweismittel sind beizulegen.

[1]   Es ist m.E. nicht zwingend, dem Ersteigerer für die Bezahlung des Restkaufpreises eine Nachfrist zu erteilen.

Ist der Eigentumsübergang bereits im Grundbuch eingetragen worden (Art. 66 Abs. 3 i.V.m. Art. 102 VZG), so beauftragt das Betreibungsamt das Grundbuchamt, unter Hinweis auf die Aufhebung des Zuschlages, mit der **Löschung des Eintrages** sowie der entsprechenden Vormerkung im Grundbuch (Art. 63 Abs. 2 i.V.m. Art. 102 VZG). Es empfiehlt sich jedoch im Sinne von Art. 66 Abs. 2 i.V.m. Art. 102 VZG, die Anmeldung an das Grundbuchamt zur Eintragung des Eigentumsüberganges in jedem Fall erst dann vorzunehmen, wenn der Zuschlagspreis vollständig bezahlt ist.

## 2.2 Bekanntmachung der neuen Steigerung

Die neue Steigerung darf nicht vor Ablauf eines Monats seit der früheren stattfinden. Sie ist in der Bekanntmachung ausdrücklich als «**Neue Steigerung infolge Zahlungsverzugs des Ersteigerers**» zu bezeichnen, siehe nachfolgend.

### Grundpfandverwertung

(Neue Steigerung gem. Art. 64 Abs. 2 i.V.m. Art. 102 VZG infolge Zahlungsverzugs des Ersteigerers)

Eine neue Schätzung des Grundstücks ist in der Regel nicht vorzunehmen; ebenso wenig erfolgt eine nochmalige Fristansetzung zur Anmeldung von Ansprüchen nach Art. 138 Abs. 2 Ziff. 3 SchKG, Art. 64 i.V.m. Art. 102 VZG. Den Pfandgläubigern ist jedoch eine kurze Frist anzusetzen, um dem Betreibungsamt die seit dem letzten Steigerungsdatum bis zum neu festgesetzten Steigerungstag weiterlaufenden Zinsen zur Aufnahme ins Lastenverzeichnis anzumelden.

## 2.3 Lastenverzeichnis und Steigerungsbedingungen

Das für die frühere Steigerung aufgestellte **Lastenverzeichnis** ist auch für die neue und eine allfällig weiter notwendig werdende Steigerung massgebend. Kommen dem Betreibungsamt **neue**, in der Zwischenzeit entstandene **öffentlich-rechtliche Lasten** zur Kenntnis, so hat es sie von Amtes wegen zu berücksichtigen. In diesem Falle ist die Ergänzung des Lastenverzeichnisses den Interessenten nach Art. 140 Abs. 2 SchKG i.V.m. Art. 37 und 102 VZG mitzuteilen. In der Zwischenzeit fällig gewordene, im Lastenverzeichnis als laufend angemerkte Kapitalzinse sind mit dem entsprechenden Betrag unter die fälligen und bar zu bezahlenden Forderungen einzureihen, ohne dass aber deswegen eine Neuauflage des Lastenverzeichnisses nötig wäre (Art. 65 Abs. 1 i.V.m. Art. 102 VZG).

Die bisherigen **Steigerungsbedingungen** können vom Betreibungsamt innerhalb der Grenzen der ihm in Art. 134 Abs. 1 SchKG eingeräumten Befugnisse abgeändert werden. Werden sie erst nach ihrer Auflegung abgeändert, so sind sie neu aufzulegen (wobei die Auflegung neu veröffentlicht werden muss) und den Beteiligten wiederum mitzuteilen (Art. 52, 65 Abs. 2 i.V.m. Art. 102 VZG).

## 2.4 Ausfallforderung

Hat der Ersteigerer den Steigerungskauf nicht gehalten und ist an der neuen Steigerung ein **geringerer Erlös** erzielt worden, so hat das Betreibungsamt die **Nettoausfallforderung** zunächst in ihrer Höhe zu berechnen und dem Schuldner derselben (erster Ersteigerer) eine Frist von **zehn Tagen** zur Bezahlung anzusetzen. Für die Berechnung der Ausfallforderung, in Abzug der vom Ersteigerer geleisteten Anzahlung, kann das Formular VZG 14 (EDV 7207) verwendet werden, siehe nachfolgende Ziff. 2.5.

Wird die Ausfallforderung nicht innert Frist beglichen, so hat das Betreibungsamt den bei der Verwertung des Grundstückes zu Verlust gekommenen betreibenden Gläubigern und Pfandgläubigern mit Formular VZG 14 (EDV 7207) «**Anzeige betreffend die Verwertung einer Ausfallforderung nach Art. 72 VZG**», siehe nachfolgende

Ziff. 2.5, Mitteilung zu machen und sie aufzufordern, ein allfälliges Begehren um Verwertung der Ausfallforderung (Freihandverkauf nach Art. 130 Ziff. 1 SchKG oder Forderungsüberweisung nach Art. 131 SchKG) innert einer Frist von **zehn Tagen** dem Betreibungsamt einzureichen. Wird kein solches Begehren gestellt, so ist die Forderung **an einer zwangsrechtlichen öffentlichen Steigerung zu verkaufen** (Art. 72 Abs. 1 i.V.m. Art. 102 VZG).

Muss auch die neue Steigerung wegen Nichthaltung des Kaufs wiederholt werden und entsteht dadurch ein Mehrverlust, so ist diese Schadenersatzforderung gegen den «zweiten» Ersteigerer in gleicher Weise wie die ursprüngliche Ausfallforderung zu verwerten (Art. 72 Abs. 3 i.V.m. Art. 102 VZG).

## 2.5 Formular: Anzeige betreffend die Verwertung einer Ausfallforderung nach Art. 72 VZG

>> Formular VZG 14 (EDV 7207)

### Betreibungs- und Gemeindeammannamt Hausen am Albis
In der Rüti 10    8915 Hausen a.A.    Telefon 044 764 16 75    Postkonto 80-1507-5

Einschreiben

Hausen a.A.,                                            Betreibung Nr.

### Anzeige betreffend die Verwertung einer Ausfallforderung nach Art. 72 VZG

**Grundstück:**
Kat.-Nr.

**1.    Frühere Steigerung**
   Datum:
   Ersteigerer:
   Zuschlagspreis:        Fr.

**2.    Erneute Steigerung:**
   Datum:
   Ersteigerer:
   Zuschlagspreis:        Fr.

   **Grund der neuen Steigerung**

Das Grundstück wurde aus dem oben erwähnten Grund auf eine neue Steigerung gebracht. Für den Mindererlös haftet der frühere Ersteigerer. Diese Ausfallforderung, deren endgültige Festsetzung dem richterlichen Entscheid vorbehalten ist, setzt sich nach folgender Aufstellung zusammen:

| | | | |
|---|---|---|---|
| Differenz zwischen dem Höchstangebot der vorgängigen Steigerung vom und der erneuten Steigerung vom | | Fr. | |
| Zins von        %  auf Fr.        von        bis | | Fr. | |
| Kosten der erneuten Steigerung vom | | Fr. | |
| **Bruttoausfallforderung** | | **Fr.** | **0.00** |
| Anzahlung an der vorgängigen Steigerung | Fr. | | |
| **abzüglich** Kosten der erneuten Steigerung | Fr. | | |
| Restanzahlung (in Abzug an die Bruttoausfallforderung)  Fr.        0.00 | | Fr. | 0.00 |
| **Nettoausfallforderung** | | **Fr.** | |

Die Nettoausfallforderung wird an einer **öffentlichen Steigerung** verkauft werden, sofern nicht von den zu Verlust gekommenen Pfandgläubigern und pfändenden Gläubigern innerhalb von **10 Tagen**, von der Zustellung dieser Anzeige an gerechnet, ein Begehren um Verwertung nach Art. 130 Ziff. 1 oder Art. 131 SchKG gestellt wird. Ort und Zeitpunkt der Steigerung werden später angezeigt.

Wird die Ausfallforderung öffentlich versteigert oder nach Art. 130 Ziff. 1 oder Art. 131 Abs. 1 SchKG verwertet, so wird die vom früheren Ersteigerer bestellte und auch für die Ausfallsteigerung haftende Sicherheit, bestehend aus                    dem Erwerber der Ausfallforderung übergeben. Wird sie nach Art. 131 Abs. 2 SchKG von einem beteiligten Gläubiger zur Eintreibung übernommen, so bleibt die Sicherheit bis nach Beendigung des einzuleitenden Verfahrens im Gewahrsam des Betreibungsamtes.

Diese Verfügung können Sie gemäss Art. 17 SchKG innert **10 Tagen**, vom Empfang an gerechnet, beim Bezirksgericht Affoltern, Aufsichtsbehörde über Betreibungsämter, Im Grund 15, Postfach 76, 8910 Affoltern a.A., mit Beschwerde anfechten. Die Beschwerde ist im Doppel einzureichen und hat eine Begründung und einen Antrag zu enthalten. Diese Verfügung und allfällige Beweismittel sind beizulegen.

Freundliche Grüsse

Betreibungsamt Hausen a.A.

## Abschluss des Grundpfandverwertungsverfahrens

# § 21    Terminplan und Arbeitsprogramm für die Verrichtungen nach erfolgter Steigerung bis zum Abschluss des Verwertungsverfahrens

## 1.    Terminplan

### 1.1    Allgemeines

Nach erfolgter Versteigerung hat das Betreibungsamt bis zum Abschluss des Verwertungsverfahrens gem. dem nachfolgenden **Terminplan II** (siehe nachfolgende Ziff. 1.2) und dem diesbezüglichen **Arbeitsprogramm III** (siehe nachfolgende Ziff. 2) verschiedene Verrichtungen vorzunehmen und dabei die diesbezüglichen Anzeigen und Mitteilungen zu erlassen. Je nach Verwertungsfall ist der Terminplan und/oder das Arbeitsprogramm individuell an das betreffende Verfahren anzupassen.

### 1.2    Terminplan II

**Terminplan für die Verrichtungen nach erfolgter Steigerung bis zum Abschluss des Verwertungsverfahrens**

>> Siehe auch nachfolgende Ziff. 2 und hinten §§ 22–25.

| Tag | Verrichtungen |
|---|---|
| **1. Tag** | » Steigerung |
| **2. Tag** | » Mitteilung des Steigerungszuschlages an den Schuldner, Pfandeigentümer und an die Gemeindeverwaltung/Stadtverwaltung<br>» Einfordern von Pfandtiteln<br>» Anfrage an das Steueramt betr. Grundstückgewinnsteuer<br>» Anfrage an die Eidgenössische Steuerverwaltung betr. Mehrwertsteuer |
| **11. Tag** | » Einholen der Rechtskraftbescheinigung betr. Steigerungszuschlag |
| **ca. 2. bis 14. Tag** | » Erstellen der Kostenrechnung über die Verwertung<br>» Allenfalls: Erstellen der Abrechnung über die Verwaltung<br>» Erstellen der Verteilungsliste für die Pfandgläubiger |
| **ca. 14. Tag** | » Eingang der Rechtskraftbescheinigung betr. Steigerungszuschlag<br>» Erstellen der Abrechnung an den Ersteigerer<br>» Versand der Abrechnung an den Ersteigerer mit Aufforderung zur Bezahlung des Restkaufpreises |

| Tag | Verrichtungen |
|---|---|
| **ca. 25. Tag** | » Eingang des Restkaufpreises<br>» Anzeige an die Pfandgläubiger und den Schuldner betr. die Auflegung der Verteilungsliste für die Pfandgläubiger mit der Kostenrechnung über die Verwertung und der Abrechnung über die Verwaltung<br>» Anzeige betr. Eigentumsübergang an: Mieter und Pächter, Versicherungen, Gemeindewerke usw.<br>» Evtl. Mitteilung an den Schuldner betr. Bezug der Grundstückgewinnsteuer<br>» Evtl. Mitteilung an den Schuldner betr. Bezug der Mehrwertsteuer |
| **ca. 26. bis 36. Tag** | » Auflegen der Verteilungsliste für die Pfandgläubiger mit der Kostenrechnung über die Verwertung und der Abrechnung über die Verwaltung |
| **ca. 37. Tag** | » Einholen der Rechtskraftbescheinigung betr. die Verteilungsliste für die Pfandgläubiger mit Kostenrechnung über die Verwertung und der Abrechnung über die Verwaltung |
| **ca. 40. Tag** | » Eingang der Rechtskraftbescheinigung betr. die Verteilungsliste für die Pfandgläubiger mit der Kostenrechnung über die Verwertung und der Abrechnung über die Verwaltung<br>» Überweisen der Zuteilungsbeträge<br>» Anmeldung an das Grundbuchamt zur Eintragung des Eigentumsüberganges mit Antrag zur Löschung der Verfügungsbeschränkungen[1]<br>» Versand der Pfandausfalldokumente: Pfandausfallschein, Bescheinigung über den Pfandausfall |

[1] Die Anmeldung an das Grundbuchamt zur Eintragung des Eigentumsüberganges kann allenfalls bereits schon nach Eingang des Restkaufpreises erlassen werden, siehe hinten § 25 Ziff. 1.1.

Aufgrund bestehender Vorschriften und Fristen muss für das Verwertungsverfahren, ab der ersten Steigerungspublikation (vgl. vorne § 13 Ziff. 2 «**Terminplan I**») bis zur Überweisung des Steigerungserlöses und dem Abschluss des Verwertungsverfahrens, mindestens mit **ca. 100 Tagen** gerechnet werden.

## 2. Arbeitsprogramm III

**Arbeitsprogramm für die Verrichtungen nach erfolgter Steigerung bis zum Abschluss des Verwertungsverfahrens**

» Siehe auch vorgehende Ziff. 1.2

| I. | Verrichtungen nach erfolgter Steigerung bis zur Rechtskraft der Versteigerung |
|---|---|
| | Mitteilung des Steigerungszuschlages an den Schuldner, Pfandeigentümer und an die Gemeindeverwaltung/Stadtverwaltung, siehe hinten § 22 Ziff. 1 und 4 |
| | Einfordern von Pfandtiteln, siehe hinten § 22 Ziff. 2 und 5 |
| | Anfrage an das Steueramt betr. Grundstückgewinnsteuer, siehe hinten § 22 Ziff. 3.2 lit. a und Ziff. 6 |
| | Anfrage an die Eidgenössische Steuerverwaltung betr. Mehrwertsteuer, siehe hinten § 22 Ziff. 3.3 lit. a und Ziff. 8 |
| | Einholen der Rechtskraftbescheinigung betr. Steigerungszuschlag, siehe hinten § 23 Ziff. 1 und 7 |
| | Erstellen der Kostenrechnung über die Verwertung, siehe hinten § 23 Ziff. 2.1 und 8 |
| | Allenfalls: Erstellen der Abrechnung über die Verwaltung, siehe hinten § 23 Ziff. 2.2 |
| | Erstellen der Verteilungsliste für die Pfandgläubiger, siehe hinten § 23 Ziff. 2.3 und 9 |

| II. | **Verrichtungen nach Rechtskraft der Steigerung bis zum Eingang des Restkaufpreises** |
|---|---|

| | Erstellen der Abrechnung an den Ersteigerer, siehe hinten § 23 Ziff. 3 und 10 |
|---|---|

| | Versand der Abrechnung an den Ersteigerer, siehe hinten § 23 Ziff. 3 und 10 |
|---|---|

| III. | **Verrichtungen nach Eingang des Restkaufpreises bis zur Rechtskraft der Verteilungsliste** |
|---|---|

| | Anzeige betr. Auflegung der Verteilungsliste für die Pfandgläubiger mit Kostenrechnung über die Verwertung und der Abrechnung über die Verwaltung, siehe hinten § 23 Ziff. 4.1, 4.2, 11 und 12 |
|---|---|
| | Anzeige betr. Eigentumsübergang an Mieter und Pächter, Versicherungen, Gemeindewerke usw., siehe hinten § 23 Ziff. 6 und 14 |
| | Evtl. Mitteilung an den Schuldner betr. Bezug der Grundstückgewinnsteuer, siehe hinten § 22 Ziff. 3.2 lit. b und Ziff. 7 |
| | Evtl. Mitteilung an den Schuldner betr. Bezug der Mehrwertsteuer, siehe hinten § 22 Ziff. 3.3 lit. b und Ziff. 9 |
| | Auflegen der Verteilungsliste für die Pfandgläubiger mit Kostenrechnung über die Verwertung und der Abrechnung über die Verwaltung, siehe hinten § 23 Ziff. 4.1 |
| | Einholen der Rechtskraftbescheinigung betr. die Verteilungsliste mit Kostenrechnung über die Verwertung und der Abrechnung über die Verwaltung, siehe hinten § 23 Ziff. 4.3 und 13 |

| IV. | **Verrichtungen nach Rechtskraft der Verteilungsliste bis zum Abschluss des Verwertungsverfahrens** |
|---|---|
| | Überweisen der Zuteilungsbeträge, siehe hinten § 23 Ziff. 5 |
| | Anmeldung an das Grundbuchamt zur Eintragung des Eigentumsüberganges des Grundstückes mit Antrag zur Löschung der Verfügungsbeschränkungen, siehe hinten § 25 Ziff. 1, 3 und 4 [1] |
| | Versenden der Pfandausfalldokumente: Pfandausfallschein, Bescheinigung über den Pfandausfall, siehe hinten § 25 Ziff. 2, 5 und 6 |

[1] Die Anmeldung zur Eintragung des Eigentumsüberganges an das Grundbuchamt kann allenfalls bereits schon nach Eingang des Restkaufpreises erlassen werden, siehe hinten § 25 Ziff. 1.1.

# § 22  Mitteilung des Steigerungszuschlages / Einfordern von Pfandtiteln / Grundstückgewinnsteuer und Mehrwertsteuer

## 1.  Mitteilung des Steigerungszuschlages

Nach erfolgter Grundstückverwertung ist am folgenden Tag u.a. der Schuldner, Pfandeigentümer, die Gemeindeverwaltung/Stadtverwaltung über den Steigerungszuschlag schriftlich zu informieren, siehe dazu nachfolgende Ziff. 4.

## 2.  Einfordern von Pfandtiteln

Das Betreibungsamt hat die Titel über die durch die Versteigerung **ganz oder teilweise untergegangenen Grundpfandrechte** vor der Verteilung des Verwertungserlöses **einzufordern** (Art. 69 Abs. 1 i.V.m. Art. 102 VZG). In einer speziellen Verfügung ist der Titelbesitzer aufzufordern, den Pfandtitel innert einer Frist von **zehn Tagen** dem Betreibungsamt abzuliefern, siehe nachfolgende Ziff. 5. Gleichzeitig ist darauf aufmerksam zu machen, dass bei allfälliger Nichtablieferung des Pfandtitels die Löschung oder Abänderung des Pfandrechtes und des Titels auf seine Kosten im Schweizerischen Handelsamtsblatt und im diesbezüglichen kantonalen Amtsblatt veröffentlicht wird.

Betreffend Löschung, Herabsetzung und Herausgabe von Pfandtiteln, siehe hinten § 24.

Die Betreibungsämter im Kanton Zürich haben die Pfandtitel nach Eingang für die Dauer der Aufbewahrung im Depositenverzeichnis einzutragen und diese entsprechend sicher aufzubewahren.

## 3.  Grundstückgewinnsteuer und Mehrwertsteuer
### *(Regelung im Kanton Zürich)*

### 3.1.  Allgemeines

Das Bundesgericht hat aufgrund verschiedener Entscheide bestimmt, dass die Grundstückgewinnsteuer, wie auch die Mehrwertsteuer, die in der Zwangsverwertung eines Grundstückes entsteht, zu den Verwertungskosten gehören, vgl. dazu vorne § 16 Ziff. 1.2.4 und 1.3, Steigerungsbedingungen: Ziff. 21.

### 3.2.  Grundstückgewinnsteuer: Verfahren nach erfolgter Verwertung

**a)** Nach erfolgter Verwertung ist das Steueramt mit Formular ZH103 (EDV 7202) «**Anfrage betreffend Grundstückgewinnsteuer**» (siehe nachfolgende Ziff. 6) aufzufordern, dem Betreibungsamt innert einer Frist von **zehn Tagen** den aus der Verwertung angefallenen mutmasslichen Steuerbetrag mitzuteilen, oder ihm innert der gleichen Frist bekannt zu geben, dass aus der Zwangsverwertung keine Grundstückgewinnsteuer entstanden ist.

b) Steht fest, dass eine Grundstückgewinnsteuer entstanden ist, hat das Betreibungsamt die steuerpflichtige Person (Schuldner) mit separater Verfügung (Formular ZH723 [EDV 7204]) **«Mitteilung an den Schuldner betreffend Bezug der Grundstückgewinnsteuer»** (siehe nachfolgende Ziff. 7) anzuweisen (mit Kopie an das Steueramt), **innerhalb dreissig Tagen** nach der Handänderung dem Gemeindesteueramt eine Steuererklärung einzureichen (Kanton Zürich: § 226 Steuergesetz i.V.m. § 70 der Verordnung zum Steuergesetz). In der Regel wird diese Anzeige erst nach Eingang des Restkaufpreises erlassen.

Der vom Steueramt mitgeteilte Betrag ist, wie in der vorgehenden Ziff. 3.1 erwähnt, vor der Verteilung des Steigerungserlöses an die Pfandgläubiger vom Bruttosteigerungserlös in Abzug zu bringen, vgl. dazu hinten § 23 Ziff. 9 (Seite 1 des Formulars) und Ziff. 11.

c) Grundstückgewinnsteuerforderungen, welche dem Betreibungsamt nicht innerhalb der erwähnten Frist eingegeben werden, oder zu einem späteren Zeitpunkt mitgeteilte höhere Beträge, als ursprünglich angemeldet, sind nicht mehr in die Verteilung miteinzubeziehen.

d) Die Überweisung des Steuerbetrages an das Steueramt ist erst nach rechtskräftiger Steuerveranlagung vorzunehmen. Bis zu diesem Zeitpunkt ist der Steuerbetrag vom Betreibungsamt zurückzubehalten.

e) Ergibt sich erst nach erfolgter Verteilung des Verwertungserlöses, dass keine Grundstückgewinnsteuer geschuldet gewesen wäre, obwohl aufgrund der Mitteilung des Steueramtes eine solche in der Verteilung mitberücksichtigt worden ist, oder wird nachträglich der seinerzeitige Steuerbetrag reduziert, hat das Steueramt den gesamten Steuerbetrag, resp. Differenzbetrag, zuzüglich Zins, dem Betreibungsamt im Sinne der bundesgerichtlichen Rechtsprechung zur Nachverteilung zurückzuerstatten[106], sofern das Betreibungsamt den mitgeteilten Betrag bereits dem Steueramt überwiesen hat.

### 3.3. Mehrwertsteuer: Verfahren nach erfolgter Verwertung

a) Nach erfolgter Verwertung ist die Eidgenössische Steuerverwaltung, Hauptabteilung Mehrwertsteuer, Abteilung Revisorat (Sektion Steuereinzug), Schwarztorstrasse 50, 3003 Bern, mit Formular ZH104 (EDV 7203) **«Anfrage betreffend Mehrwertsteuer»** (siehe nachfolgende Ziff. 8) aufzufordern, dem Betreibungsamt innert einer Frist von **zehn Tagen** mitzuteilen, ob aus der Zwangsverwertung eine Mehrwertsteuer angefallen ist oder nicht.

b) Steht fest, dass eine Mehrwertsteuer entstanden ist, hat das Betreibungsamt die steuerpflichtige Person (Schuldner) mit separater Verfügung (Formular ZH724 [EDV 7205] **«Mitteilung an den Schuldner betreffend Bezug der Mehrwert-**

---

[106] BGE 129 III 246 ff.

steuer» (siehe nachfolgende Ziff. 9) anzuweisen (mit Kopie an die Eidgenössische Steuerverwaltung), die Mehrwertsteuer im Sinne von Art. 45 und 46 MWSTG mit der Eidgenössischen Steuerverwaltung abzurechnen. Nach Erhalt der rechtskräftigen Steuerveranlagung hat die steuerpflichtige Person dem Betreibungsamt umgehend den geschuldeten Steuerbetrag mitzuteilen.

Vor der Verteilung des Steigerungserlöses an die Pfandgläubiger ist der mutmassliche Steuerbetrag vom Bruttosteigerungserlös in Abzug zu bringen, vgl. dazu hinten § 23 Ziff. 9 (Seite 1 des Formulars) und Ziff. 11. Der vom Zuschlagspreis zu berechnende Maximalsteuerbetrag beträgt zurzeit 7,6 % (Art. 36 Abs. 3 Mehrwertsteuergesetz [MWSTG]).

c) Die Überweisung des Steuerbetrages an die Eidgenössische Steuerverwaltung ist erst nach rechtskräftiger Steuerveranlagung vorzunehmen. Bis zu diesem Zeitpunkt ist der Steuerbetrag vom Betreibungsamt zurückzubehalten.

d) Ergibt sich erst nach erfolgter Verteilung des Verwertungserlöses, dass keine Mehrwertsteuer geschuldet gewesen wäre, obwohl aufgrund der Mitteilung der Eidgenössischen Steuerverwaltung eine solche in der Verteilung mitberücksichtigt worden ist, oder wird nachträglich der seinerzeitige Steuerbetrag reduziert, hat die Eidgenössische Steuerverwaltung den gesamten Steuerbetrag, resp. Differenzbetrag, zuzüglich Zins, dem Betreibungsamt im Sinne der bundesgerichtlichen Rechtsprechung zur Nachverteilung zurückzuerstatten[107], sofern das Betreibungsamt den Steuerbetrag bereits an die Eidgenössische Steuerverwaltung überwiesen hat.

## 3.4.  Deckungsprinzip

Es wird darauf hingewiesen, dass die Bestimmungen betreffend das Deckungsprinzip, resp. für die Berechnung des Mindestzuschlagspreises m.E., nur für den Steigerungszuschlag gelten und bei der Verteilung des Steigerungserlöses **nicht** zur Anwendung kommen. Dies vor allem auch deshalb, da im revidierten SchKG in Art. 157 Abs. 1 i.V.m. Art. 144 Abs. 3 SchKG neu bestimmt wird, dass aus dem Erlös vorweg u.a. die Kosten der Verwertung **(inkl. Grundstückgewinnsteuer und/oder Mehrwertsteuer)** bezahlt werden. Der Grundpfandgläubiger muss sich somit bei der Verteilung einen allfälligen «Eingriff» in den erzielten Mindestzuschlagspreis gefallen lassen.

---

[107]   BGE 129 III 246 ff.

## 4. Muster: Mitteilung des Steigerungszuschlages

Die Empfänger dieser Mitteilung sind in der vorgehenden Ziff. 1 ersichtlich. Aus Platzgründen wird nachfolgend nur die Anzeige für den Schuldner aufgeführt.

### Betreibungs- und Gemeindeammannamt Hausen am Albis
In der Rüti 10   8915 Hausen a.A.   Telefon 044 764 16 75   Postkonto 80-1507-5

**Briefadresse:**
In der Rüti 10
8915 Hausen a.A.

Einschreiben

Herr
Alain Chabloz
Rigiblickstrasse 33
8915 Hausen a.A.

Hausen a.A., 21. September 2007

Betreibung Nr. 3790

### Steigerungszuschlag

Sehr geehrter Herr Chabloz

Über die am **20. September 2007** durchgeführte zwangsrechtliche Grundstückverwertung informieren wir Sie wie folgt:

| | |
|---|---|
| **Schuldner und Pfandeigentümer:** | Chabloz Alain, Rigiblickstrasse 33, 8915 Hausen a.A. |
| **Versteigertes Grundstück:** | In der Gemeinde Hausen a.A., laut Grundregister Blatt 200, Kat.-Nr. 1911, Plan 15: Ein Wohnhaus mit angebauter Garage mit 358 m² Gebäudegrundfläche mit Hausumschwung, Albisweg 7, 8915 Hausen a.A. |
| **Ersteigerer:** | Hauser Reto, Zugerstrasse 43, 8915 Hausen a.A. |
| **Zuschlagspreis:** | Fr. 490 000.00 |

Freundliche Grüsse
Betreibungsamt Hausen a.A.

*V. Moroff*
V. Moroff

## 5.  Muster: Einfordern eines Pfandtitels

>> Siehe dazu vorgehende Ziff. 2

Aus Platzgründen wird nachfolgend nur die Mitteilung an die Grundpfandgläubigerin an der 2. Pfandstelle aufgeführt.

### Betreibungs- und Gemeindeammannamt Hausen am Albis
In der Rüti 10    8915 Hausen a.A.    Telefon 044 764 16 75    Postkonto 80-1507-5

Einschreiben

Bank Zürich AG
Sihlquai 45
8098 Zürich.

Hausen a.A., 21. September 2007

Betreibung Nr. 3790

### Einreichung eines Pfandtitels

Sehr geehrte Damen und Herren

Wir beziehen uns auf die zwangsrechtliche Grundstückverwertung vom **20. September 2007**.

**Schuldner und Pfandeigentümer:** Chabloz Alain, Rigiblickstrasse 33, 8915 Hausen a.A.

**Versteigertes Grundstück:** In der Gemeinde Hausen a.A., laut Grundregister Blatt 200, Kat.-Nr. 1911, Plan 15: Ein Wohnhaus mit angebauter Garage mit 358 m² Gebäudegrundfläche mit Hausumschwung, Albisweg 7, 8915 Hausen a.A.

Ihre fällige Pfandforderung an der **2. Pfandstelle** im Betrag von Fr. 224 962.45, gem. rechtskräftigem Lastenverzeichnis, ist dabei nur zum Teil erlöst worden.[1]

Im Sinne von Art. 69 Abs. 1 i.V.m. Art. 102 VZG fordern wir Sie auf, uns den diesbezüglichen **Inhaberschuldbrief**, per nom. Fr. 200 000.00, dat. 9. Dezember 1992, lastend an 2. Pfandstelle auf dem oben erwähnten Grundstück, bis spätestens **1. Oktober 2007** zur Löschung einzureichen.[1]

Sollten Sie dieser Aufforderung innert der erwähnten Frist nicht nachkommen, so findet die Abschreibung des Pfandrechtes trotzdem statt. Die Löschung des Grundpfandrechtes würde durch einmalige Publikation im Schweizerischen Handelsamtsblatt sowie im Amtsblatt des Kantons Zürich veröffentlicht und der an die Forderung entfallende Teilerlös würde dabei hinterlegt. Die Veräusserung oder Verpfändung des erwähnten Pfandtitels ist strafbar.[1]

[1] **Bemerkung:** Bei gänzlichem Verlust oder bei einer nicht fälligen Pfandforderung mit einem Teilerlös ist der Text entsprechend anzupassen. Das Gleiche gilt auch bei einem erlösten oder teilerlösten Pfandtitel mit fälliger Forderung, der dem Ersteigerer als «Eigentümerpfandtitel» herauszugeben ist. Vgl. dazu hinten § 24 Ziff. 1.1, 4 und 5.

Freundliche Grüsse

Betreibungsamt Hausen a.A.

*V. Moroff*

V. Moroff

## 6.    Muster: Anfrage betreffend Grundstückgewinnsteuer

>> Formular ZH103 (EDV 7202)

### Betreibungs- und Gemeindeammannamt Hausen am Albis

In der Rüti 10    8915 Hausen a.A.    Telefon 044 764 16 75    Postkonto 80-1507-5

**Briefadresse:**
In der Rüti 10
8915 Hausen a.A.

Einschreiben

Gemeindesteueramt Hausen a.A.
Postfach
8915 Hausen a.A.

Hausen a.A., 21. September 2007                    Betreibung Nr. 3790

### Anfrage betreffend Grundstückgewinnsteuer

| | |
|---|---|
| Schuldner: | **Chabloz Alain, Rigiblickstrasse 33, 8915 Hausen a.A.** |
| Pfandeigentümer: | derselbe |
| Grundstückverwertung vom: | 20. September 2007 |
| Beschrieb des Grundstückes: | In der Gemeinde Hausen a.A., laut Grundregister Blatt 200, Kat.-Nr. 1911, Plan 15: Ein Wohnhaus mit angebauter Garage mit 358 m$^2$ Gebäudegrundfläche mit Hausumschwung, Albisweg 7, 8915 Hausen a.A. |
| Ersteigerer: | Hauser Reto, Zugerstrasse 43, 8915 Hausen a.A. |
| Zuschlagspreis: | Fr. 490 000.00 |

Mit Entscheid vom 6. Januar 1996 (BGE 122 III 246 ff.) befand das Bundesgericht, dass die bei der Verwertung in der Betreibung auf Grundpfandverwertung anfallende Grundstückgewinnsteuer im Sinne von Art. 157 Abs.1 SchKG i.V.m. Art. 144 Abs. 3 SchKG als Verwertungskosten zu betrachten sind. Diese sind vom Bruttosteigerungserlös abzuziehen und zu bezahlen, bevor der Nettosteigerungserlös im Sinne von Art. 157 Abs. 2 SchKG i.V.m. Art. 144 Abs. 4 SchKG an die Gläubiger verteilt wird. Sinngemäss gilt dies auch bei der Verwertung infolge Pfändung.

Wir bitten Sie, uns innert einer Frist von **10 Tagen**, vom Empfang dieser Anfrage an gerechnet, den aus dieser Verwertung allenfalls resultierenden mutmasslichen Steuerbetrag mitzuteilen, resp. uns innert der gleichen Frist bekannt zu geben, dass aus der Zwangsverwertung keine Grundstückgewinnsteuer angefallen ist.

Erhalten wir innert der erwähnten Frist keine Antwort, nehmen wir verbindlich an, dass aus diesem Verwertungsverfahren **keine** Grundstückgewinnsteuer entstanden ist.

Freundliche Grüsse

Betreibungsamt Hausen a.A.

*V. Moroff*
V. Moroff

## 7.  Formular: Mitteilung an den Schuldner betreffend Bezug der Grundstückgewinnsteuer

>> Formular ZH723 (EDV 7204)

### Betreibungs- und Gemeindeammannamt Hausen am Albis

In der Rüti 10    8915 Hausen a.A.    Telefon 044 764 16 75    Postkonto 80-1507-5

**Briefadresse:**
In der Rüti 10
8915 Hausen a.A.

Einschreiben

Hausen a.A.,                                                    Betreibung Nr.

### Mitteilung an den Schuldner betreffend Bezug der Grundstückgewinnsteuer

Schuldner:

Pfandeigentümer:

Grundstückverwertung vom:

Beschrieb des Grundstückes:

Ersteigerer:

Zuschlagspreis:                    Fr.

Mit Entscheid vom 6. Januar 1996 (BGE 122 III 246 ff.) befand das Bundesgericht, dass die bei der Verwertung in der Betreibung auf Grundpfandverwertung anfallende Grundstückgewinnsteuer im Sinne von Art. 157 Abs. 1 SchKG (i.V.m. Art. 144 Abs. 3 SchKG) als Verwertungskosten zu betrachten sind. Diese sind vom Bruttosteigerungserlös abzuziehen und zu bezahlen, bevor der Nettosteigerungserlös im Sinne von Art. 157 Abs. 2 SchKG (i.V.m. Art. 144 Abs. 4 SchKG) an die Gläubiger verteilt wird. Sinngemäss gilt dies auch bei der Verwertung infolge Pfändung.

Auf Anfrage hin teilte uns das Steueramt                    am                    mit, dass bei diesem Veräusserungsgeschäft eine Grundstückgewinnsteuer angefallen ist und die mutmasslich berechnete Steuer **Fr.**                    betrage. Gemäss § 226 Steuergesetz i.V.m. § 70 der Verordnung zum Steuergesetz haben Sie als Steuerpflichtiger **innerhalb 30 Tagen** nach der Handänderung dem Gemeindesteueramt eine Steuererklärung einzureichen.

Im Sinne der erwähnten Rechtsprechung und aufgrund der rechtskräftigen Steigerungsbedingungen wird vom Betreibungsamt vor der Verteilung des Steigerungserlöses an die Pfandgläubiger nebst den ordentlichen Verwertungskosten auch die mutmassliche Grundstückgewinnsteuer als Verwertungskosten vom Bruttosteigerungserlös in Abzug gebracht.

Die Überweisung des erwähnten Steuerbetrages an das Steueramt erfolgt erst nach rechtskräftiger Steuerveranlagung. Bis zu diesem Zeitpunkt wird der Steuerbetrag vom Betreibungsamt zurückbehalten. Im Übrigen verweisen wir auf die diesbezüglichen Bestimmungen in den Steigerungsbedingungen.

Gegen diese Mitteilung kann **keine** Beschwerde nach Art. 17 SchKG geführt werden, da die Abwicklung dieses Steuerverfahrens in den in Rechtskraft erwachsenen Steigerungsbedingungen geregelt wurde.

Freundliche Grüsse

Betreibungsamt Hausen a.A.

**Kopie (gilt nicht als Verfügung) an:**
Steueramt

## 8.     Muster: Anfrage betreffend Mehrwertsteuer

>> Formular ZH104 (EDV 7203)

### Betreibungs- und Gemeindeammannamt Hausen am Albis

In der Rüti 10    8915 Hausen a.A.    Telefon 044 764 16 75    Postkonto 80-1507-5

**Briefadresse:**
In der Rüti 10
8915 Hausen a.A.

Einschreiben / Rückschein

Eidgenössische Steuerverwaltung
Hauptabteilung Mehrwertsteuer
Abt. Revisorat (Sektion Steuereinzug)
Schwarztorstrasse 50
3003 Bern

Hausen a.A., 21. September 2007

Betreibung Nr. 3790

### Anfrage betreffend Mehrwertsteuer

| | |
|---|---|
| Schuldner: | **Chabloz Alain, Rigiblickstrasse 33, 8915 Hausen a.A.** |
| Pfandeigentümer: | derselbe |
| Grundstückverwertung vom: | 20. September 2007 |
| Beschrieb des Grundstückes: | In der Gemeinde Hausen a.A., laut Grundregister Blatt 200, Kat.-Nr. 1911, Plan 15: Ein Wohnhaus mit angebauter Garage mit 358 m$^2$ Gebäudegrundfläche mit Hausumschwung, Albisweg 7, 8915 Hausen a.A. |
| Ersteigerer: | Hauser Reto, Zugerstrasse 43, 8915 Hausen a.A. |
| Zuschlagspreis: | Fr. 490 000.00 |

Mit Entscheid vom 10. Januar 2003 (BGE 129 III 200 ff.) stellte das Bundesgericht fest, dass die Mehrwertsteuer, die bei der Verwertung eines Grundstücks im Konkurs anfällt, aus dem Erlös des betreffenden Grundstücks vorab zu decken ist. In Anlehnung an die bundesgerichtliche Rechtsprechung, dass sowohl im Konkurs (BGE 120 III 153 E. 2b S. 156) als auch in der Grundpfandbetreibung (BGE 122 III 246 E. 5b S. 248) die Grundstückgewinnsteuer zu den Verwertungskosten gehört (BlSchK 67 [2003] S. 74 Ziff. 3.1), gilt dies bezüglich der Mehrwertsteuer auch in der Verwertung infolge Grundpfandbetreibung, resp. bei der Verwertung infolge Pfändung.

Wir bitten Sie, uns innert einer Frist von **10 Tagen**, vom Empfang dieser Anfrage an gerechnet, mitzuteilen, ob aus der erwähnten Verwertung eine Mehrwertsteuer entstanden ist oder nicht. Sofern dieses Veräusserungsgeschäft steuerpflichtig ist, wollen Sie uns gleichzeitig die Mehrwertsteuernummer der steuerpflichtigen Person mitteilen.

Erhalten wir innert der erwähnten Frist keine Antwort, nehmen wir verbindlich an, dass aus diesem Verwertungsverfahren **keine** Mehrwertsteuer entstanden ist.

Freundliche Grüsse

Betreibungsamt Hausen a.A.

*V. Moroff*

V. Moroff

## 9. Formular: Mitteilung an den Schuldner betreffend Bezug der Mehrwertsteuer

≫ Formular ZH724 (EDV 7205)

### Betreibungs- und Gemeindeammannamt Hausen am Albis

In der Rüti 10   8915 Hausen a.A.   Telefon 044 764 16 75   Postkonto 80-1507-5

**Briefadresse:**
In der Rüti 10
8915 Hausen a.A.

Einschreiben

Hausen a.A.,                                   Betreibung Nr.

### Mitteilung an den Schuldner betreffend Bezug der Mehrwertsteuer

Schuldner :
MWST-Nr.:

Pfandeigentümer:

Grundstückverwertung vom:

Beschrieb des Grundstückes:

Ersteigerer:

Zuschlagspreis:                    Fr.

Mit Entscheid vom 10. Januar 2003 (BGE 129 III 200 ff.) stellte das Bundesgericht fest, dass die Mehrwertsteuer, die bei der Verwertung eines Grundstücks im Konkurs anfällt, aus dem Erlös des betreffenden Grundstücks vorab zu decken ist. In Anlehnung an die bundesgerichtliche Rechtsprechung, dass sowohl im Konkurs (BGE 120 III 153 E. 2b S. 156) als auch in der Grundpfandbetreibung (BGE 122 III 246 E. 5b S. 248) die Grundstückgewinnsteuer zu den Verwertungskosten gehört (BlSchK 67 [2003] S. 74 Ziff. 3.1), gilt dies bezüglich der Mehrwertsteuer auch in der Verwertung infolge Grundpfandbetreibung, resp. bei der Verwertung infolge Pfändung.

Auf Anfrage hin teilte uns die Eidgenössische Steuerverwaltung, Hauptabteilung Mehrwertsteuer, 3003 Bern, am                   mit, dass dieses Veräusserungsgeschäft der Mehrwertsteuer unterliege. Im Sinne von Art. 5 Mehrwertsteuergesetz (MWSTG) sind Sie als Grundstückveräusserer die steuerpflichtige Person und haben als solche gemäss Art. 46 MWSTG gegenüber der Eidgenössischen Steuerverwaltung **innert 60 Tagen,** nach Ablauf der Abrechnungsperiode (Art. 45 MWSTG), unaufgefordert in der vorgeschriebenen Form über die Steuer und die Vorsteuer abzurechnen. Die Entrichtung der Steuer richtet sich nach Art. 47 MWSTG.

**Verfügung**

1. Im Sinne der erwähnten Rechtsprechung und aufgrund der rechtskräftigen Steigerungs-bedingungen wird vom Betreibungsamt vor der Verteilung des Steigerungserlöses an die Pfandgläubiger nebst den ordentlichen Verwertungskosten auch der mutmassliche Mehrwertsteuerbetrag als Verwertungskosten vom Bruttosteigerungserlös in Abzug gebracht.

2. Gemäss Art. 36 Abs. 3 MWSTG beträgt die Steuer 7,6 %. Der vom Zuschlagspreis von Fr. berechnete Steuerbetrag beläuft sich somit auf **Fr.**

3. Die Überweisung des erwähnten Steuerbetrages an die Eidgenössische Steuerverwaltung erfolgt erst nach rechtskräftiger Steuerveranlagung. Bis zu diesem Zeitpunkt wird der Steuerbetrag vom Betreibungsamt zurückbehalten. Im Übrigen verweisen wir auf die diesbe-züglichen Bestimmungen in den Steigerungsbedingungen.

4. Gemäss Art. 17 SchKG sind Sie berechtigt, innert **10 Tagen**, vom Empfang dieser Mitteilung an gerechnet, beim Bezirksgericht Affoltern, Aufsichtsbehörde über Betreibungsämter, Im Grund 15, Postfach 76, 8910 Affoltern a.A., **Ziffer 2 dieser Verfügung** mit Beschwerde anzufechten. Die Beschwerde ist im Doppel einzureichen und hat eine Begründung und einen Antrag zu enthalten. Diese Verfügung und allfällige Beweismittel sind beizulegen.

Freundliche Grüsse

Betreibungsamt Hausen a.A.

**Kopie (gilt nicht als Verfügung) an:**
Eidgenössische Steuerverwaltung, Hauptabteilung Mehrwertsteuer, 3003 Bern

# § 23 Rechtskraftbescheinigung betreffend den Steigerungszuschlag / Abrechnungen / Verteilung des Verwertungserlöses / Anzeigen an Mieter und Pächter usw.

## 1. Rechtskraftbescheinigung betreffend den Steigerungszuschlag

Nach Ablauf der **zehntägigen** Beschwerdefrist gegen die Verwertung (Art. 132a SchKG, vgl. vorne § 16 Ziff. 1.3, Steigerungsbedingungen: Ziff. 22 lit. b) ist mit Formular ZH722 (EDV 7201) **«Anfrage an die Aufsichtsbehörde betreffend Beschwerde gegen die Grundstückverwertung»** (siehe nachfolgende Ziff. 7) die Aufsichtsbehörde über die Rechtskraft des Steigerungszuschlages anzufragen.

## 2. Kostenrechnung betreffend die Verwertung; Abrechnung über die Verwaltung; Verteilungsliste für die Pfandgläubiger

### 2.1 Kostenrechnung betreffend die Verwertung

Nach durchgeführter Verwertung hat das Betreibungsamt u.a. die **Kostenrechnung über die Verwertung** zu erstellen. Diese enthält alle Kosten des Verwertungsverfahrens (Gebühren und Auslagen) vom Zeitpunkt des Eingangs des Verwertungsbegehrens bis zur Anmeldung der Eigentumsübertragung und dem Abschluss des Verwertungsverfahrens, jedoch ohne Verwaltungs- und Verteilungskosten. Die Kostenrechnung muss rechtzeitig bis zum Zeitpunkt der Abrechnung an den Ersteigerer erstellt werden. Betreffend den allfälligen Bezug einer Grundstückgewinnsteuer und/oder Mehrwertsteuer, siehe vorne § 22 Ziff. 3.

Für diese Kostenrechnungen ist das Formular ZH624 (EDV 6012) **«Kostenrechnung»** zu verwenden, siehe nachfolgende Ziff. 8.

Betreffend Auflegung der Kostenrechnung über die Verwertung, siehe nachfolgende Ziff. 4.1 und 8.

### 2.2 Abrechnung über die Verwaltung

Gleichzeitig mit Erstellung der Kostenrechnung über die Verwertung (siehe vorgehende Ziff. 2.1) ist eine allfällige Verwaltung auf den Zeitpunkt des Steigerungstages abzurechnen und die Nettoerträgnisse in die Verteilung miteinzubeziehen (Art. 114 VZG). Bezüglich Rechnungsführung bei der betreibungsamtlichen Verwaltung von Grundstücken siehe vorne § 11 Ziff. 2.

Betreffend Auflegung der Verwaltungsabrechnung, siehe nachfolgende Ziff. 4.1.

## 2.3     Erstellen der Verteilungsliste für die Pfandgläubiger

Für die Verteilung des Verwertungserlöses (inkl. Miet- und/oder Pachtzinserträgnisse usw.) hat das Betreibungsamt die **Verteilungsliste für die Pfandgläubiger** (Formular ZH730 [EDV 7216]) zu erstellen, siehe nachfolgende Ziff. 9. Die Verteilung ist gem. Art. 157 Abs. 1 und 2 SchKG i.V.m. Art. 112 ff. VZG und Art. 24 ff. Anl. VZG (siehe hinten § 35) vorzunehmen, **wobei das rechtskräftige Lastenverzeichnis als Grundlage für die Verteilung gilt**[108]. Betreffend Lastenverzeichnis siehe vorne § 15 Ziff. 15.

Aus dem Pfanderlös werden **vorab die Kosten der Verwertung, Verteilung, allenfalls die diesbezüglichen Steuern** (siehe vorne § 22 Ziff. 3) **sowie auch die Kosten der Verwaltung** bezahlt, letztere jedoch nur dann, sofern sie nicht aus den Erträgnissen der Verwaltung gedeckt werden konnten (Art. 157 Abs. 1 SchKG i.V.m. Art. 46 Abs. 1 und Art. 102 VZG). **Aus diesen Gründen ist es somit unerlässlich, dass die Verteilungsliste bereits bis zum Zeitpunkt der Abrechnung an den Ersteigerer erstellt wird, wobei die Auflage der Verteilungsliste jedoch erst nach Eingang des Restkaufpreises erfolgen kann** (vgl. nachfolgende Ziff. 4.1).

Der verbleibende Reinerlös wird den im Lastenverzeichnis erwähnten Pfandgläubigern in der darin aufgeführten **Reihenfolge ihrer Pfandstellen** zugeteilt und zwar im Umfang der jeweiligen Höhe der aufgenommenen Forderung, d.h. Kapital, höchstens drei Jahreszinse, laufender Zins bis zum Steigerungstag sowie die Betreibungskosten und Verzugszinse.

Bezüglich der Zuteilung des Verwertungserlöses an Zinsen und Kosten, im Falle dass die Forderung aus dem Steigerungserlös nicht gedeckt werden kann, und der allfälligen Abänderung und Herausgabe von Schuldbriefen an den Ersteigerer, siehe hinten § 24.

## 2.4     Zinsenlauf nach erfolgter Versteigerung

Die bisherige Praxis bei den Betreibungsämtern des Kantons Zürich, wonach der Ersteigerer für den fälligen (bar zu bezahlenden) Restkaufpreis ab Steigerungstag bis zu dem ihm vom Betreibungsamt angesetzten Termin zur Bezahlung der Restsumme (vgl. vorne § 16 Ziff. 1.3, Steigerungsbedingungen: Ziff. 12 Abs. 1) keine Zinsen zu bezahlen hat, hat sich bewährt.

Die in den Steigerungsbedingungen aufgeführte Verzinsung zu 5 % für die gestundete Summe (vgl. vorne § 16 Ziff. 1.3, Steigerungsbedingungen: Ziff. 12 Abs. 2) ergibt sich zudem nicht aus dem Gesetz. Die Verzinsung ist m.E. deshalb erst dann geschuldet, wenn dem Ersteigerer infolge Zahlungsverzugs unter Einwilligung der Beteiligten im Sinne von Art. 63 Abs. 1 i.V.m. Art. 102 VZG sowie Art. 136 und 137 SchKG eine Verlängerung der Zahlungsfrist gewährt wird.

---

[108]  BGE 69 III 15 E. 3.

## 3. Abrechnung an den Ersteigerer

Nach Eingang der Rechtskraftbescheinigung betr. den Steigerungszuschlag (vgl. nachfolgende Ziff. 4.3 und 7) ist unverzüglich die **Abrechnung an den Ersteigerer** betreffend die Grundstückverwertung zu erstellen und zu versenden, verbunden mit der Aufforderung, den vom Betreibungsamt auf dem erwähnten Formular berechneten bar zu bezahlenden Restkaufpreis im Sinne der Steigerungsbedingungen (siehe vorne § 16 Ziff. 1.3, Steigerungsbedingungen: Ziff. 12 Abs. 1) innert einer Frist von **zehn Tagen** an das Betreibungsamt zu bezahlen.

Im Weiteren ist der Ersteigerer in der Abrechnung darauf hinzuweisen, dass der Zuschlag bei nicht fristgerechter Bezahlung aufgehoben und eine neue Steigerung angeordnet wird.

Für die Abrechnung hat das Betreibungsamt das Formular ZH725 (EDV 7206) «**Abrechnung an den Ersteigerer betreffend Grundstückverwertung**» zu verwenden, siehe nachfolgende Ziff. 10.

Betreffend Zahlungsverzug des Ersteigerers, siehe vorne § 20 Ziff. 2 ff.

## 4. Auflegung der Verteilungsliste für die Pfandgläubiger mit der Kostenrechnung über die Verwertung und der Abrechnung über die Verwaltung

### 4.1 Auflegung

Nach Eingang des Restkaufpreises sind die **Kostenrechnung über die Verwertung** (siehe nachfolgende Ziff. 8) **und die Abrechnung über die Verwaltung** (Art. 20 i.V.m. Art. 101 Abs. 1 VZG) sowie die **Verteilungsliste für die Pfandgläubiger** (siehe nachfolgende Ziff. 9) während **zehn Tagen** zur Einsicht der Gläubiger aufzulegen.

Jedem nicht voll gedeckten Gläubiger ist mit Formular VZG 20 (EDV 7217) «**Anzeige an die Pfandgläubiger über die Auflegung der Verteilungsliste und die Kostenrechnung über die Verwertung gemäss Art. 112 VZG**» (siehe nachfolgende Ziff. 11) die Auflegung anzuzeigen unter Kenntnisgabe des auf seine Forderung entfallenden Anteils (Art. 112 Abs. 2 VZG, Art. 28 Anl. VZG [siehe hinten § 35]).

Für die Anzeige an den Schuldner, resp. auch an den Dritteigentümer, ist das Formular ZH732 (EDV 7218) «**Anzeige an den Schuldner und Pfandeigentümer über die Auflage der Verteilungsliste und der Kostenrechnung über die Verwertung**» (siehe nachfolgende Ziff. 12) zu verwenden (Art. 28 Anl. VZG [siehe hinten § 35]).

### 4.2 Frist zur Anfechtung

Die Empfänger der in der vorgehenden Ziff. 4.1 erwähnten Anzeigen sind berechtigt, die diesbezüglichen Verfügungen innerhalb von **zehn Tagen** mittels Beschwerde (Art. 17 SchKG) anzufechten.

Rang und Höhe der im Lastenverzeichnis aufgeführten Pfandforderungen können allerdings von demjenigen, der dazu im Lastenbereinigungsverfahren Gelegenheit hatte, nachträglich bei der Verteilung nicht mehr angefochten werden (Art. 43 Abs. 1 i.V.m. Art. 102 und 112, Abs. 1 VZG)[109].

## 4.3     Rechtskraftbescheinigung

Nach Ablauf der **zehntägigen Beschwerdefrist** zur Anfechtung der Verteilungsliste über den Verwertungserlös sowie der Kostenrechnung über die Verwertung und der Abrechnung über die Verwaltung ist bei der zuständigen Aufsichtsbehörde eine **Bescheinigung** einzuholen, dass keine Beschwerde gegen die Verteilungsliste und die Abrechnungen erhoben wurden. Hierfür ist das Formular ZH733 (EDV 7219) «**Anfrage an die Aufsichtsbehörde betreffend Beschwerde gegen die Verteilungsliste und die Kostenrechnung infolge Grundstückverwertung**» (siehe nachfolgende Ziff. 13) zu verwenden.

## 5.     Überweisung der Zuteilungsbeträge

Nach Eingang der **Rechtskraftbescheinigung** sind die Überweisungen an die betreffenden Berechtigten, aufgrund der rechtskräftigen Verteilungsliste, vorzunehmen, unter Eintrag und Verbuchung in den diesbezüglichen Registern und Protokollen. Bestrittene Beträge sind zurückzubehalten und bei der Depositenanstalt bis zur Erledigung des Rechtsstreites zu hinterlegen.

## 6.     Anzeige an Mieter und/oder Pächter usw.

Bestehen auf dem versteigerten Grundstück Miet- und/oder Pachtverträge, so teilt das Betreibungsamt nach Eingang des Restkaufpreises den Mietern und Pächtern den Eigentümerwechsel mit, u.a. verbunden mit der Aufforderung, die neu fällig werdenden Miet- oder Pachtzinse an den neuen Eigentümer zu überweisen (Art. 70 Abs. 1 i.V.m. Art. 102 VZG).

Für diese Mitteilung an die Mieter und/oder Pächter ist das Formular ZH728 (EDV 7210) «**Anzeige an den Mieter/Pächter betreffend Eigentumsübergang**» (siehe nachfolgende Ziff. 14) zu verwenden.

Ist der Kaufpreis dem Ersteigerer gestundet worden, so erfolgt diese Anzeige erst, nachdem der Kaufpreis bezahlt und die im Grundbuch vorgemerkte Verfügungsbeschränkung vom Betreibungsamt zur Löschung angemeldet worden ist (Art. 70 Abs. 2 i.V.m. Art. 102 VZG).

Sinngemäss ist die Anzeige des Eigentümerwechsels m.E. auch an nachfolgende Empfänger zu erlassen:

---

[109]   BGE 118 III 22 ff.

>> Dritteigentümer.

>> Versicherungen betr. das Grundstück und allenfalls betr. die Zugehör.

>> Gemeindewerke (Wasserwerk, Elektrizitätswerk, Kehrichtabfuhr usw.).

>> Banken usw., bei welchen allfällige Mietzinsdepots im Sinne von Art. 257e OR errichtet wurden.

>> Allenfalls an die Hausverwaltung.

>> Allfällige Parteien von bestehenden Service- und Abonnementsverträgen usw.

>> Bei Stockwerkeigentum: Verwalter (Verwaltung der Stockwerkeigentümergemeinschaft).

## 7.  Muster: Anfrage an die Aufsichtsbehörde betreffend Beschwerde gegen die Grundstückverwertung

>> Formular ZH722 (EDV 7201)

### Betreibungs- und Gemeindeammannamt Hausen am Albis

In der Rüti 10    8915 Hausen a.A.    Telefon 044 764 16 75    Postkonto 80-1507-5

**Briefadresse:**
In der Rüti 10
8915 Hausen a.A.

A-Post

Bezirksgericht Affoltern
Im Grund 15
Postfach 76
8910 Affoltern a.A.

Hausen a.A., 2. Oktober 2007

Betreibung Nr. 3790

### Anfrage an die Aufsichtsbehörde betreffend Beschwerde gegen die Grundstückverwertung

| | |
|---|---|
| Schuldner: | **Chabloz Alain, Rigiblickstrasse 33, 8915 Hausen a.A** |
| Pfandeigentümer: | derselbe |
| Grundstück: | In der Gemeinde Hausen a.A., laut Grundregister Blatt 200, Kat.-Nr. 1911, Plan 15,: Ein Wohnhaus mit angebauter Garage mit 358 m² Gebäudegrundfläche und Hausumschwung, Albisweg 7, 8915 Hausen a.A. |
| Ersteigerer: | Hauser Reto, Zugerstrasse 43, 8915 Hausen a.A. |
| Datum der Steigerung: | 20. September 2007 |

Im Verwertungsverfahren gegen den oben erwähnten Schuldner ist dessen Grundstück zum Betrag von Fr. 490 000.00 zugeschlagen worden.

Wir fragen Sie an, ob innert Frist eine Beschwerde gegen den Zuschlag erfolgt ist.

Freundliche Grüsse
Betreibungsamt Hausen a.A.

*V. Moroff*
V. Moroff

## 8. Muster: Kostenrechnung

>> Formular ZH624 (EDV 6012)

### Betreibungs- und Gemeindeammannamt Hausen am Albis

In der Rüti 10  8915 Hausen a.A.  Telefon 044 764 16 75  Postkonto 80-1507-5

**Briefadresse:**
In der Rüti 10
8915 Hausen a.A.

**Amtsexemplar**

für die Auflage mit der
Verteilungsliste für die Pfandgläubiger

Hausen a.A., 18. Oktober 2007                    Betreibung Nr. 3790

### Kostenrechnung

Schuldner:    **Chabloz Alain, Rigiblickstrasse 33, 8915 Hausen a.A.**

Geschäft:     **Grundpfandverwertungsverfahren**, Grundregister Blatt 200, Kat.-Nr. 1911, Plan 15: Einfamilienhaus, Albisweg 7, 8915 Hausen a.A.

| Datum | Bezeichnung | Gebühren Fr. | Auslagen Fr. |
|---|---|---|---|
| 14.03.2007 | Mitteilung des Verwertungsbegehrens | 8.00 | 5.00 |
| 14.03.2007 | Anmeldung zur Vormerkung einer Verfügungsbeschränkung | 8.00 | 5.00 |
| 14.03.2007 | Einforderung eines detaillierten Grundbuchauszuges | 8.00 | 0.00 |
| 14.03.2007 | Aufforderung zur Leistung eines Kostenvorschusses | 8.00 | 5.00 |
| **usw.** | | | |
| | **Total Kosten** | **6 117.85** | **3 065.50** |

**Zusammenstellung**

| | |
|---|---|
| Gebühren | **6 117.85** |
| Auslagen | **3 065.50** |
| **Total Kosten** | **9 183.35** |

Freundliche Grüsse

Betreibungsamt Hausen a.A.

*V. Moroff*

V. Moroff

## 9.   Muster: Verteilungsliste für die Pfandgläubiger

>> Formular ZH730 (EDV 7216)

**Betreibungs- und Gemeindeammannamt Hausen am Albis**
In der Rüti 10    8915 Hausen a.A.    Telefon 044 764 16 75    Postkonto 80-1507-5

Betreibung Nr. 3790

## Verteilungsliste für die Pfandgläubiger

| | |
|---|---|
| Schuldner: | Chabloz Alain, Rigiblickstrasse 33, 8915 Hausen a.A. |
| Pfandeigentümer: | derselbe |

| | |
|---|---|
| Datum der Verwertung: | 20. September 2007 |
| Verteilungsliste aufgelegt am: | 22. Oktober 2007 |
| Anzeigen erlassen am: | 18. Oktober 2007 |
| Durch Beschwerde angefochten am: | --- |
| Abgeändert durch Beschwerdeentscheid am: | --- |
| In Kraft getreten am: | 2. November 2007 |

| | | |
|---|---|---:|
| **Zuschlagspreis** laut Verwertungsprotokoll | Fr. | 490 000.00 |
| zuzüglich **Netto-Mietzinserträgnisse** laut Kontokorrent Nr. 2159 | Fr. | 8 920.75 |
| zuzüglich **Depositenzinse** laut Kontokorrent Nr. | Fr. | |
| Zwischentotal | Fr. | 498 920.75 |
| abzüglich **Verwertungskosten** (gemäss Kostenrechnung) | Fr. | 9 183.35 |
| abzüglich **Verwaltungskosten** (sofern nicht aus den Verwaltungseinnahmen gedeckt) | Fr. | |
| abzüglich **Grundstückgewinnsteuer** | Fr. | |
| abzüglich **Mehrwertsteuer** | Fr. | |

abzüglich nachfolgende **Verteilungskosten:**

| | | | | |
|---|---|---:|---|---:|
| Aufstellen der Verteilungsliste | Fr. | 78.00 | | |
| Anzeigen an die Pfandgläubiger | Fr. | 32.00 | | |
| Anzeige an den Schuldner | Fr. | 8.00 | | |
| Anzeige an den Miteigentümer/Dritteigentümer | Fr. | | | |
| Inkassogebühren | Fr. | 500.00 | | |
| Anfrage bei der Aufsichtsbehörde betr. Beschwerde | Fr. | 8.00 | | |
| Pfandausfallscheine / Pfandausfallbescheinigungen | Fr. | 32.00 | | |
| Portoauslagen | Fr. | 46.00 | | |
| | Fr. | | | |
| Total Verteilungskosten | Fr. | 704.00 | Fr. | 704.00 |
| **Netto zu verteilen** | | | **Fr.** | **489 033.40** |

## Verteilungsliste für die Pfandgläubiger

| Betr. Nr. | Gläubiger / Vertreter (mit Angabe der Pfandstelle) | Forderung Kapital Fr. 1 | Zins Fr. 2 | Kosten Fr. 3 | Total Fr. 4 | Pfanderlös Fr. 5 | Zuteilung Erträgnisse Fr. 6 | Zugehör Fr. 7 | Total Fr. 8 | An Erwerber überbunden Fr. 9 | Auf Abschlag bezogen Fr. 10 | Bar noch zu beziehen Fr. 11 | Pfandausfall Fr. 12 |
|---|---|---|---|---|---|---|---|---|---|---|---|---|---|
| | **1. Pfandstelle** | | | | | | | | | | | | |
| | Zürcher Kantonalbank, Zürich | 225 000.00 | 58 625.00 | 0.00 | 283 625.00 | 283 625.00 | 0.00 | 0.00 | 283 625.00 | 236 375.00 | 0.00 | 47 250.00 | 0.00 |
| | **2. Pfandstelle** | | | | | | | | | | | | |
| 3790 | Bank Zürich AG, Zürich | 200 000.00 | 24 616.65 | 345.80 | 224 962.45 | 196 487.65 | 8 920.75 | 0.00 | 205 408.40 | 0.00 | 0.00 | 205 408.40 | 19 554.05 |
| | **3. Pfandstelle** | | | | | | | | | | | | |
| | Bank Bütschwil AG, Bütschwil | 50 000.00 | 0.00 | 0.00 | 50 000.00 | 0.00 | 0.00 | 0.00 | 0.00 | 0.00 | 0.00 | 0.00 | 50 000.00 |
| | **4. Pfandstelle** | | | | | | | | | | | | |
| | Leere Pfandstelle | 0.00 | 0.00 | 0.00 | 0.00 | 0.00 | 0.00 | 0.00 | 0.00 | 0.00 | 0.00 | 0.00 | 0.00 |
| | **5. Pfandstelle** | | | | | | | | | | | | |
| | Pierre Barraud, 2108 Couvet | 75 000.00 | 2 708.35 | 0.00 | 77 708.35 | 0.00 | 0.00 | 0.00 | 0.00 | 0.00 | 0.00 | 0.00 | 77 708.35 |
| | **6. Pfandstelle** | | | | | | | | | | | | |
| | Eigentümerschuldbrief | 0.00 | 0.00 | 0.00 | 0.00 | 0.00 | 0.00 | 0.00 | 0.00 | 0.00 | 0.00 | 0.00 | 0.00 |
| | **Mehrzins 1. Pfandstelle** | | | | | | | | | | | | |
| | Zürcher Kantonalbank, Zürich | 0.00 | 16 750.00 | 0.00 | 16 750.00 | 0.00 | 0.00 | 0.00 | 0.00 | 0.00 | 0.00 | 0.00 | 16 750.00 |
| | | **550 000.00** | **102 700.00** | **345.80** | **653 045.80** | **480 112.65** | **8 920.75** | **0.00** | **489 033.40** | **236 375.00** | **0.00** | **252 658.40** | **164 012.40** |

Hausen a.A., 18. Oktober 2007

Betreibungsamt Hausen a.A.

*V. Moroff*

V. Moroff

| | |
|---|---|
| Datum der Auszahlungen: | 8. November 2007 |
| Buchungsbelege: | 2077 – 2080 |
| Datum der Ausfalldokumente: | 22. Oktober 2007 |
| Versanddatum der Ausfalldokumente: | 8. November 2007 |

**Zusammenstellung**

| | | |
|---|---|---|
| 9: | 236 375.00 | An den Erwerber zu überbinden |
| 11: | 252 658.40 | Bar noch zu beziehen |
| 12: | 164 012.40 | Pfandausfall |
| 4: | **653 045.80** | **Total Forderungen** |

205

## 10. Muster: Abrechnung an den Ersteigerer betreffend Grundstückverwertung

>> Formular ZH725 (EDV 7206)

### Betreibungs- und Gemeindeammannamt Hausen am Albis

In der Rüti 10    8915 Hausen a.A.    Telefon 044 764 16 75    Postkonto 80-1507-5

**Briefadresse:**
In der Rüti 10
8915 Hausen a.A.

Einschreiben

Herr
Reto Hauser
Zugerstrasse 43
8915 Hausen a.A.

Hausen a.A., 8. Oktober 2007

Betreibung Nr. 3790

### Abrechnung an den Ersteigerer betreffend Grundstückverwertung

| | |
|---|---|
| Schuldner: | **Chabloz Alain, Rigiblickstrasse 33, 8915 Hausen a.A.** |
| Grundstück: | In der Gemeinde Hausen a.A., laut Grundregister Blatt 200, Kat.-Nr. 1911, Plan 15: Ein Wohnhaus mit angebauter Garage mit 358 m² Gebäudegrundfläche mit Hausumschwung, Albisweg 7, 8915 Hausen a.A. |
| Ersteigerer: | Hauser Reto, Zugerstrasse 43, 8915 Hausen a.A. |
| Zuschlagspreis: | Fr. 490 000.00 |
| Datum der Versteigerung: | 20. September 2007 |

Der Ihnen an der Versteigerung erteilte Zuschlag ist rechtskräftig geworden.

Wir fordern Sie auf, die gemäss den Steigerungsbedingungen fällige Restzahlung (siehe nachfolgende Abrechnung) im Betrag von **Fr. 203 625.00** bis spätestens **18. Oktober 2007** auf unser Postkonto Nr. 80-1507-5 zu leisten.

Sollten Sie den angegebenen Betrag nicht innert der angesetzten Frist bezahlen, so würde der Zuschlag ohne Weiteres aufgehoben und eine neue Steigerung angeordnet.

Die Kosten für die Eigentumsübertragung und die in Bezug auf Grundpfandrechte, Dienstbarkeiten usw. erforderlichen Löschungen und Änderungen im Grundbuch und in den Pfandtiteln werden vom Grundbuchamt festgesetzt und sind bei diesem von Ihnen noch zu bezahlen.

Diese Verfügung können Sie gemäss Art. 17 SchKG innert **10 Tagen**, vom Empfang an gerechnet, beim Bezirksgericht Affoltern, Aufsichtsbehörde über Betreibungsämter, Im Grund 15, Postfach 76, 8910 Affoltern a.A., mit Beschwerde anfechten. Die Beschwerde ist im Doppel einzureichen und hat eine Begründung und einen Antrag zu enthalten. Diese Verfügung und allfällige Beweismittel sind beizulegen.

Freundliche Grüsse
Betreibungsamt Hausen a.A.

*V. Moroff*
V. Moroff

## Abrechnung an den Ersteigerer

| Auf Abrechnung am Zuschlagspreis | | Bemerkungen |
|---|---|---|
| überbunden Fr. | bar zu bezahlen ① Fr. | |
| 0.00 | 9 183.35 | Verwertungskosten |
| 0.00 | 704.00 | Verteilungskosten |
| 236 375.00 | 47 250.00 | 1. Pfandstelle |
| 0.00 | 196 487.65 | 2. Pfandstelle, Resterlös |
| **236 375.00** | **253 625.00** | |
| | | |
| | **Zusammenstellung** | |
| | 236 375.00 | zu überbinden |
| | 253 625.00 | bar zu bezahlen |
| | **490 000.00** | **Zuschlagspreis** |

① bar zu bezahlen auf Abrechnung am Zuschlagspreis     Fr.     253 625.00

**abzüglich:** vor dem Zuschlag geleistete Zahlung     Fr.     50 000.00

**noch bar zu bezahlen** (siehe Vorderseite)     **Fr.**     **203 625.00**

## 11. Muster: Anzeige an die Pfandgläubiger über die Auflegung der Verteilungsliste und der Kostenrechnung über die Verwertung

» Formular VZG 20 (EDV 7217)

Aus Platzgründen wird nachfolgend nur die Anzeige für die Grundpfandgläubigerin an der 2. Pfandstelle aufgeführt.

### Betreibungs- und Gemeindeammannamt Hausen am Albis
In der Rüti 10    8915 Hausen a.A.    Telefon 044 764 16 75    Postkonto 80-1507-5

**Briefadresse:**
In der Rüti 10
8915 Hausen a.A.

Einschreiben

Bank Zürich AG
Sihlquai 45
8098 Zürich

Hausen a.A., 18. Oktober 2007                    Betreibung Nr. 3790

### Anzeige an die Pfandgläubiger über die Auflegung der Verteilungsliste und der Kostenrechnung über die Verwertung gemäss Art. 112 VZG

| | |
|---|---|
| Schuldner: | **Chabloz Alain, Rigiblickstrasse 33, 8915 Hausen a.A.** |
| Pfandeigentümer: | derselbe |
| Grundstück: | In der Gemeinde Hausen a.A., laut Grundregister Blatt 200, Kat.-Nr. 1911, Plan 15: Ein Wohnhaus mit angebauter Garage mit 358 m² Gebäudegrundfläche mit Hausumschwung, Albisweg 7, 8915 Hausen a.A. |

Im Verwertungsverfahren gegen den oben erwähnten Schuldner liegen die Verteilungsliste sowie die Kostenrechnung über die Verwertung und die Abrechnung über die Verwaltung während **10 Tagen**, d.h. vom **22. Oktober 2007** bis **1. November 2007**, beim Betreibungsamt zur Einsicht auf.

Diese Verfügung können Sie gemäss Art. 17 SchKG innert **10 Tagen**, vom Empfang an gerechnet, beim Bezirksgericht Affoltern, Aufsichtsbehörde über Betreibungsämter, Im Grund 15, Postfach 76, 8910 Affoltern a.A., mit Beschwerde anfechten. Die Beschwerde ist im Doppel einzureichen und hat eine Begründung und einen Antrag zu enthalten. Diese Verfügung und allfällige Beweismittel sind beizulegen.

Erfolgt in dieser Frist bei der Aufsichtsbehörde keine Beschwerde, so werden die Verteilungsliste sowie die Kostenrechnung über die Verwertung und die Abrechnung der Verwaltung rechtskräftig, und das unten angegebene Betreffnis wird Ihnen überwiesen.

| | | |
|---|---|---:|
| Zuschlagspreis | Fr. | 490 000.00 |
| zuzüglich Netto-Mietzinserträgnisse | Fr. | 8 920.75 |
| zuzüglich Depositenzinse | Fr. | |
| Zwischentotal | Fr. | 498 920.75 |
| **abzüglich** Verwertungskosten | Fr. | 9 183.35 |
| **abzüglich** Grundstückgewinnsteuer | Fr. | |
| **abzüglich** Mehrwertsteuer | Fr. | |
| **abzüglich** Verwaltungskosten | Fr. | |
| **abzüglich** Verteilungskosten | Fr. | 704.00 |
| **abzüglich** | Fr. | |
| **Netto zu verteilen** | **Fr.** | **489 033.40** |

## Auszug aus der Verteilungsliste

| Pfand-stelle | Gesamt-forderung / Fr. | Zuteilung | | | Total Fr. | Pfandausfall Fr. |
|---|---|---|---|---|---|---|
| | | vom Pfand-erlös / Fr. | von Erträg-nissen / Fr. | aus Zugehör Fr. | | |
| 1. | 283 625.00 | 283 625.00 | 0.00 | 0.00 | 283 625.00 | 0.00 |
| 2. | 224 962.45 | 196 487.65 | 8 920.75 | 0.00 | 205 408.40 | 19 554.05 |
| 3. | 50 000.00 | 0.00 | 0.00 | 0.00 | 0.00 | 50 000.00 |
| 4. | 0.00 | 0.00 | 0.00 | 0.00 | 0.00 | 0.00 |
| 5. | 77 708.35 | 0.00 | 0.00 | 0.00 | 0.00 | 77 708.35 |
| 6. | 0.00 | 0.00 | 0.00 | 0.00 | 0.00 | 0.00 |
| 1.[1] | 16 750.00 | 0.00 | 0.00 | 0.00 | 0.00 | 16 750.00 |
| | **653 045.80** | **480 112.65** | **8 920.75** | **0.00** | **489 033.40** | **164 012.40** |

[1]  Mehrzins: 1. Pfandstelle (siehe vorne § 15 Ziff. 15 Lastenverzeichnis: B. Vertragliche Pfandrechte, Nr. 14 und 15).

Freundliche Grüsse

Betreibungsamt Hausen a.A.

*V. Moroff*

V. Moroff

## 12. Muster: Anzeige an den Schuldner und Pfandeigentümer über die Auflage der Verteilungsliste und der Kostenrechnung über die Verwertung

» Formular ZH732 (EDV 7218)

### Betreibungs- und Gemeindeammannamt Hausen am Albis

In der Rüti 10    8915 Hausen a.A.    Telefon 044 764 16 75    Postkonto 80-1507-5

**Briefadresse:**
In der Rüti 10
8915 Hausen a.A.

Einschreiben

Herr
Alain Chabloz
Rigiblickstrasse 33
8915 Hausen a.A.

Hausen a.A., 18. Oktober 2007                          Betreibung Nr. 3790

### Anzeige an den Schuldner und Pfandeigentümer über die Auflage der Verteilungsliste und der Kostenrechnung über die Verwertung

Grundstück:    In der Gemeinde Hausen laut Grundregister Blatt 200, Kat.-Nr. 1911, Plan 15: Ein Wohnhaus mit angebauter Garage mit 358 m² Gebäudegrundfläche mit Hausumschwung, Albisweg 7, 8915 Hausen a.A.

Ersteigerer:    Hauser Reto, Zugerstrasse 43, 8915 Hausen a.A.

Die Verteilungsliste über den Verwertungserlös und die Kostenrechnung über die Verwertung liegen während **10 Tagen**, d.h. vom **22. Oktober 2007** bis **1. November 2007,** beim Betreibungsamt zur Einsicht auf.

Diese Verfügung können Sie gemäss Art. 17 SchKG innert **10 Tagen**, vom Empfang an gerechnet, beim Bezirksgericht Affoltern, Aufsichtsbehörde über Betreibungsämter, Im Grund 15, Postfach 76, 8910 Affoltern a.A., mit Beschwerde anfechten. Die Beschwerde ist im Doppel einzureichen und hat eine Begründung und einen Antrag zu enthalten. Diese Verfügung und allfällige Beweismittel sind beizulegen.

Nach unbenütztem Ablauf dieser Frist werden die Verteilungsliste sowie die Kostenrechnung über die Verwertung und die Abrechnung der Verwaltung rechtskräftig und die einzelnen Betreffnisse überwiesen. Für die Pfandausfallforderungen werden die entsprechenden Dokumente ausgestellt und versandt.

## Auszug aus der Verteilungsliste

| Pfandst. | Gläubiger | Pfandausfall / Fr. |
|:---:|:---|---:|
| 1. | Zürcher Kantonalbank, Bahnhofstrasse 22, 8010 Zürich | 0.00 |
| 2. | Bank Zürich AG, Sihlquai 45, 8098 Zürich | 19 554.05 |
| 3. | Bank Bütschwil AG, Sohrstrasse 22, 9606 Bütschwil | 50 000.00 |
| 4. | Leere Pfandstelle | 0.00 |
| 5. | Pierrre Barraud, 2108 Couvet | 77 708.35 |
| 6. | Eigentümerschuldbrief | 0.00 |
| 1.[1] | Zürcher Kantonalbank, Bahnhofstrasse 22, 8010 Zürich, Mehrzins | 16 750.00 |
|  | **Total Pfandausfall** | **164 012.40** |

[1]  Mehrzins: 1. Pfandstelle (siehe vorne § 15 Ziff. 15 Lastenverzeichnis: B. Vertragliche Pfandrechte, Nr. 14 und 15).

Freundliche Grüsse

Betreibungsamt Hausen a.A.

*V. Moroff*

V. Moroff

## 13. Muster: Anfrage an die Aufsichtsbehörde betreffend Beschwerde gegen die Verteilungsliste und die Kostenrechnung

>> Formular ZH733 (EDV 7219)

### Betreibungs- und Gemeindeammannamt Hausen am Albis

In der Rüti 10    8915 Hausen a.A.    Telefon 044 764 16 75    Postkonto 80-1507-5

**Briefadresse:**
In der Rüti 10
8915 Hausen a.A.

Einschreiben

Bezirksgericht Affoltern
Im Grund 15
Postfach 76
8910 Affoltern a.A.

Hausen a.A., 2. November 2007                    Betreibung Nr. 3790

### Anfrage an die Aufsichtsbehörde betreffend Beschwerde gegen die Verteilungsliste und die Kostenrechnung infolge Grundstückverwertung

| | |
|---|---|
| Schuldner: | **Chabloz Alain, Rigiblickstrasse 33, 8915 Hausen a.A.** |
| Pfandeigentümer: | derselbe |
| Grundstück: | In der Gemeinde Hausen a.A., laut Grundregister Blatt 200, Kat.-Nr. 1911, Plan 15: Ein Wohnhaus mit angebauter Garage mit 358 m² Gebäudegrundfläche mit Hausumschwung, Albisweg 7, 8915 Hausen a.A. |

In der Grundstückverwertung gegen den oben erwähnten Schuldner sind die Verteilungsliste über den Verwertungserlös und die Kostenrechnung über die Verwertung sowie die Verwaltungsabrechnung vom **22. Oktober 2007** bis **1. November 2007,** beim Betreibungsamt zur Einsicht aufgelegen.

Wir fragen Sie an, ob innert Frist eine Beschwerde dagegen erfolgt ist.

Freundliche Grüsse

Betreibungsamt Hausen a.A.

*V. Moroff*

V. Moroff

212

## 14.  Muster: Anzeige an den Mieter betreffend Eigentumsübergang

» Formular ZH728 (EDV 7210)

### Betreibungs- und Gemeindeammannamt Hausen am Albis

In der Rüti 10   8915 Hausen a.A.   Telefon 044 764 16 75   Postkonto 80-1507-5

**Briefadresse:**
In der Rüti 10
8915 Hausen a.A.

Einschreiben

Herr
Werner Hegglin
Albisweg 7
8915 Hausen a.A.

Hausen a.A., 18. Oktober 2007

Betreibung Nr. 3790

### Anzeige an den Mieter betreffend Eigentumsübergang

| | |
|---|---|
| Bisheriger Eigentümer: | Chabloz Alain, Rigiblickstrasse 33, 8915 Hausen a.A. |
| Neuer Eigentümer: | **Hauser Reto, Zugerstrasse 43, 8915 Hausen a.A.** |
| Grundstück: | 4½-Zimmer-Einfamilienhaus, Albisweg 7, 8915 Hausen a.A. |

Wir teilen Ihnen mit, dass die betreibungsamtliche Verwaltung mit sofortiger Wirkung aufgehoben ist. Mietzinsberechtigt ist ab 20. September 2007 (Steigerungstag) der neue Eigentümer. Die Mietzinse sind deshalb nicht mehr an das Betreibungsamt zu leisten.

Freundliche Grüsse
Betreibungsamt Hausen a.A.

*V. Moroff*
V. Moroff

# § 24 Löschung oder Abänderung (Herabsetzung) von Grundpfandtiteln / Herausgabe von Grundpfandtiteln an den Ersteigerer

## 1. Löschung oder Abänderung (Herabsetzung) von Grundpfandtiteln

### 1.1 Einfordern von Grundpfandtiteln

Gemäss Art. 69 Abs. 1 i.V.m. Art. 102 VZG hat das Betreibungsamt die Titel über die durch die Versteigerung **ganz oder teilweise untergegangenen Grundpfandrechte** vor der Verteilung des Verwertungserlöses **einzufordern**. Der Pfandtitelbesitzer ist dabei in einer speziellen Verfügung aufzufordern, den Pfandtitel innert einer Frist von **zehn Tagen** dem Betreibungsamt abzuliefern, siehe dazu auch vorne § 22 Ziff. 2 und 5. Gleichzeitig ist der Titelbesitzer darauf aufmerksam zu machen, dass bei einer allfälligen Nichtablieferung des Pfandtitels die Löschung oder Abänderung des Pfandrechtes und des Titels auf seine Kosten im Schweizerischen Handelsamtsblatt (SHAB) und im diesbezüglichen kantonalen Amtsblatt veröffentlicht wird, vgl. dazu nachfolgende Ziff. 1.2 und 1.3.

### 1.2 Veröffentlichung der Löschung oder Abänderung (Herabsetzung) von Grundpfandtiteln im Allgemeinen

Werden die Grundpfandtitel aufgrund der Aufforderung an den Titelinhaber **nicht beigebracht**, so hat das Betreibungsamt trotzdem die erforderlichen Löschungen oder Abänderungen (Herabsetzung) im Grundbuch zu veranlassen, jedoch die allenfalls auf die betreffenden Forderungen entfallenden Beträge zu hinterlegen (Art. 69 Abs. 1 i.V.m. Art. 102 VZG), vgl. dazu nachfolgende Ziff. 2.

Die Löschung oder Abänderung (Herabsetzung) des Grundpfandrechts ist gem. Art. 69 Abs. 2 i.V.m. Art. 102 VZG durch **einmalige Publikation** im **Schweizerisches Handelsamtsblatt (SHAB)** sowie im betreffenden **kantonalen Amtsblatt** zu veröffentlichen (Art. 35 SchKG), siehe dazu nachfolgende Ziff. 1.3.

Die Löschung oder Abänderung (Herabsetzung) des Grundpfandrechts ist dem betreffenden Grundpfandgläubiger, sofern sein Name und sein Wohnort **bekannt** sind, durch eingeschriebenen Brief zur Kenntnis zu bringen mit der Anzeige, dass die Veräusserung oder Verpfändung des gänzlich zu Verlust gekommenen Pfandtitels, resp. bei teilweisem Verlust, über den erlösten Betrag hinaus, strafbar ist (Art. 69 Abs. 2 i.V.m. Art. 102 VZG).

Ist der Inhaber des Titels **unbekannt**, so hat das Betreibungsamt die Löschung oder Abänderung (Herabsetzung) des Grundpfandrechts ebenfalls im Sinne des vorgehenden Absatzes 2 öffentlich bekannt zu machen (Art. 69 Abs. 3 i.V.m. Art. 102 VZG).

Bei der Anmeldung an das Grundbuchamt zur Eigentumsübertragung sind Pfandtitel, die nicht beigebracht werden konnten und deren **Löschung oder Abänderung**

**(Herabsetzung)** daher veröffentlicht wurde, im Formular VZG 15 (EDV 7208) «**Anmeldung zur Eintragung des Eigentumsübergangs eines Grundstücks zufolge Zuschlags im Zwangsverwertungsverfahren**», siehe hinten § 25 Ziff. 3 unter Ziff. 8 der Anmeldung, aufzuführen. Der Anmeldung an das Grundbuchamt sind die diesbezüglichen Publikationsbelege beizulegen, vgl. hinten § 25 Ziff. 1.2 Abs. 2 (Aufzählung der Beilagen).

## 1.3 Publikationstext für die Veröffentlichung der Löschung oder Abänderung (Herabsetzung) eines Grundpfandtitels

Betreffend die Einforderung eines Grundpfandtitels, siehe vorgehende Ziff. 1.1.

Wird ein eingeforderter Titel innert Frist nicht beigebracht, hat das Betreibungsamt im Sinne der vorgehenden Ziff. 1.2 die Löschung oder Abänderung (Herabsetzung) des Grundpfandtitels und des entsprechenden Grundpfandrechtes zu veröffentlichen.

» Handelt es sich dabei um einen Grundpfandtitel mit einer fälligen Kapitalforderung, die gänzlich unerlöst blieb, siehe dazu **nachfolgenden Publikationstext.**

» Handelt es sich um einen Grundpfandtitel mit einer fälligen Kapitalforderung, die zum Teil erlöst wurde und der Pfandtitel deshalb zu löschen ist;

oder

» handelt es sich um einen Pfandtitel mit einer nicht fälligen Kapitalforderung und die Pfandforderung und der Nominalbetrag des Pfandtitels infolge Teilerlöses herabzusetzen ist, muss der nachfolgende Publikationstext, insbesondere auch betr. die allfällige Hinterlegung des Steigerungserlöses, entsprechend angepasst werden.

## Muster: Publikationstext

**Löschung eines Grundpfandtitels**
(Art. 69 Abs. 2 i.V.m. Art. 102 VZG)

Anlässlich der zwangsrechtlichen öffentlichen Grundstückversteigerung vom XXX, des im nachstehenden Schuldbrief erwähnten Grundstückes, ist der Schuldbriefinhaber mit seiner Forderung vollständig zu Verlust gekommen.

**Grundpfandrecht**
Inhaberschuldbrief, per nom. Fr. XXX, dat. XXX, haftend an XXX Pfandstelle auf dem Grundstück in der Gemeinde XXX, laut Grundbuch Blatt XXX, Plan XXX, Kataster Nr. XXX, Beschrieb des Grundstückes: XXX.

**Schuldbriefinhaber zurzeit der Errichtung des Pfandtitels**
XXX.[1]

**Grundpfandeigentümer zurzeit der Grundstückversteigerung**
XXX.[1]

Da der Schuldbrief bis heute nicht beigebracht wurde, werden der Grundpfandtitel und das Grundpfandrecht für den ganzen Kapitalbetrag inkl. Zinse gem. Art. 69 Abs. 2 i.V.m. Art. 102 der Verordnung des Bundesgerichtes über die Zwangsverwertung von Grundstücken (VZG) gelöscht.

Im Weiteren wird auf Art. 69 Abs. 2 i.V.m. Art. 102 VZG verwiesen, wonach die Weitergabe oder Verpfändung des zu Verlust gekommenen Pfandtitels strafbar ist.

Ort und Datum: XXX [2)]

[1)] Name und Adresse
[2)] Datum der Publikation im Schweizerischen Handelsamtsblatt (SHAB)


## 2.  Hinterlegung

Entfällt bei einer **fälligen Kapitalforderung** ein Steigerungserlös auf den zu löschenden oder herabzusetzenden Pfandtitel (d.h. der zugeteilte Nettoerlös nach Abzug der Zinsen und Kosten, siehe dazu nachfolgende Ziff. 4 und 6), hat das Betreibungsamt den diesbezüglichen Betrag im Sinne von Art. 69 Abs. 1 i.V.m. Art. 102 VZG zu **hinterlegen**.

Macht nun der mutmassliche Gläubiger oder allenfalls ein ranglich nachgehender Grundpfandgläubiger die Auszahlung des Erlöses geltend, genügt es nicht, wenn der Grundpfandtitel lediglich im Sinne von Art. 69 i.V.m. Art. 102 VZG im Grundbuch gelöscht wird, auch wenn gem. den einschlägigen Vorschriften eine diesbezügliche Publikation gem. Art. 69 Abs. 2 i.V.m. Art. 102 VZG erfolgt ist. Die Auszahlung des hinterlegten Betrages kann m.E. nur erwirkt werden, indem entweder der Pfandtitel beigebracht werden muss (was eben gerade nicht möglich ist), oder aber die Beibringung des Titels durch dessen **Kraftloserklärung gem. Art. 870 ZGB** ersetzt wird, vgl. diesbezüglich nachfolgende Ziff. 3[110].

Liegt also ein auf den nicht beigebrachten Pfandtitel entfallender Erlös vor, so hat das Betreibungsamt, nebst der Löschung oder Herabsetzung des Pfandtitels durch öffentliche Publikation und im Grundbuch im Sinne von Art. 69 i.V.m. Art. 102 VZG, den Gläubiger, welcher die Auszahlung des hinterlegten Betrages fordert, auf den Weg der Kraftloserklärung gem. Art. 870 ZGB zu verweisen.


## 3.  Kraftloserklärung im Sinne von Art. 870 ZGB

Ist ein Grundpfandtitel abhanden gekommen, resp. nicht mehr auffindbar, so hat der bisherige Titelinhaber (Gläubiger, allenfalls ein ranglich nachgehender Gläubiger) beim Gericht ein entsprechendes Gesuch um Kraftloserklärung gem. Art. 870 ZGB zu stellen. Das Gericht publiziert anschliessend die Kraftloserklärung des diesbezüglichen Pfandtitels im **Schweizerischen Handelsamtsblatt (SHAB)**, mit der Androhung, dass der **Pfandtitel gelöscht** werde, wenn sich kein berechtigter Gläubiger innerhalb **eines Jahres** meldet.

---

[110]  BGE 62 III 124.

Dieses Verfahren gilt auch für die Kraftloserklärung für Grundpfandtitel im Zusammenhang mit der **Zwangsverwertung von Grundstücken.**

Nach Verstreichung der **Jahresfrist** wird das Gericht die Kraftloserklärung des Pfandtitels verfügen. Anhand dieser in Rechtskraft erwachsenen Verfügung kann dann das Betreibungsamt den im Sinne der vorgehenden Ziff. 3. hinterlegten Steigerungserlös an den Berechtigten auszahlen.

In diesem Zusammenhang wird auf Art. 61 Abs. 3 GBV verwiesen, wonach Eintragungen von Schuldbriefen und Gülten nur abgeändert werden dürfen, wenn die entsprechende Änderung gleichzeitig im Pfandtitel vorgenommen wird. Ist der Pfandtitel abhanden gekommen, so darf eine Änderung nur vorgenommen werden, wenn der Titel vom Richter kraftlos erklärt und an seiner Stelle für eine noch **nicht fällige** Forderung ein Ersatztitel (Duplikat) ausgestellt worden ist (Art. 870 Abs. 1 ZGB).

## 4.     Herabsetzung des Nominalbetrages von Grundpfandtiteln

In der Frage, ob der Verwertungserlös für den Pfandgläubiger derjenigen Pfandstelle, die ranglich als erste, gem. rechtskräftigem Lastenverzeichnis, nicht mehr voll befriedigt werden kann, zuerst für das Kapital dieser Pfandstelle oder für die Zinsen und die Kosten zu verwenden ist, hat sich die Rechtsprechung für die analoge Anwendung von Art. 85 OR ausgesprochen. Für die Praxis heisst dies nun, dass vom verbleibenden Verwertungserlös zuerst die verfallenen Zinsen und Kosten (m.E. bei einer fälligen Forderung auch die laufenden Zinsen gem. Lastenverzeichnis) an der diesbezüglichen Pfandstelle zu decken sind und erst dann der Rest an das Kapital angerechnet werden kann[111], vgl. dazu auch nachfolgende Ziff. 6.

Der entsprechende Schuldbrief ist alsdann im Sinne dieser Ausführungen nach erfolgter Anmeldung an das Grundbuchamt zur Eintragung des Eigentumsüberganges durch das Grundbuchamt zu reduzieren.

Die so vorzunehmende Herabsetzung des Nominalbetrages von Grundpfandtiteln gilt auch im Zusammenhang mit der Veröffentlichung der Abänderung (Herabsetzung) eines Schuldbriefes im Sinne der vorgehenden Ziff. 1.

## 5.     Herausgabe von Grundpfandtiteln an den Ersteigerer

Es ist im Kanton Zürich langjährige Praxis, dass gleichzeitig mit der Anmeldung an das Grundbuchamt zur Eintragung der Eigentumsübertragung (Formular VZG 15 [EDV 7208], siehe hinten § 25 Ziff. 3), voll erlöste Schuldbriefe, resp. solche mit Teilerlös, deren gesamte Kapitalforderung gem. Lastenverzeichnis fällig und somit bar zu bezahlen waren, dem Ersteigerer auf Verlangen hin als «**Eigentümerschuldbriefe**» herausgegeben werden können. Wie die Anmeldung an das Grundbuchamt zur Eintragung des Eigentumsübergangs bezüglich solchen vom Erwerber beanspruchten

---

[111]  BGE 96 III 86; 121 III 432 ff.

Eigentümerschuldbriefen und den entsprechenden Forderungen abgefasst werden muss, ergibt sich aus dem diesbezüglichen Muster in der nachfolgenden Ziff. 6. Diese erwähnte Praxis betr. die Herausgabe von Schuldbriefen an den Ersteigerer ist von der Rechtsprechung bestätigt worden[112].

---

[112]  ZBGR 46 (1965) S. 89 ff.; BGE 125 III 252 ff. = BlSchK 65 (2001) S. 125 f.

# 6. Muster: Berechnung des neuen Nominalbetrages eines Schulbriefes

**»** Siehe dazu vorgehende Ziff. 4 und 5.

| LASTENVERZEICHNIS | | VERTEILUNG | |
|---|---|---|---|
| **A) Gesetzliche Pfandrechte:** Keine. | | | |
| **B) Vertragliche Pfandrechte** | | Erlös, netto zu verteilen | **800 000.00** |
| **1. Pfandstelle** Namenschuldbrief, Fr. 350 000.00 | | | |
| 1.  Kapital | 350 000.00 | | |
| 2.  drei Jahreszinse | 63 000.00 | | |
| 3.  laufender Zins | 2 500.00 | | |
| **Total 1. Pfandstelle** | **415 500.00** | ./. Erlös 1. Pfandstelle | **415 500.00** |
| | | Resterlös | 384'500.00 |
| **2. Pfandstelle** Inhaberschuldbrief, Fr. 200 000.00 | | | |
| 4.  Kapital | 200 000.00 | | |
| 5.  drei Jahreszinse | 42 000.00 | | |
| 6.  laufender Zins | 3 000.00 | | |
| 7.  Betreibungskosten | 280.00 | | |
| **Total 2. Pfandstelle** | **245 280.00** | ./. Erlös 2. Pfandstelle | **245 280.00** |
| | | verbleibender Resterlös | 139'220.00 |
| **3. Pfandstelle** Inhaberschuldbrief, Fr. 150 000.00 | | ./ Erlös 3. Pfandstelle: | |
| | | ./. drei Jahreszinse | 31 500.00 |
| 8.  Kapital | 150 000.00 | ./. laufender Zins | 2 500.00 |
| 9.  drei Jahreszinse | 31 500.00 | ./. Betreibungskosten | 200.00 |
| 10. laufender Zins | 2 500.00 | **Resterlös an Kapital** [1] | **105 020.00** |
| 11. Betreibungskosten | 200.00 | | |
| **Total 3. Pfandstelle** | **184 200.00** | | |
| | | **Pfandausfall** Forderung 3. Pfandstelle | 184 200.00 |
| | | ./. verbleibender Resterlös | 139 220.00 |
| | | **Pfandausfall 3. Pfandstelle** | **44 980.00** |
| **4. Pfandstelle** Grundpfandverschreibung, Fr. 84 500.00 | | Erlös 4. Pfandstelle | 0.00 |
| 12. Kapital | 84 500.00 | **Pfandausfall 4. Pfandstelle** | **86 300.00** |
| 13. laufender Zins | 1 800.00 | | |
| **Total 4. Pfandstelle** | **86 300.00** | [1] Dieser Erlös an das Kapital ist gleichzeitig **der neue Nominalbetrag des Inhaberschuldbriefes an der 3. Pfandstelle** | |
| **Total Grundpfandbelastung** | **931 280.00** | | |

# § 25 Eigentumsübertragung / Pfandausfalldokumente

## 1. Anmeldung an das Grundbuchamt zur Eintragung des Eigentumsüberganges

### 1.1 Zeitpunkt der Anmeldung

Die Anmeldung des durch den Zuschlag bewirkten Eigentumsüberganges an dem versteigerten Grundstück zur Eintragung in das Grundbuch erfolgt durch das Betreibungsamt von Amtes wegen, sobald feststeht, dass der Zuschlag nicht mehr durch Beschwerde angefochten werden kann oder die erhobene Beschwerde endgültig abgewiesen worden ist (Art. 66 Abs. 1 i.V.m. Art. 102 VZG). **Sie soll in der Regel jedoch erst erfolgen, nachdem der Zuschlagspreis sowie die Kosten der Eigentumsübertragung vollständig bezahlt sind** (Art. 66 Abs. 2 i.V.m. Art. 102 VZG).

Auf begründetes Begehren des Ersteigerers kann das Amt ausnahmsweise die Anmeldung auch vorher vornehmen, sofern der Ersteigerer für den ausstehenden Rest des Zuschlagspreises **ausreichende Sicherheit** leistet. In diesem Falle ist aber gleichzeitig im Grundbuch eine Verfügungsbeschränkung nach Art. 960 ZGB vorzumerken (Art. 66 Abs. 3 i.V.m. Art. 102 VZG).

In denjenigen Kantonen, in denen die Eintragung im Grundbuch von der Bezahlung einer **Handänderungssteuer** abhängig gemacht wird, muss vor der Anmeldung auch diese an das Amt bezahlt oder der Ausweis über direkt geleistete Bezahlung erbracht werden (Art. 66 Abs. 4 i.V.m. Art. 102 VZG).

Für die Praxis ist m.E. empfehlenswert, die Eigentumsübertragung nicht bereits schon nach Eingang des Restkaufpreises, **sondern erst, nachdem die Verteilungsliste für die Pfandgläubiger in Rechtskraft erwachsen ist,** vorzunehmen. Denn erst dann steht verbindlich fest, in welchem Umfang allenfalls Pfandtitel zu reduzieren oder gänzlich abzuschreiben sind (vgl. dazu vorne § 23 Ziff. 2.3 und § 24).

### 1.2 Inhalt der Anmeldung

Für die Anmeldung an das **zuständige Grundbuchamt** zur Eintragung des Eigentumsüberganges mit den diesbezüglichen Anträgen von Löschungen oder Änderungen im Grundbuch (Art. 68 und 69 i.V.m. Art. 102 VZG) hat das Betreibungsamt zwingend das Formular VZG 15 (EDV 7208) **«Anmeldung zur Eintragung des Eigentumsübergangs eines Grundstücks zufolge Zuschlags im Zwangsverwertungsverfahren»** zu verwenden (siehe nachfolgende Ziff. 3).

Die Anmeldung an das Grundbuchamt hat u.a. zu enthalten:

>> Name, Vorname und Wohnort des bisherigen Eigentümers des Grundstückes.

>> Beschreibung des Grundstückes.

>> Ort und Datum der Steigerung.

>> Zuschlagspreis.

>> Name, Vorname, Heimatort, Geburtsjahr und Wohnort des Ersteigerers (siehe auch nachfolgende Ziff. 1.3).

>> Angaben über die Kaufbedingungen:
> Aufführen der dem Ersteigerer überbundenen Grundpfandforderungen und Grundlasten, mit Angabe der Zinspflicht und von deren Beginn;
> Aufführen der grundpfandgesicherten Forderungen, die im Grundbuch ganz oder teilweise abzuschreiben sind;
> Aufführen der dem Ersteigerer überbundenen dinglichen Lasten, wie z.B. Dienstbarkeiten usw.;

>> Aufführen der Pfandtitel, die vollständig zu entkräften sind.

>> Aufführen der Pfandtitel, die teilweise abzuschreiben sind und die allenfalls dem Ersteigerer als Eigentümerpfandtitel auszuhändigen sind (vgl. vorne § 24 Ziff. 5).

>> Aufführen der gänzlich erlösten Pfandtitel, die bereits dem Ersteigerer als Eigentümerpfandtitel übergeben wurden (vgl. vorne § 24 Ziff. 5).

>> Aufführen der Pfandtitel, deren Abschreibung oder Abänderung durch das Betreibungsamt nach Art. 69 i.V.m. Art. 102 VZG veröffentlicht werden musste (vgl. vorne § 24 Ziff. 1.2).

>> Anmeldung allfälliger im Lastenbereinigungsverfahren festgestellten, noch nicht im Grundbuch eingetragene Lasten, wie z.B. Dienstbarkeiten usw. (Art. 68 Abs. 2 i.V.m. Art. 102 VZG).

>> Datum und Unterschrift.

>> **Beilagen**, wie u.a.:
> Anmeldung zur Löschung von Verfügungsbeschränkungen;
> Pfandtitel, die zu entkräften sind;
> Pfandtitel, die dem Ersteigerer als Eigentümerpfandtitel herauszugeben sind;
> Lastenverzeichnis;
> Steigerungsbedingungen;
> Steigerungsprotokoll mit Bescheinigung über den Zuschlag;
> Evtl. Belege über die Veröffentlichung der Löschung oder Abänderung von Pfandtiteln im Sinne von Art. 69 i.V.m. Art. 102 VZG;
> Empfangsbescheinigung für die eingereichten Pfandtitel.

Die Anmeldung ist dem Grundbuchamt im **Doppel** einzureichen. Ein Exemplar hat das Grundbuchamt mit einer **Empfangsbescheinigung** zu versehen und an das Betreibungsamt als Beleg zurückzusenden.

## 1.3    Person, die einzutragen ist

Das Betreibungsamt darf **nur denjenigen, dem der Zuschlag erteilt worden ist,** als Eigentümer in das Grundbuch eintragen lassen. Die Eintragung eines Dritten, der als Zessionar oder als vertraglicher Vorkaufsberechtigter in den Steigerungskauf einzutreten erklärt, ist unzulässig, selbst wenn der Ersteigerer damit einverstanden ist (Art. 67 i.V.m. Art. 102 VZG).

Ist der **Schuldner noch nicht als Eigentümer im Grundbuch eingetragen** (z.B. als Erbe), so veranlasst das Betreibungsamt dessen vorgängige Eintragung gleichzeitig mit der Anmeldung des Eigentumsübergangs auf den Ersteigerer (Art. 66 Abs. 5 i.V.m. Art. 102 VZG).

## 1.4  Löschung von Verfügungsbeschränkungen

Gleichzeitig mit der Anmeldung zur Eintragung des Eigentumsüberganges des Grundstückes infolge Zuschlags im Zwangsverwertungsverfahren (siehe vorgehende Ziffern 1.1 und 1.2) sind dem Grundbuchamt mit Formular VZG 3 (EDV 7003) «**Anmeldung zur Löschung einer Verfügungsbeschränkung im Grundbuch**» (siehe nachfolgende Ziff. 4) die infolge der Pfändung des Grundstückes oder Grundpfandbetreibung vorgemerkten Verfügungsbeschränkungen (Art. 15 Abs. 1 lit. a i.V.m. mit Art. 97 Abs. 1 und Art. 90 VZG) zur Löschung anzumelden.

Die Anmeldungen zur Löschung von Verfügungsbeschränkungen sind dem Grundbuchamt im **Doppel** einzureichen. Ein Exemplar hat das Grundbuchamt mit einer **Bescheinigung** zu versehen und dem Betreibungsamt als Beleg zurückzusenden.

## 2.  Pfandausfallschein; Bescheinigung über den Pfandausfall

### 2.1  Pfandausfallschein

Konnte das Pfand wegen ungenügenden Angeboten (Art. 126 und 127 SchKG) nicht verwertet werden oder kann die Forderung **des betreibenden Pfandgläubigers** aus dem Erlös **nicht gedeckt werden**, so ist diesem im Sinne von Art. 120 VZG mit Formular 42a (EDV 7220) ein **Pfandausfallschein** (siehe nachfolgende Ziff. 5) auszustellen (Art. 158 Abs. 1 SchKG). Der Schuldner und ein allfälliger Dritteigentümer erhalten ebenfalls eine Ausfertigung des Pfandausfallscheines.

Gemäss einem unveröffentlichten Entscheid des Bezirksgerichtes Zürich[113] steht das Recht zur Ausstellung eines Pfandausfallscheines dem betreibenden Grundpfandgläubiger nicht nur für die betriebene ungedeckte Forderung zu, sondern für alle seine im Lastenverzeichnis unbestrittenen, fälligen nicht gedeckten Pfandforderungen.

Anhand des Pfandausfallscheines ist der Gläubiger berechtigt, während **eines Monates** nach der Zustellung, die Betreibung ohne neuen Zahlungsbefehl, je nach der Person des Schuldners, auf dem Weg der Pfändung oder des Konkurses fortzusetzen (Art. 158 Abs. 2 SchKG).

---

[113]  Bezirksgericht Zürich, untere kantonale Aufsichtsbehörde über die Betreibungsämter: Beschluss vom 12. Dezember 1997, Nr. U/CB70256.

## 2.2      Bescheinigung über den Pfandausfall

Den **nicht betreibenden Grundpfandgläubigern** wird für ihre **ungedeckt geblie-benen Forderungen** mit Formular VZG 21 (EDV 7221) «**Bescheinigung über den Pfandausfall für eine fällige oder nicht fällige Forderung gemäss Art. 120 VZG**» (siehe nachfolgende Ziff. 6) gem. Art. 120 VZG lediglich eine Bescheinigung mit dem Inhalt ausgestellt, dass ihre Forderungen ungedeckt geblieben sind (Art. 29 Anl. VZG [siehe hinten § 35]). Der Schuldner und ein allfälliger Dritteigentümer erhalten eben-falls eine Ausfertigung der Pfandausfallbescheinigung.

Die **Pfandausfallbescheinigung** nach Art. 120 VZG berechtigt den Gläubiger, wenn die Forderung fällig ist bzw. fällig wird, und es sich nicht um eine Gült oder Grundlast handelt, für den ungedeckt gebliebenen Betrag **Betreibung anzuheben**.

## 3. Muster: Anmeldung zur Eintragung des Eigentumsübergangs eines Grundstücks zufolge Zuschlags im Zwangsverwertungsverfahren

>> Formular VZG 15 (EDV 7208)

### Betreibungs- und Gemeindeammannamt Hausen am Albis

In der Rüti 10    8915 Hausen a.A.    Telefon 044 764 16 75    Postkonto 80-1507-5

**Briefadresse:**
In der Rüti 10
8915 Hausen a.A.

Einschreiben

Grundbuchamt Affoltern
Bahnhofplatz 9
8910 Affoltern a.A.

Hausen a.A., 8. November 2007                    Betreibung Nr. 3790

### Anmeldung zur Eintragung des Eigentumsübergangs eines Grundstücks zufolge Zuschlags im Zwangsverwertungsverfahren

**1.    Name, Vorname und Wohnort des bisherigen Eigentümers des Grundstückes**

Chabloz Alain, Rigiblickstrasse 33, 8915 Hausen a.A.

**2.    Beschreibung des Grundstückes**

In der Gemeinde Hausen a.A., laut Grundregister Blatt 200, Kat.-Nr. 1911, Plan 15: Ein Wohnhaus mit angebauter Garage mit 358 m$^2$ Gebäudegrundfläche mit Hausumschwung, Albisweg 7, 8915 Hausen a.A.

**3.    Ort und Datum der Steigerung**

Mehrzweckgebäude, Zugerstrasse 59, 8915 Hausen a.A., Donnerstag, 20. September 2007

**4.    Zuschlagspreis**

(Angeben, ob vollständig bezahlt oder ob und welcher Betrag noch aussteht und wann der ausstehende Betrag fällig ist. In diesem Fall ist gleichzeitig mit dem Eigentumsübergang auch eine Verfügungsbeschränkung für den neuen Eigentümer vorzumerken.)

**Fr. 490 000.00,** wovon:

Fr. 253 625.00 vom Ersteigerer bar bezahlt

Fr. 236 375.00 dem Ersteigerer überbunden

5. **Name, Vorname, Heimatort, Geburtsjahr und Wohnort des Ersteigerers**

Hauser Reto, von Embrach, geb. 8. November 1977, Kaufmann, Zugerstrasse 43, 8915 Hausen a.A.

6. **Angaben über die Kaufbedingungen**

a) **dem Ersteigerer überbundene Grundpfandforderungen und Grundlasten, mit Zinspflicht auf seine Rechnung ab:**

1. **Pfandstelle**
- Kapital laut Nameschuldbrief, per nom. Fr. 225 000.00, dat. 17. Juni 1981
- ab 21. September 2007 weiterlaufender Zins zum Maximalzins zu 7 %

**Gläubigerin:** Zürcher Kantonalbank, Bahnhofstrasse 22, 8010 Zürich

b) **Grundpfandgesicherte Forderungen, die im Grunduch ganz oder teilweise abzuschreiben sind:**

1. **Pfandstelle,** ganz abzuschreiben:
- der den Maximalzins von 7 % übersteigende Mehrzins ab 1. Januar 2004 bis 20. September 2007 (Steigerungstag) im Betrag von Fr. 16 750.00

**Gläubigerin:** Zürcher Kantonalbank, Bahnhofstrasse 22, 8010 Zürich

2. **Pfandstelle,** ganz abzuschreiben
- Kapital laut Inhaberschuldbrief, per nom. Fr. 200 000.00, dat. 9. Dezember 1992
- Zinsen ab 1. Januar 2006 bis 20. September 2007 (Steigerungstag) im Betrag von Fr. 24 616.65
- Betreibungskosten im Betrag von 345.80

**Gläubigerin:** Bank Zürich AG, Sihlquai 45, 8098 Zürich

3. **Pfandstelle,** ganz abzuschreiben:
- Kapital laut Grundpfandverschreibung, per nom. Fr. 50 000.00, dat. 13. Mai 1993

**Gläubigerin:** Bank Bütschwil AG, Sohrstrasse 22, 9606 Bütschwil

4. **Pfandstelle,** ganz abzuschreiben:
- Leere Pfandstelle, Kapital Fr. 100 000.00, dat. 13. Mai 1993

**5. Pfandstelle,** ganz abzuschreiben

- Kapital laut Inhaberschuldbrief, per nom. Fr. 75 000.00, dat. 9. September 1995
- Zinsen ab 1. Januar 2007 bis 20. September 2007 (Steigerungstag) im Betrag von Fr. 2708.35

**Gläubiger:** Pierre Barraud, 2108 Couvet

**6. Pfandstelle,** ganz abzuschreiben:

- Kapital laut Inhaberschuldbrief, per nom. Fr. 25 000.00, dat. 10. August 1996

Nicht belehnter Eigentümerschuldbrief

c) **dem Ersteigerer sonst überbundene dingliche Lasten (Dienstbarkeiten, Miet- und/oder Pachtrechte, Wohnrechte usw.):**

Dienstbarkeit gem. Grundregister

7. **Pfandtitel, die zu entkräften oder teilweise abzuschreiben sind:**

a) **Titel, die vollständig zu entkräften sind:**

**2. Pfandstelle**

- Inhaberschuldbrief, per nom. Fr. 200 000.00, dat. 9. Dezember 1992 [1]

**Gläubigerin:** Bank Zürich AG, Sihlquai 45, 8098 Zürich

[1] **Bemerkung:** Der Ersteigerer hat kein Begehren gestellt, den nicht ganz erlösten Schuldbrief teilweise abzuschreiben, vgl. nachfolgende lit. b, und ihm diesen hernach als «Eigentümerschuldbrief» herauszugeben (vgl. dazu vorne § 24 Ziff. 4. und 5.).

**5. Pfandstelle**

- Inhaberschuldbrief, per nom. Fr. 75 000.00, dat. 9. September 1995

**Gläubiger:** Pierre Barraud, 2108 Couvet

**6. Pfandstelle**

- Inhaberschuldbrief, per nom. Fr. 25 000.00, dat. 10. August 1996

Nicht belehnter Eigentümerschuldbrief

b) **Titel, die teilweise abzuschreiben sind:**

Keine

8. **Pfandtitel, die zur Entkräftung oder Abschreibung nicht eingereicht worden sind und daher unter gleichzeitiger öffentlicher Bekanntmachung nach Art. 69 VZG im Grundbuch zu löschen oder abzuändern sind:**

Keine

9. **Im Lastenbereinigungsverfahren sind die folgenden, bisher noch nicht in die öffentlichen Bücher eingetragenen, neu angemeldeten Dienstbarkeiten unbestritten geblieben und daher neu in das Grundbuch einzutragen:**

   Keine

   Freundliche Grüsse

   Betreibungsamt Hausen a.A.

   *V. Moroff*

   V. Moroff

**Beilagen:**

1. Lastenverzeichnis
2. Steigerungsbedingungen
3. Steigerungsprotokoll mit Bescheinigung über den Zuschlag
4. 3 Schuldbriefe
5. Anmeldung zur Löschung der Verfügungsbeschränkung
6. Empfangsschein für die Schuldbriefe

---

Ein gleichlautendes Doppel dieser Anmeldung erhalten zu haben, bescheinigt:

Grundbuchamt Affoltern

......................................................................................
Ort und Datum

......................................................................................
Unterschrift

## 4. Muster: Anmeldung zur Löschung einer Verfügungsbeschränkung im Grundbuch

>> Formular VZG 3 (EDV 7003)

### Betreibungs- und Gemeindeammannamt Hausen am Albis

In der Rüti 10    8915 Hausen a.A.    Telefon 044 764 16 75    Postkonto 80-1507-5

Einschreiben

Grundbuchamt Affoltern
Bahnhofplatz 9
8910 Affoltern a.A.

Hausen a.A., 8. November 2007                Betreibung Nr. 3790

### Anmeldung zur Löschung einer Verfügungsbeschränkung im Grundbuch

1. **Name, Vorname und Wohnort des Eigentümers des Grundstückes, auf das sich die Verfügungsbeschränkung bezieht**
   Chabloz Alain, Rigiblickstrasse 33, 8915 Hausen a.A.

2. **Datum der Verfügungsbeschränkung**
   15. März 2007

3. **Grund der von unserem Amt verlangten Löschung der Verfügungsbeschränkung**
   Zwangsverwertung des Grundstückes vom 20. September 2007

4. **Beschreibung des Grundstückes**
   In der Gemeinde Hausen a.A., laut Grundregister Blatt 200, Kat.-Nr. 1911, Plan 15: Ein freistehendes Wohnhaus mit angebauter Garage mit 358 m$^2$ Gebäudegrundfläche und Hausumschwung, Albisweg 7, 8915 Hausen a.A.

Freundliche Grüsse

Betreibungsamt Hausen a.A.

*V. Moroff*

V. Moroff

Ein gleichlautendes Doppel dieser Anmeldung heute erhalten zu haben, zum Zwecke der Löschung der Verfügungsbeschränkung im Grundbuch, bescheinigt:

Grundbuchamt Affoltern

.............................................................................................        ...........................................................................................

Ort und Datum                                                            Unterschrift

## 5. Muster: Pfandausfallschein nach Art. 158 SchKG

» Formular 42a (EDV 7220)

Aus Platzgründen wird nachfolgend nur der Pfandausfallschein für die betreibende Grundpfandgläubigerin aufgeführt.

| Betreibungsamt Hausen a.A.<br>In der Rüti 10, 8915 Hausen a.A. | **Pfandausfallschein**<br>nach Art. 158 SchKG | Betreibung Nr. 3790<br>Register Nr. |
|---|---|---|

| **Ausfertigung** | ☐ für den Schuldner | ☒ für den Gläubiger | ☐ für das Amt | ☐ für |
|---|---|---|---|---|

| **Schuldner** | Chabloz Alain, Rigiblickstrasse 33, 8915 Hausen a.A. | Geburtsdatum: 22. 08.1954<br>Heimatort: Clarens VD |
|---|---|---|
| **Gläubiger** | Bank Zürich AG, Sihlquai 45, 8098 Zürich | Ref. |
| **Vertreter** | | Ref. |

**Grund der Forderung / Forderungsurkunde und deren Datum**

Zur Rückzahlung fälliger Kapitalbetrag gemäss Inhaberschuldbrief per nom. Fr. 200 000.00, dat. 9. Dezember 1992, an 2. Pfandstelle, lastend auf dem Grundstück Kat.-Nr. 1911, Albisweg 7, 8915 Hausen a.A.

(Hier sind die Angaben vorzumerken, wie sie im Betreibungsbegehren an gleicher Stelle enthalten sind. Gründet sich aber die Betreibung auf einen Verlustschein, so ist hier auch dessen Nummer, Ausstellungsort und -datum und der Betrag der Verlustforderung anzugeben.)

| **Pfandgegenstand** | In der Gemeinde Hausen a.A., laut Grundregister Blatt 200, Kat.-Nr. 1911, Plan 15: Ein Wohnhaus mit angebauter Garage mit 358 m² Gebäudegrundfläche und Hausumschwung, Albisweg 7, 8915 Hausen a.A. | | |
|---|---|---|---|
| **Dritteigentümer** | | | |
| **Forderung** | Kapital | Fr. | 200 000.00 |
| | Zinsen | Fr. | 24 616.65 |
| | Kosten (inkl. Rechtsöffnung) | Fr. | 345.80 |
| | Zusammen | Fr. | 224 962.45 |
| | **abzüglich:** Erlös des Pfandes | Fr. | 205 408.40 |
| | Ungedeckt gebliebener Betrag | Fr. | 19 554.05 |

Die Versteigerung des Pfandes in Betreibung Nr. 3790 wurde abgehalten am 20. September 2007

☐ Die Verwertung des Pfandes konnte wegen ungenügenden Angebotes nicht stattfinden.

☒ Der Erlös des Pfandes ergab netto Fr. 205 408.40, so dass die Forderung noch für einen Betrag von Fr. 19 554.05 ungedeckt bleibt.

**Ungedeckt gebliebener Betrag in Worten (Franken): -- Eins-Neun-Fünf-Fünf-Vier-05/100 --**

Der Gläubiger kann aufgrund dieser Bescheinigung gemäss Art. 158 SchKG die Betreibung, je nach Person des Schuldners, auf dem Wege der Pfändung oder des Konkurses führen. **Gestützt darauf kann er während eines Monates nach deren Zustellung ohne neuen Zahlungsbefehl die Betreibung fortsetzen. Der Pfandausfallschein gilt als Schuldanerkennung im Sinne von Art. 82 SchKG.**

Hausen a.A., 22. Oktober 2007

Versanddatum: 8. November 2007

Betreibungsamt Hausen a.A.

*V. Moroff*

V. Moroff

**Auszug aus der Verordnung des Bundesgerichts über die Zwangsverwertung von Grundstücken (VZG)**

Art. 120:  Konnte das Pfand wegen ungenügenden Angeboten nicht verwertet werden, oder deckt der Erlös die Forderung des betreibenden Pfandgläubigers nicht, so ist diesem ein Pfandausfallschein gemäss Art. 158 SchKG auszustellen. Den übrigen Pfandgläubigern wird lediglich eine Bescheinigung des Inhaltes ausgestellt, dass ihre Forderungen ungedeckt geblieben sind.

Art. 121:  Ist für eine vor der Bestätigung eines Nachlassvertrages entstandene Pfandforderung gestützt auf eine nach diesem Zeitpunkt vorgenommene Pfandverwertung dem Gläubiger ein Pfandausfallschein zugestellt worden, so findet Artikel 158 Abs. 2 SchKG keine Anwendung. Eine Betreibung für die ungedeckt gebliebene Forderung ist demnach auch binnen Monatsfrist nur mit Zustellung eines neuen Zahlungsbefehls zulässig, es sei denn, dass der Schuldner gegen die ohne vorangegangenes Einleitungsverfahren fortgeführte Betreibung binnen zehn Tagen seit der Vornahme der Pfändung oder der Zustellung der Konkursandrohung keine Beschwerde erhoben hat.

## 6. Muster: Bescheinigung über den Pfandausfall

>> Formular VZG 21 (EDV 7221)

Aus Platzgründen wird nachfolgend nur die Pfandausfallbescheinigung für die Grundpfandgläubigerin an der 3. Pfandstelle aufgeführt.

---

| Betreibungsamt Hausen a.A.<br>In der Rüti 10<br>8915 Hausen a.A. | **Bescheinigung über den Pfandausfall**<br>für eine fällige oder nicht fällige Forderung<br>gemäss Art. 120 VZG | Betreibung Nr. -- |
|---|---|---|

**Ausfertigung** ☐ für den Schuldner ☒ für den Gläubiger ☐ für das Amt ☐ für

**Schuldner** Chabloz Alain
Rigiblickstrasse 33
8915 Hausen a.A.

Geburtsdatum: 22.08.1954
Heimatort: Clarens VD

**Gläubiger** Bank Bütschwil AG
Sohrstrasse 22, 9606 Bütschwil

Ref.

**Vertreter** 

Ref.

**Datum der Steigerung** 20. September 2007

**Pfandgegenstand**

In der Gemeinde Hausen a.A., laut Grundregister Blatt 200, Kat.-Nr. 1911, Plan 15: Ein Wohnhaus mit angebauter Garage mit 358 m$^2$ Gebäudegrundfläche und Hausumschwung, Albisweg 7, 8915 Hausen a.A.

**Dritteigentümer**

| **Forderung** | Kapital | Fr. | 50 000.00 |
|---|---|---|---|
| | Zinsen | Fr. | |
| | Kosten (inkl. Rechtsöffnung) | Fr. | |
| | | Fr. | |
| | Zusammen | Fr. | 50 000.00 |
| | **abzüglich:** Erlös des Pfandes | Fr. | 0.00 |
| | Ungedeckt gebliebener Betrag | Fr. | 50 000.00 |

**Ungedeckt gebliebener Betrag in Worten (Franken): -- Fünf-Null-Null-Null-Null-00/100 --**

Das Betreibungsamt bescheinigt hiermit, dass bei der durchgeführten Versteigerung des oben erwähnten Grundstückes die grundpfandgesicherte Forderung im aufgeführten Betrag ungedeckt geblieben ist.

**Aufgrund dieser Bescheinigung kann der Gläubiger, wenn die Forderung fällig ist bzw. fällig wird – und es sich nicht um eine Gült oder andere Grundlast handelt – für den Ausfall Betreibung anheben.**

Hausen a.A., 22. Oktober 2007

Betreibungsamt Hausen a.A.

*V. Moroff*

V. Moroff

Versanddatum: 8. November 2007

# ZWEITER TEIL

## Besonderheiten in der Zwangsverwertung von Grundstücken

## § 26 Betreibungsferien im Zusammenhang mit der Zwangsverwertung von Grundstücken

### 1. Betreibungsferien

#### 1.1 Allgemeines

Gemäss Art. 56 Ziff. 2 SchKG dürfen während der **Betreibungsferien** keine Betreibungshandlungen vorgenommen werden, die geeignet sind, den betreibenden Gläubiger seinem Ziele der Befriedigung aus dem Vermögen des Schuldners näher zu führen[114]. Davon ausgenommen sind Amtshandlungen im **Arrestverfahren** (Art. 271–276 SchKG) oder wenn es sich um **unaufschiebbare Massnahmen** zur Erhaltung von Vermögensgegenständen handelt (Art. 124 Abs. 2, 162, 163, 170, 183 Abs. 1, 283, 284 SchKG). Die Betreibungsferien sowie die daraus entstehenden Wirkungen auf den Fristenlauf nach Art. 63 SchKG **gelten nicht nur für den Schuldner, sondern auch für Gläubiger und Dritte**. Gemäss Lehre und Rechtsprechung sind aber Amtshandlungen, die während der Betreibungsferien vorgenommen wurden, weder nichtig noch aufzuheben, sofern sie nicht sofort in Kraft treten müssen, **sondern lediglich anfechtbar** und die Wirkung der Amtshandlung beginnt erst am ersten Tag nach Ablauf der Betreibungsferien zu laufen[115].

#### 1.2 Unzulässige Amtshandlungen während der Betreibungsferien

Um die für das Verwertungsverfahren von Grundstücken aufgestellten Terminpläne und Arbeitsprogramme (siehe vorne § 7 Ziff. 4, § 13 Ziff. 2 und 3 sowie § 21 Ziff. 1.2 und 2) und insbesondere die dem Schuldner, Pfandeigentümer, Dritteigentümer und Gläubiger angesetzten Fristen einhalten zu können, ist deshalb darauf zu achten, dass nebst den geläufigen Betreibungshandlungen, wie z.B. Zustellung von Betreibungsurkunden (Zahlungsbefehl, Konkursandrohung, Pfändungsankündigung, Pfändungsurkunde, Mitteilung des Verwertungsbegehrens, Steigerungsanzeige), Pfändungsvollzug, Fristansetzung im Widerspruchsverfahren, u.a. auch nachfolgende Betreibungshandlungen während der Betreibungsferien **nicht** vorgenommen werden dürfen:

» Durchführung der betreibungsamtlichen Schätzung (ungeachtet, ob sie durch das Betreibungsamt selbst oder von einem beauftragten Fachmann vorgenommen wird).

» Mitteilung der betreibungsamtlichen Schätzung.

---

[114] BGE 96 III 49 E. 3 = Pra 59 (1970) Nr. 135 E. 3; 115 III 11.
[115] BGE 50 III 11 ff.; 82 III 52; 100 III 14.

>> Zustellung der Spezialanzeige, des Lastenverzeichnisses und der Steigerungsbedingungen.

>> Einleitung des Widerspruchsverfahrens nach Art. 10 Abs. 2 VZG.

>> Erteilung einer Aufschubsbewilligung nach Art. 32 i.V.m. Art. 102 VZG.

>> Fristansetzung zur Bestreitung von Zugehöreigenschaften nach Art. 38 Abs. 2 und 3 i.V.m. Art. 102 VZG (und Parteirollenverteilung in diesem Verfahren nach Art. 39 i.V.m. Art. 102 VZG).

>> Fristansetzung zur Anfechtung des Lastenverzeichnisses nach Art. 43 Abs. 1 i.V.m. Art. 102 VZG.

>> «Erste» Steigerungspublikation nach Art. 29 i.V.m. Art. 102 VZG (die «verkürzte» Steigerungspublikation, die keine Fristen auslöst, darf und muss sogar auch in den Betreibungsferien erlassen werden).

>> Durchführung von Besichtigungen.

>> Beginn der Auflegung des Lastenverzeichnisses und der Steigerungsbedingungen.

>> Vollzug der Steigerung.

Im Weiteren ist abzuklären, insbesondere vor der Erstellung der Arbeitsprogramme I und II sowie des Terminplanes I (siehe vorne § 7 Ziff. 4 und § 13 Ziff. 2 und 3) und dem Erlass der Steigerungspublikation (vgl. vorne § 14 Ziff. 1), ob und wann der Schuldner und/oder Dritteigentümer allenfalls Militär-, Zivil- oder Schutzdienst leistet (Art. 57e SchKG), um den Rechtsstillstand infolge dieser Dienstleistungen ins Betreibungs- und Verwertungsverfahren miteinbeziehen zu können.

## 1.3    Zulässige Amtshandlungen während der Betreibungsferien

Zu den Amtshandlungen, die auch während der Betreibungsferien vorgenommen werden dürfen, sind u.a. zu zählen:

>> Anzeigen der Miet- und/oder Pachtzinssperre an die Mieter und/oder Pächter in der Grundpfandbetreibung mit Ausdehnung der Pfandhaft auf Miet- und/oder Pachtzinse nach Art. 91 VZG, sofern der Zahlungsbefehl schon **vor** dem Betreibungsstillstand (Betreibungsferien oder Rechtsstillstand) erlassen (ausgefertigt)[116] worden ist (Art. 91 Abs. 2 VZG). Dazu gehört m.E. auch die Zustellung der erwähnten Anzeigen nach der Stellung des Verwertungsbegehrens in der Grundpfandbetreibung (Art. 97 Abs. 1 VZG).

---

[116] Erlassen bzw. ausgefertigt bezieht sich auf die eigentliche Verarbeitung des Zahlungsbefehls durch das Betreibungsamt, nicht auf die Zustellung desselben. Unter altem Recht, vgl. aArt. 91 Abs. 2 VZG, wurde diesbezüglich auf die Zustellung des Zahlungsbefehls abgestellt, was dazu führen konnte, dass bei einem Schuldner, welcher sich laufend der Zustellung des Zahlungsbefehls entzog, während den Betreibungsferien und oder während eines dem Schuldner oder Pfandeigentümer gewährten Rechtsstillstandes keine Mietzinssperranzeigen versandt werden konnten und so «wertvolle» Zeit verstrich.

» Erlass der fakultativen und definitiven Verfügungsbeschränkung (Art. 90 und 97 VZG).

» Einforderung eines Grundbuchauszuges (Art. 99 VZG).

» Einforderung von Forderungstiteln, zwecks Reduktion oder Entkräftung.

» Erstellen und zustellen der Kostenrechnung der Verwertung für den Ersteigerer.

» Erstellen und Auflegen der Verteilungsliste für die Pfandgläubiger mit Kostenrechnung der Verwertung und der Verwaltungsabrechnung.

» Erlass der Anmeldung des Eigentumsüberganges zur Eintragung im Grundbuch mit Löschung von Verfügungsbeschränkungen und/oder beschränkten dinglichen Rechten.

» Anordnen von Publikationen im Sinne von Art. 69 i.V.m. Art. 102 VZG.

» Erlass von Mitteilungen an Mieter und Pächter, Versicherungen betreffend den Eigentumsübergang.

In diesem Zusammenhang ist zu erwähnen, dass sobald in einer Betreibung auf Verwertung eines Grundpfandes die Steigerung durchgeführt ist und der Zuschlag in Rechtskraft erwachsen ist, u.a. der Rechtsstillstand infolge Betreibungsferien (Art. 56 Ziff. 2 SchKG) nicht mehr zu beachten ist. Für den Schuldner, der z.B. während der Betreibungsferien von der Auflage der Verteilungsliste Kenntnis erhält, beginnt die Frist zur Erhebung einer Beschwerde deshalb **nicht erst drei Tage nach Ende der Betreibungsferien** zu laufen, **sondern bereits ab dem Zeitpunkt der Kenntnisnahme**[117].

---

[117]  BGE 114 III 60 ff.

# § 27 Besonderheiten bei der Zwangsverwertung eines Stockwerkeigentumsgrundstücks (StWE)

## 1. Allgemeine Bestimmungen für das Betreibungs- und Verwertungsverfahren bei Stockwerkeigentum

Die im Schuldbetreibungs- und Konkursgesetz (SchKG) sowie in der Verordnung des Bundesgerichts über die Zwangsverwertung von Grundstücken (VZG) aufgestellten Vorschriften für das Betreibungs- und Zwangsverwertungsverfahren von Grundstücken gelten diesbezüglich uneingeschränkt auch bei Stockwerkeigentum. Die in diesem Handbuch gemachten Ausführungen haben somit auch in der Betreibung und Verwertung eines Stockwerkeigentumsgrundstücks Gültigkeit.

Im Betreibungs- und Verwertungsverfahren im Zusammenhang mit einem Stockwerkeigentum ergeben sich jedoch verschiedene **Besonderheiten**, siehe dazu nachfolgende Ziff. 3.

## 2. Das Stockwerkeigentum als Grundstück

### 2.1 Inhalt und Gegenstand

Das Stockwerkeigentum ist im Sinne von Art. 655 Abs. 2 Ziff. 4 ZGB ein Grundstück, nämlich ein **«ausgeschiedener» Miteigentumsanteil an einem Grundstück.** Das Stockwerkeigentum, geregelt in den Art. 712a–712t ZGB, ist der Miteigentumsanteil an einem Grundstück, der dem Miteigentümer das **Sonderrecht** gibt, bestimmte Teile eines Gebäudes ausschliesslich zu **benutzen** und innen **auszubauen** (Art. 712a Abs. 1 ZGB).

Zu Sonderrecht ausgestaltet werden können lediglich einzelne Stockwerke oder Teile von Stockwerken, die als Wohnungen oder als Einheiten von Räumen zu geschäftlichen oder anderen Zwecken mit eigenem Zugang und in sich abgeschlossen sein müssen, jedoch getrennte Nebenräume umfassen können.

Von Gesetzes wegen hat der Stockwerkeigentümer **kein Vorkaufsrecht** gegenüber jedem Dritten (wie z.B. der «gewöhnliche» Miteigentümer im Sinne von Art. 682 Abs. 1 ZGB), der einen Anteil erwirbt. Ein Vorkaufsrecht kann jedoch im Begründungsakt (Art. 712c Abs. 1 ZGB) oder durch nachherige Vereinbarung errichtet und im Grundbuch vorgemerkt werden, was selten der Fall ist.

### 2.2 Wertquoten

Das Stockwerkeigentum wird durch Eintrag im Grundbuch begründet. Im Begründungsakt ist ausser der räumlichen Ausscheidung der Anteil eines jeden Stockwerkes in Hundertsteln oder Tausendsteln des Wertes der Liegenschaft oder des Baurechts anzugeben (Art. 712e Abs. 1 ZGB).

## 2.3  Gemeinschaftliche Kosten und Auslagen; Verwaltung

Die Stockwerkeigentümer haben gem. Art. 712h ZGB an die Lasten des gemeinschaftlichen Eigentums und an die Kosten der gemeinschaftlichen Verwaltung Beiträge nach Massgabe ihrer Wertquoten zu leisten. Solche Lasten und Kosten sind namentlich:

» Die Auslagen für den laufenden Unterhalt, für Reparaturen und Erneuerungen der gemeinschaftlichen Teile des Grundstückes und Gebäudes sowie der gemeinschaftlichen Anlagen und Einrichtungen.

» Die Kosten der Verwaltungstätigkeit einschliesslich der Entschädigung des Verwalters.

» Die den Stockwerkeigentümern insgesamt auferlegten öffentlich-rechtlichen Beiträge und Steuern.

Für Unterhalts- und Erneuerungsarbeiten wird meistens ein **Erneuerungsfonds** geschaffen, in den die Stockwerkeigentümer regelmässig Beiträge zu leisten haben.

Betreffend die Nutzung und Verwaltung wird in der Regel immer ein **Reglement** aufgestellt, das im Grundbuch angemerkt wird und für die Stockwerkeigentümer verbindlich ist.

Die **Stockwerkeigentümergemeinschaft** hat für die auf die **letzten drei Jahre** entfallenden Beitragsforderungen Anspruch gegenüber jedem jeweiligen Stockwerkeigentümer auf Errichtung eines Pfandrechtes (in der Form einer **Grundpfandverschreibung**) an dessen Miteigentumsanteil, vgl. nachfolgende Ziff. 4.

## 3.  Besonderheiten bei der Zwangsverwertung

## 3.1  Betreibungsamtliche Verwaltung

Gegenstand des vermieteten oder verpachteten Grundstückes in der Betreibung auf Verwertung eines Grundpfandes mit Ausdehnung der Pfandhaft auf die Miet- oder Pachtzinse (siehe dazu vorne § 4) oder infolge Eingangs des Verwertungsbegehrens (vgl. dazu vorne § 7 ff.) ist die vermietete oder verpachtete **Stockwerkeigentumseinheit.**

a) Nebst den im Zusammenhang mit der betreibungsamtlichen Verwaltung zu erlassenden Anzeigen ist dem **Verwalter der Stockwerkeigentümergemeinschaft** von der Mietzinssperre gegen den Stockwerkeigentümer ebenfalls Mitteilung zu machen, siehe vorne § 4 Ziff. 2 lit. l und § 10 Ziff. 1. lit. i.

b) Allenfalls ist der Schuldner an der **Versammlung der Stockwerkeigentümergemeinschaft** zu vertreten, siehe dazu vorne § 4 Ziff. 3 lit. l und § 11 Ziff. 1.3.1 lit. p.

c) Bezahlung der während der Verwaltung fällig werdenden **Beiträge an die Stockwerkeigentümergemeinschaft**, siehe dazu vorgehende Ziff. 2.3 und vorne § 4 Ziff. 3 lit. k und § 11 Ziff. 1.3.1 lit. o.

## 3.2    Grundbuchauszug; Benutzungs- und Verwaltungsreglement der Stockwerkeigentümergemeinschaft

Bei der Einforderung des **detaillierten Grundbuchauszuges** ist ausdrücklich darauf hinzuweisen, dass der Grundbuchauszug u.a. einen genauen Beschrieb der zu Stockwerkeigentum aufgeteilten **Gesamtliegenschaft** zu enthalten hat, mit Angabe aller Stockwerkeigentümer mit den ihnen zustehenden **Wertquoten** usw., nebst dem im Grundbuch angemerkten **Benutzungs- und Verwaltungsreglement der Stockwerkeigentümergemeinschaft**, siehe dazu vorne § 8 Ziff. 2. und 2.2 sowie Ziff. 6.

Bei dieser Gelegenheit wird darauf aufmerksam gemacht, dass insbesondere auch die Benützungsrechte an Parkplätzen usw. im Benutzungs- und Verwaltungsreglement der Stockwerkeigentümergemeinschaft geregelt sind. Es ist wichtig, solche Benützungsrechte in der Steigerungspublikation, bei der Schätzung des Grundstückes, in der Spezialanzeige sowie auch im Lastenverzeichnis usw. miteinzubeziehen, siehe z.B. nachfolgendes Steigerungsinserat unter Ziff. 3.4.

## 3.3    Betreibungsamtliche Schätzungen

Nebst der Schätzung des zur Verwertung gelangenden **Stockwerkeigentumsanteils**, siehe vorne § 12, ist gem. Art. 23 Abs. 1 i.V.m. Art. 99 VZG zusätzlich auch das zu Stockwerkeigentum aufgeteilte **Gesamtgrundstück** separat zu schätzen, vgl. dazu vorne § 12 Ziff. 2.1 Abs. 2 und nachfolgende Ziff. 3.4.

## 3.4    Muster: Auszug aus dem Steigerungsinserat

Die Besonderheiten sind nachfolgend mit einer Linie markiert. Im Weiteren siehe betr. den Inhalt des Steigerungsinserates vorne § 14 Ziff. 1 insb. 1.3.

## Betreibungs- und Gemeindeammannamt Hausen am Albis
In der Rüti 10    8915 Hausen a.A.    Telefon 044 764 16 75    Postkonto 80-1507-5

# Grundpfandverwertung

**Schuldner und Pfandeigentümer**
Gerber Peter, geb. 21. Juli 1955, von Muri BE, Dorfstrasse 22, 8915 Hausen a.A.

**Tag und Zeit der Steigerung:** Donnerstag, 20. September 2007, 15.00 Uhr.

**Steigerungslokal:** Mehrzweckgebäude, Zugerstrasse 59, 8915 Hausen a.A.

**Eingabefrist** bis 12. Juli 2007.

**Auflegung der Steigerungsbedingungen und des Lastenverzeichnisses**
Montag, 13. August 2007 bis Mittwoch, 22. August 2007, im Büro des Betreibungsamtes Hausen a.A., In der Rüti 10, 8915 Hausen a.A., Montag bis Freitag von 09.00 bis 11.00 Uhr und 14.00 bis 15.00 Uhr.

**Besichtigungen**
Dienstag, 3. Juli 2007 und Freitag, 17. August 2007, jeweils um 14.00 Uhr. Geführte Besichtigungen, Besammlung beim Hauseingang Dorfstrasse 22, 8915 Hausen a.A.

**Grundstück**
In der Gemeinde Hausen a.A., laut Grundbuch Blatt 1572, **Stockwerkeigentum: 27/1000 Miteigentum** an Grundbuch Blatt 1212, Kataster Nr. 2550, mit **Sonderrecht an der 4½-Zimmer-Maisonettewohnung Nr. 4 im 1. Obergeschoss des Wohnhauses Dorfstrasse 22, 8915 Hausen a.A.** sowie dem ausschliesslichen Benützungsrecht am Parkplatz Nr. 24 in der Unterniveaugarage und dem ungedeckten Abstellplatz Nr. 2, gemäss Ziffer 14 und 22 des Benutzungs- und Verwaltungsreglements der Stockwerkeigentümergemeinschaft.

Anmerkung und Vormerkungen laut Grundbuchauszug.

**Rechtskräftige betreibungsamtliche Schätzung des zur Verwertung gelangenden Stockwerkeigentums:** Fr. 875 000.00.

**Beschrieb des zu Stockwerkeigentum aufgeteilten Grundstücks**
In der Gemeinde Hausen a.A., laut Grundbuch Blatt 1212, Liegenschaft, Kataster Nr. 2550, Dorfstrasse 22, 8915 Hausen a.A.

**Angaben des Geometers:** Kataster Nr. 2550, Dorfstrasse 22, 8915 Hausen a.A., Plan Nr. 31, 3178 m$^2$, mit folgenden Bodenbedeckungsarten: Gebäude, Nr. 143: 1470 m$^2$, Gartenanlage, Wiese usw.: 1708 m$^2$.

**Angaben der Gebäudeversicherung:** Ein Wohnhaus, Gebäude Nr. 143, Basiswert 1939: Fr. 567 000.00, Schätzungswert per Schätzungsdatum vom 17.03.2000: Fr. 4 905 000.00.

Anmerkung und Dienstbarkeiten laut Grundbuchauszug.

**Rechtskräftige betreibungsamtliche Schätzung des zu Stockwerkeigentum aufgeteilten Grundstücks:** Fr. 8 420 000.00.

## 3.5 Spezialanzeige; Lastenverzeichnis; Steigerungsbedingungen

Die **Spezialanzeige** ist im Sinne der vorne in § 14 Ziff. 2 gemachten Ausführungen und das **Lastenverzeichnis** auf Grund der vorne in § 15 enthaltenen Erläuterungen zu erstellen. Für die allgemeine Erstellung der **Steigerungsbedingungen** gelten die vorne in § 16 aufgeführten Hinweise und Vorschriften.

Besonderheiten, die sich bei der Zwangsverwertung von Stockwerkeigentum ergeben können, die in die **Spezialanzeige** oder in das **Lastenverzeichnis** aufzunehmen oder in den **Steigerungsbedingungen** zu regeln sind, siehe nachfolgende lit. a–c:

### a) Spezialanzeige

**Empfänger** der Spezialanzeige: Siehe vorne § 14 Ziff. 2.1 und 2.2.

### b) Lastenverzeichnis

Im **Lastenverzeichnis** ist u.a. unter dem Titel «I. Beschrieb und Schätzung des Grundstückes und der Zugehör», vgl. vorne § 15 Ziff. 15, nebst dem zur Verwertung gelangenden Stockwerkeigentumsgrundstück auch das zu Stockwerkeigentum aufgeteilte Grundstück mit der diesbezüglichen Schätzung aufzuführen, vgl. dazu vorgehende Ziff. 3.4.

**Empfänger** des Lastenverzeichnisses: Siehe vorne § 15 Ziff. 13.1 und 15.

### c) Steigerungsbedingungen

In den **Steigerungsbedingungen** ist u.a. zusätzlich zu regeln, siehe nachfolgend:

**Stockwerkeigentümergemeinschaft**

Die Gesamtliegenschaft, Dorfstrasse 22, 8915 Hausen a.A., ist in nachfolgende Miteigentumsanteile (Stockwerkeigentum) aufgeteilt:

| Eigentümer: | Wertquote: | mit Sonderrecht an: |
|---|---|---|
| Sommer Guido | 110/1000 | 3 ½-Zimmerwohnung, EG links |
| Schön-Zürcher Monika und Hans, Miteigentümer zu je 1/2 | 170/1000 | 4-Zimmerwohnung, EG rechts |

**usw.**

**Stockwerkeigentümerbeiträge**

Die Beiträge an die Stockwerkeigentümergemeinschaft für das Jahr 2007 sind bezahlt. Die für das erste Semester 2008 am 1. Januar 2008 fällig werdenden Beiträge für die Neben-kosten und den Erneuerungsfonds betragen für das zur Verwertung gelangende Stockwerk-eigentum Fr. 1 850.00. Diese werden dem Ersteigerer bei Fälligkeit zur Bezahlung überbun-den.

**Erneuerungsfonds**

Der Anteil des Stockwerkeigentümers, Gerber Peter, am Fondsvermögen der Stockwerk-eigentümergemeinschaft beträgt per 16. Juli 2007 Fr. 11 885.75.

**Benutzungs- und Verwaltungsreglement der Stockwerkeigentümergemeinschaft**

Das im Grundbuch angemerkte Benutzungs- und Verwaltungsreglement der Stockwerk-eigentümergemeinschaft wird dem Ersteigerer überbunden und anlässlich der Eigentums-übertragung ausgehändigt.

**Empfänger** der Steigerungsbedingungen: Siehe vorne § 16 Ziff. 1.3 und 1.4.

## 4.     Pfanderrichtungsanspruch der Stockwerkeigentümergemeinschaft

### 4.1.     Errichtung des Pfandrechtes

Wie die Stockwerkeigentümergemeinschaft ihr Pfandrecht im Sinne von Art. 712i ZGB gegenüber dem Stockwerkeigentümer an der Zwangsverwertung eines Stock-werkeigentumsanteils ausüben kann, wird in Betreibungskreisen unterschiedlich aus-gelegt, zu Unrecht, wie nachfolgend zu sehen ist.

Das Bundesgericht hatte sich mit dem Pfandrecht, resp. mit dem **Pfanderrichtungs-anspruch** der Stockwerkeigentümergemeinschaft in einer Grundpfandverwertung zu befassen und vertrat in seinem Entscheid[118] bezüglich der Errichtung und der Behand-lung dieses speziellen Pfandrechtes im Verwertungsverfahren eines Stockwerkeigen-tumsanteils nachfolgende Auffassung: «Die Stockwerkeigentümergemeinschaft hat **kein** eigentliches gesetzliches Pfandrecht, sondern **nur das gesetzliche Recht auf Er-richtung eines Pfandrechtes** für drei verfallene Jahresbeitragsforderungen. Solche Forderungen können deshalb im Lastenverzeichnis nur aufgenommen werden, **sofern sie im Grundbuch eingetragen sind**».

### 4.2     Untergang des Pfandrechtes

Kommt die Stockwerkeigentümergemeinschaft bei der Zwangsverwertung eines An-teils mit ihrem im Grundbuch eingetragenen Pfandrecht zu Verlust, **so geht der An-spruch unter** und kann gegenüber dem Ersteigerer des Anteils **nicht mehr** geltend gemacht werden. Das Gleiche gilt, wenn das fällige Pfandrecht noch nicht definitiv im

---

[118]  BGE 106 II 183 ff. = ZBGR 65 (1984) S. 41 ff.

Grundbuch eingetragen ist und deshalb bei der Zwangsverwertung nicht berücksichtigt werden konnte. Die Stockwerkeigentümergemeinschaft muss daher immer dann, wenn es zur Zwangsverwertung eines Anteils kommt, ihren fälligen Anspruch beim Betreibungsamt geltend machen, mit vorheriger definitiver Eintragung im Grundbuch, wenn sie ihn nicht verlieren will.

Aufgrund der vorhandenen bundesgerichtlichen Praxis ist es m.E. nicht angebracht, allfällig ausstehende Beiträge an die Stockwerkeigentümergemeinschaft dem Ersteigerer auf Grund einer Bestimmung in den Steigerungsbedingungen zur Bezahlung zu «überbinden».

# § 28 Besonderheiten bei der Zwangsverwertung von unausgeschiedenen Miteigentumsanteilen an Grundstücken infolge Grundpfandbetreibung

## 1. Allgemeines

Gemäss Art. 646 Abs. 3 ZGB hat jeder Miteigentümer für seinen Anteil die Rechte und Pflichten eines Eigentümers. Er kann somit seinen Anteil verpfänden, veräussern oder der Miteigentumsanteil kann von seinen Gläubigern gepfändet werden.

In der nachfolgenden **Ziff. 2** wird auf die Verwertung eines gemeinschaftlichen Grundstückes, an welchem zwei Miteigentümer entsprechendes gemeinschaftliches Eigentum haben, eingegangen. Das Verwertungsverfahren eines einzeln verpfändeten (unausgeschiedenen) Miteigentumsanteils wird in der nachfolgenden **Ziff. 3** behandelt. Diese Verwertung unterscheidet sich im Ablauf wesentlich von der Verwertung des gesamthaft verpfändeten gemeinschaftlichen Grundstückes.

Im Zusammenhang mit der separaten Verpfändung von Miteigentumsanteilen gilt es einen wichtigen Grundsatz zu beachten: Gemäss Art. 47 Abs. 2 GBV kann ein gemeinschaftliches Grundstück nicht mehr mit Grundpfandrechten oder Grundlasten belastet werden, wenn bereits Grundpfandrechte oder Grundlasten an einzelnen Miteigentumsanteilen bestehen. Die nachträgliche Verpfändung von Miteigentumsanteilen, wenn bereits Grundpfandrechte und/oder Grundlasten am gemeinschaftlichen Grundstück bestehen, ist allerdings möglich.

## 2. Verwertung infolge Grundpfandbetreibung eines in unausgeschiedene Miteigentumsanteile aufgeteilten gemeinschaftlichen Grundstückes (Gesamtgrundstück) <u>mit</u> Pfandbelastung des Gesamtgrundstückes

Besteht an einem Pfandgrundstück Miteigentum, so stellt sich zunächst die Frage, ob die einzelnen Miteigentumsanteile (zusätzlich zur Verpfändung des gemeinschaftlichen Grundstücks) separat verpfändet wurden oder nicht. Ist dies nicht der Fall, vgl. nachgehende Ziff. 2.1 und 2.2, so gelangt das gemeinschaftliche Grundstück gem. den nachfolgenden Ausführungen zur Verwertung.

Nebst den nachfolgenden Abweichungen und Besonderheiten gegenüber dem Betreibungs- und Verwertungsverfahren bei einem Grundstück im Alleineigentum sind in diesem Zwangsverwertungsverfahren u.a. die Verfahrensvorschriften betr. das gesetzliche Vorkaufsrecht der Miteigentümer, siehe dazu hinten § 32 Ziff. 3 sowie insbesondere die Art. 73–73d, 73g Abs. 1 und 3 sowie Art. 73i i.V.m. Art. 102 VZG zu beachten. Im Weiteren sind die unter §§ 1–27, 29–36 gemachten Ausführungen sinngemäss anwendbar.

## 2.1 Muster: Grundbuchauszug betreffend einem Grundstück mit unausgeschiedenen Miteigentumsanteilen <u>mit</u> Pfandbelastung des Gesamtgrundstückes

# Auszug
### aus dem Grundbuch

**Eigentümer:**

1. **Kurt Graf-Gerber,** geb. 2. Juni 1950, Bürgerort: Lindau ZH, Türlerseestrasse 59, 8915 Hausen a.A.

2. **Rita Graf-Gerber,** geb. 27. Mai 1947, Bürgerort: Lindau ZH, Türlerseestrasse 59, 8915 Hausen a.A.

- als Miteigentümer zu je 1/2 -

**Grundstücksbeschreibung**

**Gemeinde Hausen a.A.**

Grundbuch Blatt 2759, Liegenschaft, Kataster Nr. 1407,
Türlerseestrasse 59

**Angaben der amtlichen Vermessung**

Kataster Nr. 1407, Türlerseestrasse 59, Plan 19
701 m$^2$, mit folgenden Bodenbedeckungsarten:
- Gebäude, Nr. 771                          97 m$^2$
- Hausumschwung mit Gartenanlage      604 m$^2$

**Angaben der Gebäudeversicherung**

Wohnhaus mit angebauter Garage, Gebäude Nr. 771, Basiswert 1939: Fr. 87 800.–,
Schätzungswert: Fr. 790 000.–, Schätzungsdatum: 21.09.2005
- Türlerseestrasse 59, 8915 Hausen a.A.

Vormerkungen

1. Verfügungsbeschränkung infolge Betreibung auf Pfandverwertung, Betr. Nr. 3815, für Fr. 200 000.–
   nebst Zins und Kosten, zugunsten Bank Zürich AG, 8098 Zürich, dat. 15.03.2007, Beleg 54

2. Verfügungsbeschränkung infolge Betreibung auf Pfandverwertung, Betr. Nr. 3816, für Fr. 200 000.–
   nebst Zins und Kosten, zugunsten Bank Zürich AG, 8098 Zürich, dat. 15.03.2007, Beleg 55

Dienstbarkeit

Last:
- Fusswegrecht, z.G. Kataster Nr. 1409, dat. 16.05.1980, SP Art. 1148

Grundpfandrechte

| | |
|---|---|
| Fr. 225 000.– | (Franken zweihundertfünfundzwanzigtausend) |
| | Namenschuldbrief, dat. 17.06.1981, |
| | <u>1. Pfandstelle</u> |
| | Maximalzins 7 %                                 Beleg 543 |

<u>Letztbekannte Gläubigerin:</u>
Zürcher Kantonalbank, 8010 Zürich

<u>Zins- und Zahlungsbestimmungen:</u>
Diese Schuld ist vom Entstehungstage an halbjährlich auf den 30. Juni und 31. Dezember zu dem vom Gläubiger jeweils festgesetzten Zinsfuss – höchstens 7 % im Jahr – zu verzinsen und für den Schuldner und den Gläubiger täglich auf ein halbes Jahr zur Rückzahlung kündbar.

| | |
|---|---|
| Fr. 200 000.– | (Franken zweihunderttausend) |
| | Inhaberschuldbrief, dat. 09.12.1992, |
| | <u>2. Pfandstelle</u> |
| | Maximalzins 9 %                                 Beleg 750 |

<u>Letztbekannte Gläubigerin:</u>
Bank Zürich AG, 8098 Zürich

<u>Zins- und Zahlungsbestimmungen:</u>
Diese Schuld ist von heute an auf den 30. Juni und 31. Dezember mit 9 % im Jahr zu verzinsen und auf eine beiden Teilen täglich freistehende halbjährige Kündigung hin zu bezahlen.

Affoltern a.A., 23. März 2007

FÜR RICHTIGEN AUSZUG

**GRUNDBUCHAMT AFFOLTERN**

*P. Schreiber*

Peter Schreiber, Notar

AK Nr. 556
Gebühr Fr. 75.–

## 2.2     Eigentumsverhältnisse und Grundpfandbelastungen

| | | **Grundstück:**<br>Wohnhaus mit angebauter Garage, mit 97 m² Gebäudegrundfläche und 604 m² Hausumschwung mit Gartenanlage, Türlerseestrasse 59, 8915 Hausen a.A., laut Grundbuchblatt 2759, Kataster Nr. 1407 |
|---|---|---|
| Kurt Graf-Gerber<br>**Miteigentümer**<br>**zu je ½** | Rita Graf-Gerber<br>**Miteigentümerin**<br>**zu je ½** | **Eigentumsverhältnisse** |
| **Grundpfandbelastungen** | | |
| **1. Pfandstelle:**          Fr. 225 000.00 | | **Grundpfandrecht**<br>(solidarisch) |
| **2. Pfandstelle:**          Fr. 200 000.00 | | **Grundpfandrecht**<br>(solidarisch) |

## 2.3     Einleitung der Betreibung

**Pfandgegenstand** in einer Betreibung auf Verwertung eines Grundpfandes ist in diesem Musterfall das in unausgeschiedene Miteigentumsanteile aufgeteilte **gemeinschaftliche Grundstück** (Gesamtgrundstück), **nämlich:** ein Wohnhaus mit angebauter Garage, mit 97 m² Gebäudegrundfläche und 604 m² Hausumschwung mit Gartenanlage, Türlerseestrasse 59, 8915 Hausen a.A., laut Grundbuchblatt 2759, Kataster Nr. 1407.

Die Grundpfandgläubiger haben die Möglichkeit gegen die Schuldner und Pfandeigentümer nachfolgende Grundpfandbetreibungsverfahren einzuleiten:

**a)** Eine Betreibung gegen nur **einen** Schuldner (Solidarschuldner), z.B.:
   > gegen den Schuldner **Kurt Graf-Gerber**; oder
   > gegen die Schuldnerin **Rita Graf-Gerber**.

In beiden Fällen ist dem anderen Miteigentümer im Sinne von Art. 153 Abs. 2 lit. a SchKG i.V.m. Art. 88 Abs. 1 und 4 sowie Art. 100 Abs. 1 VZG unter der gleichen Betreibungsnummer ebenfalls eine Zahlungsbefehlabschrift zuzustellen.

**b) Je eine «selbstständige» Betreibung** (allenfalls als Solidarbetreibung) gegen den Schuldner **Kurt Graf-Gerber** und gegen die Schuldnerin **Rita Graf-Gerber**.

In jeder Betreibung ist dem anderen Miteigentümer im Sinne von Art. 153 Abs. 2 lit. a SchKG i.V.m. Art. 88 Abs. 1 und 4 sowie Art. 100 Abs. 1 VZG unter der gleichen Betreibungsnummer ebenfalls eine Zahlungsbefehlabschrift zuzustellen.

Im Weiteren siehe auch vorne § 3 Ziff. 1 und 3.

## 2.4 Verwertungsverfahren

In diesem Musterfall wurden von der Grundpfandgläubigerin für das Kapital an 2. Pfandstelle die Betreibungen auf Verwertung eines Grundpfandes angehoben gegen die Schuldner und Pfandeigentümer (Miteigentümer zu je ½):

**a)** Kurt Graf-Gerber: Betr. Nr. 3815,
**b)** Rita Graf-Gerber: Betr. Nr. 3816.

Zur Verwertung gelangt im Sinne von Art. 106a Abs. 1 VZG das in unausgeschiedene Miteigentumsanteile aufgeteilte **Gesamtgrundstück**. Für die Publikation der Steigerung hat das Betreibungsamt das Formular VZG 7ab (EDV 7013) zu verwenden, siehe nachfolgende Ziff. 2.4.1 (siehe auch vorne § 14).

Infolge Verwertung des Gesamtgrundstückes kann das **gesetzliche Vorkaufsrecht** nach Art. 682 Abs. 1 ZGB an der Steigerung **nicht** ausgeübt werden.

Der **Steigerungserlös** dient in erster Linie zur Deckung der Pfandforderungen, welche das Grundstück als Ganzes belasten. Ein allfälliger Übererlös entfällt auf die einzelnen Miteigentumsanteile im Verhältnis ihrer Miteigentumsanteile (Art. 106a Abs. 3 VZG).

### 2.4.1    Muster: Auszug aus dem Steigerungsinserat

>> Formular VZG 7ab (EDV 7013)

Die Besonderheiten in diesem Steigerungsinserat sind nachfolgend mit einer Linie markiert. Im Weiteren siehe vorne § 14 Ziff. 1.3.

## Betreibungs- und Gemeindeammannamt Hausen am Albis
In der Rüti 10    8915 Hausen a.A.    Telefon 044 764 16 75    Postkonto 80-1507-5

# Grundpfandverwertung

**Schuldner und Pfandeigentümer**

Kurt Graf-Gerber, geb. 2. Juni 1950, von Lindau ZH, Türlerseestrasse 59, 8915 Hausen a.A., und

Rita Graf-Gerber, geb. 27. Mai 1947, von Lindau ZH, Türlerseestrasse 59, 8915 Hausen a.A.,

Miteigentümer zu je 1/2.

**Tag und Zeit der Steigerung:** Donnerstag, 20. September 2007, 15.00 Uhr.

**Steigerungslokal:** Mehrzweckgebäude, Zugerstrasse 59, 8915 Hausen a.A.

**Eingabefrist** bis 12. Juli 2007.

**Auflegung der Steigerungsbedingungen und des Lastenverzeichnisses**

Montag, 13. August 2007 bis Mittwoch, 22. August 2007, im Büro des Betreibungsamtes Hausen a.A., In der Rüti 10, 8915 Hausen a.A., Montag bis Freitag von 09.00 bis 11.00 Uhr und 14.00 bis 15.00 Uhr.

**Besichtigungen**

Dienstag, 3. Juli 2007 und Freitag, 17. August 2007, jeweils um 14.00 Uhr. Geführte Besichtigungen, Besammlung beim Hauseingang Türlerseestrasse 59, 8915 Hausen a.A.

**Grundstück**

In der Gemeinde Hausen a.A., laut Grundbuch Blatt 2759, Kataster Nr. 1407, Plan 19:
**Ein freistehendes 4½-Zimmer-Einfamilienhaus mit angebauter Garage** mit 97 m² Gebäudegrundfläche, für Fr. 790 000.00 versichert (Schätzungsjahr 2005, Gebäude Nr. 771) und 604 m² Hausumschwung mit Gartenanlage (Gesamtfläche: 701 m²), Türlerseestrasse 59, 8915 Hausen a.A.

## 2.4.2 Muster: Auszug aus dem Lastenverzeichnis

| | A. Grundpfandgesicherte Forderungen | | | | |
|---|---|---|---|---|---|
| Nr. | Gläubiger und Forderungsurkunde | Einzelbeträge Fr. | Gesamtbetrag Fr. | zu überbinden Fr. | bar zu bezahlen Fr. |
| | **A. Gesetzliche Pfandrechte** <br> Keine. | | | | |
| | **B. Vertragliche Pfandrechte** | | | | |
| | Lastend auf dem gemeinschaftlichen Grundstück, Grundbuch Blatt 2759, Kataster Nr. 1407: | | | | |
| | **1. Pfandstelle** <br> Zürcher Kantonalbank, Bahnhofstrasse 22, 8010 Zürich | | | | |
| 1 | Kapital laut **Namenschuldbrief**, per nom. Fr. 225 000.00, dat. 17. Juni 1981, Maximalzins 7 %, **nicht gekündigt** | 225 000.00 | | | |
| 2 | **usw.** [1] | | | | |

[1]  Im Weiteren ist das Lastenverzeichnis wie bei einem **Alleineigentum** zu erstellen, vgl. vorne § 15.

## 3.  Verwertungsverfahren eines unausgeschiedenen Miteigentumsanteils <u>mit</u> vorgehender Pfandbelastung des gemeinschaftlichen Grundstückes (Gesamtgrundstück) <u>und</u> nachgehendem Einzelpfandrecht

Ist ein in unausgeschiedene Miteigentumsanteile aufgeteiltes Grundstück als solches mit Pfandrechten **(Gesamtpfandrechten)** belastet und lastet auf einem Miteigentumsanteil nachgehend noch zusätzlich ein **Einzelpfandrecht,** so stellt sich in einem Grundstückverwertungsverfahren in erster Linie die Frage, welches Pfandgrundstück, sei es das gemeinschaftliche Gesamtgrundstück oder der unausgeschiedene Miteigentumsanteil am Grundstück, zur Verwertung gelangen soll.

Nachfolgend werden die diesbezüglich zutreffenden Verwertungsverfahren wie folgt behandelt:

» Verwertungsverfahren infolge Grundpfandbetreibung für ein **Pfandrecht (Gesamtpfandrecht), lastend auf allen unausgeschiedenen Miteigentumsanteilen**, mit nachgehendem Einzelpfandrecht. Siehe dazu nachfolgende Ziff. 3.1, 3.2 und 3.3.

» Verwertungsverfahren infolge Grundpfandbetreibung für ein nachgehendes **Einzelpfandrecht, lastend auf einem unausgeschiedenen Miteigentumsanteil**, mit vorgehender Pfandbelastung des Gesamtgrundstückes. Siehe dazu nachfolgende Ziff. 3.1, 3.2 und 3.4.

### 3.1 Muster: Grundbuchauszug betreffend einem Grundstück mit unausgeschiedenen Miteigentumsanteilen <u>mit</u> vorgehender Pfandbelastung des Gesamtgrundstückes <u>und</u> nachgehendem Einzelpfandrecht

# Auszug
aus dem Grundbuch

**Eigentümer:**

1. **Rolf Gasser-Hauser,** geb. 22. Mai 1958, Bürgerort: Köniz BE,
   Rosenweg 1, 8915 Hausen a.A.

2. **Erna Gasser-Hauser,** geb. 14. Juni 1955, Bürgerort: Köniz BE
   Rosenweg 1, 8915 Hausen a.A.

– als Miteigentümer zu je ½  –

**Grundstücksbeschreibung**

**Gemeinde Hausen a.A.**

Grundbuch Blatt 1422, Liegenschaft, Kataster Nr. 1211, Rosenweg 1

**Angaben der amtlichen Vermessung**

Kataster Nr. 1211, Rosenweg 1, Plan 20
701 m², mit folgenden Bodenbedeckungsarten:
–  Gebäude, Nr. 659                                    97 m²
–  Hausumschwung mit Gartenanlage                      604 m²

**Angaben der Gebäudeversicherung**

Wohnhaus mit angebauter Garage, Gebäude Nr. 659, Basiswert 1939: Fr. 87 800.–,
Schätzungswert: Fr. 790 000.–, Schätzungsdatum: 21.09.2005
–  Rosenweg 1, 8915 Hausen a.A.

Vormerkung

Verfügungsbeschränkung auf dem hälftigen Miteigentumsanteil von Rolf Gasser-Hauser (Miteigentümer Ziff. 1, vorne), infolge Betreibung auf Pfandverwertung, Betr. Nr. 4122, für Fr. 12 100.–, fälliger Zins nebst Kosten, zugunsten Neue Zuger Bank AG, 6300 Zug, dat. 15.03.2007, Beleg 58

Dienstbarkeit

Last:
- Fusswegrecht, z.G. Kataster Nr. 1409, dat. 16.05.1980, SP Art. 1149

Grundpfandrechte

**A:**  lastend auf dem gemeinschaftlichen Grundstück Grundbuch Blatt 1422:

Fr.         225 000.–  (Franken zweihundertfünfundzwanzigtausend)
                       Namenschuldbrief, dat. 17.06.1981,
                       1. Pfandstelle
                       Maximalzins 7 %                              Beleg 543

                       Letztbekannte Gläubigerin:
                       Zürcher Kantonalbank, 8010 Zürich

                       Zins- und Zahlungsbestimmungen:
                       Diese Schuld ist vom Entstehungstage an halbjährlich auf den 30. Juni
                       und 31. Dezember zu dem vom Gläubiger jeweils festgesetzten Zinsfuss
                       – höchstens 7 % im Jahr – zu verzinsen und für den Schuldner und den
                       Gläubiger täglich auf ein halbes Jahr zur Rückzahlung kündbar.

Fr.         200 000.–  (Franken zweihunderttausend)
                       Inhaberschuldbrief, dat. 09.12.1992,
                       2. Pfandstelle
                       Maximalzins 9 %                              Beleg 750

                       Letztbekannte Gläubigerin:
                       Bank Zürich AG, 8098 Zürich

                       Zins- und Zahlungsbestimmungen:
                       Diese Schuld ist von heute an auf den 30. Juni und 31. Dezember mit 9 %
                       im Jahr zu verzinsen und auf eine beiden Teilen täglich freistehende halb-
                       jährige Kündigung hin zu bezahlen.

**B:**  lastend auf dem hälftigen Miteigentumsanteil von Rolf Gasser-Hauser
(Miteigentümer Ziff. 1, vorne):

Fr.          100 000.–  (Franken einhunderttausend)
                        Inhaberschuldbrief, dat. 18.03.2003,
                        <u>1. Pfandstelle</u>
                        Maximalzins 9 %                                    Beleg 211

                        <u>Letztbekannte Gläubigerin:</u>
                        Neue Zuger Bank AG, 6300 Zug

                        <u>Zins- und Zahlungsbestimmungen:</u>
                        Diese Schuld ist von heute an auf den 30. Juni und 31. Dezember mit 9 %
                        im Jahr zu verzinsen und auf eine beiden Teilen täglich freistehende halb-
                        jährige Kündigung hin zu bezahlen.

---

Affoltern a.A., 23. März 2007                    FÜR RICHTIGEN AUSZUG

AK Nr. 557                                       **GRUNDBUCHAMT AFFOLTERN**
                                                 *P. Schreiber*
Gebühr Fr. 75.–                                  Peter Schreiber, Notar

## 3.2    Muster: Eigentumsverhältnisse und Grundpfandbelastungen

| | Grundstück: |
|---|---|
| | Wohnhaus mit angebauter Garage, mit 97 m² Gebäude-grundfläche und 604 m² Haus-umschwung mit Gartenanlage, Rosenweg 1, 8915 Hausen a.A., laut Grundbuchblatt 1422, Kataster Nr. 1211 |
| Rolf Gasser-Hauser<br>**Miteigentümer**<br>**zu je 1/2** | Erna Gasser-Hauser<br>**Miteigentümerin**<br>**zu je 1/2** | **Eigentumsverhältnisse** |
| **Grundpfandbelastungen** | | |
| **1. Pfandstelle:**    **Fr. 225 000.00** | | **Grundpfandrecht**<br>(solidarisch) |
| **2. Pfandstelle:**    **Fr. 200 000.00** | | **Grundpfandrecht**<br>(solidarisch) |
| **1. Pfandstelle:**<br>**Fr. 100 000.00** | | nachgehendes<br>**Einzelpfandrecht** |

## 3.3    Betreibung für ein ranglich vorgehendes Pfandrecht, welches das Gesamtgrundstück belastet

**Pfandgegenstand** in einer Betreibung auf Verwertung eines Grundpfandes der Grund-pfandgläubiger an **1. oder 2. Pfandstelle** ist in diesem Musterfall das in unausgeschie-dene Miteigentumsanteile aufgeteilte **Gesamtgrundstück**, **nämlich:** ein Wohnhaus mit angebauter Garage, mit 97 m² Gebäudegrundfläche und 604 m² Hausumschwung mit Gartenanlage, Rosenweg 1, 8915 Hausen a.A., laut Grundbuchblatt 1422, Kataster Nr. 1211.

Muss somit infolge Grundpfandbetreibung eines Gläubigers mit einem **Pfandrecht am Gesamtgrundstück** die Verwertung angeordnet werden, so ist, wie oben erwähnt, das Grundstück als Ganzes zu versteigern (Art. 106a Abs. 1 VZG). Im Lastenverzeichnis sind jedoch auch die Lasten des einzelnen Miteigentumsanteiles aufzunehmen.

In der **Verteilungsliste** für die Pfandgläubiger (Art. 112 VZG), siehe vorne § 23, Ziff. 2.3, 4 und 5, ist auch die Verteilung eines allfälligen Überschusses des Erlöses über die das ganze Grundstück belastenden Pfandforderungen zu regeln (Art. 106a Abs. 5 VZG).

Infolge **nachgehenden Einzelpfandrechtes** ergibt sich hier allerdings die Besonder-heit, dass in den Steigerungsbedingungen gem. Art. 106a Abs. 4 VZG für das nachge-hende Einzelpfandrecht, ungeachtet der Fälligkeit dieser Forderung, **Barzahlung** zu verlangen ist. Diese Pfandforderung ist deshalb im Lastenverzeichnis als bar zu bezahlende Forderung aufzunehmen (vgl. dazu vorne § 15 Ziff. 15, Lastenverzeichnis: II. Lastenverzeichnis, A. Grundpfandgesicherte Forderungen).

Im Weiteren siehe vorgehende Ziff. 2

## 3.4 Betreibung für ein ranglich nachgehendes Einzelpfandrecht

### 3.4.1 Betreibungsbegehren

Leitet die Gläubigerin in diesem Musterfall für das **Einzelpfandrecht** an 1. Pfandstelle, lastend auf dem **hälftigen Miteigentumsanteil** von **Rolf Gasser-Hauser,** eine Betreibung auf Verwertung eines Grundpfandes ein, so ist im Betreibungsbegehren Rolf Gasser-Hauser als Schuldner und Pfandeigentümer aufzuführen.

**Pfandgegenstand** ist in dieser Betreibung nicht etwa das in Miteigentumsanteile aufgeteilte gemeinschaftliche Grundstück (Gesamtgrundstück), sondern lediglich der **unausgeschiedene hälftige Miteigentumsanteil** von Rolf Gasser-Hauser.

Da sich die Betreibung und Verwertung nur gegen den Miteigentumsanteil des Schuldners Rolf Gasser-Hauser richtet, ist deshalb der Miteigentümerin Erna Gasser-Hauser **keine** Abschrift des Zahlungsbefehls im Sinne von Art. 153 Abs. 2 lit.a SchKG zuzustellen, da sie in diesem Verfahren betr. das Pfand nicht beteiligte Miteigentümerin ist. Zudem erhält sie auch keine Zahlungsbefehlsabschrift nach Art. 153 Abs. 2 lit. b SchKG, da m.E. der verpfändete unausgeschiedene Miteigentumsanteil des Schuldners nicht als Familienwohnung ausgelegt werden kann.

### 3.4.2 Miet- und/oder Pachtzinse/Verwaltung

In der Grundpfandbetreibung bei einem unausgeschiedenen Miteigentumsanteil besteht die Aufgabe des Betreibungsamtes bezüglich der mitverpfändeten Miet- und/oder Pachtzinse im Sinne von Art. 806 ZGB lediglich darin, den übrigen Miteigentümern und/oder einem allfälligen Verwalter des Gesamtgrundstückes von der Grundpfandbetreibung (bei der Einleitung der Betreibung mit Ausdehnung der Pfandhaft auf die Miet- oder Pachtzinse, resp. nach Eingang des Verwertungsbegehrens) Mitteilung zu machen und diese mit der Aufforderung zu verbinden, inskünftig die auf den Miteigentumsanteil des Schuldners anfallenden Nettomiet- und/oder Pachtzinseinnahmen mit dem Betreibungsamt periodisch abzurechnen und diesem abzuliefern, unter Vorlage der entsprechenden Verwaltungs- und Buchhaltungsbelege.

Die Verwaltung des Gesamtgrundstückes geht in der Regel nur dann an das Betreibungsamt über, wenn sich die Grundpfandbetreibung auf alle Miteigentumsanteile erstreckt[119].

---

[119] BlSchK 18 (1954) S. 180 f.

### 3.4.3    Verwertungsverfahren

**a)        Verfügungsbeschränkung**

Die Verfügungsbeschränkung (Art. 960 ZGB), siehe vorne § 3 Ziff. 5 und § 8 Ziff. 1 und 5, ist gem. Art. 23a lit. a i.V.m. Art. 90 und 97 Abs. 1 VZG nur für den **Miteigentums-anteil** zu erlassen.

**b)        Grundbuchauszug**

Der Grundbuchauszug, siehe vorne § 8 Ziff. 2 und 6 sowie vorgehende Ziff. 3.1, hat nicht nur über den Anteil des Schuldners, sondern auch über das Gesamtgrundstück Auskunft zu geben (Art. 73 i.V.m Art. 102 VZG).

**c)        Erste Steigerungspublikation**

Eine Besonderheit bei der Zwangsverwertung eines unausgeschiedenen Miteigentum-santeils, **wo das zu Miteigentumsanteilen aufgeteilte gemeinschaftliche Grund-stück (Gesamtgrundstück) als solches vorgehend mit einem Gesamtpfandrecht belastet ist** (vgl. dazu vorgehende Ziff. 3.1 und 3.2), ist u.a., dass die definitive Verstei-gerung des Miteigentumsanteils erst publiziert werden kann, nachdem vorgängig die Einigungsverhandlung im Sinne von Art. 73e i.V.m. Art. 102 VZG durchgeführt wor-den ist (vgl. dazu nachfolgende Ziff. 3.4.4).

In diesem Fall kann deshalb in der «**ersten**» **Steigerungspublikation** der **Zeitpunkt der Versteigerung** noch **nicht** festgesetzt werden. In der Steigerungspublikation wird deshalb u.a. nur die öffentliche Aufforderung zur Anmeldung von Pfandrechten erlas-sen (Art. 73a Abs. 3 i.V.m. Art. 102 VZG).

Bezüglich dieser **speziellen Steigerungspublikation** wird auf die nachfolgende lit. f verwiesen.

**d)        Spezialanzeigen**

Mit der **Spezialanzeige** (Formular VZG 7a [EDV 7012]), siehe dazu auch vorne § 14 Ziff. 2, insbesondere Ziff. 2.3, sind die Grundpfandgläubiger und Grundpfandberech-tigten u.a. aufzufordern, dem Betreibungsamt betr. den laufenden Zins den Zinsbeginn und den Zinsfuss für die Aufnahme ins Lastenverzeichnis mitzuteilen. Dieser Zins kann jedoch (noch) nicht berechnet werden, da der Steigerungstag noch nicht feststeht.

Die Spezialanzeigen sind auch den Gläubigern, denen das Grundstück als solches ver-pfändet ist, allen Miteigentümern sowie den Personen zuzustellen, denen nach dem Gläubigerregister an einer solchen Forderung ein Pfandrecht oder die Nutzniessung zusteht (Art. 73b i.V.m. Art. 102 VZG)[120].

**e)        Verwaltung**

Betreffend die betreibungsamtliche Verwaltung, resp. den Einzug von Miet- und/oder Pachtzinsen siehe vorgehende Ziff. 3.4.2.

---

[120]   BGE 55 III 162.

## f) Muster: Steigerungsinserat

>> Formular VZG 7ab (EDV 7013)

Die Besonderheiten in dieser Steigerungspublikation gegenüber einem Steigerungsinserat mit einem Alleineigentum, siehe vorne § 14 Ziff. 1 insbesondere Ziff. 1.3, sind nachfolgend mit einer Linie markiert.

## Betreibungs- und Gemeindeammannamt Hausen am Albis

In der Rüti 10    8915 Hausen a.A.    Telefon 044 764 16 75    Postkonto 80-1507-5

# Grundpfandverwertung

### Schuldner und Pfandeigentümer

Rolf Gasser-Hauser, geb. 1958, von Köniz BE, Rosenweg 1, 8915 Hausen a.A.

### Steigerungstag und Steigerungslokal

Infolge vorausgehender Einigungsverhandlung bezüglich der Pfandbelastung des Gesamtgrundstückes (im Sinne von Art. 73a Abs. 3 und 73e ff. i.V.m. Art. 102 der Verordnung des Bundesgerichts über die Zwangsverwertung von Grundstücken [VZG]) werden der Steigerungstag und das Steigerungslokal später bekannt gegeben.

**Eingabefrist** bis 12. Juli 2007.

### Auflegung der Steigerungsbedingungen und des Lastenverzeichnisses

Montag, 13. August 2007 bis Mittwoch, 22. August 2007, im Büro des Betreibungsamtes Hausen a.A., In der Rüti 10, 8915 Hausen a.A., Montag bis Freitag von 09.00 bis 11.00 Uhr und 14.00 bis 15.00 Uhr.

### Besichtigungen des Gesamtgrundstückes

Dienstag, 3. Juli 2007 und Freitag, 17. August 2007, jeweils um 14.00 Uhr. Geführte Besichtigungen, Besammlung beim Hauseingang Rosenweg 1, 8915 Hausen a.A.

### Grundstück

**Miteigentumsanteil zur Hälfte am Gesamtgrundstück** laut Grundbuch Blatt 1422, Kataster Nr. 1211, Plan 20, in der Gemeinde Hausen a.A.: **Ein freistehendes 4½-Zimmer-Einfamilienhaus mit angebauter Garage** mit 97 m$^2$ Gebäudegrundfläche, für Fr. 790 000.00 versichert (Schätzungsjahr 2005, Gebäude Nr. 659) und 604 m$^2$ Hausumschwung mit Gartenanlage (Gesamtfläche: 701 m$^2$), Rosenweg 1, 8915 Hausen a.A.

Grenzen laut Katasterplan. Vormerkung und Dienstbarkeit laut Grundbuchauszug.

**Rechtskräftige betreibungsamtliche Schätzungen**
–  **Miteigentumsanteil:**         Fr.         80 000.00
–  **Gesamtgrundstück:**         Fr.         900 000.00

Die Verwertung erfolgt auf Verlangen der Grundpfandgläubigerin an 1. Pfandstelle, lastend auf dem zur Verwertung gelangenden Miteigentumsanteil.

Der Erwerber hat an der Steigerung unmittelbar vor dem Zuschlag, auf Abrechnung an die Steigerungssumme, **Fr. 20 000.00** in bar oder mit einem auf eine Bank mit Sitz in der Schweiz an die Order des Betreibungsamtes Hausen a.A. ausgestellten Bankcheck (kein Privatcheck) zu bezahlen.

Personen, die als Stellvertreter in fremdem Namen, als Mitglied einer Rechtsgemeinschaft oder als Organ einer juristischen Person bieten, haben sich unmittelbar vor dem Zuschlag über ihre Vertretereigenschaft auszuweisen. Vertreter von Vereinen und Stiftungen haben sich zusätzlich über ihre Vertretungsbefugnis auszuweisen. Handelsgesellschaften und Genossenschaften haben zudem unmittelbar vor dem Zuschlag einen Handelsregisterauszug vorzulegen.

Es wird ausdrücklich auf das Bundesgesetz über den Erwerb von Grundstücken durch Personen im Ausland (BewG) sowie auf die Verordnung über den Erwerb von Grundstücken durch Personen im Ausland (BewV) aufmerksam gemacht.

Wir fordern hiermit die Pfandgläubiger und Grundlastberechtigten auf, ihre Ansprüche **an dem zur Verwertung gelangenden Miteigentumsanteil sowie am Gesamtgrundstück**, insbesondere auch für Zinsen und Kosten, bis zum **12. Juli 2007** beim Betreibungsamt Hausen a.A., anzumelden und gleichzeitig anzugeben, ob die Kapitalforderung schon fällig oder gekündigt ist, allfällig für welchen Betrag und auf welchen Termin.

Innert der Frist nicht angemeldete Ansprüche sind, soweit sie nicht durch die öffentlichen Bücher festgestellt sind, von der Teilnahme am Ergebnis der Verwertung ausgeschlossen. Ebenso haben Faustpfandgläubiger von Pfandtiteln ihre Faustpfandforderungen anzumelden.

Hausen a.A., 22. Juni 2007

Betreibungsamt Hausen a.A.

V. Moroff

**g)**     **Lastenverzeichnis**

Das **Lastenverzeichnis** (Formular VZG 9B [EDV 7101]) ist im Sinne von Art. 73c, 73d i.V.m. Art. 102 VZG auf Grund der vorne in § 15 gemachten Ausführungen zu erstellen und zu erlassen. Die Beträge für **laufende Zinsen** können darin jedoch **nicht** aufgeführt werden, da der Steigerungstag noch nicht festgelegt werden kann (Art. 73a Abs. 3 i.V.m. Art. 102 VZG), siehe auch vorgehende Ziff. 3.4.3 lit. d und f.

### 3.4.4     Einigungsverhandlung

### 3.4.4.1 Allgemeines

Steht nach rechtskräftiger Auflage des Lastenverzeichnisses fest, dass im Verwertungsverfahren eines unausgeschiedenen Miteigentumsanteils das Gesamtgrundstück mit einem ranglich vorgehenden Pfandrecht belastet ist, hat die Steigerung einstweilen zu unterbleiben (Art. 73e i.V.m. Art. 102 VZG).

Das Betreibungsamt hat alsdann im Sinne von Art. 73e i.V.m. Art. 102 VZG die **Einigungsverhandlung** anzuordnen und dabei durch Verhandlungen mit den **Beteiligten** zu versuchen:

» Für die Verwertung des Anteils des Schuldners die Pfandlasten und **die Schuldpflicht aufzuteilen**, siehe nachfolgende Ziff. 3.4.4.2.

» Das **Miteigentum aufzuheben**, um so aus dem Ergebnis die Forderung des betreibenden Gläubigers ganz oder teilweise zu befriedigen, siehe nachfolgende Ziff. 3.4.4.3.

» Bei Scheitern der Einigungsverhandlung ist somit der unausgeschiedene Miteigentumsanteil mit ranglich vorgehender Pfandbelastung als solcher **zwangsrechtlich zu versteigern**, siehe dazu nachfolgende Ziff. 3.4.4.4.

Die obere kantonale Aufsichtsbehörde kann zur Durchführung der Einigungsverhandlungen sich selbst oder die untere Aufsichtsbehörde als zuständig erklären. Im Kanton Zürich ist von dieser Möglichkeit in dem Sinne Gebrauch gemacht worden, indem das Betreibungsamt gem. § 6 Verordnung des Obergerichtes des Kantons Zürich über die Gemeindeammann- und Betreibungsämter[121] berechtigt ist, solche Einigungsverhandlungen an das Bezirksgericht zu überweisen.

Soweit zur Herbeiführung der angestrebten Änderungen der rechtlichen Verhältnisse nach Zivilrecht eine Mitwirkung des Schuldners erforderlich ist, **tritt das Betreibungsamt an seine Stelle** (Art. 73e Abs. 4 i.V.m. Art. 102 VZG).

Die Zwangsverwertung des Grundstücks als solches (zu Miteigentum aufgeteiltes Gesamtgrundstück), ist unter Vorbehalt von Art. 106a VZG ohne Zustimmung aller Beteiligten **nicht** zulässig (Art. 73 f. Abs. 1 i.V.m. Art. 102 VZG). Wird vor der Versteigerung des Anteils eine Grundpfandbetreibung angehoben, die das Grundstück als solches

---

[121] LS 281.1 (Kanton Zürich).

zum Gegenstand hat (Art. 106a VZG), so ist dieser Betreibung der Vortritt einzuräumen (Art. 73f Abs. 2 i.V.m. Art. 102 VZG).

### 3.4.4.2 Aufteilung der Pfandlasten und der Schuldpflicht

Das Betreibungsamt hat nach Rechtskraft des Lastenverzeichnisses die **Einigungsverhandlung** im Sinne von Art. 73e Abs. 2 i.V.m. Art. 102 VZG anzuordnen und dabei zu versuchen, mit den am Grundstück als solchem pfandberechtigten Gläubigern und mit den andern Miteigentümern eine **Aufteilung der betreffenden Pfandlasten** auf die einzelnen Anteile herbeizuführen und im Falle, dass der Schuldner für eine durch das Grundstück als solches gesicherte Pfandforderung zusammen mit anderen Miteigentümern solidarisch haftet, eine entsprechende **Aufteilung der Schuldpflicht** zu erreichen. Haben die Verhandlungen Erfolg, so ist, nachdem die erforderlichen Änderungen im Grundbuch vorgenommen sind, das Lastenverzeichnis ihrem Ergebnis anzupassen und der Anteil des Schuldners auf dieser Grundlage **zu versteigern**.

### 3.4.4.3 Aufhebung des Miteigentums

Das Betreibungsamt kann auch versuchen, durch Verhandlungen mit den Beteiligten die **Aufhebung des Miteigentums** zu erreichen und so zu ermöglichen, dass der betreibende Gläubiger aus dem Ergebnis der Verwertung der dem Schuldner zugewiesenen Parzelle oder aus dem Anteil des Schuldners am Ergebnis des Verkaufs des Grundstücks als solches oder aus der dem Schuldner zukommenden Auskaufssumme (vgl. Art. 651 Abs. 1 ZGB) ganz oder teilweise befriedigt werden kann (Art. 73e Abs. 3 i.V.m. Art. 102 VZG).

### 3.4.4.4 Versteigerung des unausgeschiedenen Miteigentumsanteils

#### a)      Anordnung der Versteigerung

Gelingt es nicht, die Pfandbelastung des Grundstücks als solches und gegebenenfalls die Solidarschuldpflicht aufzuteilen, und kommt es auch nicht zur Aufhebung des Miteigentums, so ist der Anteil nach vorheriger Publikation (Art. 73a Abs. 1 i.V.m. Art. 102 VZG) und Benachrichtigung der Beteiligten im Sinne von Art. 30 Abs. 2-4 und 73b Abs. 2 i.V.m. Art. 102 VZG **für sich allein zu versteigern** (Art. 73f Abs. 1 i.V.m. Art. 102 VZG).

#### b)      Steigerungspublikation und Spezialanzeige

Betreffend die **Steigerungspublikation** (vgl. vorgehende Ziff. 3.4.3 lit. f) und die **Spezialanzeige** (Art. 73f Abs. 1 i.V.m Art. 73a, 73b und Art. 102 VZG), siehe im Weiteren vorne § 14. In der Spezialanzeige ist allerdings für die seinerzeit im Lastenverzeichnis aufgeführten Pfandgläubiger zu erwähnen, dass sie für die Aufnahme ins Lastenverzeichnis nur noch den laufenden Zins anzumelden haben, jedoch nicht mehr die Kapitalforderungen, verfallene Zinse und Betreibungskosten.

## c)    Lastenverzeichnis

Das seinerzeit erstellte und in Rechtskraft erwachsene **Lastenverzeichnis**, siehe dazu vorgehende Ziff. 3.4.3 lit. g, ist in diesem Stadium des Verwertungsverfahrens u.a. nur noch zu ergänzen mit dem Tag und der Zeit der Steigerung, des Steigerungslokals sowie der Nachführung von laufenden Zinsen. Allenfalls sind die während der Eingabefrist neu angemeldeten Pfandforderungen ins Lastenverzeichnis aufzunehmen.

Das Lastenverzeichnis ist erneut, nun zusammen mit den Steigerungsbedingungen, im Sinne von Art. 134 Abs. 2 SchKG i.V.m. Art. 33 und 102 VZG während **zehn Tagen** zur Einsicht aufzulegen.

Es empfiehlt sich, vor der Fertigstellung des Lastenverzeichnisses dem Grundbuchamt den früher eingeforderten Grundbuchauszug zur **Bestätigung** resp. zur **Ergänzung** einzureichen, um zu gewährleisten, dass das vom Betreibungsamt erstellte Lastenverzeichnis mit dem aktuellen Stand der Grundbucheinträge übereinstimmt.

Das seinerzeit in Rechtskraft erwachsene Lastenverzeichnis kann vom Schuldner, Pfandeigentümer und den bisherigen Gläubigern nur noch im Umfang der Ergänzungen, wie z.B. Aufnahme der laufenden Zinsforderungen oder neu aufgenommener Grundpfandforderungen, angefochten werden.

## d)    Steigerungsbedingungen

Die Steigerungsbedingungen können erst erstellt werden, nachdem feststeht, dass der Miteigentumsanteil zur Versteigerung gelangt. Für das Verfassen der **Steigerungsbedingungen** (Art. 73g, 73h i.V.m. Art. 102 VZG), des allgemeinen Inhalts usw., siehe vorne § 16. Bei der Verwertung eines unausgeschiedenen Miteigentums ergeben sich jedoch nachfolgende Besonderheiten, die in den Steigerungsbedingungen wie folgt zu regeln sind:

## aa)    Berechnung des Mindestzuschlagspreises

Bei der Berechnung des **Mindestzuschlagspreises** sind die auf dem Gesamtgrundstück lastenden Grundpfandforderungen nicht zu berücksichtigen (Art. 73h i.V.m. Art. 102 VZG), siehe dazu nachfolgendes **Muster:**

**Annahme:** Die Grundpfandgläubigerin betreibt den Schuldner Rolf Gasser-Hauser für aufgelaufene Zinsen der 1. Pfandstelle lastend als Einzelpfandrecht auf dem hälftigen Miteigentumsanteil des Schuldners, siehe dazu vorgehende Ziff. 3.1 (Vormerkung), 3.2 und 3.4.1. Der **Mindestzuschlagspreis** ist gem. den vorne in § 17 gemachten Ausführungen zu berechnen und beträgt für diesen speziellen Fall somit Fr. 100 000.00, sofern die betreibende Grundpfandgläubigerin den gesamten Kapitalbetrag gemäss Grundbuch (siehe vorgehende Ziff. 3.1, Grundbuchauszug, Grundpfandrechte: B. Franken 100 000.00) zur Aufnahme ins Lastenverzeichnis eingegeben hat.

In den Steigerungsbedingungen ist in diesem Fall der Mindestzuschlagspreis wie folgt zu regeln:

X.  Das Grundstück **(½ Miteigentum)** wird nach **dreimaligem Aufruf des höchsten Angebotes** zugeschlagen, sofern der **Mindestzuschlagspreis** von **Fr. 100 000.00** geboten wird.

### bb) Überbindung der Pfandrechte auf dem Gesamtgrundstück an den Ersteigerer

Ist wegen Scheiterns der Einigungsverhandlung ein Miteigentumsanteil an einem Grundstück zu versteigern, ist gem. Art. 73g Abs. 2 i.V.m Art. 102 VZG in den Steigerungsbedingungen u.a. zu erwähnen, dass der **Ersteigerer** hinsichtlich der im rechtskräftigen Lastenverzeichnis enthaltenen auf dem Gesamtgrundstück lastenden Pfandrechte mit den dadurch gesicherten Forderungen ohne Anrechnung dieser Belastungen auf den Zuschlagspreis **vollständig in die Rechtsstellung des Schuldners** eintritt. Vorbehalten bleibt eine allfällige Erklärung des Gläubigers im Sinne von Art. 832 Abs. 2 ZGB, er wolle den früheren Schuldner beibehalten (Art. 135 Abs. 1 SchKG). Siehe nachfolgendes **Muster:**

X. Ohne Abrechnung am Zuschlagspreis hat der Ersteigerer zu übernehmen bzw. **bar zu bezahlen:**

a) XXX.

b) XXX.

c) Der Ersteigerer tritt gem. Art. 73g Abs. 2 i.V.m. Art. 102 VZG hinsichtlich der nach dem rechtskräftigen Lastenverzeichnis auf dem Gesamtgrundstück bestehenden Pfandrechte und der dadurch gesicherten Forderungen (siehe Lastenverzeichnis, A. Grundpfandgesicherte Forderungen, Nrn. XXX, im Totalbetrag von Fr. XXX), nebst der Zinspflicht ab Steigerungstag, ohne Abrechnung am Zuschlagspreis, in Solidarhaftung mit der Miteigentümerin Erna Gasser-Hauser, Rosenweg 1, 8915 Hausen a.A., vollständig in die Rechtsstellung des Schuldners Rolf Gasser-Hauser, ein. Vorbehalten bleibt eine allfällige Erklärung des Gläubigers im Sinne von Art. 832 Abs. 2 ZGB, er wolle den früheren Schuldner beibehalten (Art. 135 Abs. 1 SchKG).

### cc) Gesetzliches Vorkaufsrecht

An der Steigerung selbst können die Miteigentümer das **gesetzliche Vorkaufsrecht** nach Art. 681 Abs. 1 ZGB i.V.m. Art. 60a und Art. 102 VZG ausüben. In einem speziellen Schreiben sind die diesbezüglichen Miteigentümer auf dieses Recht und die betreffenden Modalitäten aufmerksam zu machen, vgl. hinten § 32 Ziff. 3.1.

In den Steigerungsbedingungen sind die Inhaber und die Art des gesetzlichen Vorkaufsrechtes aufzuführen (Art. 34 Abs. 1 Anl. VZG [siehe hinten § 35]). Im Weiteren ist die Ausübung eines gesetzlichen Vorkaufsrechtes in den Steigerungsbedingungen im Sinne von Art. 60a i.V.m. Art. 102 VZG zu regeln. Siehe dazu nachfolgendes **Muster:**

X. **Ausübung des gesetzlichen Vorkaufsrechtes an der Steigerung im Sinne von Art. 60a i.V.m. Art. 102 VZG**

Die Miteigentümerin, Erna Gasser-Hauser, ist berechtigt, das gesetzliche Vorkaufsrecht gem. Art. 682 Abs. 1 ZGB wie folgt auszuüben:

Gesetzliche Vorkaufsrechte können nur an der Steigerung selbst XXX. Siehe im Weiteren hinten, § 32 Ziff. 3.2.

### e) Steigerungserlös

Der **Steigerungserlös** aus der Verwertung des Miteigentumsanteils ist für den Pfandgläubiger des Miteigentumsanteils des Schuldners bestimmt. Ein allfälliger Übererlös wäre dem Schuldner, resp. dem Pfandeigentümer auszuzahlen.

# § 29 Besonderheiten bei der Zwangsverwertung eines Baurechtes

## 1. Allgemeines

### 1.1 Gegenstand und Aufnahme in das Grundbuch

Das **Baurecht** (Art. 675, 779, 779a-779l ZGB) ist zweifellos das wichtigste und am häufigsten anzutreffende beschränkte dingliche Recht, das gem. Art. 655 Abs. 2 Ziff. 2 ZGB als **selbstständiges und dauerndes Recht** im Grundbuch aufgenommen werden kann und somit wie ein Grundstück behandelt wird. Beim Baurecht wird der Grundsatz von Art. 667 Abs. 2 ZGB, wonach sich das Eigentum an Grund und Boden auch auf alle darauf erstellten Bauten erstreckt, in dem Sinne durchbrochen, dass beim Baurecht Bauwerke und andere Vorrichtungen, die auf fremdem Boden eingegraben, aufgemauert oder sonst wie dauernd auf oder unter der Bodenfläche mit dem Grundstück verbunden sind, selbstständige Eigentümer haben können, sofern ihr Bestand als Dienstbarkeit im Grundbuch eingetragen ist (Art. 675 ZGB). Die Baurechtsdienstbarkeit wird als «Last» auf dem Bodengrundstück eingetragen und erhält demzufolge ein bestimmtes Rangverhältnis bezüglich den anderen, auf dem Bodengrundstück lastenden, beschränkten dinglichen Rechten. Diese im Grundbuch eingetragene Dienstbarkeit schafft somit die Voraussetzung, dass ein Bodengrundstückeigentümer jemandem das Recht einräumen kann, auf seinem Boden ein Bauwerk (wie z.B. ein Einfamilienhaus, Mehrfamilienhaus [z.B. im sozialen Wohnungsbau], Garage, Stockwerkeigentum [unter Beachtung von Art. 675 Abs. 2 ZGB] usw.) zu errichten, ohne dass der Berechtigte Bodengrundstückeigentümer zu sein braucht.

Wird das Baurecht als eigenständiges Grundstück im Sinne von Art. 655 Abs. 2 Ziff. 2 ZGB ausgestaltet, so wird dieses zu einem separaten Grundstück mit eigenem Grundbuchblatt (Art. 7 ff. GBV).

### 1.2 Baurechtsvertrag

Der Vertrag über die Begründung eines selbstständigen und dauernden Baurechtes bedarf zu seiner Gültigkeit der öffentlichen Beurkundung (Art. 779a ZGB). Die vertraglichen Bestimmungen über den Inhalt und Umfang des Baurechtes, wie namentlich über Lage, Gestalt, Ausdehnung und Zweck der Bauten sowie über die Benutzung nicht überbauter Flächen, die mit seiner Ausübung in Anspruch genommen werden, sind für jeden Erwerber des Baurechtes und des belasteten Grundstückes verbindlich (Art. 779b ZGB).

### 1.3 Dauer

Das Baurecht muss als selbstständiges Recht für **mindestens 30 Jahre** (Art. 7 Abs. 2 Ziff. 2 GBV) ausgestaltet sein und kann **höchstens auf hundert Jahre** begründet werden. Es kann jederzeit in der für die Begründung vorgeschriebenen Form auf eine neue

Dauer von höchstens hundert Jahren verlängert werden, doch ist eine so im Voraus eingegangene Verpflichtung dazu nicht verbindlich (Art. 779l ZGB).

## 1.4 Heimfall

Geht das Baurecht, z.B. durch Zeitablauf, unter, so fallen die bestehenden Bauwerke dem Grundeigentümer heim, indem sie zu Bestandteilen seines Grundstückes werden (Art. 779c ZGB). Der Grundeigentümer der mit dem Baurecht belasteten Liegenschaft wird also neu auch Eigentümer der Baute.

Wenn der Bauberechtigte in grober Weise sein dingliches Recht überschreitet oder vertragliche Verpflichtungen verletzt, so kann der Grundeigentümer den vorzeitigen Heimfall herbeiführen, indem er die Übertragung des Baurechtes mit allen Rechten und Lasten auf sich selber verlangt (Art. 779f ZGB).

Das **Heimfallsrecht** kann nur ausgeübt werden, wenn für die heimfallenden Bauwerke eine **angemessene Entschädigung** geleistet wird, bei deren Bemessung das schuldhafte Verhalten des Bauberechtigten als Herabsetzungsgrund berücksichtigt werden kann. Die Übertragung des Baurechtes auf den Grundeigentümer erfolgt erst, wenn die Entschädigung bezahlt oder sichergestellt ist (Art. 779g ZGB).

Den Vorschriften über die Ausübung des Heimfallsrechtes unterliegt jedes Recht, das sich der Grundeigentümer zur vorzeitigen Aufhebung oder Rückübertragung des Baurechtes wegen Pflichtverletzung des Bauberechtigten vorbehalten hat (Art. 779h ZGB).

## 1.5 Entschädigung

Der Grundeigentümer hat dem bisherigen Bauberechtigten für die heimfallenden Bauwerke eine angemessene Entschädigung zu leisten, die jedoch den Gläubigern, denen das Baurecht verpfändet war, für ihre noch bestehenden Forderungen haftet und ohne ihre Zustimmung dem bisherigen Bauberechtigten nicht ausbezahlt werden darf (Art. 779d ZGB).

Über die Höhe der Entschädigung und das Verfahren zu ihrer Festsetzung sowie über die Aufhebung der Entschädigungspflicht und über die Wiederherstellung des ursprünglichen Zustandes der Liegenschaft können Vereinbarungen in der Form, die für die Begründung des Baurechtes vorgeschrieben ist, getroffen und im Grundbuch vorgemerkt werden (Art. 779e ZGB i.V.m. Art. 71b GBV). Wird die Entschädigung nicht bezahlt oder sichergestellt, so kann der bisherige Bauberechtigte oder ein Gläubiger, dem das Baurecht verpfändet war, verlangen, dass an Stelle des gelöschten Baurechtes ein Grundpfandrecht mit demselben Rang zur Sicherung der Entschädigungsforderung eingetragen werde. Die Eintragung muss spätestens **drei Monate** nach dem Untergang des Baurechtes erfolgen (Art. 779d ZGB i.V.m. Art. 22a GBV).

## 1.6　Baurechtszins; Grundpfandrecht

Obwohl im Gesetz nicht ausdrücklich vorgeschrieben, entrichtet der Bauberechtigte dem Grundeigentümer als Entschädigung für die Einräumung des Baurechts in der Regel einen sogenannten Baurechtszins. Der **Baurechtszins,** welcher im zu beurkundenden Baurechtsvertrag festzulegen ist, wird während der Dauer des Baurechtes entrichtet.

Zur Sicherung des Baurechtszinses hat der Grundeigentümer gegenüber dem jeweiligen Bauberechtigten Anspruch **auf Errichtung eines Pfandrechtes** an dem im Grundbuch aufgenommenen Baurecht im Höchstbetrage von drei Jahresleistungen (Art. 779i Abs. 1 ZGB).

Wie beim Bauhandwerkerpfandrecht oder beim Pfandrecht der Stockwerkeigentümergemeinschaft handelt es sich beim Pfandrecht für Baurechtszinse **nicht um ein unmittelbares gesetzliches Grundpfandrecht**, sondern **nur um ein gesetzliches Recht zur Errichtung und Eintragung eines Pfandrechtes** (vgl. vorne § 27 Ziff. 4).

Das Grundpfandrecht kann jederzeit eingetragen werden, solange das Baurecht besteht **und ist von der Löschung im Zwangsverwertungsverfahren ausgenommen** (Art. 779k ZGB). In der Praxis wird die diesbezügliche Grundpfandrechtserrichtung und die damit verbundene Eintragung der Grundpfandverschreibung im Grundbuch jedoch meist bereits mit der Errichtung des Baurechtes im Grundbuch eingetragen. Durch die zu errichtende **Grundpfandverschreibung (Maximalhypothek)** können auch bloss mögliche bzw. zukünftige Forderungen gesichert werden.

Das im Grundbuch eingetragene Grundpfandrecht behält seinen Bestand und Rang nach der Zwangsversteigerung des Baurechtes. Das Grundpfandrecht ist dem Ersteigerer im Umfang des eingetragenen Kapitals **zu überbinden** und es kann gegenüber dem zukünftigen Eigentümer des Baurechtes für neue, zukünftig fällige Zinsschulden weiterhin geltend gemacht werden.

Für das eingetragene Grundpfandrecht steht dem Gläubiger **kein** privilegiertes Rangverhältnis zu, denn allenfalls auf dem Baurecht bereits bestehende (gesetzliche oder vertragliche) Grundpfandrechte und andere beschränkt-dingliche Rechte gehen diesem Grundpfandrecht im Sinne des Prinzips der Alterspriorität vor.

Dem Baurechtsgläubiger stehen für die ausstehenden Baurechtszinse im Rahmen der diesbezüglichen Grundpfandbetreibung die gleichen Rechte zu wie einem anderen Grundpfandgläubiger. Er ist also auch berechtigt zu beantragen, dass die Pfandhaft im Sinne von Art. 806 ZGB i.V.m. Art. 91 VZG bereits bei der Einleitung des Betreibungsverfahrens auf die Miet- oder Pachtzinse auszudehnen sei, siehe dazu vorne § 4.

## 1.7　Gesetzliches Vorkaufsrecht

Gemäss Art. 682 Abs. 2 ZGB steht dem Eigentümer eines Grundstückes, das mit einem selbstständigen und dauernden Baurecht belastet ist, an diesem Recht und dem Inhaber dieses Rechts am belasteten Grundstück, soweit dieses durch die Ausübung seines Rechtes in Anspruch genommen wird, ein **gesetzliches Vorkaufsrecht** zu. Betreffend

Ausübung eines gesetzlichen Vorkaufsrechtes anlässlich der Zwangsverwertung, siehe hinten § 32 Ziff. 3.

## 2. Zwangsverwertung des Baurechtes im Allgemeinen

Im Zwangsverwertungsverfahren bezüglich des Baurechts ist zwischen der Verwertung des **Bodengrundstückes** (siehe nachfolgende Ziff. 2.2) und der Verwertung des **selbstständigen und dauernden Baurechtsgrundstückes** (siehe nachfolgende Ziff. 2.1) zu unterscheiden. Das verselbstständigte Baurechtsgrundstück kann ebenfalls wie das Bodengrundstück selbstständig mit Grundpfandrechten, Dienstbarkeiten, Grundlasten, Anmerkungen sowie Vormerkungen «belastet» werden. Das Bodengrundstück und das selbstständige Baurecht sind in der Zwangsverwertung als getrennte Einheiten zu betrachten. Nur in einem Sonderfall, nämlich dann, wenn ein Gesamtpfandrecht sowohl auf dem Bodengrundstück, als auch auf dem selbstständigen Baurecht errichtet wurde, hat an der Steigerung ein Gesamtaufruf von Bodengrundstück und selbstständigem Baurecht analog den Vorschriften nach Art. 108 Abs. 1$^{bis}$ und Abs. 2 VZG zu erfolgen, vgl. dazu hinten § 33.

Besteht **kein Gesamtpfandrecht** auf dem Baurechtsgrundstück und dem Bodengrundstück, kann die Versteigerung des selbstständigen dauernden Baurechtes oder des Bodengrundstückes nur **getrennt** erfolgen.

### 2.1 Zwangsverwertung des selbstständigen und dauernden Baurechtes

Bei der Zwangsverwertung eines selbstständigen und dauernden Baurechtes sind u.a. nachfolgende Besonderheiten zu beachten:

a) Zur **Versteigerung** gelangt nicht das Bodengrundstück, sondern das selbstständige und dauernde Baurecht als solches mit der erstellten Baute (z.B. Einfamilienhaus, Garage usw.).

b) Für die Verwertung ist ein **detaillierter Grundbuchauszug** einzufordern, der u.a. Auskunft über das Baurechtsgrundstück sowie über das baurechtsbelastete Bodengrundstück gibt. Ferner müssen aus dem Grundbuchauszug die Baurechtsdauer sowie sämtliche weitere Bestimmungen des Baurechtsvertrages (Zins, Heimfallbestimmungen usw.) ersichtlich sein.

c) Das Baurecht geht der **grundpfandrechtlichen Vorbelastung des Bodengrundstückes** im Range der dinglichen Sicherheit nach, weshalb bei der allfälligen Zwangsverwertung des Bodengrundstückes der Bodengrundpfandgläubiger den Doppelaufruf verlangen könnte, siehe dazu hinten § 30.

d) Die **betreibungsamtliche Schätzung** (Bewertung) **des Baurechtes** hängt weitgehend von der (vorgehenden) Pfandbelastung des Bodengrundstückes ab. Ist dasselbe mit Pfandrechten belastet, die den Bodenwert allenfalls übersteigen, so ist dieser Umstand bei der Schätzung des Baurechtes miteinzubeziehen. Für die Schätzung des Baurechtes (erstellte Baute) ist m.E. auch der ideelle Wertanteil des Bodengrundstückes in die Schätzung einzurechnen. Ob das mit dem Baurecht belastete Bodengrundstück ebenfalls zu schätzen ist, geht aus dem Gesetz nicht hervor. In Anlehnung an Art. 99 i.V.m. Art. 23 Abs. 1 VZG wird empfohlen, für das Bodengrundstück eine separate Schätzung zu erstellen (vgl. dazu nachgehende Ziff. 2.2 Abs. 4).

e) Die **Spezialanzeige** im Sinne von Art. 139 SchKG ist auch an den Grundeigentümer des Bodengrundstückes (Eigentümer, auf dessen Grundstück die Dienstbarkeit betr. das Baurecht errichtet wurde) zu erlassen. Gleichzeitig ist er in einem Begleitschreiben auf sein **gesetzliches Vorkaufsrecht** und über die diesbezüglichen Bedingungen zur Ausübung desselben an der Versteigerung aufmerksam zu machen (siehe hinten § 32 Ziff. 3.1).

f) Aus der **Steigerungspublikation** muss u.a. ersichtlich sein, dass es sich beim zu versteigernden Grundstück um ein selbstständiges und dauerndes Baurecht handelt, mit Angabe der Baurechtsdauer. Nebst dem Beschrieb der Baute ist auch das baurechtsbelastete Bodengrundstück zu umschreiben.

g) Aus den **Steigerungsbedingungen** müssen die Bestimmungen bezüglich des **Baurechtsvertrages** inkl. der Baurechtszinsen, Heimfallbestimmungen usw. ersichtlich sein. Aus diesem Grund ist es wichtig, bei der Einforderung des Grundbuchauszuges beim Grundbuchamt ebenfalls den aktuellen Baurechtsvertrag in vollem Wortlaut zu verlangen. Der Baurechtsvertrag ist dem Ersteigerer zu überbinden.

In den Steigerungsbedingungen ist im Weiteren auch die Ausübung des **gesetzlichen Vorkaufsrechtes** des Bodengrundstückeigentümers an der Gant zu regeln (siehe dazu hinten § 32 Ziff. 3.2).

In den Steigerungsbedingungen ist auch zu erwähnen, dass das im Grundbuch eingetragene **Pfandrecht für Baurechtszinse** nach erfolgter Zwangsverwertung des Baurechtes gem. Art. 779k ZGB **nicht gelöscht** werden kann, siehe vorgehende Ziff. 1.6. Abs. 4.

## 2.2 Zwangsverwertung des Bodengrundstückes

Bei der Zwangsverwertung des **Bodengrundstückes** spielt die darauf lastende Dienstbarkeit des Baurechtes, bzw. die Frage, ob das Baurecht weiteren Belastungen des Bodengrundstückes vor- oder nachgeht, eine zentrale Rolle. Geht die Baurechtsdienstbarkeit den Grundpfandrechten des Bodengrundstückes ranglich vor, so kommt ein Doppelaufruf im Sinne von Art. 142 SchKG i.V.m. Art. 56 und Art. 102 VZG **nicht** in Frage. Geht aber die Baurechtsdienstbarkeit diesen **ranglich nach**, so kann der «vorgehende» Bodengrundstücks-Pfandgläubiger den Doppelaufruf verlangen, so dass dann das selbstständige und dauernde Baurecht gleich wie eine andere ranglich nachgehende Dienstbarkeit gelöscht werden muss, wenn der Aufruf ohne Baurechtsdienstbarkeit bessere Deckung bietet. Betreffend Verfahren des Doppelaufrufes siehe hinten § 30.

Mit der Löschung der Baurechtsdienstbarkeit verliert der Eigentümer des Baurechts seine Eigentümerstellung und das im Baurecht erstellte Gebäude fällt ins Eigentum des Eigentümers des Bodengrundstückes bzw. des Ersteigerers. Bei einer solchen Art des **Heimfalls infolge Zwangsverwertung** kann der Baurechtsdienstbarkeitsberechtigte die Heimfallsentschädigung im Sinne von Art. 779g ZGB **nicht** beanspruchen. Hingegen steht ihm das Recht zu, für die anlässlich der Zwangsversteigerung infolge Doppelaufrufs untergegangene Dienstbarkeit (Baurecht) im Sinne von Art. 812 Abs. 3 ZGB i.V.m. Art. 142 Abs. 3 SchKG und Art. 116 VZG allenfalls aus dem Steigerungserlös eine Entschädigung geltend zu machen, siehe dazu hinten § 30 Ziff. 4.

Die Belastung eines Bodengrundstückes mit einer Baurechtsdienstbarkeit muss deshalb bei der **betreibungsamtlichen Schätzung** des Pfandbodengrundstückes entsprechend berücksichtigt werden. Ob das Baurecht in einem solchen Fall ebenfalls zu schätzen ist, geht aus dem Gesetz nicht hervor. Es wird jedoch empfohlen, das Baurecht separat zu schätzen (vgl. dazu vorgehende Ziff. 2.1 lit. d).

# § 30 Doppelaufruf

## 1. Allgemeines

Lasten auf dem Grundstück **Dienstbarkeiten** (wie z.B. Wohnrecht usw.), **Grundlasten**, nach Art. 959 ZGB **vorgemerkte persönliche Rechte** (wie z.B. Mietverträge oder Kaufrechte usw.) oder bestehen langfristige Mietverträge, welche nicht im Grundbuch vorgemerkt sind[122], so zeigt das Betreibungsamt den Grundpfandgläubigern im Lastenverzeichnis an (vgl. vorne § 15 Ziff. 15, Lastenverzeichnis: Titelseite Ziff. 4), dass die Inhaber derjenigen Pfandrechte, die diesen oben erwähnten Lasten im Range vorgehen, innert **zehn Tagen** ab Erhalt des Lastenverzeichnisses beim Betreibungsamt schriftlich den doppelten Aufruf nach Art. 142 SchKG verlangen können, sofern sich der Vorrang des Pfandrechts aus dem Lastenverzeichnis ergibt und nicht mit Erfolg bestritten wird (Art. 104 Abs. 1 VZG).

Ergibt sich der Vorrang des Pfandrechtes **nicht aus dem Lastenverzeichnis**, so kann dem Begehren betr. des Doppelaufrufes entsprochen werden, wenn der Grundpfandgläubiger dem Betreibungsamt eine den Vorrang des Pfandrechts anerkennende Erklärung des Inhabers des jeweiligen Rechts vorlegt. Wird eine solche Erklärung nicht beigebracht, so hat der Grundpfandgläubiger, der den doppelten Aufruf verlangt, innert zehn Tagen, von der Zustellung des Lastenverzeichnisses an gerechnet, gerichtliche Klage auf Feststellung des Vorranges seiner Pfandforderung gegen die Inhaber der Dienstbarkeit, Grundlast usw. einzureichen (Art. 142 Abs. 2 SchKG).

Ist ein Miteigentumsanteil zu verwerten, so sind diese Bestimmungen hinsichtlich der den Anteil und der das Grundstück als Ganzes belastenden Rechte anwendbar (Art. 104 Abs. 2 VZG).

Muss also der Aufruf des Grundstückes sowohl mit als auch ohne Anzeige einer vorne erwähnten Last stattfinden (Art. 42 i.V.m. Art. 102 und 104 VZG), so sind zu Beginn der Steigerung die Beteiligten über den Doppelaufruf und die diesbezügliche Abwicklung zu informieren, sofern dies nicht bereits in den Steigerungsbedingungen geregelt werden konnte.

## 2. Allgemeine Bestimmungen zum Ablauf des Doppelaufrufes

Gemäss Art. 56 i.V.m. Art. 102 VZG gelten für den Zuschlag infolge Doppelaufruf folgende Bestimmungen:

a) **Der erste Aufruf mit der Last** erfolgt mit der Bemerkung, dass der Meistbietende für sein Angebot behaftet bleibe bis nach Schluss eines allfälligen zweiten Aufrufs ohne die Last. Reicht beim ersten Aufruf das Angebot (unter Respektierung des

---

[122] Siehe dazu u.a. BGE 125 III 123: Der Doppelaufruf ist sowohl bei im Grundbuch vorgemerkten, als auch bei nicht vorgemerkten langfristigen Mietverträgen zulässig. Solche Mietverträge fallen mit dem Doppelaufruf nicht dahin, sondern gehen auf den Erwerber über. Dieser kann jedoch, unbesehen dringenden Eigenbedarfs, den Vertrag auf den nächsten gesetzlichen Termin kündigen.

Mindestangebotes gem. Steigerungsbedingungen) zur Befriedigung des Gläubigers, der den Doppelaufruf verlangt hat, aus (inkl. auch zur Deckung der Forderungen ihm im Lastenverzeichnis vorgehender Gläubiger), oder wird ein allfälliger Fehlbetrag vom Dienstbarkeits- oder Grundlastberechtigten sofort bar bezahlt, so wird die Last dem Ersteigerer überbunden und ein zweiter Aufruf findet alsdann nicht mehr statt.

Wird im ersten Aufruf mit der Last **kein Angebot** gemacht, so hat der Dienstbarkeitsberechtigte m.E. keine Möglichkeit eine Differenzzahlung im Sinne der vorgehenden lit. a) zu leisten, denn es fehlt in dieser Situation an einem Steigerungsangebot als Voraussetzung für den Zuschlag mit der Last. In diesem Fall ist die Steigerung mit dem zweiten Aufruf **ohne die Last** fortzusetzen.

b) Wird der Gläubiger durch das Meistangebot beim ersten Aufruf mit der Last nicht voll gedeckt (inkl. ihm im Lastenverzeichnis vorgehenden Forderungen), so muss **ein zweiter Aufruf** stattfinden mit dem Bemerken, dass das Grundstück **ohne die Last** zugeschlagen werde, es sei denn, dass auch dieser Aufruf keinen höheren Erlös ergäbe.

c) Ergibt der Aufruf **ohne die Last** keinen höheren Erlös, so wird der Zuschlag dem Höchstbietenden im ersten Aufruf mit der Last erteilt und ihm die diesbezügliche Last überbunden (Art. 56 Abs. 1 lit. c i.V.m. Art. 102 VZG).

Ergibt der Aufruf **ohne die Last** einen gleich grossen Erlös wie im Aufruf mit der Last, so ist m.E. auch in diesem Fall der Zuschlag dem Meistbietenden im ersten Aufruf mit der Last zu erteilen und ihm dieselbe zu überbinden.

Ergibt der Aufruf **ohne die Last** einen höheren Erlös, so wird der Zuschlag erteilt und es muss die Last im Grundbuch **gelöscht** werden, selbst dann, wenn der Gläubiger voll gedeckt wird (Gläubiger, der den Doppelaufruf verlangt hat und ihm im Lastenverzeichnis vorgehende Gläubiger).

Wie in der Praxis ein **Doppelaufruf** durchzuführen ist, ergibt sich aus dem nachfolgenden **Muster**.

## 3.  Muster: Ablauf eines Doppelaufrufes

### A.  Ausgangslage

Der Grundpfandgläubiger an 2. Pfandstelle hat bezüglich ausstehenden Kapitals die Betreibung auf Grundpfandverwertung eingeleitet und in der Folge davon das Verwertungsbegehren gestellt. Ein im Grundbuch eingetragenes **Wohnrecht** zugunsten von Anita Elmer-Gerber, geb. 1. November 1930, geht den Grundpfandgläubigern an erster, zweiter und dritter Pfandstelle nach und dem Grundpfandgläubiger an vierter Pfandstelle ranglich vor. Der Grundpfandgläubiger an der **dritten Pfandstelle** hat innert Frist den Doppelaufruf bezüglich das im Grundbuch eingetragene Wohnrecht verlangt.

## B. Lastenverzeichnis

| | | |
|---|---|---|
| 1. Rang | **1. Pfandstelle:** Kapital inkl. Zins | Fr. 350 500.00 |
| 2. Rang | **2. Pfandstelle:** Kapital inkl. Zins und Betreibungskosten | Fr. 250 250.00 |
| 3. Rang | **3. Pfandstelle:** Kapital inkl. Zins | Fr. 150 250.00 |
| | **Total 1. bis 3. Pfandstelle** | **Fr. 751 000.00** |
| 4. Rang | *Dienstbarkeit: Im Grundbuch eingetragenes Wohnrecht* | |
| 5. Rang | **4. Pfandstelle:** Kapital inkl. Zins | Fr. 100 000.00 |

## C. Steigerungsbedingungen

Ziff. 1: Das Grundstück wird nach dreimaligem Aufruf des höchsten Angebotes zugeschlagen, **sofern der Mindestzuschlagspreis von Fr. 350 500.00** oder mehr geboten wird.

**Allgemeine Bemerkungen:**

Das Mindestangebot gem. den Steigerungsbedingungen ist auch bei der Durchführung eines Doppelaufrufes zu beachten!

## I. Aufruf <u>mit</u> der Last

a) Im ersten Umgang erfolgt der Aufruf **mit der Last (d.h. mit dem im Grundbuch eingetragenen Wohnrecht).** Wird bei diesem Aufruf mit der Last **Fr. 751 000.00** oder mehr geboten, was zur gänzlichen Befriedigung der Grundpfandforderung des Pfandgläubigers, welcher den Doppelaufruf verlangt hat und dessen vorgehenden Pfandgläubiger ausreicht, oder wird bei einem eventuellen Minderangebot die fehlende Differenz durch die Dienstbarkeitsberechtigte (Wohnrechtsberechtigte: Anita Elmer-Gerber) sofort bar bezahlt, so wird dem Meistbietenden der Zuschlag mit der Last erteilt und ihm die Last (Wohnrecht) überbunden. Ein zweiter Aufruf findet dann **nicht** mehr statt.

b) Beträgt im ersten Aufruf mit der Last das Höchstangebot weniger als **Fr. 751 000.00** und wird eine allfällige Differenz im Sinne von lit. a von der Dienstbarkeitsberechtigten nicht sofort bezahlt, so findet ein zweiter Aufruf ohne die Last (d.h. ohne das eingetragene Wohnrecht) statt. Der Meistbietende im ersten Aufruf mit der Last hat sich alsdann der Steigerungsleitung gegenüber nach dem dritten Aufruf des Höchstangebotes auszuweisen und die vorne in § 16 Ziff. 1.3 Ziff. 12 Abs. 1 der Steigerungsbedingungen erwähnte Anzahlung vor dem Beginn des Aufrufes ohne die Last zu deponieren.

c) Wird im ersten Aufruf mit der Last **kein Angebot** gemacht, so hat der Dienstbarkeitsberechtigte m.E. keine Möglichkeit eine Differenzzahlung im Sinne der vorgehenden lit. a) und b) zu leisten, denn es fehlt in dieser Situation an einem Steigerungsangebot als Voraussetzung für den Zuschlag mit der Last. In diesem Fall ist die Steigerung mit dem zweiten Aufruf **ohne die Last** fortzusetzen, vgl. nachfolgende Ziff. II.

## II.    Aufruf ohne die Last

a)  Im zweiten Umgang erfolgt der Aufruf **ohne die Last (d.h. ohne das im Grundbuch eingetra-gene Wohnrecht).** Ergibt der Aufruf ohne die Last einen höheren Erlös als der Aufruf mit der Last, so wird das Grundstück dem Meistbietenden ohne die Last zugeschlagen und die Last (d.h. das Wohnrecht) wird im Grundbuch **gelöscht,** selbst dann, wenn die Grundpfandforderung des Pfandgläubigers, welcher den Doppelaufruf verlangt hat und diejenige der vorgehenden Pfand-gläubiger, gedeckt werden.

b)  Ergibt der Aufruf ohne die Last einen kleineren Erlös als der Aufruf mit der Last, so wird das Grundstück dem Meistbietenden im ersten Aufruf mit der Last zugeschlagen und es wird ihm die Last (d.h. das eingetragene Wohnrecht) überbunden.

c)  Ergibt der Aufruf ohne die Last den gleichen Erlös wie der Aufruf mit der Last, so wird das Grund-stück dem Meistbietenden im ersten Aufruf m.E. mit der Last zugeschlagen und es wird ihm die Last (d.h. das eingetragene Wohnrecht) überbunden.


## 4.    Wert der Belastung und Verteilung nach erfolgtem Doppelaufruf

### 4.1    Allgemeines

Muss eine den Grundpfandrechten nachgehende Last des Grundstückes infolge Dop-pelaufrufs **gelöscht** werden (Art. 142 Abs. 3 SchKG i.V.m. Art. 56 und Art. 102 VZG) und bleibt nach Deckung des vorgehenden Grundpfandgläubigers ein nach Art. 812 Abs. 3 ZGB zu verwendender Überschuss, so hat das Betreibungsamt den Berechtigten **(Inhaber des gelöschten Rechts [Last auf dem Grundstück])** gem. Art. 116 Abs. 1 VZG aufzufordern, ihm innert **zehn Tagen** den Wert der Belastung (Entschädigungs-anspruch) anzugeben.

Kommt der Berechtigte der Aufforderung nicht nach, so wird angenommen, er ver-zichte auf den ihm zustehenden Entschädigungsanspruch.

Der allenfalls dem Betreibungsamt mitgeteilte Entschädigungsbetrag ist bei der Ver-teilung des Nettosteigerungserlöses zugunsten des Berechtigten (Inhaber des infolge Doppelaufrufs gelöschten Rechtes [Art. 142 Abs. 3 SchKG]) mit seinem ihm im Lasten-verzeichnis entsprechenden Rang an der diesbezüglichen Stelle in die Verteilungsliste für die Pfandgläubiger (Formular ZH730 [EDV 7216], siehe vorne § 23 Ziff. 9) aufzu-nehmen (Art. 116 Abs. 2 VZG).


### 4.2    Möglichkeit der Anfechtung des Entschädigungsanpruches

Bei einer allfälligen Anfechtung der Verteilungsliste für die Pfandgläubiger ist der Streit über die Höhe der Entschädigung, die dem Berechtigten durch die Löschung der Last im Grundbuch wegen des Doppelaufrufs zusteht, vor dem Richter und nicht vor der Aufsichtsbehörde auszutragen[123]. Das Recht zu dieser Kollokationsklage im Sinne von

---

[123]   BGE 132 III 539 ff.

Art. 148 SchKG steht nur den, dem infolge Doppelaufrufs gelöschten Rechtes, ranglich nachgehenden Grundpfandgläubigern zu, jedoch nicht dem Schuldner. Der Schuldner kann die Verteilungsliste für Pfandgläubiger einzig wegen Verletzung von Vorschriften des SchKG durch das Betreibungsamt mit Beschwerde anfechten.

In Abweichung an die übliche Anzeige an die Pfandgläubiger betr. Verteilungsliste ist deshalb in diesem speziellen Verteilungsverfahren das entsprechende Formular (Formular VZG 20 [EDV 7217], siehe vorne § 23 Ziff. 11) wie folgt an diese Umstände anzupassen:

**Muster:  Auzug aus dem Formular VZG 20 (EDV 7217) / Anpassungen**

Die angepassten Absätze sind nachfolgend mit einer Linie markiert.

**Anzeige an die Pfandgläubiger über die Auflegung der Verteilungsliste und der Kostenrechnung über die Verwertung gemäss Art. 112 VZG**

| | |
|---|---|
| Schuldner: | XXX |
| Pfandeigentümer: | XXX |
| Grundstück: | XXX |

Im Verwertungsverfahren gegen den oben erwähnten Schuldner liegen die Verteilungsliste sowie die Kostenrechnung über die Verwertung und die Abrechnung über die Verwaltung während **10 Tagen,** d.h. vom XXX bis XXX, beim Betreibungsamt zur Einsicht auf.

Diese Verfügung können Sie gemäss Art. 17 SchKG innert **10 Tagen,** vom Empfang an gerechnet, beim Bezirksgericht XXX, mit Beschwerde anfechten. Die Beschwerde ist im Doppel einzureichen und hat eine Begründung und einen Antrag zu enthalten. Diese Verfügung und allfällige Beweismittel sind beizulegen.

Das seinerzeit im Lastenverzeichnis aufgeführte XXX[1] zugunsten von XXX[2], ist infolge Doppelaufrufs an der Steigerung vom XXX, untergegangen. Die diesem gelöschten Recht im Lastenverzeichnis ranglich nachgehenden Grundpfandgläubiger, nämlich: XXX[3], sind berechtigt, das Bestehen und den Umfang der, als Entschädigung für das untergegangene Recht, in die Verteilungsliste aufgenommenen Forderung im Betrag von Fr. XXX[4], innerhalb von **20 Tagen,** nach Empfang dieser Anzeige, beim Gericht XXX[5] zu bestreiten (Kollokationsklage gem. 148 SchKG i.V.m. Art. 116 Abs. 2 VZG letzter Satz und BGE 132 III 539 ff.).

Erfolgt in dieser Frist keine Beschwerde oder Klage, so werden die Verteilungsliste sowie die Kostenrechnung über die Verwertung und die Abrechnung der Verwaltung rechtskräftig, und das unten angegebene Betreffnis wird Ihnen überwiesen.

[1]  Wie z.B. Wohnrecht, Kaufsrecht usw.
[2]  Name und Adresse gem. Lastenverzeichnis
[3]  Name und Adresse gem. Lastenverzeichnis
[4]  Der dem Betreibungsamt mitgeteilte Entschädigungsbetrag
[5]  Beim Gericht am Ort des Grundstückes (in Anlehnung an Art. 51 Abs. 2 SchKG, 117 Abs. 1 VZG und BGE 96 III 126 ff.)

# §31 Das Bauhandwerkerpfandrecht im Zusammenhang mit der Zwangsverwertung von Grundstücken

## 1. Allgemeines

Eines der wichtigsten Grundpfandrechte ist das Bauhandwerkerpfandrecht. Dieses Pfandrecht beinhaltet das Pfandrecht für gewisse Forderungen der **Handwerker oder Unternehmer,** die zu Bauten oder anderen Werken auf einem Grundstück (Art. 655 ZGB) Material geliefert und/oder Arbeiten verrichtet haben.

Werden durch Handwerker und/oder Unternehmer wertvermehrende Investitionen bezüglich eines Grundstückes getätigt, so wird das verbaute Material regelmässig **Bestandteil des Grundstückes** und steht somit im Eigentum des Grundeigentümers (Art. 642 ZGB). Bei der Baute, an welcher «gebaut» wurde, darf es sich nicht um eine Fahrnisbaute (Art. 677 ZGB) handeln, sondern um eine «Dauerbaute».

## 2. Eintragung im Grundbuch; Rangverhältnis

### 2.1 Entstehung und Frist der Eintragung

Das Pfandrecht der Handwerker kann gem. Art. 839 Abs. 1 ZGB von dem Zeitpunkt an, da sie sich zur Arbeitsleistung verpflichtet haben, in das Grundbuch eingetragen werden. Die Eintragung darf allerdings nur erfolgen, wenn die Forderung vom Eigentümer anerkannt oder gerichtlich festgestellt ist. Verweigert der Grundeigentümer die Anerkennung der Pfandsumme, so ist die Eintragung im Grundbuch nur dann möglich, wenn die Forderung als Pfandsumme gerichtlich festgestellt ist.

Da die Eintragung des Pfandrechtes gem. Art. 839 Abs. 2 ZGB jedoch spätestens **drei Monate nach der Vollendung der Arbeit** zu erfolgen hat und diese Frist zur Eintragung im Grundbuch, wenn diesbezüglich vorgängig ein Prozessverfahren stattzufinden hat, oftmals nicht ausreichen dürfte, kann der Anspruch **vorläufig** im Grundbuch eingetragen werden. Gemäss Art. 961 Abs. 1 Ziff. 1 ZGB i.V.m. Art. 22 Abs. 4 GBV hat dies durch eine Vormerkung zu geschehen. Durch die **vorläufige Eintragung** des Anspruchs als Vormerkung im Grundbuch kann die vorgeschriebene Dreimonatsfrist gewahrt werden. Nach der Vormerkung des geltend gemachten resp. behaupteten Anspruchs muss der Bauhandwerker im Sinne einer Klage die definitive Eintragung des Pfandrechtes erwirken.

### 2.2 Rangverhältnis

Gelangen mehrere gesetzliche Pfandrechte der Handwerker und Unternehmer zur Eintragung, so haben sie, auch wenn sie von verschiedenen Daten sind, untereinander betreffend den Anspruch auf Befriedigung aus dem Pfand den gleichen Rang (Art. 840 ZGB).

# 3. Behandlung des Bauhandwerkerpfandrechtes in der Zwangsverwertung eines Grundstückes

## 3.1 Steigerungsbedingungen

In den Steigerungsbedingungen ist zu erwähnen, dass für die im Lastenverzeichnis aufgeführten Forderungen der Bauhandwerker **Barzahlung** verlangt wird, sofern sie aus dem Steigerungserlös nicht vollständig gedeckt werden (Art. 106 VZG).

## 3.2 Verlust der Bauhandwerker nach erfolgter Versteigerung

### 3.2.1 Ersatzanspruch der Bauhandwerker

Kommen bei der Verteilung Pfandforderungen von Bauhandwerkern und Unternehmern (Art. 837 Abs. 1 Ziff. 3 ZGB) zu Verlust, so setzt das Betreibungsamt den letzteren, nachdem die Verteilungsliste für die Pfandgläubiger in Rechtskraft erwachsen ist, gem. Art. 117 Abs. 1 VZG eine Frist von **zehn Tagen** an, um beim Gericht am Ort des Grundstückes (Art. 51 Abs. 1 SchKG)[124] einen allfälligen Anspruch auf Deckung aus dem den vorgehenden Pfandgläubigern zufallenden Verwertungserlös (Art. 841 Abs. 1 ZGB) **einzuklagen,** siehe dazu nachfolgende **Verfügung:**

**Fristansetzung zur Klage gem. Art. 117 Abs. 1 VZG**

Sehr geehrter Herr XXX

Wir beziehen uns auf die zwangsrechtliche Grundpfandverwertung vom XXX.

Schuldner:                    XXX

Pfandeigentümer:              XXX

Beschrieb des Grundstückes:   XXX

Aus dem Erlös dieser Grundstückverwertung kann Ihnen gem. rechtskräftiger Verteilungsliste an die im Lastenverzeichnis unter Ziffer XXX aufgeführte pfandgesicherte Bauhandwerkerforderung lediglich der Betrag von Fr. XXX zugeteilt werden. [1]

Gemäss Art. 117 Abs. 1 VZG setzen wir Ihnen eine **Frist von 10 Tagen,** vom Empfang dieser Anzeige an gerechnet, um beim Gericht XXX [2] **Klage auf Ersatz Ihres Ausfalles** aus dem den vorgehenden Pfandgläubigern zugewiesenen Steigerungserlös (Art. 841 Abs. 1 ZGB) einzuklagen.

Wird der Prozess innerhalb dieser Frist anhängig gemacht, so bleibt die Verteilung hinsichtlich des strittigen Anteils bis zur Erledigung des Prozesses aufgeschoben. Bei Unterlassung der Klage innert der angesetzten Frist wird die Verteilung des Erlöses aus der Verwertung ohne Rücksicht auf Ihren Anspruch vorgenommen.

[1] Allenfalls: Aus dem Erlös XXX keine Zuteilung gemacht werden.
[2] Beim Gericht am Ort des Grundstückes, siehe vorgehenden Ziff. 3.2.1 Abs. 1.

---

[124] BGE 96 III 126 ff.

### 3.2.2  Auswirkung des Prozess auf den Abschluss des Verwertungsverfahrens

Wird der Prozess innerhalb dieser Frist anhängig gemacht, so bleibt die Verteilung hinsichtlich des strittigen Anteils bis zur gütlichen oder rechtlichen Erledigung des Prozesses aufgeschoben. Wenn und soweit die Klage gutgeheissen wird, hat das Betreibungsamt den Baupfandgläubigern die ihnen auf Grund des Urteils zukommenden Betreffnisse aus dem Verwertungsanteil des vorgehenden unterlegenen Pfandgläubigers zuzuweisen (Art. 117 Abs. 2 VZG).

Ist bei der Steigerung das Pfandrecht des vorgehenden Pfandgläubigers dem Ersteigerer überbunden worden, so wird der obsiegende Baupfandgläubiger bis zur Höhe seines Anspruchs auf Deckung aus dem vorgehenden Pfandrecht gemäss dem ergangenen Urteil in jenes eingewiesen. Zu diesem Zwecke hat das Betreibungsamt die notwendigen Eintragungen im Grundbuch und in den Pfandtiteln von Amtes wegen zu veranlassen (Art. 117 Abs. 3 VZG).

Wird der Prozess **nicht** innert der angesetzten Frist anhängig gemacht, so hat das Betreibungsamt, ohne Rücksicht auf die Ansprüche der zu Verlust gekommenen Bauhandwerker, die Verteilung vorzunehmen (Art. 117 Abs. 4 VZG).

# § 32 Ausübung der Vorkaufsrechte an der Steigerung

## 1. Einleitung

Die Ausübung der vertraglichen und/oder der gesetzlichen Vorkaufsrechte an der Steigerung ist immer wieder Gegenstand von Unklarheiten. Die nachfolgende kurze Übersicht soll aufzeigen, welche Vorkaufsrechte an der Steigerung nicht ausgeübt werden können und deshalb dem Ersteigerer zu überbinden sind, resp. welche an der Steigerung und unter welchen Voraussetzungen geltend gemacht werden können.

## 2. Vertraglich begründete Vorkaufsrechte

Gemäss Art. 216c Abs. 2 OR i.V.m. Art. 51 und 102 VZG können **vertraglich begründete Vorkaufsrechte** (wie z.B. auch ein Kaufsrecht) an der Zwangsverwertung von Grundstücken **nicht** ausgeübt werden, sondern diese sind dem Ersteigerer gem. Steigerungsbedingungen zu überbinden, es sei denn, sie gehen infolge durchgeführtem Doppelaufrufverfahren (vgl. vorne § 30) unter und müssen deshalb im Grundbuch gelöscht werden.

## 3. Gesetzliche Vorkaufsrechte

**Gesetzliche Vorkaufsrechte** (z.B. bei Miteigentum [Art. 682 Abs. 1 ZGB], beim Baurecht [Art. 682 Abs. 2 ZGB], bei Grundstücken, welche im Sinne des Wohn- und Eigentumsförderungsgesetzes finanziert wurden [Art. 50 Abs. 2 WEG] oder Grundstücke, welche dem Bundesgesetze über das bäuerliche Bodenrecht [BGBB] unterliegen) können gem. Art. 60a i.V.m. Art. 102 VZG **an der Steigerung** ausgeübt werden.

### 3.1 Spezialanzeige; Begleitschreiben

Allen gesetzlichen Vorkaufsberechtigten ist **ebenfalls** eine Spezialanzeige (siehe vorne § 14 Ziff. 2.2 Aufzählung 9 und Ziff. 2.3) zuzustellen. Zudem sind sie gleichzeitig in einem Begleitschreiben darauf aufmerksam zu machen, dass sie ihr gesetzliches Vorkaufsrecht an der Steigerung und unter welchen Bedingungen ausüben können (Art. 30 Abs. 4 i.V.m. Art. 102 VZG und Art. 33 Anl. VZG [siehe hinten § 35]), siehe nachfolgend:

**Ausübung des gesetzlichen Vorkaufsrechtes an der Steigerung**

Sehr geehrter Herr XXX

Wir beziehen uns auf die beiliegende Spezialanzeige betreffend das nachfolgende Betreibungsverfahren:

| | |
|---|---|
| Schuldner: | XXX |
| Pfandeigentümer: | XXX |
| Tag und Zeit der Steigerung: | XXX |
| Steigerungslokal: | XXX |
| Beschrieb des Grundstückes: | XXX |

Als Inhaber eines gesetzlichen Vorkaufsrechtes an dem eingangs erwähnten zur Versteigerung gelangenden Grundstückes machen wir Sie darauf aufmerksam, dass Sie Ihr gesetzliches Vorkaufsrecht an der Steigerung durch Übernahme des Grundstückes zum abgegebenen Höchstangebot, nach dreimaligem Ausruf desselben, und zu den in den Steigerungsbedingungen gemachten Auflagen, wie z.B. Leistung einer Anzahlung usw., ausüben können. Die spätere Geltendmachung des Vorkaufsrechtes gegenüber dem Erwerber, dem an der Steigerung der Zuschlag erteilt wird, ist ausgeschlossen.

## 3.2    Steigerungsbedingungen

In den Steigerungsbedingungen (siehe vorne § 16 Ziff. 1.2.3 lit. e und Ziff. 1.3) sind die Inhaber und die Art des gesetzlichen Vorkaufsrechtes (siehe vorgehende Ziff. 3) zwingend aufzuführen (Art. 34 Abs. 1 Anl. VZG [siehe hinten § 35]). Im Weiteren ist die Ausübung eines gesetzlichen Vorkaufsrechtes in den Steigerungsbedingungen gem. Art. 60a i.V.m. Art. 102 VZG wie folgt zu regeln:

**Ausübung des gesetzlichen Vorkaufsrechtes an der Steigerung im Sinne von Art. 60a VZG i.V.m. Art. 102 VZG**

Gesetzliche Vorkaufsrechte können nur an der Steigerung selbst und zu den Bedingungen, zu welchen das Grundstück dem Ersteigerer zugeschlagen wird, ausgeübt werden (Art. 681 Abs. 1 ZGB).

Vereinbarungen im Sinne von Art. 681b Abs. 1 ZGB, die dem Vorkaufsberechtigten Vorzugsrechte gewähren, sind bei der Steigerung nicht zu beachten.

Nach dreimaligem Ausrufen des Höchstangebotes hat der Leiter der Steigerung die anwesenden oder vertretenen Inhaber eines gesetzlichen Vorkaufsrechtes aufzufordern, sich über dessen Ausübung auszusprechen. Bis dies geschehen ist, bleibt der Meistbietende an sein Angebot gebunden.

Erklärt einer der Berechtigten, er wolle das Vorkaufsrecht zum angebotenen Preis ausüben, so wird ihm unter der Voraussetzung, dass alle gem. Steigerungsbedingungen für den Ersteigerer geltenden Auflagen (Anzahlung usw.) erfüllt werden, der Zuschlag erteilt. Geben mehrere Berechtigte diese Erklärung gemeinsam ab, so ist ihnen im Sinne von Art. 59 i.V.m. Art. 102 VZG das Grundstück zu gleichen Teilen zu Miteigentum zuzuschlagen. Machen mehrere Miteigentümer ihr Vorkaufsrecht geltend, so wird ihnen gem. Art. 60a Abs. 4 i.V.m. Art. 102 und Art. 682 Abs. 1 Satz 2 ZGB das Grundstück im Verhältnis ihrer bisherigen Miteigentumsanteile zugeschlagen.

# § 33 Besonderheiten bei der Zwangsverwertung von (einzeln) verpfändeten und bei mehreren gemeinsam (gesamthaft) verpfändeten Grundstücken / Einzel-, Gruppen- und Gesamtausruf

## 1. Allgemeines zum Einzel-, Gruppen- und Gesamtausruf

### 1.1 Allgemeines

**Getrennt verpfändete** Grundstücke können gem. Art. 108 Abs. 1 VZG, nach vorausgegangenem Einzelausruf, gruppenweise oder gesamthaft versteigert werden, sofern sie eine wirtschaftliche Einheit bilden, die sich ohne starke Wertverminderung nicht auflösen lässt[125], vgl. dazu nachfolgende Ziff. 2.

Zulässig ist der Einzel-, Gruppen- und Gesamtausruf auch bei **gesamthaft verpfändeten** Grundstücken (Art. 107 VZG), siehe dazu nachfolgende Ziff. 3.

### 1.2 Ausrufverfahren und Zuschlag

Dem Gruppen- oder Gesamtausruf muss stets ein **Einzelausruf** vorausgehen. Die Meistbietenden beim Einzel- und Gruppenausruf bleiben an ihre Angebote gebunden, bis der Gesamtausruf erfolgt ist und der Zuschlag an die Meistbietenden beim Einzelausruf oder dem resp. den Meistbietenden beim Gruppen- oder Gesamtausruf erteilt worden ist (Art. 108 Abs. 1$^{bis}$ VZG).

### 1.3 Gruppenausruf

Ob nebst dem Einzel- und Gesamtausruf, vorgängig dem Gesamtausruf, auch ein **Gruppenausruf** (die einzeln oder gesamt verpfändeten Grundstücke werden für den Ausruf in Gruppen aufgeteilt) durchzuführen ist, muss sich einerseits aus der Anzahl der zur Verwertung gelangenden Grundstücke und andererseits auch aus der Art der betreffenden Grundstücke und den Interessen der Ersteigerer ergeben.

**Muster:  Ausrufverfahren mit Gruppenausruf**

**Ausruf**

Es erfolgt zuerst der **Einzelausruf** in der Reihenfolge der Grundstücke 1 bis 8, hernach der **Gruppenausruf:** Gruppe 1 (Grundstücke 1 bis 4), Gruppe 2 (Grundstücke 5 bis 8) und anschliessend der **Gesamtausruf** mit den Grundstücken 1 bis 8.

In der Praxis ist der Gruppenausruf eher selten. In den nachfolgenden Ziff. 2 und 3 wird deshalb auf den Gruppenausruf nicht mehr eingegangen.

---

[125]  BGE 63 III 8 ff.

## 1.4        Beachtung des Deckungsprinzipes

Es sei hier erwähnt, dass auch bei diesem Ausrufverfahren das **Deckungsprinzip** (Art. 126 Abs. 1 und 142a SchKG sowie Art. 53 i.V.m. Art. 102 VZG) zu beachten ist. Sind z.B. für die Verwertung von einzeln verpfändeten Grundstücken gem. Steigerungsbedingungen **Mindestangebote** (Mindestzuschlagspreise) berechnet worden, darf u.a. der Zuschlag beim Einzelausruf für das Einzelgrundstück nur unter Beachtung des diesbezüglichen Mindestangebotes (Mindestzuschlagspreis) erteilt werden, resp. beim Gruppenausruf nur unter Beachtung der Gesamtsumme der Mindestzuschlagspreise aller betreffenden Gruppengrundstücke und beim Gesamtzuschlag infolge Gesamtausruf, nur unter Wahrung der Totalsumme aller Mindestzuschlagspreise der einzelnen Grundstücke. Bezüglich des Deckungsprinzips und der Berechnung des Mindestangebotes (Mindestzuschlagspreis), siehe vorne § 17.

## 1.5        Regelung des Ausrufverfahrens

Das Verfahren betr. den **Einzel-, Gruppen- und Gesamtausruf** sowie die **Reihenfolge** der zu versteigernden Grundstücke, sind in die **Steigerungsbedingungen** aufzunehmen (Art. 45 Abs. 1 lit. b i.V.m. Art. 102, 107 Abs. 3 und 108 Abs. 2 VZG). Es empfiehlt sich, das Ausrufverfahren jedoch nicht nur in den Steigerungsbedingungen zu regeln oder dies erst zu Beginn der Steigerung bekanntzugeben, sondern es ist bereits in der **Spezialanzeige** und in der **Steigerungspublikation** auf dieses spezielle Ausrufverfahren hinzuweisen. Es ist für die Steigerungsinteressenten wichtig zu wissen, ob die Grundstücke nur einzeln oder allenfalls gruppenweise oder gesamthaft versteigert werden und welche Anzahlung deshalb z.B. beim Einzel-, Gruppen- oder Gesamtzuschlag an der Steigerung zu leisten ist, vgl. nachfolgende Ziff. 2.2.1.

## 1.6        Grundsätze der Verteilung

Ferner ist gem. Art. 108 Abs. 3 VZG in den Steigerungsbedingungen auch darauf hinzuweisen, dass bei der **gesamthaften** Verwertung von **getrennt verpfändeten** Grundstücken jedem einzelnen Grundstück der zukommende **Anteil am Gesamterlös** wenigstens so hoch sein muss, wie das **höchste Angebot**, welches für das betreffende Grundstück **beim Einzelausruf** gemacht worden ist[126]. Dieser mit der Revision der VZG vom 5. Juni 1996 neu in den Artikel 108 aufgenommene Absatz 3 steht jedoch in Widerspruch mit den Verteilungsregeln von Art. 118 VZG, wonach der, bei gesamthafter Versteigerung getrennt verpfändeter Grundstücke (Art. 108 VZG), im Gesamtausruf erzielte Erlös auf die einzelnen Grundstücke nach dem **Verhältnis der Schätzung der Einzelgrundstücke**, die im Lastenverzeichnis aufgenommen wurden, zu verteilen ist. Diese Art Zuteilung des Steigerungserlöses ist m.E. dann anzuwenden, wenn getrennt verpfändete Grundstücke nach erfolgten Einzelausrufen und dem Gesamtausruf gesamthaft zugeschlagen werden und im Einzelausruf nicht für jedes Grundstück ein Angebot abgegeben wurde. So kann dann somit im Sinne von Art. 118 VZG für alle gesamthaft versteigerten Grundstücke eine Zuteilung berechnet werden.

---

[126]   BGE 61 III 135; 115 III 55.

## 2. Zwangsverwertung von getrennt (einzeln) verpfändeten Grundstücken; Einzel- und Gesamtausruf

### 2.1 Allgemeines

Für mehrere **einzeln** (getrennt) verpfändete Grundstücke hat der Gläubiger zur Realisierung seiner Pfandforderungen für jedes getrennt verpfändete Grundstück zwingend eine separate Grundpfandbetreibung einzuleiten.

Getrennt verpfändete Grundstücke dürfen im Sinne von Art. 108 Abs. 1 VZG nur dann **gesamthaft** versteigert werden, wenn sie dem **gleichen Eigentümer** gehören, **gleichzeitig** zur Versteigerung gelangen und die Grundstücke zusammen Teile einer **wirtschaftlichen Einheit** bilden, deren Zerstörung durch getrennte Versteigerung ihrer einzeln verpfändeten Teile eine starke **Wertverminderung** derselben, oder wenigstens einzelner Teile, zur Folge hätte. Art. 108 Abs. 1 VZG hat somit nur die wirtschaftliche Einheit der betreffenden Grundstücke zum Ziel und deckt sich deshalb nicht mit Art. 134 Abs. 1 SchKG, der erwähnt, dass die Steigerungsbedingungen so einzurichten sind, dass sich möglichst ein günstiges Ergebnis erwarten lässt[127]. In der Praxis werden deshalb auch Versteigerungen mit Einzel-, Gruppen- und Gesamtausruf angeordnet für einzeln verpfändete Grundstücke, die zusammen **keine** wirtschaftliche Einheit bilden.

### 2.2 Einzel- und Gesamtausruf

Ist bei einzeln verpfändeten Grundstücken der Einzel- und Gesamtausruf gegeben, gilt es m.E. dazu u.a. nachfolgende Besonderheiten zu beachten:

» Aufführen aller Grundstücke, Regeln des Ausrufes und der Anzahlungen in der **Steigerungspublikation**, vgl. dazu nachfolgende Ziff. 2.2.1.

» Erstellen eines **Lastenverzeichnisses** für jedes Grundstück, vgl. dazu nachfolgende Ziff. 2.2.2.

» Ergänzen der **Steigerungsbedingungen** betr. dem Einzel- und Gesamtausruf und die Verteilung, siehe dazu nachfolgende Ziff. 2.2.3.

### 2.2.1 Steigerungspublikation betreffend den Einzel- und Gesamtausruf

Für die Erstellung des Steigerungsinserates ist das Formular VZG 7ab (EDV 7013) zu verwenden. Im Weiteren siehe dazu auch vorne § 14 Ziff. 1.

---

[127] BGE 63 III 11.

**Muster:** **Auszug aus dem Steigerungsinserat**

>> Formular VZG 7ab (EDV 7013)

Die Besonderheiten in diesem **Steigerungsinserat** sind nachfolgend mit einer Linie markiert.

## Betreibungs- und Gemeindeammannamt Hausen am Albis
In der Rüti 10    8915 Hausen a.A.    Telefon 044 764 16 75    Postkonto 80-1507-5

# Grundpfandverwertung

**Schuldner und Pfandeigentümer:** XXX

**Steigerungstag und Steigerungslokal:** XXX

**Eingabefrist:** XXX

**Auflegung der Steigerungsbedingungen und des Lastenverzeichnisses:** XXX

**Besichtigungen:** XXX

Zur Verwertung gelangen nachfolgende **einzeln verpfändete** Grundstücke:

**Grundstück 1:** Grundbuch Blatt 2315, XXX
Die Verwertung erfolgt auf Verlangen usw.: XXX
Rechtskräftige betreibungsamtliche Schätzung: Fr. XXX

**Grundstück 2:** Grundbuch Blatt 2316, XXX
Die Verwertung erfolgt auf Verlangen usw.: XXX
Rechtskräftige betreibungsamtliche Schätzung: Fr. XXX

**Grundstück 3:** Grundbuch Blatt 2317, XXX
Die Verwertung erfolgt auf Verlangen usw.: XXX
Rechtskräftige betreibungsamtliche Schätzung: Fr. XXX

**Grundstück 4:** Grundbuch Blatt 2318, XXX
Die Verwertung erfolgt auf Verlangen usw.: XXX
Rechtskräftige betreibungsamtliche Schätzung: Fr. XXX

**Ausruf**
Es erfolgt zuerst der **Einzelausruf** in der Reihenfolge der Grundstücke 1 bis 4 und anschliessend der **Gesamtausruf** mit den Grundstücken 1 bis 4.

**Anzahlungen**
**Der Erwerber hat** an der Steigerung unmittelbar vor dem Zuschlag, auf Abrechnung an die Steigerungssumme, in bar oder mit einem auf eine Bank mit Sitz in der Schweiz an die Order des Betreibungsamtes Hausen a.A. ausgestellten Bankcheck (kein Privatcheck) **zu bezahlen:**

| | |
|---|---|
| **Einzelzuschlag:** | je Fr. 20 000.00 für die Grundstücke 1 und 2, |
| | je Fr. 30 000.00 für die Grundstücke 3 und 4. |
| **Gesamtzuschlag:** | Fr. 100 000.00 für die Grundstücke 1 bis 4. |

Personen, die aus Stellvertreter XXX.

Hausen a.A., XXX                                                    Betreibungsamt Hausen a.A.
                                                                              XXX

## 2.2.2    Lastenverzeichnis

Für **jedes** einzeln verpfändete Grundstück ist ein **Lastenverzeichnis** zu erstellen (siehe dazu hinten § 35 Art. 35). Hierfür ist das Formular VZG 9B (EDV 7101) zu verwenden. Für die Aufstellung der Lastenverzeichnisse gelten die vorne in § 15 gemachten Ausführungen.

## 2.2.3    Steigerungsbedingungen betreffend den Einzel- und Gesamtausruf

Die **Steigerungsbedingungen** sind im Allgemeinen gem. den vorne in § 16 gemachten Ausführungen zu erstellen. Es ist nicht notwendig, für die einzeln verpfändeten Grundstücke separate Steigerungsbedingungen zu erlassen. Es genügt, dass in den für alle Grundstücke aufgestellten Steigerungsbedingungen (Formular VZG 13B [EDV 7106], siehe vorne § 16 Ziff. 1.3), Angelegenheiten, die nur einzelne Grundstücke betreffen, wie z.B. Mindestangebot, Schadenversicherung, Miet- und Pachtverhältnisse usw., entsprechend geregelt werden.

In die Steigerungsbedingungen ist insbesondere auch das Verfahren bezüglich den **Einzel- und Gesamtausruf** aufzunehmen (Art. 108 Abs. 2 VZG).

In den Steigerungsbedingungen ist zudem m.E. für dieses spezielle Steigerungsverfahren u.a. noch Folgendes zu bestimmen:

» Einzel- und Gesamtausruf unter Beachtung allfälliger **Mindestangebote** (siehe dazu auch vorgehende Ziff. 1.2 und 1.4);

» **Reihenfolge** der zu versteigernden Grundstücke (siehe dazu auch vorgehende Ziff. 1.5);

» **Deponierung** der Anzahlung an der Steigerung;

» **Erteilung des Zuschlages** im Einzel-, Gruppen- oder Gesamtausruf;

» **Verteilung des Steigerungserlöses** beim Gesamtzuschlag (vgl. dazu auch vorgehende Ziff. 1.6)[128];

siehe dazu nachfolgenden **Auszug** aus den diesbezüglichen **Steigerungsbedingungen**:

---

[128]  BGE 61 III 133.

## Muster: Auszug aus den Steigerungsbedingungen

&raquo; Formular VZG 13B (EDV 7106)

Die Besonderheiten in diesen Steigerungsbedingungen sind nachfolgend mit einer Linie markiert.

## Betreibungs- und Gemeindeammannamt Hausen am Albis

In der Rüti 10    8915 Hausen a.A.    Telefon 044 764 16 75    Postkonto 80-1507-5

# Steigerungsbedingungen

1. Die **vier einzeln verpfändeten** Grundstücke (1. Grundbuch Blatt 2315, 2. Grundbuch Blatt 2316, 3. Grundbuch Blatt 2317, 4. Grundbuch Blatt 2318) werden im Einzel- resp. Gesamtausruf gemäss den nachfolgenden Ziffern 12, 20.1, 20.2 und 20.3 der Steigerungsbedingungen nach **dreimaligem Ausruf des höchsten Angebotes** zugeschlagen[1].

2. XXX.

12. Die **Barzahlungen** für den Einzel-, resp. Gesamtzuschlag nach Ziffern 8 und 9 dieser Steigerungsbedingungen sind wie folgt zu leisten:

   **Einzelzuschlag:**     je Fr. 20 000.00 für die Grundstücke 1 und 2,
   
   je Fr. 30 000.00 für die Grundstücke 3 und 4,

   **Gesamtzuschlag:**     Fr. 100 000.00 für die Grundstücke 1 bis 4,

   in bar oder mit einem auf eine Bank mit Sitz in der Schweiz an die Order des Betreibungsamtes Hausen a.A., 8915 Hausen a.A., ausgestellten Bankcheck (kein Privatcheck), anlässlich der Steigerung, unmittelbar vor dem Zuschlag. Der Restbetrag auf spezielle Aufforderung des Betreibungsamtes hin, welche nach Eintritt der Rechtskraft des Zuschlages erlassen wird, unter Ansetzung einer zehntägigen Zahlungsfrist.

   Wird ein **Zahlungstermin** bewilligt, XXX.

20. **Einzel- und Gesamtausruf / Zuschlag / Verteilung**

20.1 **Allgemeines zum Einzel- und Gesamtausruf**

   a) Für die vier einzeln verpfändeten Grundstücke (1. Grundbuch Blatt 2315, 2. Grundbuch Blatt 2316, 3. Grundbuch Blatt 2317, 4. Grundbuch Blatt 2318) erfolgt im Sinne von Art. 108 Abs. 1 VZG zuerst der **Einzelausruf** in der **Reihenfolge** der Grundstücke 1 bis 4 und anschliessend der **Gesamtausruf** für alle vier Grundstücke.

   b) Die Meistbietenden im Einzelausruf haben sich der Steigerungsleitung gegenüber nach dem dritten Ausruf des jeweiligen Höchstangebotes auszuweisen und die in Ziffer 12 dieser Steigerungsbedingungen verlangte Anzahlung für das nachfolgende Zuschlagsverfahren (siehe Ziffer 20.3) **zu deponieren**.

c) Die Meistbietenden im Einzel- und Gesamtausruf bleiben für ihre Höchstangebote solange **behaftet**, bis im Einzel- resp. Gesamtausruf der Zuschlag erteilt worden ist.

20.2 **Ausruf**[1]

a) **Einzelausruf**

Der Einzelausruf für die vier einzeln verpfändeten Grundstücke erfolgt **ohne** Mindestangebot.

b) **Gesamtausruf**

Beim Gesamtausruf aller vier Grundstücke muss die Gesamtsumme aller Höchstangebote im Einzelausruf um mindestens **Fr. XXX** [2] überboten werden.

20.3 **Zuschlag**

Mit der Übergabe der ausbedungenen Barzahlung an den Steigerungsleiter erwirbt der Meistbietende das Recht auf den Zuschlag. Bei Nichtleistung der Barzahlung wird die Steigerung mit dem nächsttieferen Angebot fortgesetzt (Art. 60 VZG).

Der Zuschlag an Ehegatten, XXX.

**Der Zuschlag wird erteilt:**

a) **An den Meistbietenden im Gesamtausruf** (für die Grundstücke: Grundbuch Blatt 2315, 2316, 2317 und 2318), sofern im Gesamtausruf im Sinne von Ziffer 20.2 lit. b ein höheres Angebot gemacht worden ist als die Gesamtsumme aller Höchstangebote im Einzelausruf.

b) **An den/die Meistbietenden im Einzelausruf** (je für das Grundstück: Grundbuch Blatt 2315, 2316, 2317 resp. 2318), sofern im Gesamtausruf kein höheres Angebot im Sinne von Ziffer 20.2 lit. b gemacht worden ist. Für Grundstücke, für die im Einzelausruf kein Angebot erfolgt ist (und können die einzeln verpfändeten Grundstücke nicht gesamthaft zugeschlagen werden), ist die Steigerung im Sinne von Art. 71 i.V.m. Art. 111 Abs. 1 VZG **ergebnislos** (siehe dazu auch vorne § 20 Ziff. 1).

*Bemerkung: Der letzte Satz gilt **nicht** beim Einzelzuschlag in der Zwangsverwertung von mehreren gesamthaft verpfändeten Grundstücken im Sinne von Art. 107 VZG.*

20.4 **Verteilung**

Werden die einzeln verpfändeten Grundstücke **gesamthaft** zugeschlagen, ist der Anteil des einzelnen Grundstückes am Gesamterlös gem. Art. 108 Abs. 3 VZG **im Verhältnis des jeweiligen höchsten Angebotes**, welches für das betreffende Grundstück beim **Einzelausruf** gemacht worden ist, zu berechnen. Ist im Einzelausruf **nicht** für alle Grundstücke ein Angebot abgegeben worden, so ist die Verteilung im Sinne von Art. 118 VZG **im Verhältnis der Schätzung der einzelnen Grundstücke** vorzunehmen.

---

[1] Ergeben sich bei den verpfändeten Grundstücken **Mindestangebote**, ist der diesbezügliche Text in den Steigerungsbedingungen entsprechend anzupassen.

[2] In der Regel wird der gleiche Betrag eingesetzt wie bei der Abgabe und Überbietung der Steigerungsangebote, vgl. dazu vorne § 16 Ziff. 1.3, Steigerungsbedingungen: Ziff. 6.

## 3. Zwangsverwertung von mehreren gemeinsam (gesamthaft) verpfändeten Grundstücken; Einzel- und Gesamtausruf

### 3.1 Allgemeines

Haften für die in Betreibung gesetzte Forderung **mehrere gemeinsam (gesamthaft) verpfändete Grundstücke**, die dem gleichen Eigentümer gehören (siehe dazu vorne § 1 Ziff. 1.4), sind nur so viele Grundstücke zu verwerten, als zur Deckung der Forderung des betreibenden Pfandgläubigers sowie allfälliger dem letzteren im Range vorgehender Pfandforderungen erforderlich sind (Art. 119 Abs. 2 SchKG i.V.m. Art. 816 Abs. 3 ZGB). Dabei sind gem. Art. 107 Abs. 1 VZG in erster Linie diejenigen Grundstücke zu verwerten, auf welchen dem betreibenden Gläubiger keine Grundpfandgläubiger im Range nachgehen.

Gehören die gemeinsam verpfändeten Grundstücke **verschiedenen Eigentümern**, so sind im Sinne von Art. 107 Abs. 2 VZG zuerst die dem Schuldner gehörenden Grundstücke zu verwerten. Die einem Dritteigentümer gehörenden Grundstücke dürfen jedoch erst dann versteigert werden, wenn die bereits versteigerten Grundstücke keine Deckung bieten[129]. In diesem Fall müssen somit weitere Grundstücke, allenfalls alle, verwertet werden (Art. 816 Abs. 3 ZGB)[130].

### 3.2 Einzel-, Gruppen- und Gesamtausruf

Es ist Ermessenssache des Betreibungsamtes, bei mehreren gesamthaft verpfändeten Grundstücken den Einzel-, Gruppen- und Gesamtausruf durchzuführen. Für dieses Ausrufverfahren gelten dabei sinngemäss die in den vorgehenden  Ziff. 1 und 2 gemachten Ausführungen.

### 3.3 Steigerungsbedingungen

Erfolgt für die gesamthaft verpfändeten Grundstücke jedoch der **Einzelzuschlag**, ergeben sich hier m.E. noch nachfolgende Besonderheiten, die in den **Steigerungsbedingungen** wie folgt zu regeln sind:

Erfolgt für alle **gesamthaft verpfändeten** Grundstücke der **Einzelzuschlag,** wird im Weiteren bestimmt:

>> Die im Umfang des Zuschlagspreises erlösten Pfandforderungen mit Gesamtpfandrechten (siehe Lastenverzeichnis) werden dem Ersteigerer **nicht** überbunden, sondern es wird hierfür **Barzahlung** verlangt.

>> Erlöste oder teilweise erlöste Schuldbriefe, lastend als Gesamtpfand auf allen gesamt verpfändeten Grundstücken, können vom Ersteigerer **nicht** als **Eigentümerschuldbriefe** beansprucht werden (Betreffend Eigentümerschuldbrief, siehe vorne § 24 Ziff. 5).

---

[129]  BGE 126 III 33 ff. = BlSchK 65 (2001) S. 124.
[130]  BGE 51 III 84 ff.

>> Gelangen an der Versteigerung alle gesamt verpfändeten Grundstücke zum Einzelausruf, erfolgt jedoch im Einzelausruf **kein Angebot,** bzw. es wird **nicht für alle Grundstücke** ein Angebot gemacht und genügt die Totalsumme aller Einzelangebote nicht zur Deckung der Forderung des verwertenden Grundpfandgläubigers sowie allfälliger diesem im Range vorgehender Pfandforderungen (Art. 107 Abs. 1 VZG), so **entfallen** die allenfalls abgegebenen Einzelangebote und es wird direkt zum **Gesamtausruf** mit allen Grundstücken übergegangen.

# § 34 Besonderheiten bei der Zwangsverwertung eines mit BVG-Geldern finanzierten Grundstückes / Zwangsverwertung eines Grundstückes, welches im Sinne des WEG erworben wurde

## 1. Allgemeines zum BVG

Das Bundesgesetz über die berufliche Alters-, Hinterlassenen- und Invalidenvorsorge (BVG) erlaubt dem Versicherten, anstatt bis zur Pensionierung auf seine Pensionskassenrente zu warten, einen Teil seiner Vorsorgemittel unter bestimmten Voraussetzungen bereits im Laufe des Erwerbslebens zu beziehen. Dieser Vorbezug ist allerdings nur möglich für:

>> Die Finanzierung eines Eigenheims.

>> Den Übertritt in die berufliche Selbstständigkeit.

>> Bei definitiver Verlegung des Wohnsitzes ins Ausland.

Das BVG regelt in Art. 30a-30g die Wohneigentumsförderung. Der Versicherte kann bis drei Jahre vor Entstehung des Anspruchs auf Altersleistungen von seiner Vorsorgeeinrichtung einen Betrag für Wohneigentum zum eigenen Bedarf geltend machen (Art. 30c Abs. 1 BVG). Ist der Versicherte verheiratet oder lebt er in eingetragener Partnerschaft, so ist der Bezug nur zulässig, wenn sein Ehegatte oder der eingetragene Partner, resp. die eingetragene Partnerin, schriftlich zustimmt.

Der bezogene Betrag muss gem. Art. 30d Abs. 1 BVG vom Versicherten oder von seinen Erben an die Vorsorgeeinrichtung zurückbezahlt werden[131], wenn:

>> Das Wohneigentum veräussert wird;

>> Rechte an diesem Wohneigentum eingeräumt werden, die wirtschaftlich einer Veräusserung gleichkommen[132]; oder

>> beim Tod des Versicherten, da keine Vorsorgeleistung mehr fällig wird.

---

[131] Es bestehen gewisse Einschränkungen bezüglich der Rückzahlungspflicht. Bei der Veräusserung des Wohneigentums beschränkt sich die Rückzahlungspflicht auf den Erlös (Verkaufspreis abzüglich grundpfandrechtliche Belastung inkl. dem Verkäufer gesetzlich auferlegte Abgaben), vgl. dazu Art. 30d BVG.

[132] Wirtschaftlich einer Handänderung gleichkommt z.B. die Einräumung eines Wohnrechts (Art. 776 ff. ZGB) oder die Einräumung einer Nutzniessung (Art. 745 ff. ZGB).

## 2. Sicherung des Vorsorgezwecks bezüglich des BVG durch eine Anmerkung im Grundbuch

Der Versicherte oder seine Erben dürfen das Wohneigentum nur unter dem Vorbehalt der Rückzahlung (Art. 30d BVG) veräussern. Um den diesbezüglichen Rückzahlungsanspruch zu sichern, wird mit der Auszahlung des Vorbezugs im Sinne von Art. 30e Abs. 1 BVG im Grundbuch eine **Anmerkung (Veräusserungsbeschränkung)** eingetragen. Die Veräusserungsbeschränkung kann sich, je nach Eigentümerstellung des Versicherten, auf das ganze Grundstück oder auch nur auf einen bestimmten Miteigentumsanteil an demselben beziehen.

## 3. Pfändbarkeit eines mit BVG-Geldern finanzierten Grundstückes

Ein Grundstück, welches u.a. mit BVG-Geldern finanziert wurde, ist pfändbar. Gemäss Art. 92 Abs. 1 Ziff. 10 SchKG sind Ansprüche auf Vorsorge- und Freizügigkeitsleistungen gegen eine Einrichtung der beruflichen Vorsorge vor Eintritt der Fälligkeit unpfändbar. Diese Gesetzesbestimmung hat jedoch auf die Frage, ob ein durch BVG-Gelder finanziertes Grundstück gepfändet werden kann, keinen Einfluss, da nicht der Anspruch auf Vorsorgeleistung, sondern das Grundstück als solches oder ein Miteigentumsanteil an einem Grundstück Gegenstand der Pfändung ist[133].

## 4. Zwangsverwertung eines mit BVG-Geldern finanzierten Grundstückes

### 4.1 Wirkungen der Anmerkung auf die Verwertung, bzw. auf die Verteilung des Verwertungserlöses an Grundpfandgläubiger sowie an allfällige Pfändungsgläubiger

Wie erwähnt, lässt die Vorsorgeeinrichtung, welche dem Versicherten zur **Finanzierung/Teilfinanzierung** seines Eigentums einen **Vorbezug** seines Vorsorgekapitals zuspricht, nach Auszahlung der BVG-Gelder bezüglich des vom Kauf betroffenen Grundstücks im Grundbuch eine Veräusserungsbeschränkung anmerken. Diese Veräusserungsbeschränkung, bzw. die damit verbundene Rückzahlungspflicht des Versicherten, wirkt sich im Zusammenhang mit der zwangsrechtlichen Verwertung von Grundstücken grundsätzlich nicht aus. Der Anmerkung «**Veräusserungsbeschränkung im Sinne von Art. 30e BVG**» kommt weder die dingliche Wirkung eines Pfandrechtes noch eine entsprechende Rangwirkung zu. Auch nach der Anmerkung im Grundbuch können demnach neue Pfandrechte begründet werden und diese nehmen denjenigen Rang ein, der ihnen zum Zeitpunkt ihrer Begründung zukommt. Die Anmerkung hat m.E. auch keine Auswirkung auf die Berechnung des Mindestzuschlagspreises.

---

[133]  Vgl. dazu BGE 124 III 211 ff. = Pra 87 (1998) Nr. 175.

Durch den Vorbezug schmälert der Versicherte, unter der Voraussetzung, dass der bezogene Betrag nicht zurückerstattet wird, mutmasslicherweise die Höhe seiner zukünftigen Rente. Es handelt sich um einen **personenbezogenen Anspruch des Versicherten auf Leistung eines zukünftigen Versicherungsbetrages**. Sowohl die vorbezogene Leistung, als auch das Grundeigentum, zu dessen Erwerb, Beteiligung oder Rückzahlung von Hypotheken der Vorbezug verwendet worden ist, sind pfänd- und verwertbar. Da solche Leistungen (Vorbezüge und Verpfändungen) keinen Vorsorgezweck im engeren Sinne mehr erfüllen, findet auch Art. 92 Abs. 1 Ziff. 10 SchKG keine Anwendung (vgl. vorgehende Ziff. 3).

Wird nun ein mit Vorsorgegeldern finanziertes Grundstück (oder ein Miteigentumsanteil) zwangsrechtlich verwertet, so kommt die Rückzahlungsverpflichtung des Versicherten erst zum Tragen, wenn die grundpfandrechtlich gesicherten Forderungen sowie m.E. auch allfällig vorhandene Forderungen von Pfändungsgläubigern (für die das zur Verwertung gelangende Grundstück gepfändet ist), vollständig gedeckt sind. Besteht also nach der Grundstücksverwertung und Verteilung des Steigerungserlöses (m.E. inkl. Einbezug allfälliger Forderungen von Pfändungsgläubigern, für die das verwertete Grundstück gepfändet war) ein Überschuss, welcher dem Schuldner zurückbezahlt werden müsste, so tritt an dessen Stelle die Vorsorgeeinrichtung, welche den Überschuss als Rückzahlung an den einstigen Vorbezug überwiesen bekommt. Auch wenn unter gewissen Voraussetzungen eine Rückzahlungspflicht des Versicherten besteht, vermag die Tatsache der Anmerkung einer Veräusserungsbeschränkung im Sinne von Art. 30e BVG am vorgehenden Anspruch von allfälligen Pfändungsgläubigern am Erlös, nichts zu ändern. Mit dem Vorbezug entfällt grundsätzlich der Pfändungsschutz im Sinne von Art. 92 Abs. 1 Ziff. 10 SchKG und dies wiederum führt im Zusammenhang mit der Zwangsverwertung von Grundstücken allenfalls zum vollständigen Verlust des Vorsorgeschutzes.

## 4.2 Aufnahme der Veräusserungsbeschränkung gemäss Art. 30e BVG ins Lastenverzeichnis

Die Anmerkung betr. die Veräusserungsbeschränkung im Sinne von Art. 30e BVG muss grundsätzlich, gem. Eintrag im Grundbuch, ins Lastenverzeichnis aufgenommen werden (vgl. vorne § 15 Ziff. 15, Lastenverzeichnis, I. Beschrieb und Schätzung des Grundstückes).

Der diesbezügliche Text kann im Lastenverzeichnis wie folgt lauten:

**Anmerkung betreffend Veräusserungsbeschränkung gemäss Art. 30e BVG**

1. Veräusserungsbeschränkung gem. Art. 30e BVG (Rückzahlungspflicht der bezogenen Beträge), dat. XXX, Beleg XXX.

Siehe dazu auch die entsprechenden Erläuterungen in den Steigungsbedingungen (vgl. nachfolgende Ziff. 4.3).

## 4.3 Ergänzung der Steigerungsbedingungen betreffend die Veräusserungsbeschränkung gemäss Art. 30e BVG

Bezüglich der Veräusserungsbeschränkung gem. Art. 30e BVG sind die Steigerungsbedingungen m.E. wie folgt zu ergänzen[134]:

**Veräusserungsbeschränkung gemäss Art. 30e BVG**

XXX hat das vorn erwähnte Grundstück mit Mitteln der beruflichen Vorsorge gem. dem Bundesgesetz über die berufliche Alters-, Hinterlassenen- und Invalidenvorsorge (BVG) erworben. Die zuständige Vorsorgeeinrichtung hat daher die entsprechende Veräusserungsbeschränkung im Sinne von Art. 30e BVG im Grundbuch anmerken lassen (siehe Anmerkung XXX im Lastenverzeichnis, Seite XXX [vgl. vorgehende Ziff. 4.2]).

Gemäss Art. 30d BVG muss der von XXX bezogene Betrag grundsätzlich an die Vorsorgeeinrichtung zurückbezahlt werden, wenn das Grundstück veräussert wird. Bei Veräusserung des Wohneigentums beschränkt sich die Rückzahlungspflicht auf den Erlös. Als Erlös gilt der Verkaufspreis, abzüglich der hypothekarisch gesicherten Schuld sowie der vom Verkäufer vom Gesetz auferlegten Abgaben.

Der Anmerkung «Veräusserungsbeschränkung im Sinne von Art. 30e BVG» kommt weder die dingliche Wirkung eines Pfandrechtes noch eine diesbezügliche Rangwirkung zu.

Das Betreibungsamt XXX verfügt demnach, dass vom Steigerungserlös, nach Abzug der Verwertungs- und Verwaltungskosten (inkl. einer allfälligen Grundstückgewinnsteuer und/oder Mehrwertsteuer), nach Bezahlung der hypothekarisch gesicherten Schulden gem. rechtskräftigem Lastenverzeichnis und dem weiteren Abzug der Forderungen von Pfändungsgläubigern (für welche das zur Verwertung gelangende Pfandobjekt gepfändet wurde) lediglich der allfällig verbleibende Überschuss in erster Linie für die Vorsorgeeinrichtung XXX verwendet wird.

## 4.4 Verfahren nach erfolgter Versteigerung

Nach durchgeführter rechtskräftiger Versteigerung hat das Betreibungsamt bezüglich der Anmerkung «Veräusserungsbeschränkung gemäss Art. 30e BVG» wie folgt vorzugehen:

### 4.4.1 Keine Zuteilung an die Vorsorgeeinrichtung aus dem Nettosteigerungserlös möglich

Ist keine Zuteilung an die Vorsorgeeinrichtung aus dem Nettosteigerungserlös möglich, so ist die Anmerkung von Amtes wegen zu löschen. Das Betreibungsamt hat somit mit der Abgabe der Grundbuchanmeldung betr. Eigentumsüberganges beim Grundbuchamt die entsprechende Löschung zu veranlassen, siehe dazu auch nachfolgende Ziff. 4.4.3. Auf die Einholung einer Löschungsbewilligung der Vorsorgeeinrichtung kann m.E. verzichtet werden.

---

[134] Handelt es sich um einen Freihandverkauf im Sinne von Art. 143b SchKG, so ist eine analoge Behandlung in der zu erlassenden Freihandverkaufsverfügung vorzusehen.

### 4.4.2 Zuteilung aus dem Nettosteigerungserlös an die Vorsorgeeinrichtung

Auch in diesem Fall hat das Betreibungsamt mit der Abgabe der Grundbuchanmeldung betr. Eigentumsüberganges beim Grundbuchamt die entsprechende Löschung der Veräusserungsbeschränkung betr. BVG zu veranlassen, vgl. nachfolgende Ziff. 4.4.3. Auf die Einholung einer Löschungsbewilligung der Vorsorgeeinrichtung kann auch hier verzichtet werden.

Bei einem **Nettosteigerungsübererlös,** welcher über die grundpfandversicherten Forderungen, inkl. allfälliger Forderungen von Pfändungsgläubigern (für die das verwertete Grundstück gepfändet war) hinausgeht, besteht im Sinne von Art. 30d Abs. 5 BVG die Pflicht zur Rückzahlung des bezogenen Betrages an die Vorsorgeeinrichtung. In diesem Fall ist die Vorsorgeeinrichtung deshalb schriftlich, unter gleichzeitiger Bekanntgabe, wie sich die Verteilung des Erlöses zusammensetzt, aufzufordern, dem Betreibungsamt, unter Angabe der entsprechenden Zahlstelle, den genauen Betrag ihrer Forderung mitzuteilen, damit über die Rückzahlung der Vorsorgegelder eine Abrechnung sowie eine diesbezügliche Verfügung für den Grundeigentümer und die Vorsorgeeinrichtung erstellt werden kann.

Die Eingabe der Vorsorgeeinrichtung unterliegt dabei **keiner** materiellrechtlichen Prüfung des Betreibungsamtes.

Die Abrechnung über die Rückzahlung der Vorsorgegelder kann mittels einer Beschwerde angefochten werden.

Die Abgabe der Grundbuchanmeldung betr. Eigentumsübertragung kann erfolgen, ohne die Rechtskraft der Abrechnung über die Vorsorgegelder abzuwarten.

### 4.4.3 Löschung der Anmerkung

Wird ein mit Vorsorgegeldern mitfinanziertes Wohneigentum zwangsrechtlich verwertet, so hat das Betreibungsamt mit der Anmeldung der Eigentumsübertragung (Formular VZG 15 [EDV 7208], siehe vorne § 25 Ziff. 3) beim Grundbuchamt die Löschung der Anmerkung betr. das BVG zu veranlassen, ungeachtet ob der Vorsorgeeinrichtung aus dem Steigerungserlös eine Rückerstattung geleistet werden kann oder nicht.

Im Sinne von Art. 61 Abs. 2 GBV muss dann die Anmerkung grundsätzlich von Amtes wegen gelöscht werden, wenn die diesbezügliche Grundbuchanmeldung betr. Eigentumsübertragung beim Grundbuchamt abgegeben wird, da der einstige Vorbezug bezüglich des früheren Eigentümers und Schuldners **personenbezogenen** Charakter aufweist[135]. Wie bereits erwähnt, kann im Zusammenhang mit der Abgabe der Grundbuchanmeldung betr. Eigentumsübertragung auf die Einholung einer Löschungsbewilligung der Vorsorgeeinrichtung verzichtet werden.

---

[135]  Vgl. ZBGR 77 (1996) S. 404.

## 5.  Allgemeines zum WEG

Das Wohnbau- und Eigentumsförderungsgesetz (WEG) hat u.a. zum Zweck, die Er-schliessung von Land für den Wohnungsbau sowie den Bau von Wohnungen zu fördern, die Wohnkosten, vorab die Mietzinse, zu verbilligen und den Erwerb von Wohnungs- und Hauseigentum zu erleichtern. Dazu können seitens des Bundes z.B. Darlehen für nicht oder nicht genügend vorhandenes Eigenkapital gewährt werden. Mit Bundes-hilfe erworbenes Wohneigentum darf während der Dauer der Hilfe, mindestens aber **während 25 Jahren,** ohne Zustimmung des Bundes weder seinem Zweck entfremdet noch mit Gewinn veräussert werden (Art. 50 Abs. 1 WEG). Zur Sicherung des Zweck-entfremdungs- und des Veräusserungsverbotes steht dem Bund ausserdem während der Dauer ihrer Geltung ein **Kaufs- und Vorkaufsrecht** zu den Selbstkosten, erhöht um den Mehrwert des Eigenkapitals, zu (Art. 50 Abs. 2 WEG). Sowohl das Zweckent-fremdungs- und das Veräusserungsverbot als auch das damit verbundene Kaufs- und Vorkaufsrecht sind für die Dauer ihrer Geltung als **öffentlich-rechtliche Eigentums-beschränkung** im Grundbuch anzumerken (Art. 50 Abs. 3 WEG). Betreffend die Be-handlung **des gesetzlichen Vorkaufsrechtes** an der zwangsrechtlichen Versteigerung eines Grundstückes siehe vorne § 32 Ziff. 3.

### 5.1  Vorliegen einer Anmerkung im Grundbuch betreffend dem WEG

Werden mit Bundeshilfe erworbene Grundstücke zwangsrechtlich veräussert, gilt es daher gem. Art. 18a VWEG Folgendes zu beachten:

» Bei der **Zwangsverwertung eines Grundstückes** muss in die **Steigerungsbe-dingungen** die Klausel aufgenommen werden, dass mit dem Erwerb Rechte und Pflichten nach dem Gesetz übernommen werden und dass die erwerbende Person unmittelbar nach dem Zuschlag der Steigerungsbehörde die schriftliche Erklärung abzugeben hat und dass sie in das öffentlich-rechtliche Vertragsverhältnis nach dem Gesetz eintritt.

» In begründeten Fällen kann das Bundesamt die Genehmigung nach Art. 18 VWEG innerhalb 30 Tagen verweigern und die Steigerungsbehörde anhalten, eine neue Versteigerung anzuordnen.

» Bei einem freihändigen Verkauf im Rahmen einer Zwangsverwertung findet Art. 18a Abs. 1 und 2 VWEG sinngemäss Anwendung.

Im Weiteren siehe nachfolgende Ziff. 5.2.

### 5.2.  Ergänzung der Steigerungsbedingungen betreffend das WEG

Gelangt ein mit einer «WEG-Anmerkung» belastetes Grundstück zur zwangsrechtli-chen Versteigerung, sind die Steigerungsbedingungen m.E. wie folgt zu ergänzen:

**Wohn- und Eigentumsförderungsgesetz (WEG)**

Beim Steigerungsobjekt handelt es sich um ein mit Bundeshilfe erworbenes Grundstückeigentum. Es darf ohne Zustimmung des Bundes weder seinem Zweck entfremdet noch mit Gewinn veräussert werden. Zur Sicherung des Zweckentfremdungs- und des Veräusserungsverbotes steht dem Bund gemäss Art. 50 Abs. 2 WEG ein im Grundbuch angemerktes **Kaufs- und Vorkaufsrecht** zu den Selbstkosten zu, erhöht um den Mehrwert des Eigenkapitals. Der Ersteigerer hat mit dem Erwerb die Rechte und Pflichten nach dem Gesetz zu übernehmen.

Das gesetzliche Vorkaufsrecht kann an der Steigerung im Sinne von Art. 60a VZG i.V.m. Art. 102 VZG zu den Bedingungen, zu welchen das Grundstück dem Ersteigerer zugeschlagen wird, ausgeübt werden (Art. 681 Abs. 1 ZGB), vgl. hinzu vorne § 32 Ziff. 3. Wird an der Steigerung dieses Recht nicht beansprucht, so wird dem Ersteigerer das Kaufs- und Vorkaufsrecht überbunden.

**Vor Erteilung des Zuschlags** hat sich der Ersteigerer gegenüber der Steigerungsbehörde somit schriftlich zu verpflichten, dass er in das öffentlich-rechtliche Vertragsverhältnis nach dem WEG eintritt (Art. 18a Abs. 1 VWEG).

Die Erteilung des Zuschlags bedarf der **Genehmigung des Bundesamtes für Wohnungswesen.** Die Steigerungsbehörde räumt dem Ersteigerer eine Frist von **zehn Tagen** ein, um beim Bundesamt für Wohnungswesen das Gesuch um Genehmigung der Erteilung des Zuschlags einzureichen. Handelt der Erwerber nicht fristgerecht oder wird die Genehmigung verweigert, so hebt die Steigerungsbehörde den Zuschlag auf und ordnet eine neue Versteigerung an. Wird bei der erneuten Versteigerung ein geringerer Erlös erzielt, **so haftet der erste Ersteigerer** für den Ausfall und allen weiteren Schaden.

# DRITTER TEIL

## Anleitung des Bundesgerichtes über die bei der Zwangsverwertung von Grundstücken zu errichtenden Aktenstücke (Anl. VZG)

## § 35 Anleitung über die Erstellung von Aktenstücken bei der Zwangsverwertung von Grundstücken (Anl. VZG) vom 7. Oktober 1920 / 29. November 1976 / 22. Juli 1996 (nicht in der SR publiziert)

Die Schuldbetreibungs- und Konkurskammer des Schweizerischen Bundesgerichts, in Anwendung von Artikel 1 der Verordnung über die im Betreibungs- und Konkursverfahren zu verwendenden Formulare und Register sowie die Rechnungsführung (VFRR) beschliesst:

### Art. 1

Soweit nicht die Schuldbetreibungs- und Konkurskammer des Bundesgerichts die Verwendung von schon bestehenden kantonalen Formularen bewilligt, sollen die für die nachfolgenden Verrichtungen zu erstellenden Aktenstücke der Betreibungs- und Konkursämter den dafür gegebenen Mustern und Vorschriften entsprechen.

### A. Pfändung, Pfandverwertung, Verwaltung

### Art. 2

Die Einforderung eines Auszuges aus dem Grundbuch vor der Pfändung gemäss VZG Art. 8 darf nur dann unterlassen werden, wenn das Betreibungsamt die notwendigen Angaben sich durch eigene Einsichtnahme in das Grundbuch verschaffen kann.

Ist dies nicht möglich, so ist das Grundbuchamt mit Formular VZG 1 zur Einsendung der erforderlichen Angaben aufzufordern.

### Art. 3

Für die Anmeldung zur Vormerkung einer Verfügungsbeschränkung im Grundbuch gemäss VZG Art. 5, 15 Abs. 1 lit. a, 23a lit. a, 90 und 97 sowie SchKG Art. 275 (beim Arrest) ist das Formular VZG 2 zu benützen.

### Art. 4

Für die Löschung der Verfügungsbeschränkung ist das Formular VZG 3 zu verwenden.

## Art. 5

Die Anzeige an die Grundpfandgläubiger und Miteigentümer von der erfolgten Pfändung einer Liegenschaft bzw. eines Miteigentumsanteils oder der Miet- und Pachtzinse oder hängenden oder stehenden Früchte gemäss VZG Art. 14 Abs. 2, 15 Abs. 1 lit. b und 23a lit. b und c erfolgt durch Formular VZG 4.

## Art. 6

Werden das Grundstück, der Miteigentumsanteil, die Früchte und Miet- und/oder Pachtzinse, solange die erste Pfändung dauert, zugunsten anderer Gläubiger wieder gepfändet, so ist nach Ablauf der Teilnahmefrist eine Anzeige über sämtliche Anschlüsse zu erlassen. Von Pfändungen, die nach Anhebung der Grundpfandbetreibung erfolgen, ist nur den nicht betreibenden Grundpfandgläubigern eine Anzeige zu machen.

## Art. 7

Die nach der Pfändung und nach der Zustellung des Zahlungsbefehls bzw. nach Eingang des Verwertungsbegehrens in der Pfandverwertungsbetreibung sowie nach der Konkurseröffnung gemäss VZG Art. 15 Abs. 1 lit. b, 23a lit. b, 91 und 124 zu erlassende Anzeige an die Mieter und Pächter über den Einzug der Miet- und/oder Pachtzinse durch das Betreibungsamt (Konkursamt) erfolgt durch Formular VZG 5.

## Art. 8

Gleichzeitig mit der Anzeige nach Art. 7 hiervor ist in der Betreibung auf Pfändung und Pfandverwertung auch an den Grundeigentümer selbst eine Anzeige mit Formular VZG 6 zu erlassen (VZG Art. 92).

## Art. 9

Die Einleitung des Widerspruchsverfahrens bei Pfändung eines nicht auf den Namen des Schuldners im Grundbuch eingetragenen Grundstückes gemäss VZG Art. 10 erfolgt durch die Ansetzung einer zwanzigtägigen Frist an den Gläubiger, innert welcher dieser Klage gegen den im Grundbuch Eingetragenen, wenn dieser gestorben ist, gegen dessen Rechtsnachfolger anzuheben hat. Diese Fristansetzung geschieht auf der Pfändungsurkunde des Gläubigers und ist mit der Androhung zu verbinden, dass im Falle der Nichteinhaltung der Frist die Pfändung wieder aufgehoben werde.

## Art. 10

Für die Einforderung des nach Stellung des Verwertungsbegehrens gemäss VZG Art. 28 und 99 und nach der Konkurseröffnung gemäss KOV Art. 26 einzuholenden Auszuges aus dem Grundbuch ist das Formular VZG 7 zu verwenden.

## Art. 11

Ist ein vollständiger Auszug schon anlässlich der Pfändung einverlangt worden, so kann das Grundbuchamt auf die darin enthaltenen Angaben verweisen, wenn und soweit sie keine Veränderung erlitten haben. Der frühere Auszug ist dem Grundbuchamte zu diesem Zwecke wieder zuzustellen.

**Art. 12**

Die in der Bekanntmachung der ersten Steigerung an die Pfandgläubiger und Dienstbarkeitsberechtigten nach Art. 138 SchKG und VZG Art. 29 zu erlassende Aufforderung zur Anmeldung ihrer Rechte ist in allen Publikationsorganen mit dem vollständigen Text zu publizieren, der folgendermassen lauten soll:

«Es ergeht hiermit an die Pfandgläubiger und Grundlastberechtigten die Aufforderung, dem unterzeichneten Betreibungsamt bis zum XXX ihre Ansprüche an dem Grundstück, insbesondere auch für Zinsen und Kosten, anzumelden und gleichzeitig auch anzugeben, ob die Kapitalforderung schon fällig oder gekündet sei, allfällig für welchen Betrag und auf welchen Termin. Innert der Frist nicht angemeldete Ansprüche sind, soweit sie nicht durch das Grundbuch festgestellt sind, von der Teilnahme am Ergebnis der Verwertung ausgeschlossen.

Innert der gleichen Frist sind auch alle Dienstbarkeiten anzumelden, welche vor 1912 unter dem früheren kantonalen Recht begründet und noch nicht in das Grundbuch eingetragen worden sind. Soweit sie nicht angemeldet werden, können sie einem gutgläubigen Erwerber des Grundstückes gegenüber nicht mehr geltend gemacht werden, sofern sie nicht nach den Bestimmungen des Zivilgesetzbuches auch ohne Eintragung im Grundbuch dinglich wirksam sind».

Die Aufforderung an die Inhaber von Dienstbarkeiten kann im Konkursverfahren von der Publikation der Konkurseröffnung getrennt erlassen werden und in denjenigen Kantonen gänzlich unterbleiben, in denen schon vor 1912 alle Grunddienstbarkeiten im Grundbuch eingetragen werden mussten.

**Art. 13**

Die Aufforderung an die Pfandgläubiger, gegen deren Betreibung Rechtsvorschlag erhoben worden ist, zur Einleitung der gerichtlichen Schritte behufs Aufhebung desselben (VZG Art. 93) erfolgt mittels Formular VZG 8[136].

**Art. 14**

Die Aufforderung nach Art. 13 hiervor hat dann zu unterbleiben, wenn der betreibende Gläubiger die Ausdehnung der Pfandhaft auf die Miet- und/oder Pachtzinse nicht verlangt hat (Art. 152 Abs. 2 SchKG).

---

[136] Im Kanton Zürich werden hierfür zwei EDV-Formulare verwendet: 1. Formular VZG 8 (EDV 7008) = Anzeige und Klageaufforderung an den Gläubiger gem. Art. 93 VZG betr. Rechtsvorschlag in der Grundpfandbetreibung mit Zinsensperre; 2. Formular VZG 8 (EDV 7009) = Anzeige und Klageaufforderung an den Gläubiger gem. Art. 93 Abs. 2 VZG betr. Bestreitung der Zinsensperre in der Grundpfandbetreibung. Siehe dazu auch hinten § 36.

**Art. 15**

Bei der Führung der laufenden Rechnung über die Einnahmen und Ausgaben der Verwaltung nach VZG Art. 21 ist folgendes zu beachten: Alle ein- und ausgegangenen Geldbeträge sind im Kassabuch (Art. 14 VFRR und 16 KOV) einzutragen. Im Kontokorrentbuch (Art. 15 VFRR und 17 KOV) ist für jedes Grundstück, von dem Miet- und Pachtzinse einzuziehen sind oder das infolge Pfändung oder Verwertungsbegehren in der Pfandbetreibung in Verwaltung genommen worden ist, ein besonderes Konto auf den Namen des Schuldners zu eröffnen. Auch in diesem sind alle ein- und ausgegangenen Beträge zu buchen mit dem Unterschied jedoch, dass die Einnahmen der Kassa im «Haben» und die Ausgaben der Kassa im «Soll» eingetragen werden.

Im Kontokorrentbuch ist ferner ein Konto zu eröffnen, in welchem die gemäss Art. 9 SchKG der Depositenanstalt übergebenen Gelder einzutragen sind (Depositenkonto). Vgl. auch Art. 18 KOV.

**Art. 16**

Die Gebühren für die Verwaltung und Verwertung von Grundstücken sind getrennt je auf einem besondern Blatt (Gebührenrechnung) vorzumerken unter Angabe des Datums und der Dauer der betreffenden Verrichtung. In der Gebührenrechnung können auch kleinere Ausgaben eingetragen werden. Wo Globalgebühren für die Verwaltung im Sinne des Art. 27 GebV SchKG berechnet und bezogen werden, sind nur die Verwertungsgebühren in vorgeschriebener Weise zu notieren. Die Gebühren und kleinere Ausgaben werden in der Regel erst am Schlusse des Verfahrens verrechnet.

## B. Lastenbereinigung

**Art. 17**

Für das Lastenverzeichnis (VZG Art. 34 und 125), das für jedes Grundstück gesondert zu erstellen ist, und dessen Mitteilung wird das Formular VZG 9[137] aufgestellt. Auf der letzten Seite sind in dem beim Amte verbleibenden Exemplar die aus dem Bereinigungsverfahren resultierenden Änderungen der Lasten vorzumerken.

**Art. 18**

Wird innert der Frist zur Anfechtung des Lastenverzeichnisses von einem Berechtigten die Aufnahme weiterer Gegenstände als Zugehör in das Verzeichnis verlangt (VZG Art. 38 Abs. 1), so macht das Amt den sämtlichen Beteiligten, die das Lastenverzeichnis erhalten haben, namentlich auch dem Schuldner, mit dem Formular VZG 10 davon Mitteilung, unter Ansetzung einer Bestreitungsfrist von 10 Tagen.

---

[137] Dieses Formular ist neu wie folgt unterteilt: VZG 9B = Mitteilung des Lastenverzeichnisses in der Betreibung, VZG 9a B = Zusatzblatt für grundpfandgesicherte Forderungen, VZG 9b B = do. für andere Lasten (Zusatz K = Verwertung im Konkursverfahren).

**Art. 19**

Wird die Bestandteil- oder Zugehöreigenschaft eines im Lastenverzeichnis aufgeführten Gegenstandes bestritten, so hat das Betreibungsamt Frist zur Klage anzusetzen, und zwar:

a) wenn es sich um einen Gegenstand handelt, der nach der am Orte üblichen Auffassung Bestandteil oder Zugehör ist oder auf Begehren des Eigentümers des Grundstückes im Grundbuch als Zugehör angemerkt worden ist: dem die Zugehöreigenschaft Bestreitenden mit Formular VZG 11;

b) wenn der betreffende Gegenstand gemäss VZG Art. 11 Abs. 3 oder 38 Abs. 1 erst auf Verlangen eines Beteiligten in das Lastenverzeichnis aufgenommen worden ist: demjenigen, der die Aufnahme des neuen Gegenstandes in das Verzeichnis verlangte, mit Formular VZG 12.

**Art. 20**

Für die Klagefristansetzungen an diejenigen, welche eine im Grundbuch eingetragene Last nach ihrem Bestande oder Range bestritten haben, gilt das Formular VZG 11a.

## C. Steigerung

**Art. 21**

Für den Steigerungsakt wird ein einheitliches Formular VZG 13[138] aufgestellt, welches sowohl die notwendigen Steigerungsbedingungen, als Raum für das Steigerungsprotokoll enthält und von den Ämtern durch Beifügung der durch den Einzelfall bedingten Zusätze ergänzt werden kann.

**Art. 22**

Die Mitteilung über die Höhe und die Verwertung einer allfälligen Ausfallforderung gegen den Ersteigerer, der den Steigerungskauf nicht gehalten hat, ist dem Schuldner, allen zu Verlust gekommenen Pfandgläubigern, den Pfändungsgläubigern und dem nicht zahlenden Ersteigerer zu machen und dabei das Formular VZG 14 zu benützen.

**Art. 23**

Die Anmeldung des Eigentumsüberganges an das Grundbuchamt erfolgt mittels Formular VZG 15.

---

[138] Neue Bezeichnungen: VZG 13 B = Betreibungsverfahren, VZG 13 K = Konkursverfahren.

## D.    Verteilung

**Art. 24**

Für die gemäss VZG Art. 22 und 95 vorzunehmende vorläufige Verteilung der Miet- und Pachtzinse und sonstigen Erträgnisse der Verwaltung eines Grundstückes unter mehrere konkurrierende Pfandgläubiger ist stets eine provisorische Verteilungsliste nach Formular VZG 16[139] aufzustellen, welche mit einer Abrechnung über die Einnahmen und Ausgaben und einer solchen über die Gebühren und Auslagen zur Einsicht der Beteiligten aufzulegen ist.

**Art. 25**

Die Auflage der in Art. 24 hiervor aufgestellten Verteilungsliste ist den Bezugsberechtigten und dem Schuldner durch Formular VZG 17 anzuzeigen.

**Art. 26**

Ist das Grundstück selbst verwertet worden, so ist, auch in der Betreibung auf Pfändung, immer eine Verteilungsliste für die Pfandgläubiger gemäss Formular VZG 18[140] aufzustellen und zur Einsicht der Beteiligten aufzulegen, bevor irgendeine Zahlung erfolgt. (Gleichzeitige Auflage der Abrechnungen wie bei Art. 24 hiervor).

**Art. 27**

Die Verteilungsliste für die Pfändungsgläubiger ist mit dem Kollokationsplan für sie zu verbinden und hierfür ist das Formular Nr. 19[141] zu verwenden. (Gleichzeitige Auflage der Abrechnungen wie bei Art. 24 hiervor vorgeschrieben).

**Art. 28**

Von der Aufstellung der Verteilungsliste für die Pfandgläubiger (Formular VZG 18, vgl. Art. 26 hiervor), die auch dann zu erfolgen hat, wenn das Grundstück nicht zugeschlagen werden konnte und lediglich die Erträgnisse desselben zu verteilen sind, ist den nicht vollgedeckten Pfandgläubigern und dem Schuldner durch Formular VZG 20 Kenntnis zu geben. In der Ausfertigung für den Schuldner sind im «Auszug aus der Verteilungsliste» keine Beträge auszusetzen.

---

[139]  Dieses Formular ist in der neuen eidgenössischen Formularsammlung (gültig ab 1. Januar 1997) nicht mehr enthalten.

[140]  Dieses Formular ist in der neuen eidgenössischen Formularsammlung (gültig ab 1. Januar 1997) nicht mehr enthalten. An dieser Stelle kann das neue EDV-Formular «Form. ZH 730 (EDV 7216)» aus der EDV-Formularsammlung des Kantons Zürich, Ausgabe 2004 (herausgegeben vom Verband der Gemeindeammänner und Betreibungsbeamten des Kantons Zürich) verwendet werden.

[141]  Obligatorisches Formular im Betreibungsverfahren. Neu = eidgenössisches Formular Nr. 35 «Kollokationsplan und Verteilungsliste für die Pfändungsgläubiger».

**Art. 29**

Für die Bescheinigung, die das Betreibungsamt gemäss VZG Art. 120 für die ungedeckt gebliebenen nicht fälligen pfandgesicherten Forderungen auszustellen hat, ist das Formular VZG 21 zu verwenden.

**Art. 30**

Für die Anzeige von der Auflage des Kollokationsplanes und der Verteilungsliste für die Pfändungsgläubiger dient das Formular Nr. 35[142].

# E. Miteigentum und gesetzliche Vorkaufsrechte

## 1. Verwertung eines Miteigentumsanteils

**Art. 31**

Ist ein Miteigentumsanteil zu verwerten, so ist in der Bekanntmachung gemäss VZG Art. 29 und Art. 138 SchKG darauf hinzuweisen, dass auch die Rechte am Grundstück als Ganzem anzumelden sind (VZG Art. 73a Abs. 2).

**Art. 32**

Ist das Grundstück als Ganzes verpfändet, so haben die Steigerungsbedingungen folgende Bemerkung zu enthalten:

«Hinsichtlich der nach dem rechtskräftigen Lastenverzeichnis am Grundstück als Ganzem bestehenden Pfandrechte und der dadurch gesicherten Forderungen tritt der Ersteigerer ohne Anrechnung dieser Belastungen auf den Steigerungspreis vollständig in die Rechtsstellung des Schuldners ein. Vorbehalten bleibt eine allfällige Erklärung des Gläubigers im Sinne von Art. 832 Abs. 2 ZGB, er wolle den früheren Schuldner beibehalten (Art. 135 Abs. 1 Satz 2 SchKG)».

Im Konkurs ist der Vorbehalt in Satz 2 wegzulassen.

## 2. Gesetzliche Vorkaufsrechte

**Art. 33**

Die gemäss VZG Art. 30 Abs. 4 an die Inhaber gesetzlicher Vorkaufsrechte im Sinne von Art. 682 Abs. 1 und 2 ZGB zu versendende Spezialanzeige von der Steigerung ist ihnen mit folgendem Begleitschreiben zuzustellen:

«Als Inhaber eines gesetzlichen Vorkaufsrechtes an dem Grundstück XXX,
in XXX,
erhalten Sie beiliegend eine Anzeige über die am XXX,
in der Betreibung gegen XXX,
stattfindende Verwertung dieses Grundstücks.»

---

[142]  Obligatorisches Formular im Betreibungsverfahren. Neu = eidgenössisches Formular Nr. 35a «Anzeige der Auflage von Kollokationsplan und Verteilungsliste».

Sie werden darauf aufmerksam gemacht, dass Sie Ihr gesetzliches Vorkaufsrecht an der Steigerung durch Übernahme des Grundstücks zu dem Höchstangebot, auf das der Zuschlag erfolgen kann, und zu den aufgelegten Steigerungsbedingungen ausüben können und dass eine spätere Geltendmachung desselben gegenüber dem Drittersteigerer, dem der Zuschlag an der Steigerung erteilt werden sollte, nicht mehr möglich ist».

**Art. 34**

In den Steigerungsbedingungen sind die Inhaber gesetzlicher Vorkaufsrechte im Sinne von Art. 682 Abs. 1 und 2 ZGB aufzuführen.

Bezüglich des Zuschlages ist folgende besondere Bemerkung aufzunehmen:

«Der Zuschlag an den Meistbietenden kann nur erfolgen, wenn sich allfällige an der Steigerung teilnehmende Inhaber eines gesetzlichen Vorkaufsrechtes im Sinne von Art. 682 Abs. 1 und 2 ZGB nicht selbst sofort zur Übernahme des Grundstücks kraft ihres Vorkaufsrechtes zu dem Höchstangebot bereit erklären. Der Meistbietende bleibt an sein Angebot so lange gebunden, bis sämtliche anwesenden oder vertretenen Vorkaufsberechtigten sich über die Ausübung ihres Vorkaufsrechtes ausgesprochen haben».

**Art. 35**

Kommt es bei der Versteigerung unter den Miteigentümern nicht zu einem Zuschlag, weil die auf der Liegenschaft haftenden Belastungen durch das Höchstangebot nicht gedeckt werden, so wird die öffentliche Steigerung angeordnet, ohne besondere Anzeige an die Miteigentümer. Diese können ihr Vorkaufsrecht nicht mehr geltend machen, sondern nur noch wie alle anderen Bieter sich daran beteiligen.

**Art. 36**

Für die Verteilung des bei der Verwertung der Liegenschaft sich ergebenden Barerlöses unter die verschiedenen Miteigentümer ist eine besondere Verteilungsliste aufzulegen.

Ergibt sich kein Übererlös über die auf der Liegenschaft haftenden Belastungen, so ist die Betreibung auf Verwertung der Miteigentumsanteile als resultatlos zu behandeln.

# VIERTER TEIL

## Formularverzeichnis für die Zwangsverwertung von Grundstücken

## § 36 Verzeichnis der Formulare für die Zwangsverwertung von Grundstücken

Das Verzeichnis listet die für die Zwangsverwertung von Grundstücken zu verwendenden Formulare auf, sortiert nach dem Ablauf des Verwertungsverfahrens.

Die diesbezüglichen EDV-Formulare (Spalte 3 / EDV Form. Nr.) beziehen sich auf die neue EDV-Formularsammlung des Verbandes der Gemeindeammänner und Betreibungsbeamten des Kantons Zürich, verfasst von Eduard Brand (Ausgabe 2004, 213 Formulare auf CD mit Musterordner).

| eidg./kant. Form. Nr. | Formular | EDV Form. Nr. |
|---|---|---|
| **Einleitung der Verwertung, Miet- und Pachtzinssperre, Schätzung, Spezialanzeige** | | |
| VZG 1 | Einforderung eines Grundbuchauszuges zwecks Pfändung oder Arrest | EDV 7001 |
| VZG 2 | Anmeldung zur Vormerkung einer Verfügungsbeschränkung im Grundbuch | EDV 7002 |
| VZG 3 | Anmeldung zur Löschung einer Verfügungsbeschränkung im Grundbuch | EDV 7003 |
| VZG 4 | Anzeige von der Pfändung an den Pfandgläubiger oder Miteigentümer | EDV 7004 |
| VZG 5 | Anzeige an die Mieter / Pächter betreffend Bezahlung der Miet- / Pachtzinse | EDV 7005 |
| VZG 6 | Anzeige an den Grundeigentümer betreffend Einzug der Miet- / Pachtzinse | EDV 7006 |
| VZG 7 | Einforderung eines detaillierten Grundbuchauszuges | EDV 7007 |
| VZG 8 | Anzeige und Klageaufforderung an den Gläubiger gemäss Art. 93 VZG betreffend Rechtsvorschlag in der Grundpfandbetreibung mit Zinsensperre | EDV 7008 |
| VZG 8 | Anzeige und Klageaufforderung an den Gläubiger gemäss Art. 93 Abs. 2 VZG betreffend Bestreitung der Zinsensperre in der Grundpfandbetreibung | EDV 7009 |

| eidg./kant. Form. Nr. | Formular | EDV Form. Nr. |
|---|---|---|
| ZH 710 | Mitteilung der betreibungsamtlichen Schätzung des Grundstückes und der Zugehör | EDV 7010 |
| ZH 711 | Anfrage an die Aufsichtsbehörde betreffend Beschwerde gegen die betreibungsamtliche Schätzung | EDV 7011 |
| VZG 7a | Spezialanzeige gemäss Art. 139 SchKG in Verbindung mit Art. 30 VZG | EDV 7012 |
| VZG 7ab | Steigerungspublikation (kann sinngemäss auch für die «verkürzte» Publikation verwendet werden) | EDV 7013 |
| **Lastenverzeichnis, Steigerungsbedingungen** | | |
| VZG 9B; VZG 9aB; VZG 9bB | Mitteilung des Lastenverzeichnisses: Beschrieb und Schätzung des Grundstückes und der Zugehör; A: Grundpfandgesicherte Forderungen; B: Andere Lasten | EDV 7101 |
| VZG 11a | Fristansetzung zur Klage auf Aberkennung eines Anspruchs im Lastenverzeichnis gemäss Art. 39 VZG | EDV 7102 |
| VZG 10 | Anzeige betreffend Zugehörgegenstände (nach Versand des Lastenverzeichnisses) | EDV 7103 |
| VZG 11 | Fristansetzung zur Klage auf Aberkennung der Bestandteil- bzw. Zugehöreigenschaft gemäss Art. 19 lit. a Anl. VZG | EDV 7104 |
| VZG 12 | Fristansetzung zur Klage auf Anerkennung der Bestandteil- bzw. Zugehöreigenschaft gemäss Art. 19 lit. b Anl. VZG | EDV 7105 |
| VZG 13B | Steigerungsbedingungen | EDV 7106 |
| ZH 721 | Anfrage an die Aufsichtsbehörde betreffend Beschwerde gegen das Lastenverzeichnis und die Steigerungsbedingungen | EDV 7107 |
| **Verwertung, Abrechnung, Abschluss des Verwertungsverfahrens** | | |
| ZH 722 | Anfrage an die Aufsichtsbehörde betreffend Beschwerde gegen die Grundstückverwertung | EDV 7201 |
| ZH 103 | Anfrage an das Steueramt betreffend Grundstückgewinnsteuer infolge Zwangsverwertung oder Freihandverkauf | EDV 7202 |
| ZH 104 | Anfrage an die Eidgenössische Steuerverwaltung betreffend Mehrwertsteuer infolge Zwangsverwertung oder Freihandverkauf | EDV 7203 |
| ZH 723 | Mitteilung an den Schuldner betreffend Bezug der Grundstückgewinnsteuer infolge Zwangsverwertung oder Freihandverkauf | EDV 7204 |

| eidg./kant. Form. Nr. | Formular | EDV Form. Nr. |
|---|---|---|
| ZH 724 | Mitteilung an den Schuldner betreffend Bezug der Mehrwertsteuer infolge Zwangsverwertung oder Freihandverkauf | EDV 7205 |
| ZH 725 | Abrechnung an den Ersteigerer betreffend Grundstückverwertung | EDV 7206 |
| VZG 14 | Anzeige betreffend die Verwertung einer Ausfallforderung nach Art. 72 VZG | EDV 7207 |
| VZG 15 | Anmeldung zur Eintragung des Eigentumsübergangs eines Grundstückes zufolge Zuschlags im Zwangsverwertungsverfahren | EDV 7208 |
| VZG 22 | Anmeldung zur Eintragung des Eigentumsübergangs eines Grundstücks zufolge Freihandverkaufs im Zwangsvollstreckungsverfahren | EDV 7209 |
| ZH 728 | Anzeige an die Mieter/Pächter betreffend Eigentumsübergang | EDV 7210 |
| VZG 17 | Anzeige an den Schuldner und Pfandgläubiger über die Auflage der Verteilungsliste für Miet-/Pachtzinse und/oder Erträgnisse von Grundstücken | EDV 7215 |
| ZH 730 | Verteilungsliste für die Pfandgläubiger | EDV 7216 |
| VZG 20 | Anzeige an die Pfandgläubiger über die Auflegung der Verteilungsliste und der Kostenrechnung über die Verwertung gemäss Art. 80 VZG | EDV 7217 |
| ZH 732 | Anzeige an den Schuldner und Pfandeigentümer über die Auflage der Verteilungsliste und der Kostenrechnung über die Verwertung | EDV 7218 |
| ZH 733 | Anfrage an die Aufsichtsbehörde betreffend Beschwerde gegen die Verteilungsliste und die Kostenrechnung infolge Grundstückverwertung | EDV 7219 |
| 42a | Pfandausfallschein nach Art. 158 SchKG | EDV 7220 |
| VZG 21 | Bescheinigung über den Pfandausfall gemäss Art. 120 VZG | EDV 7221 |